Rom

Caterina Mesina

DUMONT
Reise-Taschenbuch

Reiseinfos, Adressen, Websites

Panorama – Daten, Essays, Hintergründe

Unterwegs in Rom

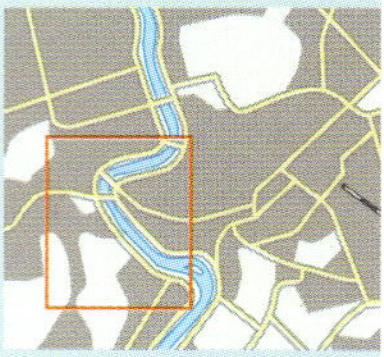

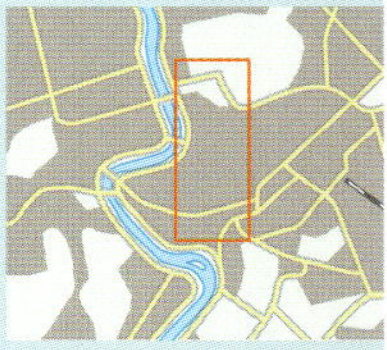

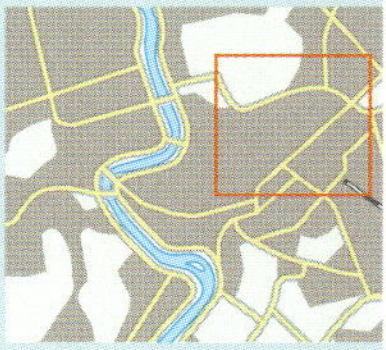

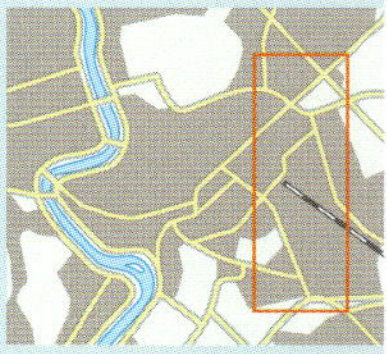

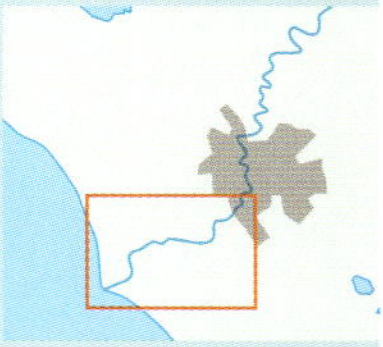

Auf Entdeckungstour

Karten und Pläne

► Dieses Symbol im Buch verweist auf die Extra-Reisekarte Rom

Schnellüberblick

Vom Vatikan nach Trastevere
Das Zentrum der katholischen Kirche ist für Gläubige und Kunstliebhaber gleichermaßen das Paradies auf Erden. Ein grandioses Panorama auf Rom bietet sich vom Gianicolo. Trastevere lockt mit dem Flair seiner verwinkelten Gassen, urrömischer Atmosphäre und alten Kirchen. S. 170

Im Herzen der Altstadt
Mächtige Adelspalazzi, spektakuläre Plätze und prunkvolle Kirchen prägen das Herz der Tiberschleife. Ungebrochene Traditionen und eine gute Küche locken ins jüdische Viertel. Kommen Sie am Abend wieder, wenn die Nachtschwärmer das Viertel um Piazza Navona und Campo de' Fiori mit Leben füllen. S. 142

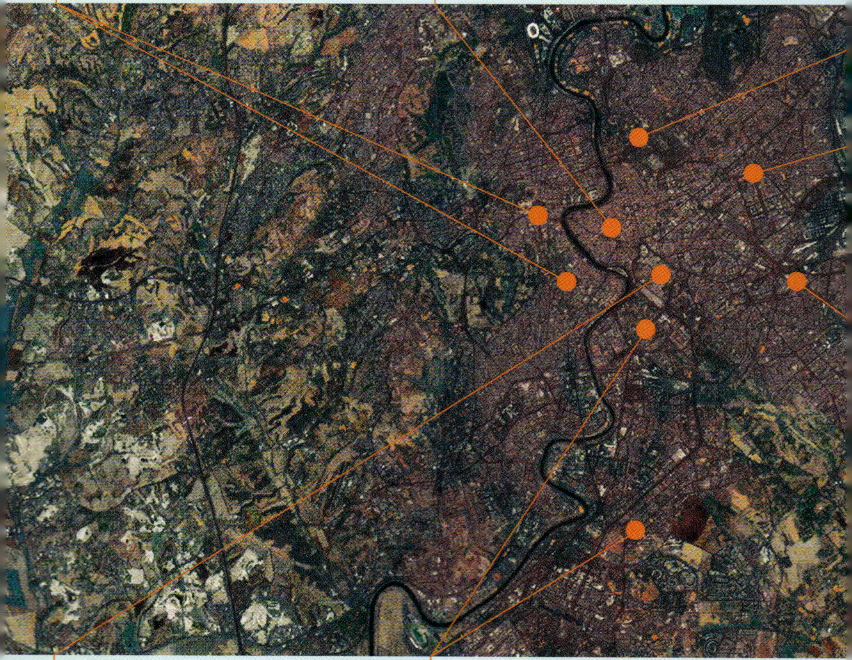

Das antike Zentrum
Wo pochte das Herz des antiken Rom? Ein Spaziergang zum Forum Romanum, Palatin und Kapitol vermittelt noch heute eine Ahnung vom Leben und Prunk am einstigen ›Nabel der Welt‹. Mit Wagenrennen und Gladiatorenspielen wurden die Menschen in der Millionenstadt bei Laune gehalten. S. 114

Vom Aventin ans Meer
Überraschende Ausblicke und interessante Einblicke versprechen die Viertel Aventin und Ostiense sowie der ›Scherbenhügel‹ Testaccio, das Mekka der Nachtschwärmer. Dem Größenwahn eines verhinderten Diktators entsprang die kolossale Vorstadt EUR. Und Ostia Antica lockt mit den sehenswerten Ruinen der einstigen

Entlang der Via del Corso
Schnurgerade zieht sich die geschäftige Via del Corso durch die Innenstadt. In den Seitenstraßen öffnen sich Plätze, die an Operettenbühnen erinnern, und locken mit Palazzi, in denen überwältigende Kunstwerke auf den Besucher warten. Herrlich shoppen lässt es sich rund um die Via Condotti. S. 196

Piazza della Repubblica zur Villa Borghese
Staunen Sie über die Wandlungsfähigkeit Roms, darüber, wie aus den antiken Diokletians-Thermen eine Renaissancekirche und der Vorzeigeplatz der italienischen Hauptstadt entstanden, wie eine antike Wasserleitung zum Hort der Sehnsucht aller Wahlrömer und die Villa eines Kardinalnepoten zum Kulturpark der Römer wurde. S. 214

Hafenstadt Roms, während Ostia Lidos Strände tagsüber die Wasserratten und in den heißen römischen Sommernächten die Partygänger in die Diskotheken zieht, die ihre Locations kurzerhand ans Meer verlegt haben. S. 264

Celio, Esquilin und Roms Nordosten
Frühchristliche Kirchen und multikulturelles Flair prägen die Hügel Celio und Esquilin. Beliebte Ausgehviertel sind das Pigneto und San Lorenzo. Kultur und Erholung bieten die grünen Oasen der Villa Torlonia und – vor den Toren Roms – die Sommerfrische Tivoli. Zur Fahrradtour lädt die Via Appia Antica ein, Roms Gräberstraße. S. 236

Mit Caterina Mesina unterwegs
Reiseführer fallen nicht vom Himmel. Sie werden bei DuMont von Menschen geschrieben, die eine ganz besondere Beziehung zu ihrem Thema haben. Seit 15 Jahren entdeckt Caterina Mesina als Reiseleiterin für Rombesucher und -kenner ihre Heimatstadt immer wieder aufs Neue. Sie streift mit ihrem Mann, einem begeisterten Archäologen, durch Roms Untergrund, erkundet die Hot-Spots des römischen Nachtlebens oder geht mit ihrem Sohn Federico auf die Suche nach den besten Eisdielen. Für DuMont betreut sie außerdem den Wanderführer Sizilien, das Reisetaschenbuch Sizilien und DuMont direkt Rom.

Die Autorin

Römisches Welttheater

Kaum ein Besucher kann sich der Faszination der ›Ewigen Stadt‹ entziehen, in der moderner Alltag und jahrtausendealte Geschichte und Kultur aufs Engste miteinander verschränkt sind. Wie mächtige Kulissen ragen die Prunkbauten der römischen Kaiserzeit und päpstlicher Machtentfaltung in den Himmel. Dazwischen öffnen sich die weltberühmten Plätze der Altstadt wie die Piazza di Spagna und die Piazza del Popolo. Ein Blick hinter diese Kulissen gleicht einer Zeitreise durch Rom: Unter der quirligen Piazza Navona entdeckt man ein antikes Stadion, christliche Kirchen entpuppen sich als antike Tempel und am Schauplatz des Cäsarmordes speist man heute an den Tischen einer Trattoria.

Geglücktes Miteinander von ›Altem‹ und Alltag

Zu Rom gehören aber auch der fotogene Markt auf dem Campo de' Fiori, die urrömischen *osterie* in Trastevere und Testaccio, der tosende, aber nur scheinbar chaotische Verkehr rund um das Vittorio-Emanuele-Denkmal, die asiatischen Nonnen, die erwartungsfroh zum Petersplatz eilen, die besorgten Katzenmütter zwischen den republikanischen Tempeln auf dem Largo Argentina, der *barista,* der jeden Kaffeewunsch erfüllt, die *signora,* die beim leisesten Anflug von Kälte den Nerz spazieren führt, oder auch die unermüdlich hin und her eilenden Touristen, die bei den ersten Sonnenstrahlen ihre Umwelt mit kurzen Hosen und Gesundheitssandalen beglücken.

Die Siebenhügelstadt, Zentrum des Katholizismus, Tummelplatz für archäologische Spurensucher und Kunstliebhaber, ist auch Experimentierfeld für Stararchitekten und Urbanisten, Laufsteg der Alta Moda und Bühne für eine aufregende Kulturszene, ob während der Estate Romana, bei den Opernfestspielen in den Caracallathermen oder dem römischen Filmfest, bei der Museumsnacht oder in den Grotten des hippen Testaccio-Viertels.

Peterskirche und Engelsbrücke im abendlichen Lichterglanz

Die ›Ewige Stadt‹ – und doch kein Freilichtmuseum

Doch *Roma aeterna* zehrt keineswegs nur von ihrer Vergangenheit. Die vitalen Bedürfnisse der nachfolgenden Generationen und der den Römern eigene Gleichmut gegenüber ihrer Geschichte haben zum Glück verhindert, dass sich Rom in ein Freilichtmuseum verwandelte. Als Hauptstadt Italiens bleibt es auch Machtzentrale der nationalen Politik. Und selbst Politiker scheinen vor den geschichtsträchtigen Kulissen wie Schauspieler agieren zu wollen – zumindest bis vor Kurzem. Nach dem Ende der Operetten-Regierung Berlusconi, die von Sex-, Mafia- und Korruptionsskandalen, dem Verfall der politischen Sitten, der massiven Einschüchterung von Presse, Fernsehen und Justiz sowie von Reformuntätigkeit gekennzeichnet war, scheint nun mit der Regierung Monti eine neue Ära angebrochen zu sein. Montis Kabinett hat den Ruf aus kühl rechnenden Technokraten zu bestehen. Doch bei der Bekanntgabe der Sparpläne, die den Italienern große Opfer abverlangen, brach die Arbeitsministerin dann doch in Tränen aus. Rom bleibt ein Welttheater im Kleinen, offen und multikulturell, zuweilen provinziell und vulgär, scheinbar chaotisch – und doch manchmal erstaunlich effizient. Kurzum, Rom ist auch nach Jahrtausenden noch eine aufregende Stadt.

Die Stadt mit Muße entdecken

Die Metropole am Tiber bietet ihren Besuchern viel. Versuchen Sie nicht, alles auf einmal zu sehen. Lassen Sie sich nicht anstecken vom »Rome in two days, Pope included«. Weniger ist oftmals mehr. Fahren Sie an einem Sonntagmorgen mit dem Fahrrad über die autofreie Via Appia Antica, die ›Königin der Straßen‹, oder joggen Sie am Morgen durch die erwachende Stadt. Rattern Sie bei Jazzmusik und dreigängigem Menü mit einer historischen Tram durch das nächtliche Rom. Machen Sie unter der Kirche San Clemente eine Zeitreise in die Vergangenheit, besuchen Sie den urrömischen Markt in Testaccio oder genießen Sie beim Blick auf die Antike einen *aperitivo* auf der Dachterrasse des Palazzo Caffarelli.

Zeitreise durch die römische Geschichte: unterhalb von San Clemente, S. 242

In der In-Disco Goa nach den neuesten Trends Ausschau halten, S. 274

Lieblingsorte!

Grandioser Rundumblick von der Aussichtsterrasse des Vittoriano, S. 208

Freni e Frizioni: früher Autowerkstatt, heute Lokal im Vintage-Look, S. 186

Die Pantheon-Kuppel fasziniert durch ihre vollkommene Harmonie, S. 148

Villa Torlonia: wunderschöner Park jenseits der touristischen Routen, S. 256

Die Reiseführer von DuMont werden von Autorinnen und Autoren geschrieben, die ihr Buch ständig aktualisieren und daher immer wieder dieselben Orte besuchen, gleichzeitig aber beständig nach Neuem Ausschau halten. Irgendwann entdeckt dabei jede Autorin und jeder Autor seine ganz persönlichen Lieblingsorte. Plätze mit einem besonderen Flair, Orte, die einem den Blick für neue Trends oder vergangene Zeiten öffnen oder einfach nur eine entspannte Atmosphäre bieten – eben Wohlfühlorte, an die man immer wieder zurückkehren möchte.

Er Buchetto: filmreife Locanda mit *der* römischen Spezialität, S. 220

Nachts am Kapitol entfaltet sich eine magische Atmosphäre, S. 134

Reiseinfos, Adressen, Websites

Besser als 3-D-Kino: die Fahrt mit dem offenen Sightseeingbus

Informationsquellen

Infos im Internet

Die italienische Landeskennung ist .it, im Vatikan .va, international ausgerichtete Websites tragen auch die Kennung .com. Sites zu den einzelnen Rubriken wie Übernachten, Einkaufen etc. finden sich in den entsprechenden Kapiteln und Abschnitten.

www.turismoroma.it
Ganz auf die Bedürfnisse von Touristen eingestellt ist die offizielle Seite der römischen Tourist-Info mit englischsprachiger Version. Neben vielen Tipps zu Unterkunft, Verkehr, Stadtrundgängen und Führungen gibt es hier aktuelle Infos zu Veranstaltungen, Museen und Sehenswürdigkeiten.

www.vatican.va
Die offizielle Website des Heiligen Stuhls gibt in sechs Sprachen Auskunft zu aktuellen Ereignissen und zu Verlautbarungen des Papstes, zum liturgischen Kalender sowie zu den vatikanischen Museen (mit aktuellen Öffnungszeiten!) und Papstbasiliken. Mit virtueller Besichtigung der Sixtinischen Kapelle, der Pinakothek und der Stanzen des Raffael. Auf der Website der Vatikanischen Museen kann man online Eintrittskarten kaufen und vermeidet dadurch die Wartezeit vor Ort.

www.stpetersbasilica.org
Gute Seite zur Peterskirche (engl.).

www.pilgerzentrum.de
Die Infostelle für deutschsprachige Pilger bietet u. a. Auskunft über Papstaudienzen und -messen, Pilger- und Titelkirchen deutscher Kardinäle sowie Übernachtungsmöglichkeiten in religiösen Häusern und Pensionen.

www.roma-antiqua.de
Auf dieser privaten, hervorragend gestalteten Website unternimmt der Historiker Sven Kaller einen virtuellen Rundgang zu den antiken Stätten. Die Beschreibungen werden durch Fotos, Grundrisse und Lagepläne unterstützt. Außerdem sehr nützliche, aktuelle Reisetipps und ein engagiertes Forum.

www.sotterraneidiroma.it
Hier finden Sie alles über das unterirdische Rom sowie Links zu allen wichtigen Museen. Passionierte Archäologen bieten überirdisch und unterirdisch organisierte Touren (ital./engl.) an.

www.info.roma.it
Gute, kommentierte, ständig aktualisierte Übersichtsseite zu kulturellen Events: Ausstellungen, Aufführungen und Vorträgen. Daneben auch gute Links und Infos zu Geschichte, Sehenswürdigkeiten, Künstlern, aber auch kurze Presseschau sowie Tipps zu Restaurants, Eisdielen und Weinlokalen.

www.2night.it
Alles zum Nachtleben in Rom, Tipps zu Theatern, Lokalen (auch auf Englisch).

www.exibart.com
Veranstaltungskalender mit Schwerpunkt Moderne und Zeitgenössische Kunst, Info zu Künstlern & Kunstszene.

www.merzbau.it
Veranstaltungskalender mit Fokus auf zeitgenössischer Kunst in Rom.

www.atac.roma.it
Website der römischen Verkehrsbetriebe mit interaktivem Stadtplan und Suchmaschine für Bus-, Metro- und Tramverbindungen. Auch auf Englisch.

Wo auch immer man sich in Rom befindet, überall gibt es Interessantes zu sehen

www.cotralspa.it
Infos zu den Bussen der Region Lazio.

www.adr.it
Gemeinsame Homepage der römischen Flughäfen, auch auf Englisch.

Fremdenverkehrsämter

Beim Staatlichen Italienischen Fremdenverkehrsamt ENIT (Ente Nazionale Italiana per il Turismo) erhält man Auskünfte, Prospekte und Hotelverzeichnisse. Gratis-Prospekte kann man bestellen/downloaden über: **www.enit.it.**

ENIT in Deutschland
60325 Frankfurt/M.
Barckhausstr. 10
Tel. 069 23 74 34
Fax 069 23 28 94, frankfurt@enit.it

ENIT in Österreich
1060 Wien
Mariahilfer Str. 1b/ Mezzanin –
Top XVI
Tel. 01 505 16 39
Fax 01 505 02 48
vienna@enit.it

ENIT in der Schweiz
8001 Zürich
Uraniastr. 32
Tel. 043 466 40 40
Fax 043 466 40 41
zurich@enit.it

Tourist-Info in Rom
Infos und Broschüren erhält man tgl. 9.30–19 Uhr an den Infopavillons (P.I.T.) in der Innenstadt: Castel Sant'Angelo/ Piazza Pia, Via Marco Minghetti (nahe Trevibrunnen), Piazza delle Cinque Lune (nahe Piazza Navona), Via Nazionale/Ecke Via Genova, Via dell'Olmata (nahe S. Maria Maggiore), Piazza Sidney Sonnino (Trastevere) sowie am Bahnhof und an den Flughäfen.
Call-Center der Stadt Rom: Tel. 06 06 08, tgl. 9–21 Uhr, auch in Deutsch, www.060608.it. Allgemeine Informa-

tionen, aber auch Hotelreservierungen und Ticketverkauf fürs Auditorium.

Servicenummer für Urlauber in Italien: zum Ortstarif Tel. 039 039 039 (tgl. 9–22 Uhr), www.easy-italia.com, Infos auf Deutsch, z. B. zum aktuellen kulturellen Angebot, zu Öffnungszeiten von Museen etc., sowie Hilfe bei Problemen.

Deutsches Reisebüro (DER): Piazza Esquilino 28–29, Tel. 064 82 75 31, www.derviaggi.it. Fahrkarten, Platzreservierungen und Umbuchungen.

Lesetipps

Hier nur ein paar Tipps aus der Fülle an Rom-Literatur (manche ›Klassiker‹ sind leider nur noch antiquarisch erhältlich).

Heinz-Joachim Fischer: Kunstreiseführer Rom, Ostfildern 2008. 2500 Jahre Geschichte, Kunst und Kultur von den römischen Kaiserforen bis zum EUR-Viertel aus den 1930er- bis 1950er-Jahren lässt dieses Kompendium von FAZ-Korrespondent Fischer Revue passieren.

Arne Karsten/Volker Reinhardt: Kardinäle, Künstler und Kurtisanen. Wahre Geschichten aus dem päpstlichen Rom, Darmstadt 2009. Das Autorenduo entführt den Leser in das Rom des 16. bis 18. Jh., Herz des christlichen Europa, gleichzeitig aber auch Hort barocker Sinnesfreuden. Brillant geschrieben und höchst vergnüglich zu lesen.

Karl-Wilhelm Weeber: Alltag im Alten Rom: Das Leben in der Stadt. Der klassische Philologe und Althistoriker versteht es, das Alltagsleben in der römischen Antike auf sehr lebendige und spannende Weise zu vermitteln. Mannheim 2011.

Paul Zanker: Die Römische Kunst, München 2007. Gut verständliche Einführung in das römische Kunstschaffen der Republik und Kaiserzeit, das der Autor immer wieder in den historischen Kontext stellt.

Für Kinder

Richard Dargie: Rom – Geschichte in Bildern, Münster 2006. Das reich bebilderte Buch bietet einen kindgerechten Einstieg in die römische Geschichte.

David Macaulay: Eine Stadt wie Rom. Planen und Bauen in römischer Zeit, Mannheim 2007. Macaulay gelingt es mit präzisen Zeichnungen und verständlichen Texten, das Anlegen einer römischen Stadt in der Antike anschaulich und lebendig darzustellen.

Henry Winterfeld: Caius der Lausbub aus dem alten Rom, München 2005. Die spannende Detektivgeschichte, die aus Kindersicht erzählt wird, entführt in das Alltagsleben im Alten Rom.

Zum Schmökern

Dan Brown: Illuminati, Bergisch Gladbach 2011. Ein legendärer Geheimbund von Wissenschaftlern und Freidenkern startet einen Racheakt gegen die katholische Kirche. Schauplätze sind natürlich Rom und der Vatikan.

Robert Harris: Imperium, München 2008. Harris schildert aus der Sicht eines Sklaven den politischen Aufstieg des großen Redners und Staatsmannes Cicero. Macht, Politik und Intrigen prägen diesen spannenden Politkrimi.

Andrea Isari: Römische Affären, 2007; Eine Arie für die Diva, 2009; Letzter Tanz am Tiber, 2009; Römische Rache, 2007. Viel römisches Flair und handfeste Skandale, die auf die Gegenwart Bezug nehmen, prägen diese römischen Krimis, bei der Leda Giallo, eine rothaarige, etwas unkonventionelle Kommissarin, die Hauptrolle spielt.

Birgit Schönau: Gebrauchsanweisung für Rom, München 2010. Kenntnisreich und mit liebevollem Augenzwinkern porträtiert die in Rom lebende Journalistin die Römer und das Leben in Rom.

Wetter und Reisezeit

Rom im Frühling

Im Frühling, vor allem im Spätfrühling zwischen Ende April und Anfang Juni, sind die Temperaturen angenehm warm und locken tagsüber zu ausgedehnten Spaziergängen, während die Nächte lau genug sind, um bis Mitternacht auf einer römischen Piazza unter freiem Himmel zu speisen oder durch die beleuchtete Stadt zu streifen. Diese Zeit ist auch bei Reisegruppen besonders beliebt. Vor allem an Ostern strömen zahlreiche Pilger in die Stadt und zum Vatikan.

Was ist los?

Ende März: Maratona di Roma (Stadtmarathon).

Ende März/Anfang April: kostenlose Sonderöffnung zahlreicher Museen und Sehenswürdigkeiten im Rahmen der alljährlichen Kulturwoche.

Settimana Santa (Karwoche): an Gründonnerstag Fußwaschung in der Laterankirche mit dem Papst. Karfreitag nächtliche Messe auf dem Palatin und Kreuzwegprozession beim Kolosseum. Ostersonntag: Urbi et Orbi auf dem Petersplatz.

... im Sommer

Ihren eigenen Reiz hat die Periode von Mitte Juni bis Juli, wenn die Schulferien ›ausbrechen‹, die Römer zwischen Meer und Stadt zu pendeln beginnen oder die ersten in die Ferien aufbrechen und die Zeit der Schlussverkäufe anbricht. Die Quecksilbersäule klettert dann schon mal über 35 °C und nur der abendliche Ponentino-Wind lindert die manchmal drückende Hitze. Wer Rom frei von Menschenmassen erleben möchte, sollte im August kommen, wenn das Thermometer leicht über 40 °C steigen kann. Vor allem rund um Ferragosto (15. Aug., Mariä Himmelfahrt) ist die Stadt wie ausgestorben. Dann sind auch viele Restaurants und Geschäfte geschlossen. Dafür gewähren aber zahlreiche Hotels einen Preisnachlass. Am Abend lockt dann der römische Kultursommer Römer und Touristen zu Open-Air-Veranstaltungen in Parks, an den Tiber und auf die verschiedenen *piazze.*

Was ist los?

29. Juni: St. Peter und Paul.

Juli/August: Zeit der Festivals – Estate Romana (römischer Kultursommer), Celimontana Jazz Festival, Roma Jazz Festival, das lateinamerikanische Fiesta! und Opernfestspiele in den Caracallathermen.

15. Juli: Festa de' Noantri, Volksfest in Trastevere.

Klimadiagramm Rom

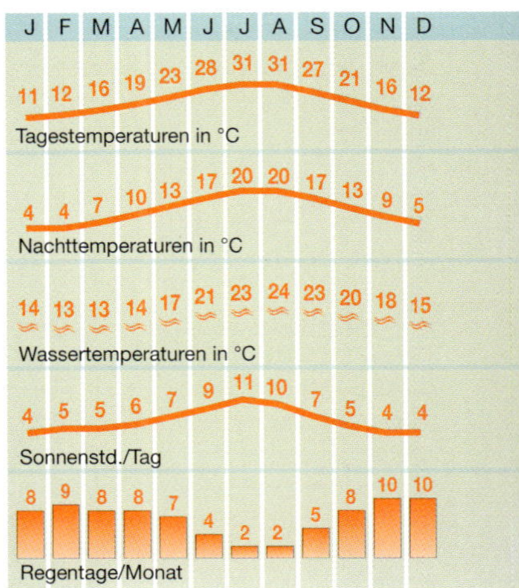

Gut zu wissen

Wetter aktuell: www.wetter.de oder www.romameteo.it sowie in den Tageszeitungen.
Aktuelle Events: Welche Veranstaltungen wann und wo stattfinden, erfährt man aus den in der Regel gratis an Rezeptionen guter Hotels und in Auskunftsbüros erhältlichen italienisch- und englischsprachigen monatlichen Broschüren wie »Un ospite a Roma« oder »L'Evento« sowie, tagesaktuell, auf den regionalen Kulturseiten der Tageszeitungen »Il Corriere della Sera«, »La Repubblica« oder »Il Messaggero«. Eine gute Orientierung mit Empfehlungen zu Restaurants und kulturellen Veranstaltungen sowie den Terminen von (meist italienischsprachigen) Stadtführungen bietet die Donnerstagsbeilage »Trovaroma« der Tageszeitung »La Repubblica«.
Dresscode: Auch wenn bei wärmeren Temperaturen die Versuchung groß ist, möglichst viel bleiche Haut der Sonne darzubieten, sollte man daran denken, dass Rom immerhin fast 30 km vom nächsten Strand entfernt ist. Zwar ist der Dresscode in Rom lockerer als in der Modehauptstadt Mailand, doch verzichtet man deswegen keineswegs auf die *bella figura* – und das generationsübergreifend.

... im Herbst

Ein ideales Reisewetter herrscht ähnlich wie im Spätfrühling im Herbst. Vor allem zwischen Mitte September und Ende Oktober herrschen beständig warme bis milde Temperaturen. Die Nächte sind lau und ausgehfreundlich. Die letzten Römer kommen aus dem Urlaub zurück, die Schulen öffnen ihre Pforten und am Abend treffen sich die Römer in den Trattorien und Pizzerien, um sich nach den langen Ferien wiederzusehen und auszutauschen, bevor der Alltag beginnt.

Was ist los?

Die **Estate romana** (s. S. 17) dauert an.
Ab Oktober: RomaEuropa Festival, Veranstaltungsreihe, die Dutzende von zeitgenössischen Theater-, Musik- und Tanzevents zusammenführt.
Ende Oktober: römisches Filmfest.

... im Winter

November und Dezember sind die niederschlagsreichsten Monate, auch wenn es selten länger als drei Tage durchregnet. Diese Zeit eignet sich ganz besonders für ausgedehnte Museumsbesuche. Der Januar mit seinem eisigen Tramontana-Wind ist der kälteste Monat des Jahres, allerdings fallen die Temperaturen auch jetzt nur selten unter den Gefrierpunkt. Zusammen mit dem Februar, der schon mal mit frühlingshaften Temperaturen überraschen kann, ist er der ruhigste Monat für Touristen. In diese Zeit fällt auch die römische Neben-saison.

Was ist los?

Ende Oktober bis Mitte November: musikalisches Highlight mit dem Festival internazionale di Musica e Arte Sacra.
Mitte Dezember bis 6. Januar: Weihnachtsmarkt auf der Piazza Navona. Krippen in vielen Kirchen und auf zahlreichen Plätzen.
Weihnachten: päpstliche Mitternachtsmesse in der Peterskirche. Am 25. Dezember »Urbi et Orbi« auf dem Petersplatz.
31. Dezember: Feuerwerk sowie Rock- und Popkonzerte auf verschiedenen Plätzen der Stadt.

Tipps für Kurztrips und längere Aufenthalte

Rom für Einsteiger

Selbst wer sich nur kurz, zwei bis drei Tage, in Rom aufhält und keine Zeit für eine ausgiebige Besichtigung hat, kann einen bleibenden Eindruck von der ›Ewigen Stadt‹ gewinnen.

Roma aeterna

Ein Spaziergang über das Kapitol hinunter zum Forum Romanum und weiter zum Kolosseum ist auf jeden Fall ein Muss. Wie auf einer Perlenkette sind die Wahrzeichen Roms aneinandergereiht. Auf dem Palatin zeugen die monumentalen Ruinen von den Kaiserpalästen. Von hier hatten die Herrscher einen guten Blick auf den Circus Maximus. Zu einer Pause laden die Panoramacafés auf dem Vittoriano und in den Kapitolinischen Museen ein.

Die Plätze der Altstadt

Bummeln Sie am Morgen über den Markt auf dem Campo de'Fiori. Blickfang der lebhaften Piazza Navona mit ihren einladenden Straßencafés ist der imposante Vier-Ströme-Brunnen von Bernini. Bestaunen Sie am Pantheon die größte Kuppel Roms. Werfen Sie eine Münze in die Fontana di Trevi und genießen Sie das Treiben auf der Spanischen Treppe oder mischen Sie sich unter die *fashion victims* und unternehmen Sie eine Shoppingtour durch das Viertel der Alta Moda.

Vatikan

Statten Sie dem kleinsten Staat der Welt einen Besuch ab. Erfreuen Sie sich in den Vatikanischen Museen an den Fresken von Raffael und Michelangelo, Höhepunkte abendländischen Kunstschaffens. Am spektakulären Petersplatz geleiten Sie die Kolonnaden Berninis zur Peterskirche, dem bedeutendsten Gotteshaus der Katholiken.

Rom für Kenner

Trastevere und Villa Borghese

Fast ausgestorben erscheint das Viertel Trastevere am Morgen. Nach einem Gang über den Markt an der Piazza Cosimato lassen Sie sich in der Villa Farnesina von den Fresken Raffaels faszinieren. Goldgrundige Mosaiken erwarten Sie in der frühchristlichen Kirche S. Maria in Trastevere. Jenseits des Tibers erliegen sicher auch Sie in der Galleria Spada einer Sinnestäuschung. Lassen Sie sich dann mit dem Elektrobus 116 quer durch die Altstadt zur Villa Borghese kutschieren. Im Museumspark erwarten Sie hochkarätige Kunstmuseen, aber auch schöne Ausblicke vom Pincio. Erholung bringt eine Ruderpartie auf dem Laghetto.

Katakomben und Via Appia Antica

Ein Gang in den Untergrund der Kirche S. Clemente lässt Sie verschiedene Zeitstufen Roms erleben. Eine kurze Busfahrt führt zum Anfang der Via Appia Antica, der antiken Gräberstraße. Im Museo delle Mura genießen Sie von den Zinnen der Stadtmauer einen weiten Blick über Rom. Auf Zeugnisse frühen Christentums stoßen Sie in den Katakomben. Und eine Fahrradtour auf der Via Appia Antica ist zwar auf den ersten Meilen eine holprige Angelegenheit, doch es entschädigt der Blick in die Campagna.

Sommerfrische Tivoli

Folgen Sie den römischen Familien und fahren Sie am Wochenende ins Grüne nach Tivoli, das schon in der Antike die Sommerfrische der Patrizier gewesen ist. In der ausgedehnten Hadriansvilla, am Fuß von Tivoli, verwirklichte der Kaiser seine architektonischen Visionen. Schlendern Sie dann durch die Villa d'Este mit ihren wunderbaren Gärten und Wasserspielen. In der Parkanlage der Villa Gregoriana erwarten Sie Natur pur und ein Wasserfall.

Im Nordosten

Die beliebte Hochzeitskirche Santa Costanza und das benachbarte Gotteshaus Sant'Agnese begeistern mit einmaligen Mosaiken aus dem 4. und 7. Jh. Ein Kleinod ist die vorbildlich restaurierte Villa Torlonia mit ihrem ausgedehnten Park, interessanten Museen und z. T. verwitterten Gebäuden, die Mussolini einst zu seiner Residenz machte. Den Abend lassen Sie am besten im quirligen San-Lorenzo-Viertel bei einer Karaffe Wein ausklingen.

Rom für Kinder

Eine Weltstadt wie Rom ist mit und für Kleinkinder(n) ziemlich anstrengend. Zwar gelten die Italiener als kinderlieb, doch bietet die Stadt gerade für die Kleinsten nicht die geeigneten Strukturen. Mit etwas größeren Kindern (ab ca. 8 Jahren) können Sie aber durchaus eine erlebnisreiche Zeit in Rom verbringen. Hier einige Tipps.

Kolosseum, Kuppeln, Kanonen

Ein Highlight bleibt – auch für Nicht-Asterix-Leser – das Kolosseum, vor dem sandalenbeschuhte Gladiatoren zum Fototermin auflaufen. Kirchenbesuche finden die meisten Kinder langweilig, doch auf die zweischalige Kuppel der Peterskirche zu steigen und den Innenraum der Kirche und Rom aus der Vogelperspektive zu betrachten wird vielen gefallen. In der Engelsburg können sie durch dunkle Wehrgänge schleichen und stoßen dort auf steinerne Kanonenkugeln und enge Gefängniszellen. Geschichtsunterricht – live und hautnah.

Kindgerechte Ausflugsziele

Zu den beliebten Ausflugszielen von Familien gehört – besonders bei sommerlichen Temperaturen – der Park der Villa Borghese mit Bimmelbahn, Ponyreiten, Marionettentheater und einem kleinen See mit Ruderboot- und Fahrradverleih. Im Park lockt auch der ursprünglich von Hagenbeck konzipierte Zoo, heute Bioparco genannt.

Tummelplätze römischer Kinder sind die weitläufige Villa Ada nahe den Priscilla-Katakomben, die Villa Sciarra mit einer herrlichen Vegetation, die Villa Torlonia mit einem Technikmuseum speziell für Jugendliche und die innenstadtnahe Villa Celimontana. Auf dem Gianicolo, wo jeden Tag Punkt zwölf Uhr ein Kanonenschuss losgeht, lockt eine fantastische Aussichtsterrasse, und ein Marionettentheater lässt Kinderaugen glänzen (Di–Fr 16–19, Sa, So 10.30–13 Uhr). Ausgedehnte Fahrradtouren lassen sich am Sonntag entlang der autofreien Via Appia unternehmen. Ein Ausflug nach Ostia Antica schließlich entführt in das Leben einer antiken römischen Hafenstadt.

Stadtrundfahrten

Rundfahrten mit dem Bus

Wer individuelle Stadtrundfahrten bevorzugt, aber auf ein Minimum an Er-

Rom bei anderem Lichte besehen: Eine Bootsfahrt auf dem Tiber lohnt auch abends

klärungen nicht verzichten möchte, für den eignen sich die Rundfahrten mit den Trambus-Open-Linien (www.trambusopen.com) in der Nähe des Hauptbahnhofes Termini (Viale Einaudi). Karten mit einer Gültigkeit von 48 Std. ermöglichen es, nach Belieben ein- und auszusteigen. Der offene rote Doppeldeckerbus **Linie 110** fährt die klassischen Sehenswürdigkeiten an (tgl. 8.30–20.30, im Winter bis 19 Uhr, alle 10 Min., Audioguide in Dt., Ticket 20 €/18 €; Ticket für eine Fahrt 12 €, Kombiticket mit Archeobus, Museen und Metrobusticket möglich). Besonders schön ist eine Fahrt mit dem **Archeobus** über den Mund der Wahrheit und den Circus Maximus in die römische Campagna (tgl. 9–16.30 Uhr, alle 30 Min., Ticket 12 €, für eine Fahrt 10 €). 72 Std. gültiges Kombiticket für beide Busse 25 €.

Schwerpunkt des in den vatikanischen Flaggfarben gehaltenen weißgelben Doppeldeckerbusses **Roma Cristiana** sind die Kirchen (tgl. 9–19, im Winter bis 18 Uhr, alle 10–15 Min., Abfahrt u. a. ab Termini oder St. Peter, mit Audioguide in Dt., Ticket gültig 48 Std. 21 €/16–18 €; Ticket für eine Fahrt 10–13 €, www.omniavaticanrome.org).

Eine Alternative zu den 110-Open-Bussen ist der grüne Doppeldeckerbus **Rome open tour,** ebenfalls ab Busbahnhof Termini/Ecke Via Cavour. Tickets im Bus oder online (tgl. 9–19, im Sommer bis 21 Uhr, alle 15 Min., Dauer ca. 2 Std., Ticket 26 €/16 € für 48 Std., 21 €/13 € für 24 Std., www.romeopentour.com).

Rundfahrten auf dem Tiber

Il Tevere, einst die Lebensader der Stadt, führte lange Zeit eher ein Schattendasein. Mittlerweile versucht man den trägen Fluss mit Nightlife-Events auf Hausbooten und Tiberrundfahrten attraktiv zu machen. Seit einigen Jahren tuckert von April bis Oktober eine Linie etwa stündlich von der Tiberinsel (Calata Anguillara) zum Ponte Sant'-Angelo und zurück (beliebiger Ein- und Ausstieg und Audioguide, 15 €/10 €). Abends (Do, Fr und Sa ab 20.45 Uhr) ab Ponte Sant'Angelo auch mit Abendessen (2,25 Std., 58 €), Kombiticket mit Rome open tour 31 €/19 € für 48 Std. Infos: www.battellidiroma.it.

Mein Tipp

Die schönsten Aussichtspunkte Roms

Einen traumhaften Ausblick genießt man von der Terrasse des Pincio hoch über der Piazza del Popolo und vom Gianicolo. Wer schwindelfrei ist und nicht unter Platzangst leidet, sollte auf die 120 m hohe Kuppel der Peterskirche steigen, von der sich ein Rundum-Blick auf den Petersplatz, die Vatikanstadt mit ihren Gärten und Palästen und auf Rom bietet. Mit einem 360-Grad-Blick belohnt auch die Terrasse des 70 m hohen Vittoriano an der Piazza Venezia.

Stadtführungen

... umfassend

RomaCulta, ein Team von Kunsthistorikern, organisiert halb- und ganztägige Kultur- und Stadtführungen für ein deutschsprachiges Publikum. Viele thematische Touren, u. a. Führungen für Kinder und eine »Illuminati-Tour« auf den Spuren des gleichnamigen Thrillers von Dan Brown. Eine dreistündige Tour kostet etwa 150 € (Tel. 33 87 60 74 70, www.romaculta.it). Führungen für Individualreisende und Gruppen bietet auch die Autorin dieses Bandes an (caterina.mesina@forestanera.de).

... individuell

Für viele städtische Museen und archäologische Stätten gibt es Audio- und Videoguides zum Downloaden: www.museiincomuneroma.it/servizi/multimedia. In den Vatikanischen Museen können sich Besucher auch MP3-Audioführer mit Erläuterungen zu über 350 Kunstwerken ausleihen (7 €).

... mit Genuss

TRAMJazz (www.tramjazz.com) bietet eine nächtliche Genusstour an. In einer historischen Tram der 1930er-Jahre rattert man durchs nächtliche Rom, genießt ein mehrgängiges Menü bei Kerzenlicht und Livemusik von namhaften Jazzinterpreten. Jeden Fr ab Porta Maggiore um 21 Uhr, Dauer ca. 3 Std., 59 €/Pers. (plus 6 € Vorverkauf), Reservierung obligatorisch: tramjazz@yahoo.it, Tel. 33 96 33 47 00 und 33 81 14 78 76. An manchen Tagen auch Belcanto-Gesangseinlagen (Musik von Vivaldi, Pergolesi, Rossini u. a.).

... per Rad

Romabiketour bietet täglich Fahrradtouren mit einem italienisch-, englisch- und französischsprachigen Guide (u. a. Via Appia Antica oder Tivoli). Auf Deutsch vorerst nur nach Voranmeldung; Dauer: 4 Std. bis 1 Tag; Preis: ab 39 €. Treffpunkt: Mo–Sa 9 Uhr, Viale Manzoni/Ecke Via San Quintino (Metro A: Manzoni), So Touren entlang der Via Appia, Reservierung obligatorisch. Info: www.romabiketour.com, Tel. 39 39 35 68 96 99.

... joggend

Mal etwas anderes: **Sight jogging** bietet ganzjährig Lauftouren durch das gerade erwachende Rom an. Die Runden beginnen gegen 6 Uhr, dauern 45–60 Min. und sind zwischen 8,5 und 10,5 km lang. Kosten für eine Person 70 €, für vier Personen 140 € (Infos: www.sightjogging.it, mobil 34 73 35 31 85).

Anreise und Verkehrsmittel

Einreise- und Zollbestimmungen

Trotz ›offener‹ Grenzen ist die Mitnahme eines Reisepasses oder gültigen Personalausweises vorgeschrieben, um sich bei stichprobenartigen Überprüfungen ausweisen zu können. Kinder benötigen einen Kinderausweis oder einen Eintrag im Pass ihrer Eltern. An der Schweizer Grenze muss man sich auch weiterhin ausweisen. Wenn man mit dem Auto anreist, müssen Führerschein und Fahrzeugpapiere mitgeführt werden. Wer länger als drei Monate bleibt, benötigt eine Aufenthaltsgenehmigung (*permesso di soggiorno*). Reisebedarf für den persönlichen Gebrauch obliegt innerhalb der EU keinen Beschränkungen und darf abgabenfrei eingeführt werden.

Anreise

Flugverbindungen

Von allen großen Flughäfen Deutschlands, Österreichs und der Schweiz wird Rom mehrmals täglich angeflogen. Die Stadt verfügt über zwei internationale Flughäfen.

Flughafeninfo: Tel. 0665951, www.adr.it

Fiumicino: Der Flughafen Leonardo da Vinci (von den Römern kurz Fiumicino genannt) liegt 26 km südwestlich von Rom. Ins Zentrum gelangt man am einfachsten alle 30 Min. mit dem Leonardo Express, einer Non-Stop-Verbindung bis Stazione Termini (14 € pro Fahrt, 15 € direkt am Gleis, Fahrtzeit: 35 Min.). Über Trastevere und Ostiense bis zur Stazione Tiburtina fährt werktags alle 15 Min., sonn- und feiertags alle 30 Min. die Regionalbahn FR 1 (Einheitsticket 8 €, ca. 45 Min.). Nachts fährt zwischen 1 und 5 Uhr ein Zubringerbus fast stündlich zu den Bahnhöfen Termini und Tiburtina (ca. 7 €; 45 Min.). Von der Stazione Termini zum Flughafen fährt der Leonardo Express ab Gleis 24. Abfahrtszeiten unter: www.trenitalia.com.

Ciampino: Vom ehemaligen Militärflughafen Ciampino, ca. 20 km südöstlich der Stadt, fahren CoTral- und Atral-Busse über den Bahnhof Ciampino zur Metrostation Anagnina (Endhaltestelle der Linie A).

Shuttlebusse: Von beiden Flughäfen verkehren auf die Flüge abgestimmte Shuttlebusse der Firma Sitbusshuttle (einfache Fahrt 4–8 €, hin und zurück 8–15 €, www.sitbusshuttle.com), ab Ciampino auch von Terravision (www.terravision.eu) zum Hauptbahnhof Termini (auch online buchbar; einfache Fahrt 4 €, hin und zurück: 8 €, alle 15–45 Min.), Fahrzeit ab Fiumicino 70 Min., ab Ciampino 40 Min.

Mit dem Taxi ins Stadtzentrum (innerhalb der Aurelianischen Stadtmauer): Für die Fahrten gelten Pauschaltarife: 40 € für max. vier Personen.

Bahnverbindungen

Angenehm und bequem ist die Anreise per Bahn vor allem über Nacht (ab München ohne Umsteigen). In den Ferienzeiten sollte man die Liege- bzw. Schlafwagen rechtzeitig vorbuchen. Ankunftsbahnhof ist in der Regel der zentrale Kopfbahnhof **Stazione Termini,** manche Züge halten aber auch am nordwestlichen Durchgangsbahnhof **Stazione Tiburtina.** Von dort hat man mit der Metro Linie B Anschluss zum Hauptbahnhof. An beiden Bahnhöfen kann man in Metro oder Taxis umsteigen.

Auskunft und Reservierung: FS Informa, Tel. 89 20 21 (innerhalb Italiens, persönliche Auskunft), Tel. 06 68 47 54 75 (vom Ausland), www.trenitalia.it; Deutsche Bahn, Tel. 018 05 99 66 33 (persönliche Auskunft), Tel. 08 00 150 70 90 (sprachgesteuert), www.bahn.de; Österreichische Bundesbahn: Tel. 05 17 17, www.oebb.at; Schweizerische Bundesbahnen, Tel. 09 00 30 03 00, www.sbb.ch.

Busverbindungen

Von mehreren deutschen Städten fahren Busse der **Deutschen Touring** nach Rom (Ankunft am Busbahnhof der Stazione Tiburtina).

Informationen: Deutsche Touring GmbH, Am Römerhof 17, 60486 Frankfurt/Main, Service-Hotline: Tel. 069 79 03-501, service@touring.de, www.touring.de.

Straßenverbindungen

Mautgebühren der italienischen Autobahnen (www.autostrade.it) sowie Kosten für die Vignetten österreichischer bzw. schweizerischer Autobahnen sollten einkalkuliert werden. Mit der bargeldlosen **Viacard** (beim ADAC, in Italien an der Grenze und an den Raststätten erhältlich) erspart man sich die meist langen Wartezeiten an den Mautstationen. An den Viacard-Schaltern kann man aber auch mit den gängigen Kreditkarten zahlen.

Einfahrtsschneise nach Rom ist der **G.R.A.** (Grande Raccordo Anulare), der römische Autobahnring, in den von Norden die A 1 (Autostrada del Sole, Florenz–Rom) und aus dem Westen die gebührenfreie Staatsstraße S 1 (Via Aurelia) münden.

Über die Ausfahrt Nr. 1 (Aurelia) erreicht man den Vatikan, Trastevere und Gianicolo. Die Ausfahrten Nr. 6 (Flaminia) oder Nr. 8 (Salaria) führen entlang der Aurelianischen Stadtmauer zur Piazza del Popolo/Villa Borghese. Von der Ausfahrt Salaria gelangt man auch zum Hauptbahnhof (Stazione Termini) und in die Altstadt. Den Süden Roms (EUR/Testaccio/Aventin/S. Giovanni in Laterano) erreicht man am besten über die Ausfahrt Nr. 27 (Via Colombo) und dann weiter auf der Via Cristoforo Colombo.

ADAC-Notruf: Tel. 03 92 10 41 (von einem deutschen Handy 039 03 92 10 41)

Mitfahrzentralen: Die verschiedenen Mitfahrzentralen sind weitgehend übers Internet organisiert: www.mitfahrgelegenheit.de, www.mfz.de und www.drive2day.de.

Öffentliche Verkehrsmittel in Rom

Metro

Die Metro ist die schnellste Fortbewegungsmöglichkeit. Sie wird von den Römern stark genutzt, doch gibt es wegen der reichen archäologischen ›Bodenschätze‹ bisher nur zwei Linien, die sich nur einmal – an der Stazione Termini – kreuzen. Die Bahnen sind eng getaktet: Mo–Sa alle 3–8 Min. von 5.30 bis 23.30 Uhr (Sa bis 1.30 Uhr). Nachts (23.30–5 Uhr) verkehren hier die Buslinien n 1 (Linie A) und n 2 (Linie B).

Die **Fahrscheine** gelten für Metro und Bus und sind an Automaten der Metrostationen, an Kiosken und meist auch in Bars und Tabakläden erhältlich. Rund 1000 Busse sind mit Automaten ausgestattet, diese funktionieren aber nicht immer. Ein einfaches Ticket (B.I.T.) kostet ab Juni 2012 statt 1 € 1,50 € (bis zu 100 Min. gültig), die Tageskarte (B.I.G.) statt 4 € 6 €, die Wochenkarte (C.I.S.) statt 16 € 21 €, die drei Tage gültige Touristenkarte (B.T.I.) 11 €.

Bus und Tram

Rom besitzt ein dichtes Busnetz. Innerstädtische Linien verkehren Mo–Sa von 6 bis 22 Uhr alle 10–20 Min., So alle 20–40 Min. Nachts decken 27 Nachtbusse im 30-Minuten-Takt das Gebiet ab. Haltestellen, die von diesen Bussen angefahren werden, sind mit einem ›N‹ gekennzeichnet. Für Busse und Trams gelten dieselben **Fahrkarten** wie für die Metro.

Zur Erkundung der historischen Altstadt empfehlen sich der Bus 75 (Forum Romanum–Kolosseum–Circo Massimo–Viale Aventino–Piramide und über den Tiber nach Trastevere) oder die kleinen (aber meist vollen) Elektrobusse 116 (Porta Pinciana–Piazza Barberini–Piazza Navona–Campo de' Fiori–Vatikan), 117 (Lateran–Kolosseum–Spanische Treppe) oder der Bus 119 (Piazza del Popolo–Via del Corso–Piazza Venezia–Spanische Treppe). Den Vatikan erreicht man von der Stazione Termini mit der – bei Taschendieben sehr beliebten – Expresslinie 40 oder der Linie 64. Bus 170 und Linie H verbinden Termini mit Trastevere.

Es gibt sechs **Tramlinien**. Eine Fahrt lohnt besonders mit der legendären Linie 3, die allerdings wegen Bauarbeiten derzeit durch Busse ersetzt wird (Trastevere–Porta S. Paolo–Kolosseum–Lateran–S. Croce in Gerusalemme–S. Lorenzo fuori le Mura–Villa Borghese).

Auskunft im Internet: www.atac.roma.it mit interaktivem Stadtplan und Suchmaschine für die besten Bus- und Tramverbindungen (auch auf Englisch und Französisch). Busse der Region Lazio: www.cotralspa.it.

Rom per pedes

Der römische Straßenverkehr ist ein ständiger Fluss, Zebrastreifen sind kein zwingender Grund für Auto- oder Mopedfahrer stehen zu bleiben. Man kommuniziert: Wenn Sie die Straße überqueren wollen, geben Sie ein deutliches Handzeichen, dann aber nicht zaghaft stehen bleiben, sondern entschlossen die Straße überqueren.

Taxis

Die **Tarife** der Taxis in Rom entsprechen ungefähr denen deutscher Großstädte. Für die Beförderung mehrerer Personen, größerer Gepäckstücke sowie bei Nachtfahrten und an Sonn- und Feiertagen werden Zuschläge erhoben. Die Grundgebühr beträgt 2,80 €, an So/Fei 4 €. Unbedingt abzuraten ist von den zahlreichen illegalen Taxis, die Touristen mit Vorliebe am Bahnhof und Flughafen abfangen und am Ende der Fahrt exorbitante Summen verlangen.

Autorisierte Taxis sind weiß (oder gelb), haben einen Gebührenzähler und einen Namen (z. B. Francia 69). **Taxistände in der Innenstadt:** z. B. an der Torre Argentina, Colosseo, Piazza Barberini, Piazza San Silvestro (nahe Spagna), Piazza Belli (Trastevere), Piazzale Ostiense.
Taxiruf: Tel. 06 06 09.

Mit Fahrrad und Vespa unterwegs

Eine Tour mit dem **Fahrrad** lohnt am Sonntag, wenn Teile der Innenstadt und die Via Appia für den Autoverkehr gesperrt sind (Verleiher an der Via Appia Antica 42, nur So und feiertags 9–16.30 Uhr) sowie zu jeder Zeit im Park der Villa Borghese. Seit einigen Jahren gibt es in der Innenstadt ein Netz öffentlicher Fahrradmietstationen. Um das Angebot zu nutzen, muss man sich mit einem Personalausweis an einem ATAC-Point (z. B. an den Metrostationen am Bahnhof oder Piazza di Spagna) anmelden. Dort erhält man eine Smartcard (einmalig 10 €) mit einem obligatorischen Startguthaben von 5 €. 30 Min. kosten 0,50 €. Allerdings häufen sich in letzter Zeit die Klagen über fehlende bzw. fahruntüchtige Räder an den Stationen. Infos unter Tel. 065 70 03, www.bikesharing.roma.it. Die Mitnahme von Fahrrädern ist in den beiden Metrolinien und der Vorortbahn Roma Lido an Werktagen nur nach 21 Uhr, sonn- und feiertags den ganzen Tag möglich. Infos rund ums Radfahren in Rom unter: www.biciroma.it.

Wer mit der **Vespa** durch Rom flitzen möchte, sollte geübt sein: Nicht selten fahren die Autofahrer auf Tuchfühlung.

Fahrrad- und Vespaverleih

Für das Mieten einer Vespa muss man mit etwa 20–50 €/Tag rechnen. Ein Leihfahrrad kostet 3–5 €/Std. oder 10–15 €/Tag.

Bici & Baci: Via Viminale 5 (nahe Piazza della Repubblica), Tel./Fax 064 82 84 43 und 066 78 43 74, www.bicibaci.com.

Bici Pincio: Viale di Villa Medici sowie Viale della Pineta (Villa Borghese), Tel. 066 78 43 74. Auch Kinderfahrräder, Mountainbikes und Tandems.

Scooter Hire: Via Cavour 80, Tel. 064 81 56 69, Fax 06 45 43 57 99, www.scooterhire.it.

Ronconi: Via delle Belle Arti 54/56 (Villa Borghese), Tel. 068 81 02 19, www.ronconibiciclette.it. Auch E-Bikes.

Mit Auto und Mietwagen

Verkehrsregeln

Für Pkw, Motorräder und Wohnmobile gelten innerhalb von Ortschaften 50, außerhalb 90, auf Schnellstraßen 110 und auf Autobahnen 130 km/h; Pkw mit Anhänger dürfen außerorts und auf Schnellstraßen max. 70, auf Autobahnen 80 km/h fahren. Die Alkoholgrenze liegt bei 0,5 Promille!

Autoinsassen müssen außerhalb geschlossener Ortschaften eine reflektierende Warnweste tragen, wenn sie sich nach Panne oder Unfall auf der Fahrbahn aufhalten.

Parken

In Rom sollte man seinen Wagen in einem Parkhaus abstellen. Weite Teile des historischen Zentrums zwischen Tiber, Piazza del Popolo, Piazza Barberini und Piazza Venezia sind für Nicht-Anwohner tagsüber gesperrt bzw. nur mit Sondergenehmigungen (z. B. zum Be- und Entladen am gebuchten Hotel) befahrbar. Ebenfalls gesperrt sind abends die klassischen Ausgehviertel Trastevere und San Lorenzo. Das Verbot wird videoüberwacht.

Innenstadtnahe bewachte Parkhäuser: Park Sì – Villa Borghese, Viale del Muro Torto (2 €/Std., 18 €/Tag, durchgehend geöffnet); Parking Ludovisi, Via Ludovisi 60 (2,20 €/Std., 18 €/Tag, 5.30–1.30 Uhr); Terminal Park, Via Marsala 30–32 beim Hauptbahnhof (5 €/Std., 28,40 €/Tag, die nachfolgenden Tage 16,80 €, 6–0.45 Uhr); Terminal Gianicolo, Via Urbano VIII 16, beim Vatikan (1,90 €/Std., 1.30–6.30 Uhr geschl.).

Günstige Park & Ride-Parkplätze: an den Metrostationen Cipro, Arco di Travertino, Cinecittà und Anagnina der Linie A und Rebibbia, Ponte Mammolo, Santa Maria del Soccorso, Tibur-

Beliebtes Fortbewegungsmittel der Italiener ist auch in Rom der Motorroller

tina, Laurentina, EUR Magliana und Ostiense der Linie B. Gebühr bis max. 16 Std. 2,50 €/Std., 22–6 Uhr geschl.

Gebührenpflichtige Parkplätze im Innenstadtbereich sind blau umrandet. Parkscheine gibt es am Automaten oder im Zeitungskiosk bzw. in einem Tabacchi-Laden.

Leihwagen

Zahlreiche Anbieter von Mietwagen findet man am Flughafen Fiumicino oder an der Stazione Termini. Die Buchung in Deutschland vor Reiseantritt ist empfehlenswert, z. B. über www.billiger-mietwagen.de.

Avis: Flughafen Tel. 06 65 01 15 31, Stazione Termini Tel. 064 81 43 73, Call-Center in Italien Tel. 199 100 133, in Deutschland Tel. 018 05 55 77.

Hertz: Flughafen Tel. 06 65 01 14 04, Stazione Termini Tel. 064 74 03 89, Call-Center in Italien Tel. 199 11 22 11, in Deutschland Tel. 018 05/33 35 35.

Maggiore: Flughafen Tel. 06 65 01 06 78, Stazione Termini Tel. 064 88 00 49, Call-Center in Italien Tel. 848 86 70 67.

Sixt: Flughafen Tel. 06 65 95 35 47, Stazione Termini Tel. 064 74 00 14, Call-Center in Italien Tel. 199 10 06 66, in Deutschland Tel. 018 05 25 25 25.

Übernachten

Rom verfügt über rund 800 Hotels, 800 Bed & Breakfast, 200 religiöse Häuser sowie rund 250 Apartmenthotels und Ferienwohnungen. Sie sind von * (sehr einfach) bis ***** (luxuriös) klassifiziert, darüber gibt es noch eine Fünf-Sterne-Luxuskategorie (*****L). Fünf-Sterne-Hotels genügen den höchsten Ansprüchen. Vier-Sterne-Hotels sollten über Aircondition im Zimmer, Aufenthaltsräume und Parkmöglichkeit verfügen. Zimmer in Drei-Sterne-Hotels müssen mit Telefon und TV ausgestattet sein. In Mittelklassehotels kann man meist zwischen Dusche oder Bad wählen, Letzteres ist etwas teurer. Bei einfachen Hotels (meist sehr kleine Zimmer, z.T. nur mit Waschbecken) handelt es sich oft um Familienbetriebe mit einer kleineren Zahl von Zimmern, die sich auf mehrere Etagen eines Palazzo verteilen. Die italienischen Hotelkategorien geben keine Auskunft über Service, Stil der Ausstattung oder die Lage. Viele Zimmer sind mit einem Doppelbett ausgestattet; wer getrennte Betten haben möchte, muss dies bei der Buchung angeben. Einzelzimmer sind meist recht klein und liegen oft ungünstig.

Die **Preise** pro Zimmer verstehen sich als *rack rates* (offizieller Zimmerpreis). Im Internet, bei Direktbuchung oder über Agenturen kann sich der Preis auch deutlich reduzieren. In der Regel sind die Preise ohne Frühstück angegeben. Seit 2011 wird in Rom eine **Touristensteuer** erhoben. In einem Luxushotel werden ab sofort zusätzlich 3 € pro Nacht, Person und Bett fällig, in einem Drei-Sterne-Hotel oder B&B 2 €. Kinder unter 10 Jahren sind davon ausgenommen.

Außer im Winter und im Monat August ist eine **Reservierung** ganzjährig ratsam, vor allem zwischen April und Oktober, insbesondere aber an Ostern und Weihnachten. Rabatte wie Wochenendarrangements oder Nebensaisontarife gibt es vor allem von November bis Februar und im Juli/August.

Preiswerte Alternativen

Günstiger als Hotels sind **Bed & Breakfast-Unterkünfte** oder **religiöse Häuser** und Institute (s. S. 33 und 34). Allerdings schließen Letztere abends oft bereits gegen 22.30 Uhr. Eine Liste der **Klosterherbergen** vergibt das deutsche Pilgerzentrum (s. S. 14).

Ferienwohnungen findet man im Internet unter www.turismoroma.it oder auf der deutschsprachigen Seite von Christine Martin (www.romabed.de), eine ausführliche Beschreibung mit Fotos und Gästebewertungen auch unter www.italyrents.com. Stylische, zentral gelegene und doch preiswerte Apartments unter www.oh-rome.com.

Eine interessante und preisgünstige Alternative für einen Romaufenthalt ist ein **Wohnungstausch.** Infos und Angebote unter: www.homelink.de. **WG-Zimmer** – vor allem in den Sommermonaten – findet man unter: www.wg-gesucht.de.

Hotelsuche & Reservierung

Die APT Rom und die ENIT in Deutschland (s. S. 15) geben ein kostenloses Verzeichnis der Bed&Breakfast-Unterkünfte und Ferienwohnungen sowie ein Hotelverzeichnis heraus. Eigene Recherche und Buchung übers Internet ist insbesondere über Rom-Websites (s. S. 14) und Anbieter wie www.ho

telreservation.it, www.hrs.de, www.venere.com oder www.romeby.com möglich. Kostenlose Hotelreservierung in Italien auch unter Tel. 800 00 87 77 oder Tel. 066 99 10 00 (tgl. 7–22.45 Uhr, auch deutsch- oder englischsprachig) sowie am Bahnhof Termini (bei Gleis 24), am Flughafen Leonardo da Vinci in Fiumicino (bei den Ankünften T 3). Vor dem Buchen lohnt ein Blick in die Hotelbewertungsportale wie www.tripadvisor.de, www.trivago.de oder www.booking.com.

Edel und teuer

Glamourös – *****L **De Russie** 1: ▶ Karte 1, J 6, Via del Babuino 9, Tel. 06 32 88 81, www.hotelderussie.it, Metro: Flaminio (A), Bus: 117, 119, 129 Zi., EZ 340–530 €, DZ 460–700 €. Nobelhotel mit raffiniertem Innendesign in bester Lage nahe der Piazza del Popolo. Im Sommer kann man in den ›hängenden Gärten‹ speisen oder den Abend an der Stravinskij-Bar ausklingen lassen. Zum Entspannen lädt der exklusive Healthclub (600 m²) ein.

Mondän – *****L **Majestic** 2: ▶ Karte 3, K/L 7, Via Veneto 50, Tel. 06 42 14 41, www.hotelmajestic.com, Metro: Spagna (A), Bus: 95, 116, 119, 101 Zi., EZ 395 €, DZ 640 €. Traditionsreiches Luxushotel (mit Fitnessraum) aus dem Jahr 1899, in dem illustre Persönlichkeiten wie Bill Gates und Madonna gewöhnlich absteigen. Die prunkvoll ausgestatteten Zimmer bieten jeglichen Komfort. Elegantes Restaurant unter der Leitung des hochgelobten Sizilianers Filippo La Mantia (Mo–Sa 20.30–23.30 Uhr, So nur mittags) und Pianobar im Jugendstil.

Exklusiv – *******Palazzo Manfredi** 3: ▶ Karte 1, L/M 10, Via Labicana 125, Tel. 06 77 59 13 80, Fax 06 70 056 38, www.hotelgladiatori.it, Metro: Colosseo (B), Bus: 714, 16 Zi., EZ/ DZ 260–460 €, inkl. Frühstück. In diesem kleinen, exklusiven Hotel sind alle Zimmer in hellen Pastellfarben gehalten. Marmorfußböden, geschmackvolles, modernes Mobiliar und schalldichte Fenster mehren den Wohlfühlfaktor. Ein großer Pluspunkt: der unvergleichliche Blick auf das Kolosseum. Am Abend kann man ihn auch bei einem Candlelight-Dinner von der Dachterrasse genießen.

Komfortabel und stilvoll

Mittendrin und doch ruhig – ******Capo d'Africa** 4: ▶ Karte 1, M 11, Via Capo d'Africa 54, Tel. 06 77 28 01, Fax 06 77 28 08 01, www.hotelcapodafrica.com, Metro: Colosseo (B), EZ 160–180, DZ 180–230 € inkl. Frühstück. Überaus freundliches Designhotel mit schöner Dachterrasse in einer stillen Nebenstraße nahe dem Kolosseum – ideal für Antikenfans. Sehr geräumige Zimmer, z.T. mit Blick auf Kolosseum oder der Kirche San Clemente, reichhaltiges Frühstück und Fitnesscenter.

Freundlich – *****Lancelot** 5: ▶ Karte 1, M 11, Via Capo d'Africa 47, Tel. 06 70 45 06 15, www.lancelothotel.com, Metro: Colosseo (B), Bus: 85, 60 Zi., EZ 110–124 €, DZ 160–196 €, inkl. Frühstück. Überaus freundliches, familiäres Hotel; helle, individuell eingerichtete Zimmer, einige mit Terrasse (1. Stock) oder Balkon (6. Stock) und grandiosem Blick aufs Kolosseum. Im Sommer Bar im begrünten Innenhof. Stilvolles Restaurant.

Verträumt – ******Locarno** 6: ▶ Karte 1, J 6, Via della Penna 22, Tel. 063 61 08 41, www.hotellocarno.com, Metro:

Flaminio (A), 18 Zi., EZ/DZ 239/249–299 €, inkl. Frühstück. Das 1925 gegründete Jugendstilhotel nur wenige Schritte von der Piazza del Popolo entfernt, hat geräumige, mit Stilmöbeln eingerichtete De-Luxe-Zimmer. Im Sommer Frühstück im Garten oder auf der wunderschönen Dachterrasse. Fahrradverleih für Gäste und kostenfreier Internetzugang.

Verspielt – ***__Celio__ 7: ► Karte 1, M 10, Via dei SS. Quattro Coronati 35, Tel. 06 70 49 53 33, www.hotelcelio.com, Metro: S. Giovanni (A), Bus: 85, 117, 850, 19 Zi., EZ 120–150 €, DZ 140–170 €, inkl. Frühstück. Intimes Hotel mit aufmerksamem Service in ruhiger Seitenstraße in der Nähe des Kolosseums. Im Inneren überraschen Mosaikböden und Reproduktionen von Renaissancefresken und Barockgemälden. Frühstück im Zimmer oder auf der Terrasse. Fitnessraum/Internetanschluss auf dem Zimmer.

Gesegnet – ****__Residenza Paolo VI__ 8 ► Karte 1, F8, Via Paolo VI 29, Tel. 06 68 13 41 08, www.residenzapaolovi.com, Bus: 40, 64, 35 Zi., EZ 95–235 €, DZ 145–295 €, inkl. Frühstück. Tür an Tür mit dem Papst übernachten! Das ehemalige Augustinerkloster, dessen 29 Mönchskammern in moderne Hotelzimmer umgewandelt wurden, liegt gegenüber dem Arbeitszimmer des Papstes. Für Gruppen und Individualreisende wird ein auf den Vatikan zugeschnittenes Spezialprogramm angeboten, z. B. eine Privatführung durch die Vatikanischen Museen.

Idyllisch – ***__Santa Maria__ 9: ► Karte 3, H 10, Vicolo del Piede 2, Tel. 065 89 46 26, 065 89 54 74, www.htlsantamaria.com, Bus: H, 63, 780, Tram: 8, 20 Zi., EZ 90–190 €, DZ 100–230 €, inkl. Frühstück. Die liebevoll eingerichteten Zimmer dieses idyllischen und ruhigen Hotels im Herzen von Trastevere liegen im Erdgeschoss eines ehemaligen Kreuzganges aus dem 18. Jh. Den Abend kann man in der Bar oder im großen Innenhof ausklingen lassen. Ideal auch für Kinder.

Luxus pur: Speisen in den ›hängenden Gärten‹ des De Russie

Romantisch – ***__Scalinata di Spagna__ 10: ► Karte 3, K7, Piazza Trinità dei Monti 17, Tel. 06 69 94 08 96, www.hotelscalinata.com, Metro: Spagna (A), 16 Zi., (DZ als) EZ 90–170 €, DZ 110–230 €, inkl. Frühstück. Kleines Haus in traumhafter Lage oberhalb der Spanischen Treppe. Die Zimmer mit Balkon sind meist lange im Voraus ausgebucht. Das Frühstück wird auf der herrlichen Panoramaterrasse serviert.

Intim – ***__Villa San Pio__ 11: ► Karte 1, J 12, Via Santa Melania 19, Tel. 06 57 00 57, www.aventinohotels.com, Bus: 23, 716, EZ 105–160 €, DZ 150–240 €, inkl. Frühstück. Im grünen, ruhigen Villenviertel Aventin liegt dieses charmante Hotel, das aus drei kleinen Häusern besteht. Die 74 eleganten, mit Stilmöbeln eingerichteten Zimmer haben Marmorbäder mit Whirlpool. Viele Zimmer mit Balkon/Terrasse. Im Sommer Frühstück im bezaubernden Garten.

Stylish – *****__Radisson SAS es. Hotel__ 12: ► Karte1, N 9, Via F. Turati 171, Tel. 06 44 48 41, www.radissonblu.de, Metro: Termini (A/B), Bus: 70, 71, 105, 235 Zi., EZ/DZ 150–450 €, inkl. Frühstück. Preiswertes Luxushotel im Herzen des bahnhofsnahen Esquilin. Gläserne Fassaden und lichtdurchflutete Zimmer in minimalistischem Design, Fitnesscenter, Spa und riesiger Pool mit Blick über die Stadt. Voll im Zeitgeist: die Schlafinsel mit integrierter Badewanne und

Heimkino mit Plasmabildschirm. Gourmets treffen sich in den zwei Restaurants zu hochkarätiger klassischer Küche und kreativen Fusion-Gerichten.

Ruhig – ****Kolbe 13: ▶ Karte 3, K 10, Via San Teodoro 44, Tel. 06 69 92 42 50, 066 79 88 66, www.kolbehotelrome.com, Bus: 170, 72 Zi., EZ 130–190 €, DZ 190–260 €, inkl. Frühstück. Möchten Sie von Vogelgezwitscher und mit Blick auf Palmen wach werden oder eher mit Aussicht auf den Palatin? Im Designhotel Kolbe geht beides. Das von außen unscheinbare, ungemein ruhige Hotel überrascht mit geräumigen, klar designten Zimmern und einem Garten, in dem man auch frühstückt.

Einfach und günstig

Trendy – **Sole 14: ▶ Karte 3, H 9, Piazza del Biscione 76, Tel. 06 68 80 68 73, www.solealbiscione.it, Bus: 64, 116, 60 Zi., EZ 90–100 € (mit Dusche), DZ 145 € (mit Dusche). Tolle Lage nahe Campo de' Fiori. Das von Grund auf renovierte Hotel wurde auf den Überresten des Pompejus-Theaters errichtet. Einige Zimmer mit Bad und WC auf dem Gang. Sonniger Dachgarten mit Blick auf Sant'Andrea della Valle sowie kleiner Innenhof. Mit Garage.

Einladend – **Artorius 15: ▶ Karte 3, L 9, Via del Boschetto 13, Tel. 064 82 11 96, www.hotelartoriusrome.com, Bus: 64, 10 Zi., EZ 95–145 €, DZ 120–195 €, inkl. Frühstück. Das im Herzen des Monti-Viertels gelegene Hotel hat nach seiner Eröffnung in kürzester Zeit eine kleine Fangemeinde um sich geschart. Kein Wunder: Die Zimmer sind geräumig und geschmackvoll eingerichtet, gefrühstückt wird im offenen, schattigen Innenhof, die Atmosphäre ist familiär. Besonders schön: Zimmer 108 (mit Terrasse) und Zimmer 103.

Preisgünstig buchen
Eine Liste erschwinglicher Ho(s)tels, B & B, Apartements oder Guest houses mit aktuellen Angeboten auch unter: www.rome30.com oder www.hostelsclub.com.

Belebt – ***Trastevere 16: ▶ Karte 1, H 11, Via Luciano Manara 24a/25, Tel. 065 81 47 13, www.hoteltrastevere.net, Tram: 8, Bus: H, 23 Zi., auch Mehrbettzimmer und Apartments, EZ 80 €, DZ 105 €, inkl. Frühstück. Freundliches Hotel mit aufmerksamem Service im Herzen von Trastevere. Die größtenteils geräumigen Zimmer liegen an der belebten Piazza Cosimato – ein guter Standort an Markttagen.

In Vatikannähe – **Al San Pietrino 17: ▶ Karte 1, F 6, Via Giovanni Bettolo 43, Tel. 06 37 00 132, www.sanpietrino.it, 12 Zi., EZ 32–90 €, DZ 48–118 €, ohne Frühstück. Gut geführte Pension im 3. Stock eines Palazzo, nur 10 Min. zu Fuß vom Vatikan entfernt, mit einfachen, sehr sauberen Zimmern, z. T. mit Gemeinschaftsbädern. Rund um das Hotel gute Trattorien und Einkaufsmöglichkeiten. Internetanschluss.

Gepflegt – **Teti 18: ▶ Karte 1, M 8/9, Via Principe Amedeo 76, Tel./Fax 06 48 90 40 88, www.hotelteti.it, Metro: Termini (A/B), 12 Zi., EZ 40–75 €, DZ 65–130 €. Gut ausgestattete, saubere, sehr ansprechende Zimmer im 2. Stock eines bahnhofsnahen Palazzo. Auch ein kleiner Frühstücksraum ist vorhanden.

Familiär – **Papa Germano 19: ▶ Karte 1, M 7, Via Calatafimi 14 a, Tel. 06 48 69 19, www.hotelpapagermano.

com, Metro: Termini, 19 Zi., auch Mehrbettzimmer, EZ (mit externem Bad) 35–60 €, DZ 50–120 €. Sauberes Hotel mit einfachen, freundlichen Zimmern in ruhiger Lage nahe Bahnhof. Alle mit AC, Frigo bar, Telefon, Internetzugang.

Basic – ***Cervia** 20: ▶ Karte 1, N 7, Via Palestro 55, Tel. 06 49 10 57, www.hotelcerviaroma.com, Metro: Termini (A/B), 28 Zi., EZ 30–40 €, EZ/B 40–70 €, DZ 45–70 €, DZ/B 55–90 €, Preise inkl. Frühstück. Schlichtes, sauberes, grundlegend renoviertes Hotel auf mehreren Stockwerken eines alten Palazzo nahe dem Hauptbahnhof.

Nur für Frauen – **Casa Internazionale delle Donne,** Foresteria Orsa Maggiore 21: ▶ Karte 3, G 9, Via San Francesco di Sales 1a, Tel. 066 89 37 53, www.casainternazionaledelledonne.org, Bus: 23, 115, 13 Zi., Übernachtung von 26 € im Sechsbettzimmer bis 75 € im EZ. Internationales Frauenhaus in einer ehemaligen Klosteranlage im Herzen von Trastevere. Die hellen Zimmer zeichnen sich durch klares, modernes Design aus. Bis auf ein Einzelzimmer haben alle Gemeinschaftsbäder. Zum Haus gehören auch ein Restaurant, ein Café, eine Bibliothek sowie ein schöner Innenhof.

Religiöse Häuser

In bester Lage – **Casa Santa Brigida** 22: ▶ Karte 3, H 9, Piazza Farnese 96, Tel. 06 68 89 25 96, www.brigidine.org, Bus: 46, 62, 64, 32 Zi., EZ 75–120 €, DZ 150–200 €, inkl. Frühstück. Von Schwestern geführtes Haus in bester Lage im römischen Nightlife-Viertel. Dafür nimmt man auch den wenig christlichen Preis in Kauf …

In Vatikannähe – *****Casa Valdese** 23: ▶ Karte 1, H 6, Via Alessandro Farnese 18, Tel. 063 21 53 62, www.casavaldeseroma.it, Metro: Lepanto (A), 33 Zi., EZ 88–96 €, DZ 116–130 €, inkl. Frühstück. Protestantisch geführtes Haus mit komfortablen Zimmern nahe dem Vatikan.

Zweckmäßig – **Casa S. Francesca Romana a Ponte Rotto** 24: ▶ Karte 1, J 11, Via dei Vascellari 61, Tel. 065 81 21 25, www.sfromana.it, Bus: 23, 40 Zi., EZ 62–89 €, DZ 89–129 €, inkl. Frühstück; Schließung um 2 Uhr. Mitten in Trastevere laizistisch geführtes Haus mit hübschem Innenhof und zweckmäßig eingerichteten Zimmern.

Sehr gutes Preis-Leistungs-Verhältnis – **Istituto Maria SS. Bambina** 25: ▶ Karte 1, F 8, Via Paolo VI. 21, Tel. 06 69 89 35 11, Fax 06 69 89 35 40, imbspietro@mariabambina.va, 35. Zi., EZ 60 €, DZ 110 €, inkl. Frühstück; Schließung um 23 Uhr. Moderne, sehr saubere Zimmer neben dem Petersplatz. Frühzeitige Reservierung unbedingt empfohlen!

Jugendhotels

Kommunikativ – ***Colors Hotel & Hostel** 26: ▶ Karte 1, G 7, Via Boezio 31, Tel. 066 87 40 30, www.colorshotel.com, Metro: Ottaviano (A), Bus: 23, 34, 49, 492, 990, 6 Zi., EZ/B 45–75 €, DZ/B 60–120 €, inkl. Frühstück. Originelle Herberge in einem Palazzo beim Vatikan mit nach Geschossen getrennten einfachen Zimmern und Schlafsälen. Das meist junge Publikum trifft sich zum Klönen in der Gemeinschaftsküche oder zum Rauchen auf der Terrasse. Internetzugang. In der Nähe von Termini auch **Apartements** (www.myromeapartment.com).

Rauchfrei – *****Hotel & Hostel Des Artistes** 27: ▶ Karte 1, N 7, Via Villafranca

20, Tel. 064 45 43 65, www.hostel rome. com, Metro: Termini (A/B), nur DZ 55–95 € (mit Gemeinschaftsbad), 94–159 € (mit Bad). Gepflegtes, rauchfreies Hotel auf mehreren Etagen. Im 1.–4. Stock Zimmer mit Bad, im 5. Stock mit Gemeinschaftsbädern auf dem Flur. Alle Zimmer mit Waschbecken, Telefon, TV, Safe und Deckenventilator. Gemischte Schlafsäle im 2. Stock (max. 6 Pers., Gemeinschaftsbäder, 15–26 €/Nacht). Schöne Dachterrasse für alle Gäste; freier Internetanschluss.

Entspannt – **Casa della Palma** 28: ▶ Karte 1, P 9, Via dei Sabelli 98, Tel. 064 45 42 64, www.casadellapalma.com, Tram: 3, EZ 50–70 €, DZ 60–80 €. Das Gästehaus liegt in einem schönen ruhigen Hinterhof mitten im Studentenviertel von San Lorenzo. Geräumige Zimmer teilweise mit Marmorbädern und Badewanne, auch Aircondition und Internetzugang.

Bed & Breakfast

In Rom gibt es inzwischen eine große Auswahl an B & B-Unterkünften. Eine Liste findet man unter www.turismo roma.it (Infos über Preise und Lage).

Mehr Informationen bei: Bed & Breakfast Italia, Corso Vittorio Emanuele II 282, Tel. 066 87 86 18, www.bbitalia.it; B & B Association of Rome, Via A. Pacinotti 73/e, Tel. 06 55 30 22 48, www.b-b.rm.it, oder Sleep In Italy, Tel. 06 32 65 09 22, www.sleepinitaly.com.

Wenige Schritte vom Pantheon entfernt – **Pantheon View** 29: ▶ Karte 3, J 8, Via del Seminario 87, Tel./Fax 066 99 02 94, www.pantheonview.it, Bus: 116, 4 Zi., EZ 79–170 €, DZ 89–170 €. Mit Stilmöbeln eingerichtete Zimmer, alle mit Marmorbädern, drei mit Balkon.

Exklusive B & B-Adressen

Gehobenere Bed & Breakfast-Unterkünfte sind das Relais Le Clarisse (www. leclarisse.com) und das Buonanotte Garibaldi (www.buonanottegaribaldi. com), beide in Trastevere, oder auch die Casa Howard (www.casahoward.it) nahe der Spanischen Treppe.

Erlesen – **San Michele a Porta Pia** 30: ▶ Karte 1, N 6, Via Messina 15, Tel. 06 44 25 05 96, mobil 34 92 64 45 05, www.bbsanmichele.com, Metro: Castro Pretorio (B), EZ 40–75 €, DZ 60–110 €, inkl. reichhaltigem Frühstück. Geschmackvoll eingerichtete Zimmer in einem eleganten Apartment im 5. Stock eines Palazzo nur einen Katzensprung von Termini.

Zentral und günstig – **La Casa di Amy** 31: ▶ Karte 1, M9, Via Principe Amedeo 85a, Tel. 064 46 07 08, www.laca sadiamy.com, Metro: Termini(A/B), EZ 40–118 €, DZ 56–170 €, inkl. reichhaltigem Frühstück. Schöne Zimmer, zentrale Lage und günstig!

Camping

Stadtnah – **Flaminio Village** 32: ▶ Karte 1, außerhalb H 2, Via Flaminia Nuova 821, Tel. 063 33 26 04, Tel. 063 33 14 29, www.campingflaminio.com, ganzjährig geöffnet, Nahverkehrszug Roma–Viterbo, Bedarfshaltestelle Due Ponti bis Flaminio, dort umsteigen in Metrolinie A, Auto 4,50–5,30 €, Zelt 4,50–5,90 €, Camper 10,50–12,60 €, Erw. 9,50–10,40 €; Bungalows für 1 Pers. 36–52 €, 2 Pers. 52–72 €, zzgl. ca. 14 €/Pers. 80 000 m^2 großer Vier-Sterne-Platz mit 90 Bungalows und 90 Zimmern, Markt, Restaurant/Pizzeria, Internetcafé und Schwimmbad in Roms Norden.

Essen und Trinken

Wie Sie das richtige Restaurant finden ...

Mit diesem Buch
Auf den folgenden Seiten finden Sie eine Auswahl derjenigen Ristoranti, die zu den besten der Stadt zählen, sich als bewährte Klassiker römischer Kochkunst einen Namen gemacht haben oder die gerade angesagt und in aller Munde sind. Dazu kommen volkstümliche Trattorie mit meist bodenständiger Küche und lokalen Spezialitäten, Osterie mit ihrem ureigenen Charme sowie ausgezeichnete Pizzerie. Es handelt sich dabei ausnahmslos um Lokale, für die sich der mitunter etwas längere Weg kreuz und quer durch die Stadt lohnt.

Weitere Adressen, darunter auch gute und günstige Stadtteilrestaurants, finden Sie bei der Beschreibung der einzelnen Stadtviertel (Übersicht s. unten).

Hier können Sie sich selbst umsehen ...
In den folgenden Straßen und Stadtvierteln können Sie sich dank der großen Anzahl an ansprechenden Lokalen immer spontan entscheiden: im gesamten *centro storico,* v. a. rund ums Pantheon, die Piazza Navona und den Campo de' Fiori sowie in Trastevere rund um die Piazza S. Maria in Trastevere und im Viertel San Lorenzo.

Ristorante, Trattoria oder Pizzeria?

Bei rund 3500 Ristoranti, Trattorie, Pizzerie, Osterie und Enoteche hat man die Qual der Wahl. Hinzu kommt, dass der Name oft nur noch wenig über den

Gastronomie in den Vierteln Roms

Das antike Zentrum
Stadtviertelkarte S. 124
Restaurantbeschreibung S. 140

Im Herzen der Altstadt
Stadtviertelkarte S. 146
Restaurantbeschreibung S. 167

Vom Vatikan nach Trastevere
Stadtviertelkarte S. 174
Restaurantbeschreibung S. 194

Entlang der Via del Corso
Stadtviertelkarte S. 205
Restaurantbeschreibung S. 211

Piazza della Repubblica zur Villa Borghese
Stadtviertelkarte S. 218 und S. 233
Restaurantbeschreibung S. 234

Caelius, Esquilin und Roms Nordosten
Stadtviertelkarte S. 240 und S. 255
Restaurantbeschreibung S. 259

Vom Aventin ans Meer
Stadtviertelkarte S. 268 und Karten 2 und 5 auf der Rückseite der Reisekarte
Restaurantbeschreibung S. 268, 273, 278

Lokaltyp aussagt – die Grenzen sind fließend. Hinter der Bezeichnung **Ristorante** kann sich das vornehme, geräumige Lokal mit weiß gedeckten Tischen, breit gefächerter Speisekarte und gut sortierten Weinen verbergen – oder ein schlichtes Speiselokal.

Mehr Atmosphäre und Volkstümlichkeit suggeriert die **Trattoria,** die überwiegend als Familienbetrieb geführt wird, was aber in Rom nur noch selten der Fall ist. In oft rustikalem Ambiente wird bodenständige Küche mit günstigen Tagesgerichten, lokalen Spezialitäten und süffigen Hausweinen serviert.

Günstige Alternativen zu mehrgängigen Menüs bietet die **Pizzeria,** die nicht selten an ein Ristorante angeschlossen ist und meist erst am Abend öffnet. Besonders gut schmecken die *pizze* aus dem Steinofen, die man je nach Geschmack *alla romana,* d. h. mit flachem Boden, oder *alla napoletana,* d. h. mit dickem Boden bestellen kann. Das klassische Getränk zur Pizza ist in Italien übrigens Bier und nicht Wein.

Einfach nur ein gutes Glas Wein trinken kann man in den **Enoteche,** auch Vinerie oder Wine Bars genannt, Weinhandlungen, die auch kleine, z. T. warme Gerichte servieren.

Die schönsten **Dachterrassen** sind in den Händen der großen Luxushotels und in der Regel nur von Mai bis Oktober geöffnet. Schöne Ausblicke bieten auch einige **Museumscafés,** so beispielsweise das Caffè Capitolino.

Auf keinen Fall versäumen sollte man den Besuch einer guten **Gelateria** mit ihrem sortenreichen, hausgemachten Eis (s. S. 42). Eine römische Institution sind im Sommer die **Grattacchecche,** einfache Eisbuden, wo man sich mit einer *granita*, zerstoßenem Eis, das mit Fruchtsirup übergossen wird, erfrischen kann (s. S. 42).

Cucina romana

Die traditionelle *cucina romana*, die man vor allem noch im Testaccio- und im jüdischen Viertel genießen kann, ist eine herzhaft-bäuerliche Küche. Eine römische Spezialität sind die *bucatini all'amatriciana,* dünne Teigröllchen mit einer scharfen Tomaten-Bauchspeck-Sauce und Pecorino-Käse; benannt sind sie nach der Stadt Amatrice. Bei *tonnarelli cacio e pepe* handelt es sich um dünne, lange Nudeln mit Käse und Pfeffer. Besonders am Donnerstag werden gern *gnocchi alla romana* (gebratene Grießklößchen) auf den Tisch gebracht.

Aus der römischen Tradition, dem Schlachter das »fünfte Viertel«, d. h. die Innereien u. Ä., eines gevierteilten Tieres zu überlassen, haben sich einige typische Gerichte entwickelt: *trippa alla romana* (Rindskutteln), *cervello* (Hirn), *fegato* (Leber) oder *coda alla vaccinara* (Ochsenschwanz). Wem diese Spezialitäten nicht das Wasser im Mund zusammenlaufen lassen, sollte sich an *abbacchio* (Milchlamm) oder *baccalà* (Stockfisch) halten. Klassische Gemüsebeilagen sind *carciofi* (Artischocken), *fior di zucca* (Zucchiniblüten) oder *puntarelle* (Zichoriensalat). Dazu passen gut die süffigen Castelli-Weine (Frascati, Colli Albani und Velletri).

Die großen Zuwanderungen vor allem aus dem Süden Italiens sind nicht ohne Einfluss auf die kulinarische Landschaft geblieben. Auch andere regionale Küchen – von toskanisch bis sizilianisch – sind in Rom durchaus gut vertreten. Zu den In-Lokalen Roms zählt heute aber auch manches Restaurant der neuen Generation von Einwanderern. So bekommt man meisterlich zubereitete *sushi* und *sashimi, tandoori* und *biryani, hummus* und *cous-cous.*

Kulinarischer Alltag

Anders als in Nordeuropa fristet das Frühstück in Italien nur ein Schattendasein – meist nimmt man es schnell auf dem Weg zur Arbeit ein: Ein Espresso, schlicht *caffè* genannt, oder *cappuccino* mit einer *brioche* oder einem *cornetto* (süßes Hörnchen) muss genügen. Und doch: Die Römer lieben es, essen zu gehen, am besten mit vielen Freunden und *all'aperto* – unter freiem Himmel. Mittags und abends setzt man sich etwas später zu Tisch als im Norden Europas, zu Mittag *(pranzo)* frühestens gegen 13 Uhr, am Abend *(cena)* selten vor 20.30 Uhr, im Sommer gerne noch später. Doch auch in Rom wächst die Zahl jener Berufstätigen, die mittags nur eine Kleinigkeit zu sich nehmen – dieser Nachfrage kommen immer mehr Lokale mit günstigen Tagesgerichten nach. Den kleinen Hunger stillt man mit einer *pizzetta,* einem *panino* (belegtes Brötchen) oder einem *tramezzino,* einem dreieckigen Weißbrotsandwich.

Restaurant-Gepflogenheiten

Bei einem Restaurantbesuch ist es unüblich, dass Gäste sich selbst einen freien Tisch aussuchen. Man wartet, bis der Ober einen Tisch zuweist. Auch ist es nicht üblich, in einem Speiselokal nur *Antipasti* oder einen Salat zu essen oder nach dem Essen noch eine weitere Flasche Wein zu bestellen und stundenlang weiterzutrinken. Wenn man zu mehreren essen war, verlangt man keine gesonderte Rechnung, sondern teilt den Betrag. Bei zufriedenstellendem Service lässt man das Trinkgeld einfach auf dem Tisch liegen.

Für viele der hier vorgestellten Lokale empfiehlt sich eine telefonische Tischreservierung, vor allem für den Abend. Manche Lokale haben am Abend und v. a. am Wochenende feste Essenszeiten, sogenannte *turni,* z. B. 20–21.30 oder 21/21.30–23 Uhr. Ruhetag ist häufig der Sonntag- oder Montagabend. Viele Lokale schließen im August. Normalerweise haben die Küchen bis etwa 23 Uhr geöffnet.

Das Preisniveau in den Restaurants entspricht dem europäischen Durchschnitt. Fast alle Lokale, auch sehr gute, bieten günstige Mittagsmenüs an. Allgemein im Preis enthalten ist der Service von 15 %. Immer weniger Lokale erheben hingegen noch *pane e coperto* (Brot und Gedeck), das zwischen 1,50 € und 5 € schwanken kann.

Preisangaben in diesem Reiseführer: Die Preise beziehen sich auf ein Drei-Gänge-Menü ohne Getränke.

Spitzengastronomie

Die mit den meisten Sternen, Kochmützen und Gabeln ausgezeichneten Lokale sind überwiegend Hotelrestaurants, daneben gibt es auch einige Stadtlokale mit Auszeichnungen.

Primus inter pares – **La Pergola:** ▶ Karte 1, E 5, Via Cadlolo 101, Tel. 06 35 09 21 52, Reservierungen sind bis 20 Uhr möglich, Bus: 907, 913, 991, Di–Sa 19.30–22.30 Uhr, 6-Gänge Menü 190 €, 9-Gänge Menü 210 €; Reservierung obligat. Als bestes Lokal der Stadt gilt seit Jahren unangefochten das Hotelrestaurant des Hilton. Maître de Cuisine ist der Bayer Heinz Beck. Beim Essen weiß man kaum, was man mehr genießen soll, seine fantasievollen Kreationen, wie Hummer mit Auberginenmousse und Tomaten, Terrine mit Mozzarella und gebratenen Gambas auf Olivenragout, oder den atemberaubenden Blick von der Dachterrasse auf Rom.

Hier legt ein Bayer Hand an: Heinz Beck, Küchenchef im La Pergola

Fangfrisch – **Quinzi & Gabrieli:** ▶ Karte 3, J 8, Via delle Coppelle 6, Tel. 066 87 93 89, Bus: 116, 12.30–14.30, 19.30–23.30 Uhr, Mo mittags geschl., Menü 130 €, inkl. Wein. Mit dem nahen **Rosetta** (Via della Rosetta 8, www.larosetta.com, So mittags geschl., mittags 50 €, abends 150 €) gehört dieses beliebte Lokal am Pantheon zu den besten Fischrestaurants Roms. Azurblaue Trompe-l'œil-Malereien mit Meeresmotiven schmücken die Säle in dem Palazzo aus dem 16. Jh. Im Sommer Tische im Freien.

Exquisit – **Il Convivio:** ▶ Karte 3, H 8, Vicolo dei Soldati 31, Tel. 066 86 94 32, www.ilconviviotroiani.com, Metro: Spagna (A), Bus: 40, 64, Mo–Sa 20–23 Uhr, Degustationsmenü 95–110 €. In ihrem kleinen, gemütlichen Lokal in Pantheon-Nähe kochen die Troiani-Brüder seit Jahren auf höchstem Niveau und verbinden geselliges Beisammensein mit überraschenden Gaumenfreuden, z. B. geräucherte Entenbrust mit Salat in Himbeeressig oder als *primo* Kichererbsensuppe mit Rosmarin, Sardellen und Hummer. Große Weinkarte, ausgezeichneter Service.

Traditionslokale

Authentisch – **Checchino dal 1887:** ▶ Karte 1, H/J 13, Via Monte Testaccio 30, Tel. 065 74 38 16, www.checchino-dal-1887.com, Metro: Piramide (B), Bus: 75, Di–Sa 12.30–15, 20–24 Uhr, Degustationsmenü 40–70 € oder à la carte. Lassen Sie sich nicht abschrecken von der etwas altmodischen Atmosphäre! Hier gibt's authentische römische Küche auf höchstem Niveau. Schließlich wurde hier gegenüber vom einstigen Schlachthof die *coda alla vaccinara* erfunden. Dazu kredenzt man erstklassige Weine. Im Sommer Tische im Freien. Angemessene Kleidung erwünscht.

Regionales Schlaraffenland – **Palatium – Enoteca Regionale:** ▶ Karte 3, J 7, Via Frattina 94, Tel. 06 69 20 21 32, www.enotecapalatium.it, Metro: Spagna (A), Laden: Mo–Sa 11–23 Uhr, Enoteca/Restaurant: Mo–Sa 12.30–15.30, 19.30–23 Uhr, 10 €/35–40 €. In schickem Osteria-Ambiente werden Weine und Spezialitäten aus dem Latium serviert. Küchenchef Severino Gaiezza bereitet seine Gaumenfreuden nach alten Rezepten zu. Kosten Sie die Auberginen-Roulade mit *ricotta romana* oder die köstlich zubereiteten Fische aus dem Bolsena-See.

Bodenständig – **Dal Cavalier Gino:** ▶ Karte 3, J 8, Vicolo Rosini 4/Ecke Piazza del Parlamento, Tel. 066 87 34 34, Bus: 175 oder Metro: Barberini (A), dann Bus 116, Mo–Sa mittags und abends je zwei Durchgänge *(turni),* um 13 und 14.30 sowie um 20 und 21.30 Uhr, Menü 25–30 €. In der Mittagspause treffen sich hier die Politiker des nahen Parlaments zu einem ausgedehnten Essen. Gutbürgerliche, traditionelle römische Gerichte wie *tonnarelli alla ciociaria* (Eierbandnudeln mit Speck, Pilzen und Erbsen).

Gutbürgerlich – **Hostaria Farnese:** ▶ Karte 3, H 9, Via dei Baullari 109, Tel. 06 68 80 15 95, Bus: 64, Fr–Mi 12–15, 19–23 Uhr, Menü 25 €. Kleiner Familienbetrieb mit dem altmodischen Charme einer Trattoria der 60er-Jahre. Lassen Sie sich von Vater und Sohn in gediegenen Kellneranzügen beraten! Gute Fisch- und Gemüsegerichte, auch Pizzeria.

Zum Wohlfühlen – **Maccheroni:** ▶ Karte 3, J 8, Piazza delle Coppelle 44, Tel. 06 68 30 78 95, www.ristorante maccheroni.com, Bus: 175, Menü 30–35 €. Auch nach vielen Jahren bleibt dieses Lokal, eine einstige Schlachterei in unmittelbarer Nähe des Pantheon, eine schöne Mischung aus Tradition und Moderne. Die Stärke der Küche sind klassische römische Nudelgerichte. Besonders zu empfehlen: die hausgemachten *dolci.*

Unverwechselbar – **Dar Filettaro a Santa Barbara:** ▶ Karte 3, H 9, Largo dei Librari 88, Tel. 066 86 40 18, Bus: 63, Tram: 8, Mo–Sa 17.30–22.30 Uhr, Menü 15 €. Urrömisches, schlichtes Lokal, wo sich alles um *baccalà* dreht: knusprig frittiertes Klippfischfilet. Gut auch die *puntarelle* mit Knoblauch und Sardellen, ebenso die Bohnen.

Aus dem Holzofen – **Bir & Fud:** ▶ Karte 1, H 10, Via Benedetta 23, Tel. 065 89 40 16, Tram: 8, Bus: H, 23, tgl. 19.30–24 Uhr, Fr/Sa bis 2 Uhr, ab 8 €. Kleines Lokal mit Biertheke und Holztischen, in dem ausgezeichnete krosse Holzofenpizze serviert werden, aber auch *supplì* und *calzoni*.

Urig – **Er Buchetto:** ▶ Karte 1, M 8, Via del Viminale 2 F, Tel. 064 88 30 31, Metro: Termini (A/B), Mo–Fr 9.30–15, 17–21, Sa 9.30–15 Uhr, ab 5 €. Filmreifes Schlauchlokal mit einer Handvoll Tische, wo Sie zu erstaunlich niedrigen Preisen nach Herzenslust *porchetta,* Käse und süffigen Hauswein genießen können; s. auch S. 220.

Szenegastronomie

Für Gourmets – **Glass Hostaria:** ▶ Karte 3, H 10, Vicolo del Cinque 58, Tel. 06 58 33 59 03, www.glasshostaria.it, Bus: H, Di–So 20–2 Uhr, Menü 65–90 €. Mitten im Herzen des Trastevere-Viertels mit seinen efeuumrankten Palazzi, dem holprigen Kopfsteinpflaster und den schon fast folkloristischen Standbildern stößt man auf das ambitionierte und exquisite ›Glass‹. Der neue Stern am römischen Küchenhimmel begeistert mit einem modernen Ambiente aus Holz, Stein und Glas, vor allem aber mit einer kreativen, fantasievollen Küche, die immer wieder mit neuen Gaumenfreuden überrascht. Wer hier am Wochenende essen möchte, sollte schon am Mittwoch reservieren.

Immer trendig – **'Gusto:** ▶ Karte 3, J 7, Piazza Augusto Imperatore 9, Tel. 063 22 62 73, www.gusto.it, Bus: 81, 117, 119, 628, 913, 926, tgl. 12.30–15, 19.30–24, Pizzeria bis 1 Uhr, Pizzeria 18 €, Ristorante 45 €. Sie wollen mit Blick auf kaiserliche Ruinen und modernste Architektur kreative Küche genießen oder doch nur eine Pizza essen? Sie interessieren sich für Küchendesign und Kochbücher? Dann sind Sie bei Gusto richtig. Denn das trendige Lokal unter den Arkaden an der Piazza bietet alles in einem. Zum Gusto-Imperium gehören ebenfalls das **Tatì al 28** (Aperitifbar mit darüberliegendem Restaurant, tgl. 8–24 Uhr) und in der Parallelstraße die Osteria della Frezza (s. u.).

Filmreif – **Babette:** ▶ Karte 1, J 6, Via Margutta 1, Tel. 063 21 15 59, www.babetteristorante.it, Metro: Spagna/Flaminio (A), Bus: 117, Di–Sa 9–23 Uhr, So nur mittags, Mo nur abends, Menü 45 €, mittags auch Buffet 12–25 €. Das noch junge Lokal präsentiert sich im old-fashioned Osteria-Look. Verblichene Wände in warmen Ockertönen, Holztische mit bauchigen Chianti-Flaschen, zwei traumhafte Innenhöfe und eine Karte mit klassischen Antipasti, römischen Pastagerichten, Salaten und Pizze. Ideal auch zum Frühstücken.

Evergreen – **Margutta RistorArte:** ▶ Karte 1, J 6, Via Margutta 118, Tel. 06 32 65 05 77,www.ilmargutta.it, Metro: Spagna/Flaminio (A), Bus: 117, 119, tgl. 12.30–15.30, 19.30–23.30 Uhr, Menü/Buffet Mo–Fr 12–18 €, Sa, So, Fei 25 €, abends à la carte ab 30 €. Das erste vegetarische Lokal der Stadt sorgt noch stets für raffinierte fleischlose Genüsse. Seinen Tribut an die Künstlerstraße Roms zollt es mit Ausstellungen junger Maler und Bildhauer. Sonntagsbrunch.

Hält, was der Name verspricht – **Osteria della Frezza:** ▶ Karte 3, J 7, Via della Frezza 16, Tel. 063 22 62 73, Metro: Spagna/Flaminio (A), Bus: 117, 119, tgl. 12.30–15, 19.30–24 Uhr, à la carte ab 15 €. Endlich mal wieder eine Osteria, die sich ihres Namens würdig erweist! In stimmungsvollem, trendigem Ambiente lassen sich gute Weine und ›einfache‹, bodenständige Gerichte zu vernünftigen Preisen kosten. Mit Schwerpunkt auf der römischen Küche gibt es *spaghetti cacio e pepe, abbacchio* oder *coda alla vaccinara.* Die Spezialität des jungen Teams liegt in der ausgezeichneten Käse- und Wurstauswahl.

Für Genießer – **Vineria Roscioli:** ▶ Karte 3, J 9, Via dei Giubbonari 21, Tel. 066 87 52 87, www.salumeriaroscioli.com, Bus: 40, 64, Mo–Sa 12.30–16, 20–24, Aperitifs 18–19.30 Uhr, Menü 55 €. Eigentlich führen die Brüder Viscioli Lebensmittelläden, ein Delikatessengeschäft und eine Bäckerei. In einer Ecke der *salumeria* haben sie jetzt eine Wine Bar mit Restaurant eingerichtet, wo sie exzellente Weine ausschenken und innovative Köstlichkeiten servieren.

Aus aller Welt

Innovativ – **Green T.:** ▶ Karte 3, J 9, Via del Piè di Marmo 28, Tel. 066 79 86 28, www.green-tea.it, Bus: 40, Mo–Sa 12.30–15, 19.30–24 Uhr, Business-Lunch 9–17 €, abends à la carte, Menü 40–50 €. Das nach Feng-Shui-Kriterien eingerichtete chinesische Lokal mit winzigem Garten lädt zu einer Reise in den Orient ein. Legendär: Ente nach Peking-Art, ausgezeichnet die Fischgerichte.

Traditionell – **Hamasei:** ▶ Karte 3, K 8, Via della Mercede 35/36, Tel. 066 79 21 34, www.roma-hamasei.com, Bus 175, Di–So 12–14.30, 19.15–22.30 Uhr, Menü mittags 15 €, abends 50 €. Das erste japanische Restaurant in Rom überzeugt noch immer mit besten *sushi, sashimi* und *tempura.* Für den schnellen Imbiss: sushi bar corner.

Hip – **Zen Sushi:** ▶ Karte 1, G 6, Via degli Scipioni 243, Tel. 063 21 34 20, Metro: Lepanto (A), Bus: 30, Di–Fr, So 13–14.30, Di–So 20–23 Uhr, Menü 40 €. Moderne Kaiten-Sushi-Bar mit rund laufendem Fließband. Wer möchte, kann aber auch klassisch bedient werden. Die Küche ist ausgezeichnet, besonders das *sashimi.* Zu zweit empfehlen sich die *barchette,* auf denen *sushi* und *sashimi* serviert werden.

Elegant – **Maharajah:** ►Karte 3, L 9, Via dei Serpenti 124, Tel. 064 74 71 44, www.maharajah-roma.com, Metro: Cavour (B), 12.30–14.30, 19–23.30 Uhr, Menü 20–25 €. Elegantes, stimmungsvolles Ambiente, das auch von vielen Indern frequentiert wird. Man kann zwischen drei Menüs (vegetarisch, Fisch oder Fleisch) wählen. Probieren sollte man das Pistazieneis mit Mandeln!

Legendär – **Hang Zhou:** ► Karte 1, N 10, Via Principe Eugenio 82/Ecke Via Bixio 55, Tel. 064 87 27 32, Metro: Vittorio Emanuele (A), tgl.12–15, 19–24 Uhr, Menü 25 €. Eines der besten klassischen chinesischen Restaurants in Rom – zudem günstig. Das immer gut besuchte Lokal ist wie eine römische Trattoria eingerichtet – bis auf das große Mao-Bild. Die liebevoll zubereiteten Speisen zieren Obst- und Gemüseschnitzereien. Wer nicht anstehen möchte, sollte mittags oder abends vor 20 Uhr kommen. Reservieren nicht möglich.

Wo Ratzinger schwach wurde – **Cantina Tirolese:** ► Karte 1, G 7, Via Giovanni Vitelleschi 23, Tel. 06 68 13 52 97, www.cantinatirolese.it, Metro: Ottaviano (A), Bus: 64, 40, Di–So 19.30–24, Di–Fr und So 12–15 Uhr, Buffet ab 9,50 €, abends à la carte ca. 35 €. Obwohl inzwischen weithin bekannt ist, dass Ratzinger als Kardinal hier häufig zu Gast war (Tisch Nr. 4!) sind die guten Preise und der aufmerksame Service unverändert geblieben. Auf rotkarierten Tischdecken und unter mächtigen Hirschgeweihen genießt man deftige österreichische Gerichte.

Enoteche und Wine Bars

Alteingesessen – **Cavour 313:** ► Karte 3, L 9, Via Cavour 313, Tel. 066 78 54 96, www.cavour313.it, Bus: 75, 84, Mo–Sa 12.30–14.45, 19.30–0.30 Uhr, So nur mittags. Das gemütliche Lokal bietet mit über 1000 italienischen und französischen Weinen eine überwältigende Auswahl. Dazu verlockende Antipasti, Suppen, Pasta, Käse- und Schinkenspezialitäten. Auch Weinverkauf.

Stimmungsvoll – **Enoteca Buccone:** ► Karte 1, J 6/7, Via di Ripetta 19, Tel. 063 61 21 54, www.enotecabuccone.com, Metro: Flaminio (A), Bus 117, 119, Mo–Do 9–20.30, Fr, Sa 9–23.30 Uhr. Im ehemaligen Kutschendepot stapeln sich Weine und Liköre aus ganz Italien. Dazu gibt's Schinken, Käse und in Öl eingelegtes Gemüse.

Gesellig – **Al vino al vino:** ► Karte 3, L 9, Via dei Serpenti 19, Tel. 06 48 58 03, tgl. 10–14.30, nur Weinverkauf 17.30–1 Uhr, ab 3 €. Unprätentiöse Quartiers-Enoteca mit großer Weinauswahl und köstlichen kleinen Mahlzeiten wie *parmigiana di melanzane* und caponata sowie guter Käseauswahl. Ideal für einen gemütlichen Abend mit Freunden.

Cafés

Ein Mythos – **Antico Caffè Greco:** ► Karte 3, K 7, Via Condotti 86, Tel. 066 79 17 00, www.anticocaffegreco.eu, Metro: Spagna (A), tgl. 9–20 Uhr. Historisches Café in Originalambiente, in dem Goethe mit Tischbein philosophierte und berühmte Maler ihre Kollegen porträtierten.

Museal – **Atelier Canova Tadolini:** ► Karte 3, J 7, Via del Babuino 150, Tel. 06 32 11 07 02, www.canovatadolini.com,

Metro: Spagna (A), Mo–Sa 8–23, So 10.30–23 Uhr. Ein Museumscafé und -restaurant im wahrsten Sinne des Wortes. Das einstige Künstleratelier füllen Skulpturen und Gipsmodelle des klassizistischen Bildhauers Canova und seines Lieblingsschülers Tadolini sowie erfolgreicher ›Nachkommen‹.

Verträumt – **Caffetteria del Chiostro del Bramante:** ▶ Karte 3, H 8, Via della Pace, www.chiostrodelbramante.it, Bus: 40, 46, 62, 64, 80, Di–So 10–19.30 Uhr. Eine Oase der Ruhe im quirligen Viertel um die Piazza Navona ist das Museumscafé im Kreuzgang Bramantes. So Brunch bis 15.30 Uhr für 24 €.

Wo Soraya Karottensaft trank – **H-Club Doney:** ▶ Karte 3, L 7, Via Vittorio Veneto 141, Tel. 06 47 08 28 05, www.restaurantdoney.com, Metro: Barberini (A), Bus: 95, 116, 119, tgl. 8–0.30 Uhr. Eines der legendären Dolce-Vita-Lokale. Nach der Wiedereröffnung vor einigen Jahren ist es wieder ins Blickfeld der Mode- und Filmwelt gerückt. Bio-Business-Lunch 15 €, Aperitif Mo–Fr 18.30–20.30 Uhr, 10 €, Sa/So 13 €. Überdachte Straßenterrasse.

Nostalgisch – **Rosati:** ▶ Karte 1, J 6, Piazza del Popolo 5, Tel. 063 22 58 59, www.rosatibar.it, Metro: Flaminio (A), tgl. 7.30–24 Uhr. Historisches Upper-Class-Café in bester Lage mit hervorragender Auswahl an Snacks, Eis, Torten.

Für Kaffeeliebhaber – **Caffè Sant'Eustachio:** ▶ Karte 3, J 9, Piazza Sant'Eustachio 82, Tel. 06 68 80 20 48, www.santeustachioilcaffe.it, Bus: 40, 62, 63, 70, 81, tgl. 8.30–1 Uhr. Eine der ältesten Kaffeeröstereien der Stadt. Der *caffè* wird schon gezuckert serviert oder als Gran Caffè Sant'Eustachio mit viel Schaum. Probieren Sie im Sommer die *granita di caffè*.

Institution: die Grattacchecche
Zu den inzwischen fast historischen ›Eisbuden‹ gehören der Chiosco Testaccio (Via G. Branca), der Fonte d'Oro (Lungotevere Sanzio am Ponte Garibaldi) und der Sora Mirella (Lungotevere degli Anguillara am Ponte Cestio, Tiberinsel).

Tazza d'Oro: ▶ Karte 3, J 8, Via degli Orfani 84, Tel. 066 78 97 92, www.tazzadoro.it, Bus: 75, 116, Mo–Sa 7–20, So 10.30–19.30 Uhr. Kaffeerösterei mit angeschlossener Bar. Die Röstung Regina del Caffè, mit der viele Lokale der Stadt beliefert werden, gehört zu den besten Roms.

Eisdielen

Sortenreich – **Giolitti:** ▶ Karte 3, J 8, Via Uffici del Vicario 37–41, Tel. 066 99 12 43, www.giolitti.it, Bus: 119, tgl. 7 Uhr bis Mitternacht. Kurz und knapp: das beste Eis der Stadt mit über 50 saisonal wechselnden Eissorten.

Spezial – **Fassi:** ▶ Karte 1, N 10, Via Principe Eugenio 67, Tel. 064 46 47 40, www.palazzodelfreddo.it, Metro: Vittorio Emanuele (A), Di–So 12–0 Uhr. Der traditionsreiche »Palazzo del Freddo« ist eine der ältesten Eisdielen der Stadt mit täglich frischen Eissorten und italienischen Eisspezialitäten. Gut: Eis mit Brioche oder sizilianische *cassata!*

Ohne Zusätze – **San Crispino:** ▶ Karte 3, K 8, Via della Panetteria 42, www.ilgelatodisancrispino.it, Bus: 52, 53, 61, 63, 95, 116, 119, 175, So, Mo, Mi, Do 12–0.30, Fr, Sa 12–1.30 Uhr. Bei diesem Eis kommen Konservierungs- und Farbstoffe nicht ›in die Tüte‹.

Einkaufen

In Rom lässt sich herrlich stöbern, shoppen und stylen – Kulinaria, Wohndesign, Schuhe und vor allem Mode und Antiquitäten sind Export- und Verkaufsschlager. Ein Charakteristikum der römischen Einkaufslandschaft sind – zumindest in der Innenstadt – die vielen kleinen Läden. Die Einkaufszentren liegen alle außerhalb der Stadtmauer. Typisch sind die kleinen Lebensmittelmärkte, die noch in jedem Stadtviertel zu finden sind und auch mal Kleidung oder Haushaltswaren feilbieten.

Antiquitäten und Kunst

Exklusive Topadressen für Sammler sind die Via dei Coronari und Via Giulia sowie Via Margutta und Via del Babuino, wo sich ein Antiquitätengeschäft an das andere reiht. Bezahlbare Antiquitäten und Trödel bieten hingegen die Handwerker und Restaurateure in der Via del Pellegrino und rund um den Campo de' Fiori an.

Markt für Sammler – **Mercato dell'Antiquariato di Fontanella Borghese:** ► Karte 3, J 7/8, Piazza Fontanella Borghese, Bus: 116, Mo–Sa 9–13 Uhr. Alte Stiche und antiquarische Bücher (zehn Stände).

Im großen Stil – **Anticaglie a Ponte Milvio:** ► Karte 1, F 2, Piazza di Ponte Milvio, Bus: 32, 69, 200, jeden 1. und 2. So im Monat (außer August), 9–20 Uhr. Über 200 Aussteller bieten längs des Tiberufers Möbel, Sammlerstücke, Schmuck und allerlei Kuriositäten vergangener Zeiten feil. Der hübsche Platz führt direkt auf die Brücke über den Tiber zu. Rundherum gibt es mehrere kleine Restaurants.

Bücher und CDs

Deutsche Buchhandlung – **Herder:** ► Karte 3, J 8, Piazza Montecitorio 120, Tel. 066 79 46 28, www.herder.it, Bus: 60, 62, 116, 117, 119. Gut sortierte Rom-Abteilung und große Auswahl an Kunst-/Geschichtsbüchern.

Großes Sortiment – **Libreria Feltrinelli:** ► Karte 3, J 9, Largo Argentina 5a/6a, Via del Babuino 39–41, Galleria Alberto Sordi, www.lafeltrinelli.it, Bus: 40,64, Tram: 8, Bus: 117, 119. Eine der größten Buchhandlungen der Stadt mit breitem Sortiment klassischer und moderner, nationaler und internationaler Literatur.

Für Kinder – **Mel Giannino Stoppani:** ► Karte 3, K 9, Piazza dei SS. Apostoli, Bus: 40, 60, 64, 70, 117. Roms größter Kinderbuchladen mit ca. 15 000 Titeln, Leseecke und Fremdsprachenabteilung.

Schatztruhe für (Hobby-)Musiker – **Ricordi:** ► Alle Karte 1: Via del Corso 506 (J 7, Piazza del Popolo), Via Orlando 73 (M 8,Piazza Repubblica), im UG der Stazione Termini (M/N 8). Traditionsreiche Kette mit der größten Auswahl an Pop und Klassik der Stadt.

Delikatessen und Wein

Klosterladen – **Ai Monasteri:** ► Karte 3, H 8, Corso Rinascimento 72, Mo–Sa 10–13, Mo–Mi, Fr, Sa auch 16.30–19.30 Uhr, Bus: 30, 70, 81, 87, 116. In diesem herrlich auf alt gemachten Laden findet man die verschiedensten Erzeugnisse aus Italiens Klöstern, vor allem Olivenöle, Liköre, Schokolade, Kräutertees und Honig.

Eldorado für Liebhaber italienischer Produkte – **Castroni:** ▶ Karte 1, F 7, Via Cola di Rienzo 196, www.castronigroup.it, Metro: Ottaviano (A), Bus: 23, 32, 49, 81, 492, Tram: 19. Viele italienische Spezialitäten, von den besten Hartweizennudeln über toskanisches Olivenöl und *aceto balsamico* bis zum exzellenten (Bio-)Castroni-Kaffee.

Exquisite Weine – **Enoteca al Parlamento:** ▶ Karte 3, J 8, Via dei Prefetti 15, www.enotecaalparlamentoroma.com, Bus: 81, 116, 117, Tram: 8. Eine der ältesten *enoteche* der Stadt mit exzellenter Weinauswahl, daneben auch Honig, *aceto balsamico* und regionale Spezialitäten. Auch Weinverkostung.

Sizilianische Delikatessen – **I Sapori della Legalità:** ▶ Karte 3, J 8, Via dei Prefetti 23, Bus: 81, 116, 117, Tram: 8, Mo–Sa 10–18.30 Uhr. Bestes Olivenöl, Nudeln, Wein und andere Lebensmittel von ehemaligen Mafiagütern, die vom Staat konfisziert und an Kooperativen verpachtet wurden.

Für Feinschmecker – **Volpetti:** ▶ Karte 1, J 13, Via Marmorata 47, www.fooditaly.com, Metro: Piramide (B), Tram: 3, 8, Bus: 23, 30, 75, 280, 716, 719. Hier schlägt das Gourmet-Herz höher. Im Geschäft der Gebrüder Volpetti in Testaccio findet man die besten Käse- und Wurstsorten Italiens, Olivenöle, Weine und Grappe.

Geschenke und Design

Hochwertige Papiere – **Cartoleria Pantheon:** ▶ Beide Karte 3: Via della Rotonda 15 (J 9), Via della Maddalena 41 (J 8), Bus: 40, 62, 64, 116. Fundgrube für originelle Kalender, Karten und handdekoriertes Papier.

Modernes Design – **Cucina:** ▶ Karte 3, J 7, Via Mario de' Fiori 65, www.cucinastore.com, Metro: Spagna (A), Bus: 52, 53, 61, 63. Geschirr, Tischwäsche sowie hochwertige Küchengeräte.

Malerbedarf – **Ditta P. Poggi:** ▶ Karte 3, J 9, Via del Gesù 74/75, www.poggi1825.it, Bus: 30, 40, 46, 62, 63, 64, 70, 81, 87, Tram: 8. Traditionsreicher Laden, in dem sich bereits Morandi, De Chirico, Balthus und Dalí ihre Farben, Pinsel, Leinwände und Papier besorgten.

Alles für die Küche – **House & Kitchen:** ▶ Karte 3, J 9, Via del Plebiscito 103, auch So ab 11 Uhr geöffnet, Bus: 40, 62, 64, 84. Von der Parmesanreibe bis zur Espressomaschine.

Stoffe – **Lisa Corti – Home Textile Emporium:** ▶ Karte 3, J 8, Via della Palla-

Religiöse Artikel

In der Via della Conciliazione zwischen Castel Sant'Angelo und Sankt Peter findet man Souvenirs rund um Kirche und Papst, auch vatikanische Münzen. Bei **Euroclero** (Via Paolo VI 31) z. B. erhält man liturgische Gewänder, Unterwäsche, Socken, Soutanen und Kutten. Religiöse Utensilien wie Kerzen und Monstranzen verkaufen auch einige Geschäfte längs der Via Cestari zwischen Pantheon und Largo Argentina. Beim langjährigen Papstschneider **Massimiliano Gammarelli** (Via di S. Chiara 34) können auch Laien rote und purpurfarbene Herrensocken erwerben. Rosenkränze, Heiligenfiguren und Poster bekommen Sie auch in der **Casa del Rosario** (Via Esquilino 33 bei Santa Maria Maggiore).

Paradiesische Aussichten für Feinschmecker

corda 14, www.lisacorti.com, Metro: Spagna (A). Schöne Stoffe, zarte Strukturen, fantasievolle Designs. Die Stoffe von Lisa Corti sind eine Hommage an die Farbenfreude afrikanischer Gewebe und die Leichtigkeit indischer Stoffe. Auch verarbeitet als Decken, Kissen, Kleider, Gardinen etc. zu kaufen.

Märkte und Flohmärkte

Eine Übersicht über die Märkte findet man in der Wochenendausgabe von »La Repubblica«.

Schön & farbenfroh – **Campo de' Fiori:** ▶ Karte 3, H 9, Bus: 40, 46, 62, 64, 80, 116, Mo–Sa 8–13.30 Uhr. Lebensmittelmarkt zu Füßen der ›Ketzerstatue‹ von Giordano Bruno.

Volksnah – **Mercato Piazza Testaccio:** ▶ Karte 1, J 12, Metro: Piramide (B), Mo–Sa 7.30–14 Uhr. Großer Lebensmittel- und preiswerter Schuh- & Kleidermarkt.

Größter und beliebtester römischer Flohmarkt – **Porta Portese:** ▶ Karte 1, H 11, Via Portuense, Via Ippolito Nievo und angrenzende Straßen (Trastevere), Tram: 8, Bus: 44, 75, jeden So vormittags 5–14 Uhr. Mehr als 2000 Händler bieten Tand und Teures, Kleidung, Schuhe und Accessoires, antike Möbel, Bücher und Schallplatten an. Ab Piazza Nievo findet man vor allem Antiquitäten und Kunsthandwerk aus der ganzen Welt. In der Via Parboni dominiert der Russenmarkt mit Platten, Uhren, Fotoapparaten. Dazwischen versuchen geschickte Hütchenspieler den Zuschauern einige Euro zu entlocken. Achtung: Taschendiebe!

Mode, Schuhe und Accessoires

Neben Mailand zählt Rom noch immer zu den führenden Städten der Alta Moda. Man sollte sich einen Schaufensterbummel rund um die Spanische

Treppe nicht entgehen lassen. In den Nobelmeilen der Via Condotti und Via Borgognona, Via Bocca di Leone und Via Frattina haben sich alle niedergelassen, die in der italienischen Modewelt Rang und Namen haben. Allerdings empfiehlt sich, mit dem Kauf der oftmals sündhaft teuren Designerstücke bis zu den *saldi* im Januar/Februar und Juli/August zu warten oder einen Blick in die Outlet-Geschäfte zu werfen. Viele Boutiquen und Schuhgeschäfte säumen die Via Cola di Rienzo und die Via Ottaviano. Mode zu erschwinglichen Preisen findet man in der Via del Corso nahe der Spanischen Treppe, in der Via de' Giubbonari beim Campo de' Fiori oder in der Via Nazionale, wo auch viele Schuh- und Ledergeschäfte liegen. Allerdings gibt es hier auch viele Billigläden.

Kreative und ausgefallene Geschäfte verstecken sich in den Gassen von Trastevere und Monti. Beste Adresse für ausgefallene Secondhand-Läden und Mode ist die Via del Governo Vecchio. Schnäppchenjäger stöbern am ehesten auf dem Markt in der Via Sannio oder auf den *bancarelle*, den Straßenständen im Esquilin. Etwas außerhalb der Touristenmeilen, aber einen Abstecher wert, sind die Einkaufsstraßen Via Appia Nuova zwischen den Metrostationen San Giovanni und Re Di Roma sowie Viale Libia und Viale Somalia nordöstlich des Bahnhofs.

Raffiniert – **Alberta Ferretti:** ► Karte 3, J 7, Via dei Condotti 34, Metro: Spagna (A). Elegante Schlichtheit und klare Linien prägen die Mode Alberta Ferrettis, die sich vor allem an junge Frauen wendet.

Achtung bei den Kleidergrößen
Die deutsche Größe 38 entspricht der italienischen Größe 44. Sie müssen also immer sechs Nummern addieren.

Für Vintage-Liebhaber – **Angelo di Nepi:** ► Karte 1, F/G 7: Via Cola di Rienzo 267a, Bus: 81; ► Karte 3, K 7 und H/J 9: Via Frattina 2, Metro: Spagna (A); Via de' Giubbonari 28, Bus: 64, 116; www.angelodinepi.com. Designer Angelo di Nepi entwirft elegante Kleidung aus luftig-leichten Seidenstoffen und farbenfrohem Samt.

Günstige Preise – **Barillà:** ► Karte 1, J 6/7, Via del Babuino 33, Metro: Spagna (A). Modische, sportliche Schuhe.

Beliebt – **Blunauta:** ► Karte 3, K 7, Piazza di Spagna 35, Via dei Condotti 29, www.blunauta.it, Metro: Spagna (A). Tragbare Mode aus Seide, Kaschmir und anderen Naturstoffen – für die exponierte Lage sogar erschwinglich.

Hochwertige Mode – **Bomba:** ► Karte 1, J 6, Via dell'Oca 39, Metro: Flaminio (A), Bus: 117, 119. Der schicke Laden mit seiner zeitlosen Garderobe sowie detailreich gearbeiteten Accessoires und Strickwaren wird vor allem von römischen Upperclass-Damen besucht.

Trendy shoes – **Borini:** ► Karte 3, H 9/10, Via dei Pettinari 86–87, Bus: 40, 64. Franco Borini entwirft seine durchaus erschwinglichen Schuhe selbst.

Haute Couture zum halben Preis – **Discount dell'Alta Moda:** ► Karte, J 7 Via Gesù e Maria 14/16a, Metro: Spagna/Flaminio (A); ► Karte 1, M 8, Via Agostino De Pretis 87/88, Bus: 70, 71. Mode & Accessoires bekannter Designer von Armani bis Versace vom Vorjahr.

Legere Männermode – **Empresa:** ► Karte 3, J 9, Via dei Giubbonari 25/26, www.empresa.it, Metro: Spagna (A).

Raffinierte Mode von Alberta Ferretti

Legere, unkonventionelle, aber angesagte junge Männermode mit passenden Accessoires. In der Via dei Giubbonari Nr. 101/102 auch für die Frau.

Angesagt – **Fausto Santini:** ▶ Karte 3, K 7, Via Frattina 120, Metro: Spagna (A). Models und Schauspielerinnen aus aller Welt kaufen hier ihre *calzature*. Das edle Schuhwerk hat seinen Preis … Modelle aus der Vorsaison im Outlet an der Via Cavour 106 (▶ Karte 1, M 9).

Originelles für Kids – **LAF (Lavori artigianali Femminili):** ▶ Karte 3, K 7/8, Via Capo le Case, 6, Metro: Spagna (A). Liebevoll handgearbeitete Klöppel-, Strick- und Spitzenarbeiten für die Kleinsten. Kleidchen, Pullis, Bettwäsche und Festtagskleidung vom Neugeborenen bis zum Kind von etwa acht Jahren.

Französisch inspiriert – **Lei:** ▶ Karte 3, L 9, Via Nazionale 88, Bus: 40, 64, Mo–Sa 10–19.30 Uhr. Feminin-verspielte Mode, die sich mal nicht über die klassischen Hosenanzüge definiert. Auch Schuhe.

0 bis 14 Jahre – **Pure:** ▶ Karte 3, J 7, Via Frattina 111, Metro: Spagna (A). Flotte, sportliche Mode für markenbewusste Kids.

Schmuck

Die klassischen Schmuckgeschäfte Roms liegen alle rund um die **Via Condotti** wie Bulgari (Nr. 10), Federico Buccellati (Nr. 31) und Cartier (Nr. 82/83).

Schmuckkunst – **Pomellato:** ▶ Karte 3, J 8, Piazza San Lorenzo in Lucina 38, Metro: Spagna (A). Neuer Showroom des 40 Jahre alten Schmuckunternehmens, das es wie kein anderes verstanden hat, mit Hilfe von Fotografen wie Helmut Newton seinen Designschmuck wie Haute Couture zu präsentieren.

Ein Paradies für Sammler – **Vintage:** ▶ Karte 3, J 7, Via Belsiana 70b, Metro: Spagna (A), Sa, So geschl. Markenuhren von Rolex über Patek Philippe und Vacheron Constantin bis zu Cartier.

Ausgehen, Abends und Nachts

Der **Theaterszene** in Rom stehen rund 80 Bühnen zur Verfügung, an denen man das Stagione-Theater mit häufig wechselnden, aber oft hochkarätigen Gastkünstlern und -ensembles pflegt. Selbst das Teatro dell'Opera (Opernhaus) oder das Teatro di Roma (Stadttheater) am Largo Argentina arbeiten ohne festes Ensemble.

Die Theatersaison reicht von Oktober bis Mai. Sehenswerte Freilichtaufführungen finden im Sommer in den Caracalla-Thermen (Opern) und im antiken Theater von Ostia Antica (klassische griechische und römische Stücke) statt.

Rom ist aber auch eine **Città della Musica,** Stadt der Musik, wie sie seit dem Bau des neuen Auditoriums von den Stadtvätern emphatisch genannt wird. Seit einigen Jahren ist auch eine Casa del Jazz hinzugekommen.Viele meist klassische Konzerte finden natürlich auch weiterhin im stimmungsvollen Rahmen von Kirchen oder unter freiem Himmel statt, die großen Pop- und Rockkonzerte hingegen meist im Palalottomatica oder im Stadio Olimpico. Die junge, moderne Musikszene spürt man in den vielen, kleinen Musikclubs auf, in den Centri Sociali (alternative Zentren), wie beispielsweise dem Brancaleone.

Ticketservice

Vor Ort sind Karten erhältlich bei Orbis (Piazza Esquilino 37, Tel. 064 74 47 76, 064 82 74 03), bei den in der Nähe der Innenstadt gelegenen Ricordi-Filialen (s. S. 43) oder dem Musikgeschäft Mondadori Retail (Via del Corso 473).

Die großen Theater und Konzertsäle haben eigene Websites, die nachfolgend angegeben sind, daneben gibt es Online-Agenturen wie www.lis ticket.it, www.helloticket.it oder www. ticketone.it (Vorverkaufsgebühr mindestens 10 %).

Szene Rom

Wie in allen Metropolen wechselt auch in Rom schnell, was bei den römischen *ragazzi* und *nottambuli* (Nachtschwärmern) der Fernseh- und Film-, Mode- und Politikprominenz gerade angesagt ist. Was heute in ist, kann morgen schon wieder out sein. Klassischer Treffpunkt von Nachtschwärmern ist das Vergnügungsdreieck zwischen **Piazza Navona, Piazza del Fico** und **Campo de' Fiori.** Unter den *ragazzi* ist das Studenten- und In-Medienviertel **San Lorenzo** mit seinen vielen Kneipen, Clubs und volkstümlichen Lokalen angesagt.

In den letzten Jahren hat die nächtliche Szene auch das multikulturelle **Pigneto-Viertel** entdeckt, wo Pasolini einst seinen »Accattone« drehte. Pulsierendes Zentrum des römischen Nightlife bleibt jedoch das einstige Arbeiterviertel **Testaccio.** Um den ehemaligen *mattatoio* (Schlachthof), einst Vergnügungsviertel der alternativen Szene, heute lebendiges Kulturzentrum, und längs der Via Monte di Testaccio reihen sich in unzähligen Kellergewölben des antiken Scherbenhügels die Nachtcafés und Discos nahtlos aneinander. Vor allem am Samstag tobt hier das Nightlife ebenso wie in der nahe gelegenen Via Libetta, wo trendige Lokale wie das Goa die Schönen der Nacht anziehen.

Zwischen Mitte Juni und Ende September sind die meisten Diskotheken und Clubs geschlossen. Einige der ›angesagten‹ Diskotheken, aber auch Restaurants, verlegen ihre Location ans Meer.

Infos und Eintritt

Aktuelle **Veranstaltungshinweise** erhält man bei der Tourist-Info in Rom (s. S. 15). Auch einige der unter »Infos im Internet« (s. S. 14) genannten Websites informieren über Events etc.

Insgesamt ist das römische Nachtleben teuer. Fast überall wird zumindest am Wochenende **Eintritt** verlangt (15–20 €), nicht immer ist ein Freigetränk eingeschlossen. Oft ist der Einlass mit einer *tessera*, einem Mitgliedsausweis, verbunden.

Bars und Lounges

Kaffeehaus-Atmosphäre – **Antico Caffè della Pace:** ▶ Karte 3, H8, Via della Pace 3/7, www.caffedellapace.it, Bus: 40, 46, 62, 64, Mo 16–2, Di–So 8.30–2 Uhr. Die Moden kommen und gehen, das Caffè della Pace und sein dunkles Jugendstilinterieur bleiben. Eines der wenigen Lokale Roms mit Kaffeehaus-Atmosphäre an einer *piazzetta* hinter der Piazza Navona.

Vielseitig – **Caffè Universale:** ▶ Karte 3, J8, Via delle Coppelle 16, Tel. 06 68 39 20 65, www.universalecaffe.it, Bus: 40, Mo–Sa 9.30–23.30 Uhr. Der Name ist Programm: Das farbenfrohe Lokal ist Literaturcafé mit einer großen Auswahl an Tee- und Kaffeesorten, Aperitifbar, wunderbare römische Küche und biologische Weine. Auch glutenfreie Küche.

Stilvoller geht's nicht – **Stravinskij Bar:** ▶ Karte 1, J6, Via del Babuino 9, www.hotelderussie.it, Metro: Flaminio (A), Bus: 117, 119, tgl. 10.30–1 Uhr. Zu den exklusivsten und wohl besten Cocktailbars der Stadt gehört die funkelnde Bar des Hotels de la Russie mit ihren wunderschönen hängenden Gärten. Zugang nur über das Hotel. Exzellente alkoholfreie Healthy Cocktails.

En vogue – **Vineria Reggio:** ▶ Karte 3, H9, Campo de' Fiori 15, Tel. 06 68 80 32 68, www.vineriareggio.com, Bus: 40, 46, 62, 64, 116, 916, Mo–Sa 8.30–2 Uhr. Dank seiner Lage und der guten italienischen Weine entwickelte sich das schöne Weinlokal zum Tummelplatz der römischen Nachtschwärmer und vieler ausländischer Besucher, die hier morgens auf einen Kaffee vorbeikommen und an warmen Abenden die Piazza füllen.

Diskotheken

Für jüngeres Publikum – **Alpheus:** ▶ Karte 2, J14, Via del Commercio 36, www.alpheus.it, Metro: Piramide/Garbatella (A), Bus: 23, 673, 716, 769, Fr, Sa 22–4 Uhr, sonst variabel. Die besonders bei Youngstern beliebte Disco bietet in drei Sälen buntes Livemusik-Programm mit vorwiegend kommerzieller Musik, Black und Hip-Hop. Sonntags stehen im Alpheus Tango und Salsa auf dem Programm.

Legendär – **Brancaleone:** ▶ Karte 5, D2, Via Levanna 9, www.brancaleone.eu, Bus: 60, tgl. ab 20.30 Uhr. Einst spürte man im ›Branca‹ die Atmosphäre autonomer Zentren. Und noch immer gibt es bestes Programmkino, politisch korrekte Ausstellungen, aber die große Villa beherbergt inzwischen auch zwei Dancehalls mit bestem Soundsystem und eine in Edelstahl gestylte Bar.

Kuba lässt grüßen – **Caruso/Café de Oriente:** ▶ Karte 1, H/J 13, Via di Monte Testaccio 36, www.carusocafe.com, Metro: Piramide (B), Tram: 3, Bus: 95, 673, 719, Di–So 22.30–4 Uhr. Latinos und *aficionados* kubanischer Rhythmen strömen jedes Wochenende hierher, um in animierter Stimmung Salsa und Merengue zu tanzen. Beste Mojitos, tropische Cocktails.

Schaulaufen – **Gilda:** ▶ Karte 3, K 7, Via Mario de' Fiori 97, Metro: Spagna (A), Bus: 52, 53, 61, 71, 80, 85, 117, 119, Di, Do–So 23–4, Ristorante Le Cru ab 11.30 Uhr, So mittags und Mi abends geschl. Seit Jahrzehnten der Treffpunkt römischer VIPs aus Politik und Showbusiness, die hier ihre Geburtstage und Partys feiern. Von April bis Okt. wird die Location an den Strand von Fregene verlegt (Lungomare di Ponente 11, www.gildaonthebeach.it, Tel.06 66 56 06, Metro: Lepanto, A, dann Bus Nr. 1).

Im Aufschwung: Tangherie

Tangherie, so nennt die römische Tangoszene ihre Tanzlokale. Knapp 100 Jahre sind vergangen, seit der erste Tango in Rom erklang. Der damals laszive Tanz eroberte die feine Gesellschaft im Wiegeschritt. Selbst Pius X. ließ sich den neuen Tanz vorführen. Heute feiert der Tango eine Renaissance. In Rom haben in den letzten Jahren an die 15 *tangherie* ihre Pforten geöffnet. Im Mittelpunkt steht der argentinische Tango. Angesagt sind:
TANGOfficina: ▶ Karte 1, Q 7, Via Cupa 5 (San Lorenzo), www.tangofficina.it, Di, Sa ab 22.30, So ab 18.30 Uhr,
Il Giardino del Tango: ▶ Karte 5, D 2, Via degli Olimpionici 7 (Ponte Milvio), www.ilgiardinodeltango.it, Mi–Sa ab 22.30 Uhr.

Roms In-Disco – **Goa:** ▶ Karte 2, J/K 15, Via Libetta 13, Metro: Garbatella (A), Bus: 23, 679, Di–So 23–4 Uhr. Die Schlange vor der Tür weist den Weg. Im Inneren trifft man auf ein Restyling in Bollywood-Stil, dem Mekka des indischen Kinos. Für den richtigen Beat sorgen die wechselnden DJs, die zu den besten der Stadt gehören. Zu den Kultabenden am Donnerstag werden auch Größen wie Kruder & Dorfmeister, Howie B., Sven Väth eingeladen.

Edel – **La Maison:** ▶ Karte 3, H 9, Vicolo dei Granari, www.lamaisonroma.it, Bus: 40, 46, 62, 64, 916, Mi–Sa 23–4 Uhr. Edeldisco in einem ehemaligen Theater aus dem 18. Jh. Zwischen farbigen Kristalllüstern und rot leuchtendem Samt trifft sich das trendigste Publikum Roms. Sonntags zur Glam Night legen die DJs eine Mischung aus House, Ethnobeats und Lounge auf.

Techno, House, Hip-Hop – **Saponeria:** ▶ Karte 2, K 15, Via degli Argonauti 20, www.saponeriaclub.it, Fr, Sa ab 22.30 Uhr, Do 2 x/Monat. Disco mit House-, Techno- und Hip-Hop-Musik. Beliebt: der Freaky Friday mit bestem Rap, Soul, R'n'B. Sa Sugar-Night mit aktueller Dancemusik und Nu-House sowie internationalen Stars der DJ-Szene.

Musikclubs und Livemusik

High-End-Jazz – **Alexanderplatz:** ▶ Karte 1, F 6/7, Via Ostia 9, www.alexanderplatz.it, Metro: Ottaviano (A), Bus: 23, 80, 492, Okt.–Juni, tgl. 21–1.30, Konzerte ab 22.30 Uhr. Noch immer die beste Jazzkneipe Roms mit überwiegend amerikanischen Interpreten. Gute Multikultiküche.

House of the Blues – **Big Mama:** ▶ Karte 1, H 11, Vicolo San Francesco a

Eine Institution in Rom: der Jazzclub Alexanderplatz

Ripa 18, www.bigmama.it, Bus: 75, 170, Tram: 8, Okt.–Juni tgl. 21.30–1.30 Uhr. *Die* Adresse für Blueskonzerte, aber auch Bühne für internationale Jazzinterpreten und Songwriter.

Mekka für Jazzliebhaber – **Casa del Jazz:** ▶ Karte 1, L 13, Viale di Porta Ardeatina, 55, www.casajazz.it, Metro: Piramide (B), Bus: 714. Vor einigen Jahren eröffnete die Stadt in der konfiszierten Villa eines Gangsterbosses die Casa del Jazz. In der herrschaftlichen Villa und dem 2,5 ha großen Park laufen Konzerte, Jamsessions, Festivals … Angeschlossen ist ein Restaurant (Mo geschl.) mit Tischen im Freien: Sa abend mit Pianobegleitung, Sa, So 11–12 Uhr Jazz-Brunch (10 €).

Livemusik – **Fonclea:** ▶ Karte 1, G 7, Via Crescenzio 82a, www.fonclea.it, Metro: Ottaviano (A), jeden Abend ab 21.30 Uhr Livekonzerte, im Sommer auch später. Freier Eintritt, außer am Wochenende. Eines der ältesten Musiklokale der Stadt mit gutem Restaurant und Livemusik von Jazz über Rock bis Pop.

Lesben und Schwule

Treffpunkt der schwul-lesbischen Community ist neben den einschlägigen Clubs und Bars die **Via San Giovanni** nahe dem Kolosseum, die in ›Gay Street‹ umbenannt wurde.

Stadtbekannt – **Alibi:** ▶ Karte 1, J 13, Via di Monte Testaccio 40/44, www.lalibi.it, Metro: Piramide (B), Tram: 3, Bus: 95, 673, 719, Do–So 22.30–0 Uhr. Die Gay-Disco mit Restaurant unter freiem Himmel und mehreren Tanzflächen auf zwei Etagen lockt inzwischen immer mehr Heterosexuelle zum Techno- und Elektrosound an. Am schönsten ist es im Sommer, wenn die herrliche Dachterrasse zur Tanzbühne wird.

Trendsetter – **Hangar:** ▶ Karte 1, M 9, Via in Selci 69, Metro: Cavour (B), Bus: 75, 84, 117, Mi–Mo 22.30–2.30 Uhr. Erste Gay-Bar Roms mit Disco-Bar, Video und American Bar. Vorwiegend junges Publikum. Außer Mo auch für Frauen offen.

Schräg – **Muccassassina:** ▶ Karte 1, S 9, c/o Qube, Via di Portonaccio 212, www.muccassassina.com, jeden Fr ab 22.30 Uhr. »Tötet die Kuh« heißt das vom Circolo Mario Mieli – der römischen Arcigay Organisation – zur Autofinanzierung veranstaltete Event. Auf drei Stockwerken tanzt ein schrilles Nachtvolk zu House, Black und Commercial-Musik.

Kinos

Filmhauskino – **Casa del Cinema:** ▶ Karte 1, K 6, Largo Marcello Mastroianni 1, Tel. 06 42 36 01, www.casadelcinema.it, 124 Plätze, Bus: 88, 95, 116, 490, 491, 495. Filmhaus am Rande der Villa Borghese mit einem ultramodernen Kinosaal, einer Spezialbibliothek sowie öffentlichen Videosälen. Spiel- und Dokumentarfilme, Lesungen und Diskussionen mit Schauspielern und Regisseuren aus der Filmindustrie und aus dem Theater. Schauplatz des römischen Filmfestivals.

OmU – **Nuovo Sacher:** ▶ Karte 1, H 11, Largo Ascianghi 1, Tel. 065 81 81 16, www.sacherfilm.eu, 370 Plätze, Bus: 23, 44, 280. Kino von Regisseur Nanni Moretti, nach seinem Lieblingsdessert, der Sachertorte, benannt. Es werden Internationale Filme auch in Originalversion gezeigt, im Sommer im Freien.

Filmpreziosen – **Cinema Trevi:** ▶ Karte 1, K 8, Vicolo del Puttarello 25, Tel. 06 67 81 206, www.csc-cinematografia.it, Metro Barberini (A), Bus: 52, 61, 80, 116, 119, 175. Hauskino der Nationalen Kinothek Italiens. Experimentalfilme, längst vergessene Klassiker und Werkschauen lassen das Herz eines jeden Filmliebhabers höher schlagen.

Kino unterm Sternenhimmel

L'Isola del Cinema: ▶ Karte 3, J 10. Autorenfilme aus aller Welt im Freilichtkino auf der Tiberinsel (Ende Juni–Aug.; www.isoladelcinema.com).
Cineporto: ▶ Karte 5, D 2. Die erfolgreichsten Filme des Vorjahres sowie italienische Meisterwerke werden hier in bester Sound- und Kinotechnik präsentiert (Mitte Juli–Ende Aug.; Viale A. di S. Giuliano, Ponte Milvio, www.cineporto.com).
Notti di Cinema a Piazza Vittorio: ▶ Karte 1, N 9. Open-Air-Kino mit Filmen der vergangenen Saison, im Aug. auch Kinderfilme, auf der Piazza des Multikultiviertels Esquilin (Juli–Anf. Sept.; www.agisanec.lazio.it).

Konzerte und Oper

Roms erstes Orchester – **Accademia Nazionale di Santa Cecilia:** ▶ Karte 1, J 2/3, Auditorium Parco della Musica, Largo Luciano Berio 3, Info- und Karten-Tel. 068 08 20 58 (tgl. 11–18 Uhr, im Winter Mi, im Sommer Sa geschl.), www.santacecilia.it. Das Repertoire des Sinfonieorchesters reicht vom 18. Jh. bis in unsere Zeit. Ständige Spielstätte des Orchesters unter Leitung von Maestro Antonio Pappano ist das Auditorium (s. u.).

Vielfältig – **Associazione Culturale Il Tempietto:** Tel. 06 87 13 15 90, 06 87 20 15 23, www.tempietto.it. Der engagierte Verein organisiert ganzjährig Konzerte – im Sommer unter freiem Himmel. Die Palette reicht von Bach bis zu den Tangos von Piazzolla. Aufführungsorte sind **Casina delle Civette** und **Casino dei Principi** in der Villa Torlonia (Bus: 36, 60, 62, 84, 90), ▶ beide Karte 1, O 5. Sowie das antike **Marcellus-Theater** und die **Sala Baldini** (Piazza Campitelli 9, nahe Piazza Venezia; Bus: 30, 40, 44, 46, 64, 84), ▶ beide Karte 3, J 10.

Prestigeobjekt – **Auditorium Parco della Musica:** ▶ Karte 1, J 2/3, Viale Pietro De Coubertin 30, Info-Tel. 06 80 24 12 81 (tgl. 11–18 Uhr), Karten-Tel. 06 06 08, www.auditorium.com, Bus: 53, 217, 231, 910 oder mit Metro A bis Flaminio und dann weiter mit der Tram 2. Das Auditorium von Stararchitekt Renzo Piano besteht aus drei unterschiedlich großen Konzertsälen und einem Open-Air-Theater. Sie stehen nicht nur klassischen und modernen Konzerten, sondern auch Pop, Rock, Ballett und experimentellem Theater offen. Um ein Optimum an akustischer Qualität zu erreichen, sind die Säle mit amerikanischer Kirsche ausgekleidet. Im Foyer sind die Reste einer römischen Villa zu sehen, die während der Arbeiten ans Tageslicht kamen. Sa, So und feiertags alle 60 Min. Führungen (ital.) durch die Anlage (11.30–16.30 Uhr, 9 €/7 €).

Passendes Ambiente – **Il Gonfalone:** ▶ Karte 3, G 9, Via del Gonfalone 32 (Info: Vicolo della Scimia 1 b), Tel./Fax 066 87 59 52, www.oratoriogonfalone.com, Bus: 23, 40, 46, 62, 64, 116, 280. Der wunderschön mit Fresken ausgemalte Saal von 1580, Sitz der Konzertgesellschaft Gonfalone, bildet den passenden Rahmen für Barockkonzerte, Kammer- und Chormusik mit z. T. alten Instrumenten (meist Do).

Renommiertes Opernhaus – **Teatro dell'Opera:** ▶ Karte 1, M 8, Piazza Beniamino Gigli 1, Tel. 06 48 16 01, www.operaroma.it, Metro: Repubblica (A). Auch wenn sich die römische Oper nicht mit der Mailänder Scala messen kann, ist allein ein Besuch des prunkvollen Belle-Epoque-Hauses ein Erlebnis. Aufführungsstätte ist neben dem Teatro Costanzi auch das **Teatro Nazionale** (Via Viminale 51). Im Sommer finden Aufführungen in den Caracalla-Thermen statt.

Theater

Natürlich: Shakespeare! – **Globe Theatre:** ▶ Karte 1, K 5, Largo Aqua Felix, Info-Tel. 06 82 07 73 04, www.globetheatreroma.com, Metro: Barberini (A), dann weiter mit Bus 116. Der Nachbau des britischen Kulturtempels ist wie das Original ein 1200 Zuschauer fassender Rundbau aus Holz und ohne Dach für die Zuschauer im Parkett.

Das Bühnenflaggschiff Roms – **Teatro Argentina:** ▶ Karte 3, J 9, Largo di Torre Argentina 52, Tel. 06 68 80 46 01/2, Karten-Tel. 066 84 00 03 45, in Italien: Tel. 800 01 33 90, www.teatrodiroma.net, Bus: 40, 64, Tram: 8. In diesem Theater feierte 1814 der »Barbiere di Sevilla« von Rossini Premiere, heute ist es das Stammhaus des Teatro di Roma, in dem die bekanntesten Ensembles Italiens auftreten.

Klassisches Programm – **Teatro Eliseo und Piccolo Eliseo:** ▶ Karte 1, L 9, Via Nazionale 183, Tel. 06 48 87 22 22, 064 88 21 14, 064 88 50 95, www.teatroeliseo.it, Bus: H, 40, 60, 64, 70, 71, 170. Größtes privates Theater mit festem Ensemble, das sich der Aufführung von erfolgreichen Klassikern verschrieben hat. Auch Kindertheater.

Feste, Events und Termine

Kirchliche Feiertage

Unter den Festen spielen die kirchlichen Feiertage eine große Rolle und werden von der Kirche telegen inszeniert. Vor allem an Ostern und Weihnachten steht die Stadt ganz im Zeichen der kirchlichen Hochämter.

Zur **Benedizione degli animali** (Tierweihe) am 17. Januar werden nach der 9-Uhr-Messe vor der Kirche Sant'Eusebio am Esquilin Hunde, Katzen, Vögel, Kaninchen etc. gesegnet.

Die **Settimana Santa,** die Karwoche, beginnt am Gründonnerstag mit der Fußwaschung in der Laterankirche. Karfreitag stehen die nächtliche Messe auf dem Palatin und die Kreuzwegprozession beim Kolosseum an, Ostersonntag spricht der Papst das weltweit übertragene Urbi et Orbi auf dem Petersplatz.

An **San Giuseppe** (19. März), dem Tag des hl. Josef und gleichzeitig Vatertag, verzehren die Römer traditionell *bigné* (cremegefüllte Windbeutel) und *fritelle* (frische Krapfen).

Von wesentlich offiziellerem Charakter ist am Vormittag des 29. Juni, Namenstag von **San Pietro e Paolo**, die feierliche Papstmesse in der Peterskirche. Der Petrusstatue werden die Papstgewänder und -insignien angelegt.

Am 24. Dezember, zu **Natale,** liest der Papst die Mitternachtsmesse in der Peterskirche. Am 25. herrscht großes Gedränge auf dem Petersplatz: Der Papst schickt seinen Segen, »Urbi et Orbi«, in die Welt.

Stadtfeste

Hier ist insbesondere der 21. April zu nennen, an dem die Stadt sich selbst feiert: Auf dem Kapitolsplatz wird der Jahrestag der Gründung Roms, **Natale di Roma,** begangen – mit Fahnenwerfern, Musikkapellen und abschließendem Feuerwerk.

Ein sehr gut besuchtes, inzwischen kommerzialisiertes Volksfest ist die **Festa de' Noantri.** Am 15. Juli beginnt das Viertel seine 14-tägigen Feierlichkeiten mit einer Prozession; zahlreiche Veranstaltungen, u. a. der Spanferkelschmaus und das abschließende Feuerwerk, runden das Stadtteilfest ab.

Zu Silvester, **Veglia di Capodanno,** geht es ebenfalls hoch her: Auf verschiedenen Plätzen der Stadt wird ein Riesenfest mit Feuerwerk sowie Rock- und Popkonzerten gefeiert. Auf dem Quirinalsplatz findet im Beisein des Ministerpräsidenten ein öffentliches Klassikkonzert statt.

Kultur- und Musikfestivals

Die aufregendste Zeit im römischen Kulturleben ist der Sommer. Ein Höhepunkt im Festkalender ist von Mitte Juni bis Mitte September der römische Kultursommer, die **Estate Romana.** In den lauen Sommernächten buhlen unzählige Veranstaltungen um die Gunst der Besucher. Tausende strömen dann in Parks und an den Tiber, auf die Hügel und zu den Ausgrabungsstätten, in Kirchen und auf Plätze zu Klassik- und Jazz-, Hip-Hop- und World-Music-Konzerten, Opernaufführungen und Cabaret, Boulevard- und Tanztheater, Lesungen und Freilichtkino. Im Schatten des ›Quadratischen Kolosseums‹ (EUR) finden sich Kabarettisten ein, in der Villa Celimontana spielen die besten Jazzmusiker, rund um die Pferde-

Rom versteht zu feiern: Ein Feuerwerk illuminiert das Kolosseum

rennbahn von Capanelle sorgen südamerikanische Rhythmen für Fiesta-Stimmung. Während sich in der Villa Ada Musiker aus aller Welt treffen, erklingt vor San Clemente, im Teatro di Marcello, in der Villa Torlonia und in vielen Museen klassische Musik.

Doch schon zuvor, im Mai, findet die **Notte dei Musei,** die römische Museumsnacht statt, mit kostenlosem Eintritt in zahlreiche Museen. Neben den klassischen Führungen gibt es auch Performances, Lesungen, Konzerte u. v. m. **Roma nascosta** hingegen steht ganz im Zeichen der Archäologie. Von Ende Mai bis Anfang Juni kann man schwer zugängliche, oft unterirdisch gelegene Stätten besuchen.

Heiß her geht es dann von Juni bis August, wenn im Rahmen der Veranstaltung **La Fiesta!** die lateinamerikanische Musik und Kultur gefeiert wird.

Ein weiteres Highlight im kulturellen Leben der Stadt – allein schon ob des Veranstaltungsortes – ist von Juni bis August das **Opernfestival** in den Caracalla-Thermen. Über allem leuchtender Fixstern am römischen Konzerthimmel ist allerdings das **Festival Internazionale di Musica e Arte Sacra**

Festkalender

Januar
Benedizione degli animali: 17. Januar, Tierweihe.

Februar
Carnevale: Maskenumzüge durch die Stadt, meist auf der Via Nazionale und Via dei Fori Imperiali.

März
Giornata FAI di Primavera: Wochenende im März/April, Tag des offenen Denkmals.
Festa delle Donne: 8. März, Internationaler Frauentag. Frauen werden mit Mimosensträußchen beschenkt.
San Giuseppe: 19. März, Tag des hl. Josef und Vatertag.
Maratona di Roma: Stadtmarathon, bei dem sich Laien mit den weltbesten Langstreckenläufern messen.
Moa Casa: ab Ende März, Möbelmesse im römischen Messegebäude, www.cooperativamoa.com, www.fieraroma.it.

April
Festa delle Palme: Am Palmsonntag werden in den Kirchen geweihte Ölzweige verteilt.
Pasqua (Ostern): Feierlichkeiten im Rahmen der Settimana Santa.
Natale di Roma: 21. April, Geburtstag der Stadt Rom.

Mai
Settimana della Cultura: eine Woche Museen gratis, www.beniculturali.it
Festa del Lavoro: 1. Mai, Popkonzert auf der Piazza S. Giovanni.
Mostra dell'Antiquariato: Antiquitätenmarkt, Via dei Coronari nahe der Piazza Navona.
Notte dei Musei: an einem Wochenendtag. Kostenlose Öffnung zahlreicher Museen von 20 bis 2 Uhr.
Roma nascosta: Ende Mai–Anfang Juni, Öffnung und Besichtigung archäologischer Stätten, die normalerweise geschlossen sind.

im Spätherbst. Mit dem Ziel, Kirchenmusik zu fördern, und um kirchliche Kunstschätze zu restaurieren, spielen berühmte Musiker und Orchester in Roms Patriarchalbasiliken bedeutende Werke der Kirchenmusik.

Und unter dem klingenden Namen **Musei in Musica** findet meist Ende November eine weitere Museumsnacht statt mit Musik- und Tanzveranstaltungen. Das **RomaEuropa Festival** mit Musik, Theater und Tanz widmet sich von September bis November an verschiedensten Veranstaltungsorten ganz der europäischen Idee.

Last but not least seien zwei Filmfestivals genannt: die hochkarätige **Festa del Cinema,** ein internationales Filmfestival, bei dem eine Publikumsjury den Hauptpreis vergibt: eine an Kaiser Marc Aurel orientierte Statue aus dem Hause Bulgari und 200 000 €.

Beim **Medfilm Festival** im November sind thematische Arbeiten aus den Mittelmeerländern zu sehen.

Kulturevents bei freiem Eintritt

Giornata FAI di Primavera – an einem Wochenende im März/April findet der Tag des offenen Denkmals statt.
Festa del Lavoro – am 1. Mai, dem Tag der Arbeit, spielen auf der Piazza S. Giovanni nationale und internationale

Juni bis September

San Pietro e Paolo: am Vormittag des 29. Juni, feierliche Papstmesse.
Estate Romana: Juni–Sept., römischer Kultursommer, www.estateromana.comune.roma.it.
La Fiesta!: Juni–Aug., Festival lateinamerikanischer Musik und Kultur im Ippodromo delle Capanelle.
Expo Tevere: Juni/Juli, Tiberufer, Kunsthandwerksmesse.
Opernfestival: Juni–Aug., in den Caracallathermen, www.operaroma.it.
Festa de' Noantri: ab 15. Juli, zweiwöchiges Volksfest im Stadtteil Trastevere.

September bis November

RomaEuropa Festival: Sept.–Nov., unterschiedliche Veranstaltungsorte, Kulturfestival, www.romaeuropa.net.
Festa del Cinema: Ende Okt., internationales Filmfestival im Auditorium, www.romacinemafest.org.
Festival Internazionale di Musica e Arte Sacra: von Ende Okt. bis Mitte Nov., www.festivalmusicaeartesacra.net.
Moa Casa: ab Ende Okt., Möbelmesse, s. auch unter dem Monat März, www.fieraroma.it.
Medfilm Festival: erste Novemberhälfte, Filmfestival der Mittelmeerländer zu besonderen Themen wie ›Arbeit‹ oder ›Identität‹, www.medfilmfestival.org.
Musei in Musica: Ende Nov., Museumsnacht mit Musik- und Tanzveranstaltungen.

Dezember

Weihnachtsmarkt: ab Mitte Dezember, u. a. auf der Piazza Navona (bis 6. Januar)
Natale: Weihnachten, u. a. mit Christmesse im Petersdom am 24.
Veglia di Capodanno: Silvesterfeier, u. a. auf der Piazza del Popolo.

Popgrößen vom frühen Nachmittag bis nach Mitternacht vor Hunderttausenden von Besuchern.
Settimana della Cultura – eine Woche lang finden im Mai kostenlose Sonderöffnungen staatlicher, z. T. auch kommunaler und privater Museen und Monumente statt.

Messen

Für Touristen relevante Messen sind die Antiquitätenschau **Mostra dell'Antiquariato** in der zweiten Maihälfte, die **Expo Tevere,** die bedeutende römische Kunsthandwerksmesse, bei der Produkte aus der ganzen Welt von Juni bis Juli am Tiberufer gezeigt werden, und im Oktober gleich zwei Veranstaltungen, die Comic- und Zeichentrickfilmmesse **Romics** (www.romics.it) sowie **Moa Casa,** die Möbelmesse Roms schlechthin, die ein zweites Mal im Jahr auch ab Ende März stattfindet. Infos zu allen Messeterminen, die im Messezentrum Fiera Roma stattfinden, www.fieraroma.it.

Weihnachtsmarkt

Mitte Dezember beginnt der größte Weihnachtsmarkt Roms auf der Piazza Navona; er dauert bis zum Dreikönigsfest am 6. Januar.

Aktiv sein, Sport, Wellness

Fitness

Bei den sportlichen Aktivitäten steht quer durch alle Altersklassen, aber vor allem bei den jüngeren Römerinnen und Römern, das Fitnesstraining an erster Stelle – sei es Bodybuilding für die Männer oder Aerobic, Spinning oder Step bei den Frauen.

Rundum-Verwöhn-Programm – **Roman Sport Center:** ▶ Karte 1, K 6/7, Viale del Galoppatoio 33, Tel. 063 20 16 67, www.romansportcenter.com, Metro: Spagna (A), Mo–Sa 8–22, So 9–15 Uhr, Juni–Okt. So geschl., Tagesgebühr 30 €. Größtes Fitnesscenter der Stadt auf 6500 m² bei der Villa Borghese. Großer Geräteraum, 3 Aerobicstudios, Hallenbad mit 25-m-Bahn, Dampfbad, Sauna, Jacuzzi, 4 Squashcourts und eigenes Beautycenter (Fango, Maniküre, Gesichtspflege, Massagen).

Zentral & günstig – **Farnese Fitness:** ▶ Karte 3, H 9, Vicolo delle Grotte 35, Tel. 066 87 69 31, www.farnesefitness.com, Bus: 40, 64, Mo–Do 9–22, Fr 9–21, Sa 11–19, So 10.30–13.30 Uhr, Tagesgebühr: 12 €. Kleines Fitnesscenter mit Sauna und Geräteraum sowie einem breiten Angebot an Kursen.

Fußball

Die große Sportleidenschaft der Römer und Römerinnen bleibt der Fußball (s. S. 90). Die italienischen Fußballmeisterschaften dauern von September bis Juni. Wer sich unter die *tifosi* mischen möchte, muss sich schon früh um Karten kümmern (15–130 €; Kartenvorbestellung: A.S. Roma, Tel. 06 50 19 11, S.S. Lazio, Tel. 06 32 37 33). Gespielt wird im **Stadio Olimpico** im Norden der Stadt (Metro A: Ottaviano, von dort weiter mit Bus 32). Übrigens: Ein Derby zwischen den beiden römischen Vereinen kann unter Umständen in Tumulten enden! Daher ist beim Stadionbesuch von einem Platz in der *curva* (Fanblock) abzusehen.

Laufen und Skaten

Beliebter Treffpunkt von **Skatern** und **Inlinefahrern** ist der Viale dell'Obelisco/Viale delle Magnolie im Park der Villa Borghese, wo man sich auch Rollerblades und Rollschuhe ausleihen kann (3 € pro Std.).

Viele **Jogger** ziehen ihre Runden im weitläufigen Park der Villa Borghese, im Parco di Porta hinter den Caracallathermen und im Park der Villa Ada. Wegen ihrer Größe und der hügeligen Landschaft besonders beliebt ist das Gelände der Villa Pamphilj. Archäologische und sportliche Interessen lassen sich aufs Schönste im Parco della Caffarella verbinden, der mit der Via Appia verbunden ist. Reizvoll ist auch das Joggen im verwunschenen Park der Villa Torlonia mit schönen Jugendstilhäusern und klassizistischen Bauten. Wer die Piste den Parks vorzieht, kann sich auf der Rennbahn im Stadio dei Marmi, dem römischen Leichtathletikstadion, auspowern.

Radfahren

Rom ist noch keine Stadt für Radfahrer (s. S. 26), auch wenn es inzwischen einige Fahrradwege gibt. **Fahrradtouren** kann man in den Parks der Villa Borghese oder Villa Ada unternehmen und am Tiber entlang. Eine schöne Route führt entlang der Via Appia, die sonntags für den Verkehr gesperrt ist (Fahrradverleih s. S. 230). Eine Karte mit eingetragenen Fahrradwegen (»Roma in bici«) erhält man an den touristischen Infostellen.

Schwimmen

In Rom gibt es nur wenige Freibäder. Viele – auch überdachte – Schwimmbäder verlangen eine Mitgliedschaft. Die meisten liegen weit außerhalb des Stadtzentrums. Allen offen steht von Juni bis September das Freibad **Piscina delle Rose** (▶ Karte 2, G 22, Viale America 20, EUR, www.piscinadellerose.it, Metro B: Fermi, Mitte Mai–Mitte Sept. Mo–So 9–22 Uhr, 8–16 €). Eine (teure) Alternative (ca. ab 45 €) sind die Pools großer Hotels, wie Aldrovrandi Palace, Radisson SAS es-Hotel, Boscolo Exedra Hotel, Hilton Cavalieri.

Außerhalb von Rom locken die **Wasserparks** Aquafelix Parco Acquatico bei Civitavecchia (www.aquafelix.it) und Aquapiper bei Guidonia (www.aquapiper.it).

Thermen

Nicht nur bei Rheuma – **Tivoli Terme:** ▶ außerhalb Karte 1, S 7, Acque Albule, Via Tiburtina Valeria, km 22, 700, Tivoli Terme, Tel. 077 43 54 71, www.termediroma.org, Anfahrt über A24 Roma–L'Aquila, Ausfahrt: Tivoli oder Lunghezza; vom G.R.A. Ausfahrt 13 Via Tiburtina; mit COTRAL-Bus ab Metrostation Ponte Mammolo (B). Die restaurierte (nicht überdachte) Thermenanlage von Tivoli besitzt vier Becken, u. a. Kinderbecken, Liegewiesen, Sauna. Das durchschnittlich 23 °C Grad warme, schwefelhaltige Wasser eignet sich vor allem bei Rheuma, Haut- und Atemwegserkrankungen.

Baden wie die Römer – am Tiberufer

Antike Monumente und Museen

Roms Museumslandschaft

Rom besitzt rund 150 Museen. Die meisten konzentrieren sich naturgemäß auf das Centro Storico und den Vatikan, einige befinden sich in EUR.

Einen guten Überblick über die **Ursprünge Roms** bekommt man im verstaubten, aber immer noch eindrucksvollen Museo della Civiltà Romana in EUR. Zu den besten Museen **etruskischer Kunst und Kultur** in Italien gehört das Museo Etrusco di Villa Giulia. Die **Antike** ist hervorragend vertreten in den vier Museen des Museo Nazionale Romano, in den antiken Abteilungen der Vatikanischen Museen sowie in den Kapitolinischen Museen und der Centrale Montemartini.

Beste Einblicke in die **Kunst der Renaissance und des Barock** geben das Museo e Galleria Borghese, die Vatikanischen Museen, die Galleria Nazionale d'Arte Antica im Palazzo Barberini und die Pinakothek der Kapitolinischen Museen sowie die Sammlungen in den Adelspalästen Colonna, Pamphilj und Spada. Liebhaber der **Moderne** sollten die Galleria Nazionale d'Arte Moderna (GNAM) und das Museo Carlo Bilotti besuchen, die **zeitgenössische Kunst** wird im MACRO und MAXXI gezeigt.

Das **römische Alltagsleben** durch die verschiedenen Epochen präsentieren Museen wie die Crypta Balbi, das Museo di Roma im Palazzo Braschi oder das Museo di Roma in Trastevere. Die **Geschichte und Kultur der Juden** in Rom dokumentiert das Museo Ebraico. Daneben gibt es unzählige **Spezialmuseen** wie das Museo Nazionale delle Paste Alimentari (Piazza Scanderbeg 117, www.museodellapasta.it, Metro A: Barberini, tgl. 9.30–17.30 Uhr, feiertags geschl.), wo sich alles um das italienische Nationalgericht dreht, oder das kuriose Museo delle Anime dei Defunti o del Purgatorio in der Kirche Sacro Cuore del Suffragio (Lungotevere Prati 12, Bus: 40, 64, 280, tgl. 7–11, 16.30–19.30 Uhr), das dem Leben nach dem Tod gewidmet ist und »Gegenstände und Zeichen Verstorbener« zeigt.

Öffnungszeiten

Die meisten Museen sind montags geschlossen. Zu den wenigen Ausnahmen gehören die Vatikanischen Museen (daher am Montag meist sehr voll). Viele Museen schließen darüber hinaus an Feiertagen. Manche Sehenswürdigkeiten, darunter die Galleria Borghese, kann man nur nach telefonischer Voranmeldung besuchen. Die Besuchszeit ist in diesen Fällen begrenzt. Infos zu städtischen Museen unter www.museiincomuneroma.it.

Eintrittskarten

Die Eintrittspreise für Sehenswürdigkeiten und Museen sind relativ hoch. Am teuersten ist mit 15 € ein Besuch der Vatikanischen Museen. In den meisten städtischen und allen staatlichen Museen zahlen EU-Bürger unter 18 und über 65 Jahren jedoch keinen Eintritt. Jugendliche zwischen 18 und 25 Jahren zahlen 50 % weniger. Für den Besuch bestimmter Museen und Ausgrabungsstätten empfiehlt sich ein Sammelticket. Der **Roma Pass** (30 €, www.romapass.it) gilt drei Tage und gewährt freien Eintritt zu den ersten beiden Ausgrabungsstätten oder Museen, die man besucht. Bei allen weiteren Ausgrabungsstätten/Museen reduziert sich der reguläre Eintrittspreis.

Zudem ist die Nutzung des öffentlichen Nahverkehrs sowie eines mehrsprachigen, medizinischen Call-Centers enthalten.

Mit der **Archaeologia-Card** (23 €/13 €) kann man in sieben Tagen neun Museen und Sehenswürdigkeiten besuchen (Palazzo Massimo und Altemps, Crypta Balbi, Diokletiansthermen, Kolosseum, Palatin, Caracallathermen, Villa dei Quintili, Mausoleo di Cecilia Metella). Das Ticket **Museo Nazionale Romano** (7 €/3,50 €) erlaubt an drei Tagen den Besuch von vier Museen (Palazzo Massimo und Altemps, Cripta Balbi, Diokletiansthermen). Die **Appia-Antica-Card** (6 €/3 €) ermöglicht den Besuch von Caracallathermen, Villa dei Quintili und des Mausoleums der Cecilia Metella und ist sieben Tage gültig.

Jüngster Neuzugang ist die ebenfalls drei Tage gültige **Omnia Vatican & Rome Card** (85 €, 6–12 J. 55 €; www.omniavaticanrome.org). Mit ihr kann man die Vatikanischen Museen und die Peterskirche sowie Kolosseum, Palatin und Forum über einen ›schnelleren‹ Sondereingang besuchen. Auch enthalten ist u. a. die Nutzung des öffentlichen Nahverkehrs sowie eine Stadtrundfahrt mit Roma cristiana. Alle Karten erhält man bei den Sehenswürdigkeiten etc.

Maestro- und Kreditkartenzahlung wird nicht überall akzeptiert, so z. B. nicht in den Vatikanischen Museen. Grundsätzlich frei ist der Eintritt in Kirchen und jeweils am letzten Sonntag im Monat in den Vatikanischen Museen, wo man sich jedoch auf lange Warteschlangen gefasst machen muss.

Für Kultur- und Preisbewusste lohnt eine Rom-Reise vor allem im Spätfrühjahr zur **Settimana della Cultura,** in der nicht nur viele sonst geschlossene Sehenswürdigkeiten zugänglich sind, auch der Eintritt vieler städtischer und staatlicher Museen ist dann frei.

Gut zu wissen

Eine **Ticketreservierung** für Monumente und Museen kann unter Tel. 06 39 96 77 00 oder www.pierreci.it erfolgen. Weitere Museen unter Tel. 063 28 10, www.ticketeria.it. **Hinweis:** Zu den Eintrittsgebühren kommt häufig ein **Zuschlag für Sonderausstellungen.**

Antike Monumente

Meisterwerk der Reliefkunst – **Ara Pacis Augustae:** ▶ Karte 3, J 7, Lungotevere in Augusta/Via Ripetta, www.arapacis.it, Metro: Flaminio (A), Bus: 70, 81, Di–So 9–19 Uhr, 10 €/8 €. Friedensaltar, umhüllt von Stararchitekt Richard Meier, s. S. 203.

Ein Wahrzeichen Roms – **Castel Sant'Angelo** (Engelsburg): ▶ Karte 3, G 7/8, Lungotevere Castello 50, www.castelsantangelo.com, Bus: 40, 64, 280, Di–So 9–19.30 Uhr, 8,50 €/6 €. Spätere Papstburg, s. S. 173.

Größtes Amphitheater – **Colosseo:** ▶ Karte 3, L 10, Piazza del Colosseo, Metro: Colosseo (B), tgl. ab 8.30, vom letzten So im März–Sept. bis 19, 1.–25. Okt. bis 18.30, 26. Okt.–15. Febr. bis 16.30, 16. Febr.–15. März bis 17, 16. März–letzten Sa im März bis 17.30 Uhr, 12 €/7,50 € (Kombiticket, s. S. 116), 25.12./1.1. 9.30–15.30 Uhr (Eintritt frei), Audio- oder Videoguide je 5,50 €. Gladiatorenspiele, s. S. 128, 130.

Palast Neros – **Domus Aurea:** ▶ Karte 1, L 10, Viale Domus Aurea, Metro: Colosseo (B). Zurzeit geschlossen. ›Goldenes Haus‹ des Nero, s. S. 245.

Nabel der antiken Welt – **Foro Romano und Palatino:** ▶ Karte 3, K/L 10/11, Via dei Fori Imperiali/Via S. Gregorio, Zugänge für beide am Largo Corrado Ricci und an der Via S. Gregorio, Ausgänge auch am Titusbogen und am Ende der Via Sacra aufs Kapitol, Metro: Colosseo (B), Bus: 60, 85, 87, 175, tgl. 8.30 Uhr–1 Std. vor Sonnenuntergang, April–Aug. bis 19.15, im Winter bis 16.30, Karfreitag bis 14 Uhr, 25.12. und 1.1. geschl., 12 €/7,50 € (obligat. Kombiticket mit Kolosseum & Palatin), zzgl. evtl. Ausstellungszuschlag. Zentrum des Römischen Reiches, s. S. 116, 123.

Kaiserforen – **Museo dei Fori Imperiali und Mercati di Traiano:** ▶ Karte 3, K 9, Via IV. Novembre 94, www.mercatidi traiano.it, Metro: Colosseo (B), Bus: 60, 84, 85, 87, 175, Di–So 9–19 Uhr, 8,50 €/ 6,50 €. Von den Kaisern gestiftete Foren mit Tempeln, nur die Trajansmärkte sind zugänglich, s. S. 133.

Baugeschichte der Aurelianischen Stadtmauer – **Museo delle Mura:** ▶ Karte 1, außerhalb M 13, Via di Porta San Sebastiano 18, www.museodelle muraroma.it, Bus: 218, Di–So 9–14 Uhr, 4 €/3 €. Museum zu und in der Aurelianischen Stadtmauer mit Wehrgängen und Aussichtsterrasse, s. S. 251.

Römische Antike – **Pantheon:** ▶ Karte 3, J 9, Piazza della Rotonda, Bus: 40, 64, 116, 117, 119, 175, 492, Mo–Sa 9–19.30, So 9–18, feiertags 9–13 Uhr, Eintritt frei. Antiker Rundtempel mit größter Kuppel Roms, s. S. 148, 150.

Luxuriöse Badeanstalt – **Terme di Caracalla:** ▶ Karte 1, L 12/13, Viale Terme di Caracalla 52, Metro: Circo Massimo (B), Mo 9–14, Di–So 9–1 Std. vor Sonnenuntergang, April–Aug. bis 19.15, im Winter bis 16.30 Uhr, 6 €/3 € (obligatorisches Kombiticket Appia-Antica-Card). Gigantischer Badepalast, der in der Spätantike als Wunder Roms galt, s. S. 140.

Katakomben, eine Welt für sich

Infos zu den Begräbnisstätten der frühen Christen auf der Website der Kallixtus-Katakomben: www.catacombe. roma.it, 9–12, 14–17, außer bei Sant' Agnese, dort 9–12, 16–18 Uhr, 8 €/5 €.

Sant'Agnese: ▶ Karte 1, P 4, Via Nomentana 349, Bus: 36, 60, 84, 90, So nachmittags und an kirchlichen Feiertagen vormittags geschl., S. 258.

San Callisto: ▶ Karte 1, außerhalb, M 13, Via Appia Antica 110, Bus: 218, Mi geschl., S. 251.

Santa Domitilla: ▶ Karte 1, außerhalb M 13, Via delle Sette Chiese 282, Bus: 218, Di und im Jan. geschl., s. S. 252.

San Sebastiano: ▶Karte 1, außerhalb M 13, Via Appia Antica 136, Bus: 118, 218, So und 10. Nov.–10. Dez. geschl., s. S. 252.

Santa Priscilla: ▶ Karte 1, außerhalb N 4, Via Salaria 430, Bus: 63, 86, 92, 310, Mo und im Jan. geschl.

Museen und Galerien

Deutscher Dichterfürst in Rom – **Casa di Goethe:** ▶ Karte 1, J 6/7 Via del Corso 18, www.casadigoethe.it, Bus: 117, 119, Metro: Flaminio (A), Di–So 10–18 Uhr, 4 €/3 €. Wohnhaus Goethes während seines Romaufenthaltes, s. S. 199.

Metaphysischer Maler – **Casa Giorgio de Chirico:** ▶ Karte 3, K 7, Piazza di Spagna 31, www.fondazionedechirico. it, Metro: Spagna (A), Di–Sa & 1. So/ Monat 10, 10.45, 11.30, 12.15 Uhr, 5 €/ 3 €, nur n. V. Tel. 066 79 65 46. Wohnung & Atelier des Künstlers mit über 70 Gemälden und Terrakotten, s. S. 204.

Adelspalast mit Museum – **Galleria Colonna:** ▶ Karte 3, K 9, Via della Pilotta 17, www.galleriacolonna.it, Bus: 40, 46, 60, 62, 64, Sa 9–13 Uhr, 10 €/8 €.

Prunkvolle Säle mit einer wertvollen Kunstsammlung aus dem 17./18. Jh.

Erbe der Pamphilj und Doria – **Galleria Doria Pamphilj:** ► Karte 3, J/K 9, Via del Corso 305, www.doriapamphilj.it, Bus: 64, 81, 117, 119, 175, tgl. 10–17 Uhr, 10,50 €/7,50 €. Prachtvoll ausgestattete Wohnräume, beeindruckende Gemäldegalerie (13.–18. Jh.), s. S. 210.

Unvergleichlicher Kunstschatz – **Galleria Nazionale d'Arte Antica** (Palazzo Barberini): ► Karte 3, L 8, Via delle Quattro Fontane 13, www.galleriaborghese.it, Metro: Barberini (A), Bus: 52, 53, 56, 58, 60, 61, 95, 116, 175, 492, Di–So 8.30–19.30 Uhr, 5 €/3 €. Eine der schönsten barocken Palastanlagen Roms. Hochkarätige Sammlung mit Schwerpunkt 16. und 17. Jh., s. S. 228.

Europäische Malerei 17./18. Jh. – **Galleria Nazionale d'Arte Antica** (Palazzo Corsini): ► Karte 3, G 10, Via della Lungara 10, www.galleriaborghese.it, Bus: 23, 44, 65, 170, 181, 280, Di–So 8.30–19.30 Uhr, 4 €/2 €. Schwerpunkt Barockmalerei, s. S. 190.

Vermächtnis eines Kardinals – **Galleria Spada:** ► Karte 3, H 9/10, Piazza Capo di Ferro 13, http://galleriaspada.beniculturali.it, Bus: 46, 56, 62, 64, 70, 81, 492, 116, Di–So 8.30–19.30 Uhr, 5 €/2,50 €. Im Innern die berühmte Kolonnade von Borromini und die Galleria Spada mit Gemälden des 16./17. Jh.; Besichtigung des Piano Nobile jeden 1. So im Monat um 10.30, 11.30, 12.30 Uhr, 6 €, Reservierung obligat. unter Tel. 066 83 24 09, tour@gebart.it, s. S. 158.

Nationalgalerie der Modernen Kunst – **GNAM** (Galleria Nazionale d'Arte Moderna): ► Karte 1, K 5, Viale delle Belle Arti 131, www.gnam.beniculturali.it, Tram: 3, 19, Bus: 926, Di–So 8.30–19.30 Uhr, 8 €/4 €. Die bedeutendste Sammlung italienischer Bildhauerkunst und Malerei des 19. und 20. Jh., s. S. 232.

Einlass ohne Wartezeiten

In einigen Museen und Sehenswürdigkeiten wie dem Kolosseum, den Vatikanischen Museen und der Galleria Borghese kann man (gegen Aufpreis) im Voraus Tickets buchen und sich damit längere Wartezeiten ersparen, Informationen unter: www.rome-museum.com (s. a. S. 61).

Zeitgenössische Kunst – **MACRO** (Museo d'Arte Contemporanea di Roma): ► Karte 1, N 6, Via Nizza 138, Di–So 11–22 Uhr, 11 €/9 € für beide Museen; **MACRO Future:** ► Karte 1/2, H 13, Piazza Orazio Giustiniani 4, www.macro.roma.museum, Bus: 36, 60, 62, 84, 90, Metro: Piramide (B), Di–So 16–22 Uhr, 5 €/3 €. Wechselausstellungen, s. S. 272.

Kunst und Architektur – **MAXXI** (Museo Nazionale delle Arti del XXI Secolo): ► Karte 1, H 3, Via Guido Reni 10, www.fondazionemaxxi.it, Metro bis Flaminio (A), dann Tram 2, Di–So 11–19 Uhr, 11 €/8 €. Nationalmuseum für Fotografie und Architektur des 21. Jh. Wechselausstellungen zeitgenössischer Kunst und Architektur, s. S. 199.

Kapitolinische Museen – **Musei Capitolini:** ► Karte 3, K 10, Piazza del Campidoglio, www.museicapitolini.org, Bus: 60, 64, 84, Di–So 9–20 Uhr, 8,50 €/ 6,50 €. Hochkarätige Sammlung antiker Skulpturen, Pinakothek, in drei Palazzi, s. S. 136.

Bedeutendste Kunstsammlung – **Musei Vaticani:** ► Karte 1, E/F 7/8, Viale Vaticano, www.vatican.va, Metro: Cipro-Musei Vaticani/Ottaviano (A), Mo–Sa

Raffaels »Scuola d'Atene« in den Stanzen ist den Wissenschaften gewidmet

9–16, Schließung 18 Uhr; geschl. am 1./6. Jan., 11. Feb., 19. März, Ostersonntag/-montag, 1. Mai, 29. Juni, 14./15. Aug., 1. Nov., 8. Dez., 25./26. Dez., 15 €, Schüler und Studenten unter 26 J. 8 €, letzter So im Monat Eintritt frei (8.30–12.30, Schließung um 14 Uhr), Audioguide-Verleih. Die Exponate reichen von ägyptischen Mumien über etruskische Arbeiten, griechische und römische Skulpturen und Reliefs bis zu Fresken (Stanzen) und Gemälden der Neuzeit, s. S. 180.

Park und Museen – **Musei di Villa Torlonia:** ▶ Karte 1, O 5/6, Via Nomentana 70, www.museivillatorlonia.it, Bus: 36, 84, Di–So 9–19 Uhr, Sammelticket 10 €/ 8 €, Einzelticket Casina delle Civette: 4 €/3 €, Casino Nobile: 5,50 €/4,50 €. Weitläufige Parkanlage der Torlonia. Das Casino Nobile beherbergt die neoklassizistische Skulpturensammlung der Torlonia und Werke der Römischen Schule. Die kuriose Casina delle Civette ist heute ein Museum für Glaskunst des Jugendstils, s. S. 255.

Skulpturen – **Museo Barracco:** ▶ Karte 3, H 9, Corso Vittorio Emanuele 166a – 00186 Roma, www.museobarracco.it, Bus: 30, 40, 46, 62, 64, 70, 81, 87, 116, 492, 628, Tram: 8, Di–So 9–19 Uhr, 5,50 €/4,50 €. Antike Skulpturen, s. S. 159.

Klein, aber fein – **Museo Carlo Bilotti:** ▶ Karte 1, K 6, Viale Fiorello La Guardia (Ex-Orangerie in der Villa Borghese), www.museocarlobilotti.it, Metro: Flaminio (A), Bus: 95, Di–So 9–19 Uhr, 5,50 €/4,50 €. Kleines Museum mit 18 Werken von De Chirico sowie Severini und Warhol. Daneben Ausstellungsraum für zeitgenössische Kunst, s. S. 234.

Antikes Rom – **Museo della Civiltà Romana:** ▶ Karte 2, J 21/22, Piazza G. Agnelli 10, www.museociviltaromana.it, Metro: Laurentina (B), dann Bus 765, Di–So 9–14 Uhr, 7,50 €/5,50 €. Museum zur Geschichte und Kunst des antiken Rom, s. S. 277.

Historie – **Museo di Roma** (Palazzo Braschi): ► Karte 3, H9, Piazza S. Pantaleo 10, www.museodiroma.it, Bus: 40, 46, 62, 64, Di–So 10–20 Uhr, 7,50 €/5,50 €, Stadtgeschichte, s. S. 159.

Jüdisches Leben in Rom – **Museo Ebraico di Roma:** ► Karte 3, J10, Sinagoga Nuova, Lungotevere Cenci 15, www.museoebraico.roma.it, Bus: 23, 63, 280, 16. Sept.–15. Juni So–Do 10–17, Fr 9–14, 16. Juni–15. Sept. So–Do 10–19, Fr 10–16 Uhr, 10 €/4 €. Museum zur Geschichte der römischen Juden, mit Besichtigung der Synagoge, s. S. 164.

Antiken- & Gemäldesammlung – **Museo e Galleria Borghese:** ► Karte 1, L6, Piazzale del Museo Borghese 5, www.galleriaborghese.it, Kartenvorbestellung obligator.: Tel. 063 28 10, www.ticketeria.it, Bus: 52, Tram: 3, 19, Di–So 9–19 Uhr, 8,50 €/5,25 €, zzgl. evtl. Ausstellungszuschläge! Antike und barocke Skulpturen, Mosaiken und Gemälde, u. a. Meisterwerke von Bernini und Caravaggio, s. S. 229.

Kunst & Technik – **Museo Montemartini** (Centrale Montemartini): ► Karte 2, J15, Viale Ostiense 106, www.centralemontemartini.org, Metro: Garbatella (B), Bus: 23, Di–So 9–19 Uhr, 5,50 €/4,50 €. Faszinierendes Nebeneinander von marmornen Skulpturen und schwarz glänzenden Motoren, s. S. 269.

Kunst aus dem Orient – **Museo Nazionale d'Arte Orientale:** ► Karte 1, M9, Via Merulana 248, www.museoorientale.beniculturali.it/, Di–Fr 9–14, Do, Sa, So, feiertags bis 19.30 Uhr, 6 €/3 €. Reiche archäologische Sammlung mit Fundstücken aus dem Mittleren und Fernen Orient, s. S. 248.

Die Etrusker – **Museo Nazionale Etrusco di Villa Giulia:** ► Karte 1, J5, Piazzale di Villa Giulia 9, villagiulia.beniculturali.it, Tram: 3, 19, Di–So 8.30–19.30 Uhr, 8 €/4 €. Umfangreichste etruskische Sammlung, s. S. 232.

Kunst im Renaissancepalast – **Museo Nazionale del Palazzo di Venezia:** ► Karte 3, K9, Via del Plebiscito, 118 www.galleriaborghese.it, Bus: 60, 64, 84, Di–So 8.30–19 Uhr. Sammlung von Kunstwerken des 14.–16. Jh., von Porzellan-, Keramik- und Kleinkunstgegenständen, s. S. 158.

Sammlung zur Antike – **Museo Nazionale Romano:** www.archeorm.arti.beniculturali.it, wenn nicht anders angegeben: Di–So 9–19.45 Uhr, 7 €/3,50 € (obligat. Museo-Nazionale-Romano-Kombiticket für alle 4 Museen). Auf vier Standorte verteilte Sammlung zur Antike: **Crypta Balbi,** ► Karte 3, J9, Via delle Botteghe Oscure 31, Entwicklung eines Viertels von der Antike bis zur Neuzeit, s. S. 145; **Palazzo Altemps,** ► Karte 3, H8, Piazza Sant'Apollinare 44, berühmte antike Skulpturen, s. S. 152; **Palazzo Massimo alle Terme,** ► Karte 1, M8, Largo di Villa Peretti 1, antike Münzen, Skulpturen, Mosaiken und wunderbar erhaltene Wandmalereien aus Kaiservillen, s. S. 222; **Terme di Diocleziano,** ► Karte 1, M8, Viale Enrico de Nicola 78, Bus: 40, 64, Entwicklung der lateinischen Schriftsprache sowie Zeugnisse der frühen Völker Roms, s. S. 218.

Renaissancepalast – **Villa Farnesina:** ► Karte 3, G/H 10, Via della Lungara 230, www.lincei.it und www.villafarnesina.it, Bus: H, 23, 63, 280, Mo–Sa und jeden 2. So im Monat 9–13 Uhr, 5 €/3 €. Sommervilla eines Bankiers im Renaissancestil, von Raffael, Sodoma und ihren Schülern ausgemalt, s. S. 191.

Reiseinfos von A bis Z

Ärzte und Apotheken

Die Versorgung im Krankheitsfall wird für Deutsche, Österreicher und Schweizer über die Europäische Krankenversicherungskarte (EHIC) geregelt (Infos bei Ihrer Krankenkasse). Da die meisten Ärzte im Ausland aber über die Karte nicht abrechnen können, muss man die Kosten zumeist vorstrecken und die Rechnung der eigenen Kasse vorlegen. Um die Kosten für einen Rücktransport nach einer schweren Erkrankung oder einem Unfall im Ausland abzudecken, empfiehlt es sich, für die Dauer des Aufenthalts eine Auslandsreise-Krankenversicherung abzuschließen.

Eine Liste von **deutschsprachigen Ärzten** in Rom findet man auf der Website der Deutschen Botschaft (s. rechts) und des deutschen Pilgerzentrums (s. S.14).

Öffentliche Krankenhäuser bieten einen **24-Stunden-Notdienst,** u. a.:

Kinderkrankenhaus Ospedale del Bambino Gesù: Piazza S. Onofrio 4, Tel. 066 85 9-1 (Zentrale), Tel. 06 68 59-23 51 (Erste Hilfe).

Policlinico Umberto I.: Viale del Policlinico 155, Tel. 064 99 71 (Zentrale).

Ospedale Fatebenefratelli: Tiberinsel, Tel. 06 68 37-1 (Zentrale), Tel. 06 68 37 -299/324 (Erste Hilfe).

Policlinico Gemelli: Via della Pineta Sacchetti 644/Largo Gemelli 8, Tel. 063 01 51 (Zentrale), Tel. 06 40 39 30 15 (Erste Hilfe).

Apotheken haben normale Ladenschlusszeiten. Nacht- und Wochenenddienste hängen an jeder Apotheke aus. Rund um die Uhr geöffnet sind die **Farmacia della Stazione,** Piazza Cinquecento 51 (Ecke Via Cavour), und die **Farmacia Piram Omeopatia,** Via Nazionale 228. Die **vatikanische Apotheke** (Porta Sant'Anna) verfügt auch über seltene bzw. nicht-italienische Medikamente und löst Rezepte ein, die von nicht-italienischen Ärzten ausgestellt sind.

Diplomatische Vertretungen in Rom

Botschaft und Konsulat der Bundesrepublik Deutschland

Via San Martino della Battaglia 4, Tel. 06 49 21 31, www.rom.diplo.de, Metro: Castro Pretorio (B)

Österreichische Botschaft

Via G. B. Pergolesi 3, Tel. 068 44 01 41, Bus: 910, www.austria.it

Österreichisches Konsulat

Viale Liegi 32, Tel. 068 55 29 66, Tram: 19, 30

Botschaft und Konsulat der Schweiz

Via Barnaba Oriani 61, Tel. 06 80 95 71, www.eda.admin.ch/roma., Bus: 53, 217

Feiertage

1. Januar (Capodanno): Neujahr
6. Januar (Epifania): Hl. Drei Könige
Ostermontag (Pasquetta)
25. April (Anniversario della Liberazione): Nationalfeiertag, Tag der Befreiung von der deutschen Besatzung
1. Mai (Festa del Lavoro): Tag der Arbeit

2. Juni (Festa della Repubblica): Jahrestag der Gründung der Republik
29. Juni (Santi Pietro e Paolo): ausschließlich in Rom gefeiertes Fest der Stadtpatrone
15. August (Ferragosto/Assunzione SS. Vergine): Mariä Himmelfahrt
1. November (Ognissanti): Allerheiligen
8. Dezember (Immacolata Concezione): Mariä Empfängnis
25./26. Dezember (Natale): Weihnachten

Fundbüros

Städtisches Fundbüro: Circonvallazione Ostiense 191, Tel. 06 67 69 32 14, Mo–Fr 8.30–13, Do bis 17 Uhr

Fundbüros der Metro: Linie A, Metrostation Giulia Agricola, Tel. 06 46 95 70 68, Mo, Mi, Fr 9.30–12.30 Uhr. Linie B: Piazzale Ostiense, Gleis 1 der Linie Roma Lido, Tel. 06 46 95 81 65, Mo–Sa 7–19 Uhr.

Geld

Währung ist der Euro. Mit Maestro- oder Kreditkarte samt PIN bekommt man an Automaten Bargeld. Fast überall kann man mit Kreditkarte zahlen.

Notruf

Polizei/Carabinieri: Tel. 113, 112
Feuerwehr: Tel. 115
Krankenwagen/Erste Hilfe: Tel. 118
Pannenhilfe vor Ort: ACI (italienischer Automobilclub), Tel. 80 31 16 oder 064 99 81.
Sperrung von EC- und Kreditkarten: 0049 116 116

Vor dem großen Sturm – Warten auf Kundschaft

Öffnungszeiten

Banken: 8.30–13.30, 14.15/15 Uhr–15.30/16.15 Uhr
Geschäfte/Boutiquen: 9/10–13/14, 16–20 Uhr, in der Innenstadt meist durchgehend geöffnet.
Lebensmittelläden: im Winter Do nachmittags, im Sommer Sa nachmittags geschl. **Alle übrigen Geschäfte** haben im Winter Montag vormittags, im Sommer Samstag nachmittags geschlossen. Im August machen viele Geschäfte Betriebsferien.

Reisekosten und Spartipps
Generell sind die Lebenshaltungskosten in Italien etwas niedriger als in Deutschland. Kleidung und Restaurants sind etwas, öffentliche Verkehrsmittel mehr als die Hälfte günstiger. Nach der Euro-Umstellung haben die Preise kräftig angezogen. Die Preise für Hotelübernachtungen variieren – von der einfachen Pilgerherberge ab 50 € (DZ) bis zur Luxusherberge mit nach oben offenen Grenzen.

Einige Preisbeispiele:
Benzin, Super 95, ca. 1,59 €
Bus-/Metrofahrt: 1,50 €
Taxifahrt (ca. 10 km): 15 €
Eintrittspreise (Museen etc.): bis 15 €
Preise in Bars/Cafés an Tresen/Tisch:
Espresso: 1 €/4 €
kleine Flasche Wasser: 1,50 €/3 €
kleines Bier: 2 €/5 €
Eis: ab 1,30 €/4 €
Panino (belegtes Brötchen): 2,50 €/5 €

Post

Briefmarken *(francobolli)* gibt es in den Postämtern und Bars mit Tabaklizenz *(tabacchi)*. Wer seine Post schneller befördert haben möchte, kann sie vom Vatikan aus (mit Vatikan-Briefmarken!) verschicken. Die Vatikanpost befindet sich am Petersplatz.
Porto: für Briefe und Postkarten in EU-Länder und in die Schweiz 0,75 €.

Rauchen

»Vietato fumare« – in Italien gelten die europaweiten Anti-Raucher-Gesetze. Das Rauchen ist in allen der Öffentlichkeit zugänglichen Räumen verboten, u. a. in Restaurants, Kneipen, Diskotheken und Büros.

Reisen mit Handicap

Rom ist im Gegensatz zum Vatikan keine behindertenfreundliche Stadt. Die öffentlichen Verkehrsmittel sind nur sehr eingeschränkt nutzbar. Und auch nur wenige Metrostationen sind behindertengerecht ausgestattet (Infos unter der Servicenummer: Tel. 065 70 03).

Auf Italienisch und Englisch ist die informative Website www.handyturismo.it mit Infos zu Hotels, Restaurants und Sehenswürdigkeiten.

Sicherheit

Rom unterscheidet sich kaum von anderen europäischen Metropolen; es gelten die üblichen Regeln für die eigene Sicherheit. Wertsachen sollte man nicht offen mit sich herumtragen. Vor allem in vollen U-Bahnen und Bussen sollte man Portemonnaie und Handtasche festhalten. Besonders hüten sollten Sie sich vor bettelnden Kinderbanden. Ebenso sollte man nachts abgelegene, menschenleere und schlecht beleuchtete Gegenden meiden, z. B. Parks wie die Villa Borghese.

Bei Diebstahl wenden Sie sich an die **Questura Centrale** (Ufficio Stranieri, Via Genova 2, Tel. 06 46 86), wo auch meist ein deutsch- oder englischsprachiger Übersetzer anwesend ist.

Telefonieren

Vorwahlnummern ins Ausland/nach Italien: nach D 0049, nach A 0043, in die CH 0041 + Ortsvorwahl ohne Null + Teilnehmernummer. Aus D, A und der CH nach Italien 0039, dann die gesamte Nummer (inkl. der Null).

Für öffentliche Telefone braucht man i. d. R. eine **Telefonkarte** *(scheda* *telefonica*, perforierte Ecke abreißen!); zu 3–10 € in Tabakläden, an Kiosken und manchen Bars erhältlich.

Mobiltelefone funktionieren in Italien uneingeschränkt. Um Kosten zu sparen, empfiehlt sich eine italienische Prepaid-Karte von Tim, Vodafone oder Wind.

Telefonauskunft

national: 12 40, 12 54, 89 24 24
international: 41 76

Trinkgeld

In vielen Restaurants ist Bedienungsgeld *(servizio)* inklusive oder wird automatisch aufgeschlagen. Dennoch sollte man bei gutem Service dem *cameriere* 5–8 % des Rechnungsbetrages auf dem Tisch liegen lassen. Nicht üblich ist es, der Bedienung die *mancia* direkt während des Zahlens durch Aufrundung des Rechnungsbetrages zu geben. In Bars lässt man für gewöhnlich ein paar (Cent-)Münzen auf dem Tresen liegen.

Hotelboys und Zimmermädchen erhalten je nach Hotel und Gutdünken 1–2 €. Bei Taxifahrten wird auf die nächsten 50 Cent aufgerundet.

Zeitungen und Radio

Die meistgelesenen **italienischen Tageszeitungen** sind der liberal-konservative »Il Corriere della Sera«, die linksliberale »La Repubblica« sowie die römische Lokalzeitung »Il Messaggero«, alle drei mit ausführlichem Lokalteil.

Überregionale **deutschsprachige Zeitungen** wie »Süddeutsche«, »FAZ«, »Die Zeit« gibt es meistens am Erscheinungstag, oft mit einem Tag Verspätung am Bahnhof, rund um die Piazza Colonna, Piazza della Repubblica und an der Via Veneto. »L'Osservatore Romano« wird mit deutschsprachiger Wochenausgabe vom Vatikan herausgegeben.

Radio Vaticana sendet tgl. 6.20–6.40, 16–16.20 und 20.20–20.40 Uhr Nachrichten in deutscher Sprache (1530 kHz, KW 5880, 7250, 9645).

Römer unter sich. Goethe schrieb während seiner Italienreise an Herder, dass es Jahre dauern würde, ein echter Bürger der Stadt Rom zu werden

Panorama – Daten, Essays, Hintergründe

Einen spektakulären ›Durchblick‹ auf den Petersdom gewähren Berninis ›Kolonnaden‹

Steckbrief Rom

Daten und Fakten

Einwohner: In Rom wohnen offiziell rund 2,8 Mio. Menschen (Gesamtitalien: 60,3 Mio., Region Latium 5,14 Mio.), die tatsächliche Einwohnerzahl wird jedoch auf 3,5 Mio. geschätzt.

Bevölkerungsdichte: 2115 Einw./km^2. Rund 300 000 Einwohner (10 %) sind Ausländer, die überwiegend aus Nicht-EU-Ländern stammen.

Fläche: 1307 km^2, davon sind 143 km^2 historisches Zentrum. Pro Einwohner gibt es in Rom 12 m^2 Grünfläche (zum Vergleich: Berlin ebenfalls 12 m^2).

Lage: 13–138 m über dem Meeresspiegel in der Ebene der Campagna Romana, die im Süden von den Albaner Bergen, im Osten von den Ausläufern der Abruzzen und im Norden von den Sabiner Bergen begrenzt wird. Die Küste ist ca. 26 km entfernt. Durch Rom fließt der Tevere (Tiber), mit 404 km der drittlängste Fluss Italiens.

Geschichte

Legendäres Gründungsdatum Roms ist 753 v. Chr. In der Antike ruhte die Stadt auf den sieben Hügeln Palatin, Kapitol, Aventin, Celio, Esquilin, Viminal und Quirinal und wurde ab dem 3. Jh. von der Aurelianischen Stadtmauer umschlossen. Sie blieb bis in die frühe Neuzeit Stadtgrenze. Nach dem Niedergang des Römischen Reiches im 5. Jh. wird Rom als Sitz des Papstes zum Zentrum des Christentums, ab Ende des 8. Jh. bis 1870 dann Teil des Kirchenstaates. Mit der Einigung Italiens wird Rom 1871 Hauptstadt einer konstitutionellen Monarchie, ab 1946 einer parlamentarischen Republik. Der Vatikan wird als souveräner Staat innerhalb Roms erst durch die Lateranverträge von 1929 festgeschrieben.

Stadtverwaltung und Politik

Die historische Einteilung Roms in 22 *rioni* (Innenviertel) geht auf die Stadtgliederung unter Kaiser Augustus zurück, der Rom in 14 *regiones* unterteilte, die übrigen acht *rioni* kamen 1921 hinzu. Die 22 *rioni* werden von 35 *quartieri* (Außenviertel) umschlossen, an die sich an der Peripherie die sechs *sobborghi* (Vorstädte) anschließen. Seit 2001 ist Rom verwaltungstechnisch in 20 *municipi* (Stadtbezirke) unterteilt, wobei Fiumicino (Nr. 14) inzwischen eine eigene Gemeinde bildet. Als Hauptstadt Italiens ist Rom Sitz von Regierung, Parlament und Senat (s. S. 93). Die Stadtregierung mit Sitz auf dem Kapitolshügel besteht aus einem 60-köpfigen Stadtrat und 15 Stadträten, an deren Spitze seit 2008 der Oberbürgermeister *(sindaco)* und Postfaschist Gianni Alemanno steht.

Wirtschaft

Rom produziert 8 % des Bruttoinlandsprodukts. Hauptarbeitgeber sind Unternehmen aus der Dienstleistungsbranche. Rund 83,5 % der Erwerbstätigen sind in der Hotellerie, Gastronomie, im Tourismus, in den Medien, bei Banken und Versicherungen sowie in der Mode- und Werbebranche tätig. Die öffentliche Verwaltung nimmt dabei 11 % ein. Weitere 14,9 % sind in der Industrie beschäftigt, insbesondere in den Bereichen Telekommunikation, Informatik, Elektronik- und Pharmaindustrie. Lediglich 1,6 % der Arbeitsplätze entfallen auf die Landwirtschaft (Schafzucht, Weinanbau). Die Arbeitslosenquote beträgt 9,1 % (national 8,4 %), die Jugendarbeitslosigkeit beläuft sich auf über 30 %. Gehälter und Löhne liegen derzeit immer noch deutlich unter dem deutschen Niveau. Das Durchschnittseinkommen beträgt 21 310 € im Jahr. Fachkräfte erhalten durchschnittlich 15 000 € weniger als in Deutschland. Befristete Arbeitsverhältnisse werden in der Regel mit 760 € netto vergütet.

Stadtbevölkerung

Auch in Rom spiegelt sich der demografische Wandel Italiens: Die Geburtenrate pendelt weiterhin um 1,1 Kind pro Frau. Der Alterungsindex ist hingegen innerhalb von nur zwei Jahren von 156 auf 160 gestiegen, in den innerstädtischen Bezirken liegt er bei 230. Die römische Familie besteht statistisch aus 2,2 Mitgliedern.

Verkehr und Tourismus

Auch wenn in der Verkehrspolitik viel in Bewegung gekommen ist, das Verkehrsnetz ist weit davon entfernt, den Ansprüchen einer Metropole gerecht zu werden. Kein Wunder, dass Rom die am stärksten motorisierte Stadt Italiens ist: Rund 692 Autos kommen auf 1000 Einwohner.

Der Tourismus hat in den letzten Jahren deutlich zugenommen. Mit 11,4 Mio. Ankünften steht Rom an erster Stelle unter den italienischen Städten; ebenso mit 28 Mio. bei den Übernachtungen. Die durchschnittliche Aufenthaltsdauer in der Stadt beträgt 2,8 Tage für inländische und 3,6 Tage für ausländische Besucher.

Religion

Laut der einzigen offiziellen Quelle, dem Vatikan, gibt es im Bistum Rom (881 km²) rund 2,5 Mio. Katholiken. Nach einer Untersuchung der Università Cattolica besuchen jedoch nur 23 % der Gläubigen einmal pro Woche die Messe, 42 % dagegen nie oder fast nie. Unverändert hoch ist die Zahl der Taufen (94 %). Weitere Konfessionen: Islam (ca. 70 000), Protestantismus (ca. 20 000), Judentum (ca. 16 000).

Kultur

Bürgermeister Gianni Alemanno zehrt noch von den Projekten seines Vorgängers Walter Veltroni (2001–2008), der sehr viel in den Kultursektor investierte. Eines der letzten Projekte ist das 2010 eröffnete MAXXI (s. S. 199). Unter Veltroni wurden zahlreiche Restaurierungen vorangetrieben, neue Einrichtungen eröffnet (u. a. die Casa del Jazz) und Großevents ins Leben gerufen, z. B. das Römische Filmfestival. Die erfolgreiche Notte Bianca wurde von Alemanno gestrichen. Die Besucherzahlen in Roms Museen haben sich in den letzten Jahren mehr als verdoppelt von rund 8 Mio. 1996 auf über 20 Mio. im Jahr 2011, davon entfallen allein 4,4 Mio. auf die Vatikanischen Museen.

Bildung

Mit rund 147 000 eingeschriebenen Studenten ist die römische Università La Sapienza die größte Europas. Zusammen mit Mexiko-City und Kairo gehört die akademische Bildungsanstalt zu den größten der Welt.

Geschichte im Überblick

Ab urbe condita – Seit Gründung der Stadt

Um 10. Jh. v. Chr. Latinische Bauern- und Hirtenstämme besiedeln das linke Tiberufer und den Palatin.

21. April 753 v. Chr. »Rom schlüpft aus dem Ei.« Legendäre Gründung der Stadt durch die Zwillinge Romulus und Remus, Söhne des Kriegsgottes Mars und der Vestapriesterin Rhea Silvia. Ausgangspunkt für die römische Zeitrechnung a.u.c. = ab urbe condita (seit Gründung der Stadt).

7. Jh.– 509 v. Chr. Rom steht unter der Herrschaft etruskischer Könige. Das sumpfige Gelände des späteren Forum Romanum wird durch die Cloaca Maxima trockengelegt. Auf dem Kapitol wird ein Tempel zu Ehren von Jupiter, Juno und Minerva errichtet.

Republik

Ab 509 v. Chr. Nach der Vertreibung der Etrusker wird die Republik ausgerufen. Die politische Macht liegt in den Händen von zwei jährlich wechselnden Konsuln, die zunächst ausschließlich dem Patrizierstand entstammen.

5./4. Jh. v. Chr. Durch eine systematische Expansionspolitik dehnt Rom seine Einflusssphäre auf ganz Latium und Mittelitalien aus. Nach dem Einfall der Gallier beginnt man ab 378 v. Chr. mit dem Bau der 11 km langen Servianischen Stadtmauer, die strategisch wichtige Hügel umfasst.

451 v. Chr. Die ›Zwölftafelgesetze‹, die schriftliche Fixierung des Straf- und Zivilrechts, gibt den Plebejern erstmals Rechtssicherheit. Eine politische Gleichstellung erreichen sie erst im Laufe des 4./3. Jh. v. Chr.: Sie erhalten Zugang zum Konsulat und zu religiösen Ämtern und die Beschlüsse der Volksversammlungen werden anerkannt.

264–146 v. Chr. In den drei Punischen Kriegen gegen den Erzfeind Karthago weitet Rom seine Macht auf ganz Italien aus und wird zur unumschränkten Herrscherin über das Mittelmeer. Sizilien wird erste römische Provinz, es folgen Sardinien, Korsika, Spanien und die Provinz Afrika.

2./1. Jh. v. Chr. Der schnelle Aufstieg vom Stadtstaat zum Weltreich bringt innenpolitische Spannungen mit sich, die sich im letzten Jahrhundert der Republik in Bürgerkriegen und Sklavenaufständen (Spartacus) entladen. So endet der Versuch der Gracchen 133 v. Chr., eine Agrarreform zugunsten mittelloser Bauern durchzusetzen, mit ihrem Tod; die Bundesgenossen erhalten erst nach heftigen Kämpfen (91–88 v. Chr.) das römische Bürgerrecht. Zahlreiche Opfer fordert der machtpolitische Kampf (ab 88 v. Chr.) zwischen dem senatstreuen Sulla und Marius, dem Anhänger der Volkspartei. Cäsars Versuch, sich zum Alleinherrscher aufzuschwingen, endet mit seiner Ermordung (an den Iden des März 44 v. Chr.) in der Kurie des Pompejus.

Kaiserzeit

27 v. Chr.– 14 n. Chr. Mit Cäsars Adoptivsohn Augustus beginnt die römische Kaiserzeit. Die Stadt erlebt einen kulturellen Aufschwung und regelrechten Bauboom. Rund 1 Mio. Menschen leben in Rom.

64 Unter Kaiser Nero Brand von Rom und erste Juden- und Christenverfolgungen.

67 Kreuzigung von Petrus in Rom und Bestattung auf dem Ager Vaticanus.

96–180 Während des ›glücklichen Zeitalters‹ der sogenannten ›Adoptivkaiser‹ erreicht das Römische Reich seine größte Ausdehnung. Zum Gedenken an ihre ruhmreichen Siege werden für Kaiser Trajan und Kaiser Marc Aurel Ehrensäulen errichtet. Unter Trajan erstreckt sich das Römische Reich auf drei Kontinente: Über den gesamten Mittelmeerraum, Gallien und große Teile Britanniens sowie über die Gebiete rund ums Schwarze Meer.

3. Jh. Innenpolitische Spannungen und die ständige Bedrohung der Reichsgrenzen leiten die unruhige Zeit der ›Soldatenkaiser‹ ein. Ab 270 Bau

Der Sage nach gelten sie als Gründer Roms: Romulus und Remus

der 19 km langen Aurelianischen Stadtmauer, die neben den klassischen sieben Hügeln auch Trastevere umfasst.

313 Im Toleranzedikt von Mailand verkündet Kaiser Konstantin die Gleichstellung des Christentums mit anderen Religionen. Beginn der großen Kirchenbauten.

391 Das Christentum wird Staatsreligion. Verbot aller heidnischen Kulte.

4.–5. Jh. Durch die Verlegung der Residenz 330 nach Konstantinopel und 402 nach Ravenna verliert Rom seine Bedeutung als Hauptstadt des Römischen Reiches und wird immer häufiger Ziel von Plünderungen, 410 durch die Westgoten, 455 durch die Vandalen. Mit der Absetzung des letzten weströmischen Kaisers Romulus Augustulus durch den Germanen Odoaker endet 476 das Römische Reich.

Zentrum des Kirchenstaates

Ab 6. Jh. Die Stadt gewinnt zunehmend Bedeutung als Sitz des Papstes. Unter Gregor I. (590–604) festigt sich die Position des Papstes als weltlichem Herrscher der Stadt Rom.

536–552 Während der Ostgotenherrschaft wird Rom mehrmals belagert und geplündert. Die Bevölkerung fällt auf 30 000–40 000 Einwohner.

751–756 Als die Langobarden Rom bedrohen, ruft der Papst den Frankenkönig Pippin III. zu Hilfe, der das Land erobert und 756 an den Heiligen Stuhl zurückgibt. Die ›Pippinsche Schenkung‹ bildet die Grundlage für die Entstehung des Kirchenstaates, der bis 1870 Bestand haben wird.

800 Karl der Große wird von Papst Leo III. in der Peterskirche zum ›Römischen Kaiser‹ gekrönt. Das Römische Reich wird damit dem Namen nach wiederhergestellt. Beginn des mittelalterlichen Kaisertums, das ab 962 formell dem deutschen Königshaus vorbehalten ist.

846 In Ostia landen Araber und plündern Rom sowie Alt-St.Peter. Zur Sicherung der Kirche wird um die Basilika die Leoninische Mauer erbaut.

Ende des 11. Jh. Der Konflikt zwischen Reich und Kirche spitzt sich im sogenannten ›Investiturstreit‹ zu und gipfelt 1077 im Gang nach Canossa, wo sich der mit Bann belegte Kaiser Heinrich IV. Papst Gregor VII. unterwirft. 1084 dringt der Kaiser nach Rom vor, um sich krönen zu lassen, und belagert den Papst, der sich in der Engelsburg verschanzt hat. Der vom Papst zu Hilfe gerufene Normannenkönig befreit den Papst, verwüstet aber Rom.

1300 Papst Bonifaz VIII. ruft das erste Heilige Jahr aus und gründet zwei Jahre später die päpstliche Universität La Sapienza.

1309–1377 Im 14. Jh. bestimmen die französischen Könige die päpstliche Politik und Gottes Stellvertreter auf Erden. 1309 erzwingen sie die Verlegung der päpstlichen Residenz nach Avignon. Für Rom bedeutet es eine Zeit des Verfalls und städtischer Parteienkämpfe.

1347–1352 Der Versuch des selbsternannten Volkstribuns Cola di Rienzo, eine Volksherrschaft zu errichten, scheitert am Widerstand des Stadtadels.

1378-1417 Papst Gregor XI. kehrt nach Rom zurück. Nach seinem Tod bricht durch die Wahl eines Papstes sowohl in Rom und als auch in Avignon das Große Abendländische Schisma (Zweiteilung innerhalb der lateinischen Kirche) aus, das erst mit der Wahl des Papstes Martin V. endet. Der Vatikan wird nun endgültig Papstresidenz.

15. Jh.– Mitte des 16. Jh. In der Renaissance entwickelt sich unter Päpsten und Adelsfamilien ein blühendes Mäzenatentum. Michelangelo arbeitet an der Decke der Sixtinischen Kapelle, Raffael in den Stanzen und Bramante am Neubau der Peterskirche.

1527 Der Sacco di Roma, die Verwüstung und Plünderung Roms durch die Landsknechte Karls V., setzt dem Renaissancepapsttum ein jähes Ende.

1545–1563 Als Antwort auf die Herausforderung durch den Protestantismus wird das Konzil von Trient einberufen. Der Papst der Gegenreformation, Paul IV. Carafa, lässt 1555 ein Judenghetto einrichten.

1582 Kalenderreform durch Papst Gregor XIII., die noch heute in den weitaus meisten Teilen der Welt gültig ist.

Ende des 16. Jh.– Mitte des 17. Jh. Im Zuge der Gegenreformation wird Rom von den Päpsten Urban VIII., Innozenz X. und Alexander VII. unter der künstlerischen Führung von Gianlorenzo Bernini und Francesco Borromini im Stil des Barock zum Zentrum eines triumphierenden Christentums ausgestaltet.

1600 Verbrennung des Freidenkers Giordano Bruno auf dem Campo de' Fiori wegen des Vorwurfs der Ketzerei und Magie. Er zweifelt das geozentrische Weltbild an.

1798–1814 Napoleonische Truppen besetzen wiederholt den Kirchenstaat und rufen eine Römische Republik aus. Doch mit dem Wiener Kongress wird der Papst wieder als Souverän des Kirchenstaates eingesetzt.

Hauptstadt Italiens

1849 Ausrufung der Repubblica Romana durch Garibaldi und Mazzini. Papst Pius IX. flieht, kehrt aber schon ein Jahr später mit französischer und österreichischer Unterstützung zurück.

1870/1871 Mit Blick auf die italienische Nationalstaatsbewegung wird auf dem Ersten Vatikanischen Konzil das Dogma der päpstlichen Unfehlbarkeit verkündet. Am 20. September schlagen royalistische Truppen eine Bresche bei der Porta Pia. Rom wird Hauptstadt des seit 1861 geeinten Königreichs Italien unter dem konstitutionellen Monarchen Vittorio Emanuele II. Der Papst zieht sich in den Vatikan zurück. Die Stadt zählt etwa 200 000 Einwohner.

1922 Marsch der Faschisten auf Rom. Benito Mussolini wird von König Vittorio Emanuele III. als Regierungschef eingesetzt.

1929 Abschluss der Lateranverträge zwischen Mussolini und Pius XI. Der Papst wird als Souverän des Vatikanstaates anerkannt. Der Katholizismus wird Staatsreligion, der Religionsunterricht obligatorisch und antikirchliche Propaganda verboten. Darüber hinaus garantiert der Staat umfangreiche Steuerprivilegien, die Besoldung der Religionslehrer und finanzielle Zuwendungen für Lehre und Gesundheitswesen.

1943 Am 19. Juli bombardieren die Alliierten im Zweiten Weltkrieg San Lorenzo. Durch den Einspruch von Papst Pius XII. wird Rom zur ›Offenen Stadt‹, d. h. zur entmilitarisierten Stadt erklärt. Nach dem Waffenstillstand Italiens mit den Alliierten besetzen jedoch Anfang September deutsche Truppen die Stadt und deportieren am 16. Oktober unter Stillschweigen des Papstes römische Juden aus dem Ghetto.

1944 Am 4. Juni ziehen die Alliierten kampflos in Rom ein.

1945 In seinem Film »Roma città aperta« (»Rom, offene Stadt«) erzählt Roberto Rossellini von der dramatischen Zeit der Besatzung im Zweiten Weltkrieg.

2. Juni 1946 Italien wird durch Volksentscheid Republik.

1957 In Rom werden die Verträge zur Gründung der Europäischen Wirtschaftsgemeinschaft unterzeichnet.

1960 Anlässlich der XVII. Olympiade in Rom wird das Stadion Flaminio und der Palazzo dello Sport in EUR gebaut. Der internationale Flughafen

Leonardo da Vinci in Fiumicino wird eingeweiht. Fellini dreht den Film »La dolce vita«.

1961 Pier Paolo Pasolini dreht im Stil des Neeorealismus sein Sozialdrama »Accattone« im Pigneto-Viertel.

1962–1965 Zweites Vatikanisches Konzil zur Reform der katholischen Kirche unter Johannes XXIII. und Paul VI.

1978 Zum ersten Mal seit 1523 wird wieder ein Nicht-Italiener zum Papst gewählt. Der polnische Kardinal Karol Wojtyla nimmt den Namen Johannes Paul II. an. Aldo Moro, gemäßigter Führer der Christdemokraten, wird am helllichten Tag mitten in Rom entführt und später ermordet. Die Zeit der ›bleiernen Jahre‹ des ›bewaffeten Kampfes‹ rechter und linker Terroristen dauert bis 1984 an.

1984 In einem neuerlichen Konkordat zwischen Staat und Kirche wird der Katholizismus als Staatsreligion abgeschafft.

1992 Nach der Aufdeckung zahlreicher Korruptions- und Schmiergeldskandale, in die Regierungsmitglieder, Parteifunktionäre und Unternehmer verwickelt sind, kommt es bei den Wahlen zu erdrutschartigen Verlusten der politischen Parteien. Viele Parteien lösen sich auf und sammeln sich unter neuen Namen.

2000 Anlässlich des Heiligen Jahres finden in ganz Rom Restaurierungsarbeiten statt. Rund 30 Mio. Pilger kommen in die Stadt.

2005 Nach dem Tod von Papst Johannes Paul II. erlebt die Stadt den größten Pilgerstrom ihrer Geschichte. Auf den Stuhl Petri folgt Benedikt XVI., der deutsche Kardinal Joseph Ratzinger.

2008 Der Postfaschist Gianni Alemanno wird mit rund 53,7 % der Stimmen Bürgermeister Roms und löst den Linksdemokraten Walter Veltroni ab.

2010 Das von Zara Hadid entworfene MAXXI (Museo Nazionale delle Arti del XXI Secolo), das ›Museum der Künste des 21. Jh.‹, wird eröffnet.

2011–2012 Nach dem Rücktritt von Premier Berlusconi wird der frühere EU-Kommissar Mario Monti im November 2011 mit der Bildung einer Übergangsregierung beauftragt. Zur Bekämpfung der Schuldenkrise wird gleich ein Sparpaket verabschiedet, das u. a. eine Erhöhung der Immobiliensteuer, die Einführung einer Luxussteuer, Maßnahmen gegen Steuerflucht und eine Anhebung des Renteneintrittsalters vorsieht.

Römische Stadtlandschaften

Schon nach einigen Tagen in Rom fällt dem Besucher die Orientierung leicht. Doch wer einmal auf einem der vielen Aussichtspunkte der Stadt steht und seinen Blick wandern lässt, erkennt sofort, dass Rom weit mehr umfasst als die bekannten Stätten um Forum Romanum, Piazza Navona und den Vatikan.

Bis zur Einigung Italiens 1871, als Rom Hauptstadt des Landes wurde, reichte die Fläche innerhalb der Aurelianischen Stadtmauer für die gerade einmal 200 000 Einwohner aus. Seitdem ist die Stadt gewaltig gewachsen und erstreckt sich weit in die römische Campagna. Zu den *rioni* im historischen Stadtzentrum kamen unter Kaiser Augustus die *quartieri*, wie die neuen Stadtteile außerhalb der historischen Mauern heißen. In der Nachkriegszeit entstanden dann am äußersten Stadtrand die schnell hochgezogenen Vorstädte, die *borgate*. Inzwischen hat sich Rom längst jenseits des rund 60 km langen Autobahnrings Grande Raccordo Anulare (G.R.A.) ausgedehnt.

Die sieben Hügel

Der Überlieferung nach wurde Rom auf sieben Hügeln erbaut. Im Laufe der Zeit kamen weitere Hügel hinzu. Für die offizielle Stadtgliederung spielen die sieben Hügel längst keine Rolle mehr, und doch hat jeder Hügel seinen eigenen, ganz speziellen Charakter. Zwischen Palatin, Kapitol und Esquilin liegen mit Forum Romanum, Kaiserforen und Kolosseum die bedeutendsten Ruinen des antiken Rom. Auf dem Esquilin herrscht um Bahnhof und Piazza Vittorio multikulturelles Treiben. Besuchermagnet sind die mosaikgeschmückten Kirchen Santa Maria Maggiore und Santa Prassede, sowie San Pietro in Vincoli. Den grünen, ruhigen Celio prägen frühchristliche Kirchen an lauschigen Plätzen. Zu erholsamen Spaziergängen lädt die verträumte Villa Celimontana ein. Durch die Bebauung heute kaum noch als Hügel wahrnehmbar ist der Viminal. Wo sich auf dem Quirinal zunächst antike Tempel und später päpstliche Sommerpaläste erhoben, steht heute die Residenz des Staatspräsidenten. Beschaulicher geht es auf dem Aventin zu: Kleine Ordenskirchen, viel Grün und wenig Verkehr haben ihn zu einem beliebten (und teuren) Villenviertel gemacht.

›Centro Storico‹

Als Centro Storico bezeichnet man gemeinhin die mittelalterliche und frühneuzeitliche Altstadt. Hauptachsen dieser touristisch am stärksten belebten Gegend sind die schnurgeraden Via del Corso und der Corso Vittorio Emanuele II. Einzig das Marsfeld rund um das Pantheon war bereits in der Kaiserzeit mit Tempeln und Sportstätten bebaut. Die anderen Gebiete wurden erst in der Zeit der Renaissance und des Barock erschlossen. Die repräsentativen Palazzi mit ihren Gemäldegalerien, die Kirchen mit ihren hohen Kuppeln, die Platz- und Brunnenanlagen zählen heute zu den Attraktionen der Stadt.

Aus ›Alt‹ mach ›Neu‹

Einer der berühmtesten *rioni* Roms ist Trastevere. Das pittoreske Viertel jenseits des Tiber gehört seit der Antike zu den volkstümlichsten Gegenden. Statt repräsentativer Palazzi stehen hier einfache Häuser, Zweckbauten und schöne Kirchen. Längst hat sich das einstige Arme-Leute-Viertel, Heimat der *romani veraci,* der ›echten‹ Römer, zum Ausflugsziel von Nachtschwärmern und zur bevorzugten Wohngegend von Wahlrömern gemausert. Viele der einst preiswerten Wohnungen werden heute als sanierte Luxuswohnungen vermietet. Dennoch hat sich Trastevere Charme und Flair bewahren können.

Auch die *quartieri* San Lorenzo und Testaccio, zwei klassische ›rote‹ Arbeiterviertel, entwickelten sich zu angesagten Ausgehvierteln. In das vom Zweiten Weltkrieg noch immer gezeichnete San Lorenzo zog die Universität, um die herum sich preiswerte *pizzerie* und kleine *enoteche* unter die einstigen Arbeiterlokale mischten.

Ein regelrechtes Szeneviertel entstand rund um den tibernahen ›Scherbenhügel‹ von Testaccio. Das Gebiet wurde erst Ende des 19. Jh. bebaut. Rund um den *mattatoio* (Schlachthof) entstand ein Arbeiter- und Handwerkerviertel mit schachbrettartig angelegten Straßenzügen. Die Preise des Stadtteilmarktes auf der Piazza Testaccio sind noch immer moderat, in den Trattorien bekommt man weiterhin deftige römische Küche, doch inzwischen ist der Wandel zum trendigen Szene- und Vergnügungsviertel mit Künstlerflair, wie ihn Trastevere längst hinter sich hat, in vollem Gange.

In den letzten Jahren wanderte die Szene weiter in den Süden nach Ostiense, einem Anfang des 20. Jh. entstandenen Industrie- und Gewerbegebiet. Dort hat die Stadt Großes vor: In den nächsten Jahren soll hier ein Wissenschafts- und Technikzentrum mit Ausstellungsflächen, eine Dependance der Universität, eine Città delle Arti mit einem Museum für zeitgenössische Kunst, Aufnahmestudios und Ableger der Kunstakademien entstehen.

Neue ›quartieri‹

Nach dem Krieg sind viele Viertel hinzugekommen, und immer noch entstehen neue. Sehenswert ist im Süden das für die Weltausstellung 1942 geplante Viertel EUR (Esposizione Universale Romana), das Macht und Größenwahn des Faschismus demonstrieren sollte. Nach 1945 wurde das gigantomanische Ausstellungsgelände zu einem modernen Stadtviertel ausgebaut. Für die Olympischen Spiele 1960 entstanden Sportstadien und künstliche Seen.

Zum neuen In-Viertel avancierte in jüngster Zeit Pigneto, das »Kreuzberg Roms«, ein Vorstadtviertel mit Dorfatmosphäre. In das einst heruntergekommene Wohnquartier mit seinen Arbeiterhäuschen aus den 1920ern ziehen immer mehr Künstler, Journalisten und Intellektuelle. In den renovierten Häusern entstehen Lofts, Galerien und Geschäfte, die bis tief in die Nacht geöffnet sind, und die Via del Pigneto wurde inzwischen zur Fußgängerzone erklärt.

Leben und Überleben in Rom

Kaum ein Besucher kann sich der Faszination Roms enziehen. Manche würden gern gleich ganz hierherziehen. Wie aber lebt es sich am ›Nabel der Welt‹?

Ich könnte Ihnen jetzt vom Stuckrestaurateur erzählen, der mitten in Trastevere die alteingesessene Werkstatt seines Vaters weiterführt, oder vom Meister Marini, dessen handgefertigte Schuhe bereits die Füße von Marcello Mastroianni umschmeichelten. Es gäbe da noch die etwas schrullige Contessa in ihrem riesigen Palazzo am Corso Vittorio Emanuele oder den Parlamentsabgeordneten, der dank seines *auto blu*, seines nachtblauen Dienstwagens samt Chauffeur und Sirene, Verkehrsprobleme nur aus den Nachrichten kennt. Doch wie arbeiten, leben und überleben die anderen Römer?

›La casa‹ – das Haus

Antonio ist Römer. Seine Kindheit verbrachte er mitten in Rom an der Via Cavour, der Verbindungsstraße zwischen Bahnhof und Forum Romanum. Während des Studiums blieb er selbstverständlich bei den Eltern wohnen. Er heiratete Francesca, die er aus der Schulzeit kennt. Mithilfe der Eltern kauften sie eine Wohnung in einem Neubauviertel am Rande Roms. Vom Balkon des fünfgeschossigen Wohnblocks genießen sie einen schönen Blick auf die Albaner Berge. In der Nacht leuchten die Lichter vom Roma Est, mit fast 140 000 m² Ladenfläche Italiens größtes Einkaufszentrum.

Bei den überzogenen Mietpreisen ziehen es die meisten Römer vor, eine Wohnung zu kaufen, auch wenn sie sich dabei auf Jahrzehnte hinaus verschulden. Der Quadratmeterpreis variiert je nach Zone zwischen 3400 € (Ostia) und 7300 € (Parioli). Bei einem durchschnittlichen Jahresbruttoverdienst von 24 000 € schlägt der Wohnungskredit mit 14 % zu Buche, der Mietpreis mit knapp 20 %. In Italien leben daher nur etwa 20 % der Bevölkerung in Mietwohnungen (in Deutschland sind es 57,3 %). Wenn 26- bis 35-Jährige bei ihren Eltern wohnen, dann also nicht unbedingt weil sie *mammoni* (Muttersöhnchen) sind, sondern vor allem aus finanziellen Gründen.

›La macchina‹ – das Auto

Antonios Arbeitsstelle liegt in der römischen Innenstadt, nahe der Aurelianischen Stadtmauer, Luftlinie von zu Hause ca. 18 km. Er hat die klassischen Arbeitszeiten der Verwaltung: Montag bis Freitag 9 bis 14 Uhr und an zwei Nachmittagen, meist Dienstag und Donnerstag, bis 17 Uhr. Um zur Arbeit zu fahren, nahm er früher meistens das Motorrad, seit der Geburt seines Soh-

Warum Rom anders tickt
»Rom ist wie eine Hummel; ein Insekt mit einem großen, schweren Körper und winzigen Flügeln. Den Gesetzen der Aerodynamik zufolge dürfte die Hummel gar nicht imstande sein zu fliegen, aber da sie, die Hummel, die Gesetze der Aerodynamik nicht kennt, fliegt sie trotzdem.« (Luciano de Crescenzo, Schriftsteller und Ingenieur)

nes Matteo ist er vorsichtiger geworden und fährt Auto. Das öffentliche Verkehrsnetz wurde in den letzten Jahren zwar stark erweitert und verbessert. Doch zwei U-Bahn-Linien mit einer Gesamtlänge von 36,6 km und Expressbusse, die nur die Innenstadt bedienen, reichen bei Weitem nicht aus, um das Verkehrsproblem zu lösen. Die Peripherie steht nach wie vor im Abseits. In der Regel braucht Antonio eine gute Stunde zur Arbeit, in der Rushhour kann es auch schon mal länger dauern. Endlich angekommen, beginnt dann die nervenaufreibende Suche nach einem Parkplatz. Zum Glück gibt es da Mario, den Parkplatzwächter, der ihm immer einen Platz freihält.

›La salute‹ – die Gesundheit

Antonio ist dennoch froh, am Rande Roms zu leben. Noch ist es sehr grün dort, wo die Familie wohnt, für Kinder ideal. Sein Sohn kam im kirchlichen Fatebenefratelli-Krankenhaus auf der Tiberinsel zur Welt, im Herzen Roms. Darauf war die Mutter Francesca sehr stolz. Das Fatebenefratelli hat einen guten Ruf – keine Selbstverständlichkeit in Rom, dessen Krankenhäuser wegen mangelnder Sauberkeit und Ordnung immer wieder ins Kreuzfeuer der Kritik geraten.

Anders als in Deutschland ist das Gesundheitssystem in Italien staatlich und auf lokaler Ebene geregelt, was dazu führt, dass die Qualität regional sehr unterschiedlich ist. In Rom gehören die kirchlichen Krankenhäuser und Universitätskliniken, etwa das Gemelli oder das Bambino Gesù, zu den qualifiziertesten Einrichtungen. Praktisch haben alle Einwohner Anspruch auf Sachleistungen, viele Medikamente sind kostenlos. Andererseits kommt es immer wieder zu überlangen Wartezeiten auch für Routine-Untersuchungen. Der Markt für medizinische Dienstleistungen, die sofort in Anspruch genommen werden können, dann aber privat bezahlt werden müssen, ist daher groß.

›La famiglia‹ – die Familie

Nach der Geburt blieb Francesca, qualifizierte Anwältin, zu Hause. Einen Krippenplatz zu bekommen, ist fast so wahrscheinlich, wie den Papst beim Einkaufen zu treffen. Nur rund sieben von 100 Kindern erhalten derzeit einen Krippenplatz. Matteo steht derzeit auf Platz 64 der Warteliste. Natürlich springen auch immer wieder die *nonni* (Großeltern) ein.

Wer es sich leisten kann, greift auf ein Kindermädchen oder auf private Einrichtungen zurück. Allerdings fördert der Staat diese Einrichtungen kaum, sodass sie für viele Familien zu teuer sind. Am Ende ist es eine Kosten-Nutzen-Rechnung. Kein Wunder, dass in einem der kinderfreundlichsten Länder die Geburtenrate drastisch zurückgegangen ist. Römerinnen liegen mit einem statistischen Mittel von 1,1 geborenen Kindern noch hinter dem nationalen Durchschnitt von 1,29. Steuerlich werden Eltern oder Kinderlose nahezu gleich behandelt. Für den Nachwuchs gibt es praktisch keine Freibeträge oder Zuwendungen. Seit wenigen Jahren gibt es zumindest für jedes Kind eine einmalige Kinderprämie von 1000 €, aber nur für Verheiratete. Immigranten sind davon ausgeschlossen.

Knapp zwei Drittel (61,2 %) der Italienerinnen möchten gerne zwei Kinder und mehr, aus finanziellen Gründen aber – und weil die Arbeitsverhältnisse unsicherer werden – bleibt es meist bei einem Kind. Diese Nachteile tragen dazu bei, dass in Rom inzwischen auf ein Kind unter fünf Jahren vier Rentner kommen.

›Vivere a Roma‹ – in Rom leben

Antonio verdient monatlich 1300 € netto. Die Einkäufe erledigt er nur noch selten auf dem *mercato,* meistens geht er in den *supermercato* – um zu sparen. In Rom sind die Lebenshaltungskosten in den letzten Jahren enorm gestiegen, gerade bei den Grundnahrungsmitteln Brot und Pasta, von den Mieten und dem Benzinpreis ganz zu schweigen. Schon die Euroumstellung brachte einen massiven Preisschub, der notwendige, aber einschneidende Sparkurs der neuen Regierung Monti verheißt eine weitere Durststrecke. In einer Studie zu den Lebenshaltungskosten in den Ballungszentren Europas stieg Rom 2003 von Rang 99 auf Rang 41, im Jahr 2010 rangierte die Stadt auf Platz 26. Die Wirtschaftszeitung »Il Sole 24 ore« schrieb: »Löhne wie in Griechenland, Preise wie in Deutschland.«

Antonio kommt vermutlich nicht einmal auf ein ›griechisches Einkommen‹. Trotzdem käme es ihm nie in den Sinn, Rom zu verlassen. Er ist hier zu Hause. Einmal in der Woche trainiert er die F-Jugend des nahen Fußballclubs. Und wenn er seine Jungs vom Rande des Spielfeldes aus anfeuert, dann glitzert an seinem Hals der Anhänger des hiesigen Fußballclubs und das Wappen der Stadt: die römische Wölfin.

Viele Römer können es sich nicht mehr leisten, auf Märkten oder gar in Delikatessenläden einzukaufen

Homo romanus – nur nicht alles so ernst nehmen

»So' romano e me vanto« – »Ich bin Römer und ich bin stolz darauf«, sagte einmal Francesco Totti, der Kapitän des römischen Fußballclubs AS Roma, in breitestem römischen Dialekt. Stolz darauf, improvisieren zu können, immer eine *battuta,* eine schlagfertige Bemerkung parat zu haben, mit der man sich oder andere auf den Arm nehmen kann.

Roms Leben pulsiert rund um die Uhr. Doch trotz der allgegenwärtigen Hektik lassen sich die Römer nur schwer aus der Ruhe bringen. Südliches Temperament paart sich mit erfindungsreicher Improvisationsgabe. Vor allem nur nicht alles so ernst nehmen! Übertriebenes Engagement gilt Römern schnell als *fanatico*, während Mailänder von *serio* (ernsthaft) sprechen würden. Mit stoischer Ruhe oder im Plausch mit seinem Nachbarn wartet der Römer stundenlang in der Schlange, ob auf der Bank, bei der Post oder auf irgendeinem Amt. Ja, selbst am Abend, wenn in der Lieblingspizzeria schon alle Plätze vergeben sind, reiht man sich geduldig ein. *Pazienza!*

Vom Dorf zur Millionenstadt

Doch wer ist überhaupt ein echter Römer? Römer darf sich eigentlich nur der nennen, dessen Familie seit mindestens sieben Generationen im Centro Storico wohnt. Doch nur etwa 45 % der römischen Bevölkerung sind heute auch in Rom geboren. Viele Römer sind Nachkommen der piemontesischen und toskanischen Ministerialbürokratie, die nach der Einigung nach Rom strömte, oder sie sind aus der Region Latium oder im Zuge des Wirtschaftsbooms der 1960er-Jahre aus Süditalien zugezogen. In dieser Zeit verzeichnete Rom mit ca. 100 000 Menschen pro Jahr die höchste Zuwanderungsrate. Bis zur Einigung Italiens im 19. Jh. zählte Rom gerade mal 200 000 Einwohner. Erst Anfang des 20. Jh. wurde die Millionengrenze überschritten.

Die neuen Römer

Inzwischen zählt Rom offiziell 2,8 Mio. Einwohner. Allerdings dürfte die Zahl weit höher liegen. Unbekannt ist die Dunkelziffer der in Rom lebenden Menschen, die nicht gemeldet sind. Italien und vor allem Rom haben sich in den letzten zwei Jahrzehnten in einem rasanten Tempo zu einem klassischen Einwanderungsland gewandelt. Im Großraum Rom wohnen zwei Drittel der in Italien lebenden Ausländer. Ein Großteil der offiziell rund 290 000 Einwanderer kam bereits in den 1960er-Jahren aus Asien (Philippinen, China), den ehemaligen Kolonien in Ostafrika (Äthiopien, Somalia) und Nordafrika. Nach den letzten politischen Umbrüchen stammen die Einwanderer seit den 1990er-Jahren vor allem aus Osteuropa (Albanien, Polen, Ukraine, Moldawien). Die Philippinen und Rumänen stellen heute mit jeweils 28 000 Einwanderern die größte Gruppe.

Die Hälfte der in Rom lebenden Ausländer arbeitet als Haushaltshilfen, Kindermädchen oder Altenpfleger. Die private Altenpflege würde ohne die ausländischen Arbeitskräfte vermutlich völlig zusammenbrechen. Andere verdingen sich im Bausektor oder versuchen ihr Glück mit eigenen Unternehmen im Handel oder in der Gastronomie. Sie leben größtenteils in dem schnell hochgezogenen Vorstadtgürtel der 3,5-Millionen-Metropole.

Waren sie noch bis vor Kurzem willkommene Billiglohnkräfte, die von einer wohlwollenden Anteilnahme begleitet wurden, gestaltet sich der allgemeine Umgang mit Migranten, besonders seitens der Politik, zunehmend schwerfällig. Statt vorhandene Ängste abzubauen, wird gern auf populistische Lösungen gesetzt.

Global Village Rom

In der Innenstadt zeigt sich das multikulturelle Gesicht Roms vor allem am Esquilin mit seinen chinesischen und arabischen Geschäften. Exotische Märkte und zahlreiche Ethno-Restaurants sorgen ihrerseits für bunte Vielfalt in der Stadt.

Orientalisches Flair atmet man auch an der von dem römischen Architekten Paolo Portoghesi 1992 erbauten Moschee nahe der Villa Ada. Jeden Freitag findet dort ein Basar mit kulinarischen Spezialitäten aus islamischen Ländern statt. Seit Jahrtausenden fest in Rom verwurzelt ist die jüdische Gemeinde mit ihren elf Synagogen und ca. 16 000 Mitgliedern, die fast die Hälfte aller Juden in Italien ausmachen.

Preisgekrönter König der Carbonara-Nudeln, *das* römische Nudelgericht schlechthin, ist übrigens kein Italiener, sondern der Tunesier Nabil Hadj Hassen aus der Trattoria Antico Forno Roscioli.

Ein Tänzchen in Ehren kann niemand verwehren – ganz egal, wo

Der Motor der römischen Wirtschaft

Rom setzt auf das Zugpferd Kultur, wie auch der Bau des neuen Auditoriums bestätigt

Seit der Nachkriegszeit ist Rom der wichtigste Wirtschaftsstandort Italiens. Viele internationale Unternehmen und Organisationen, vor allem aber staatliche Institutionen haben in Rom ihren Sitz. Neben seiner Bedeutung als Freilichtmuseum der Antike, der Renaissance und des Barock genoss Rom daher lange Zeit den wenig schmeichelhaften Ruf einer klassischen Verwaltungs- und Beamtenstadt: langsam, bürokratisch und etwas verschlafen. Die staatliche Verwaltung spielt noch immer eine große Rolle, aber nicht nur sie.

Unter Bürgermeister Francesco Rutelli (1993–2001) und seinem experimentierfreudigen Nachfolger, Linksdemokrat Walter Veltroni (2001–2008), hat sich das Bild der Stadt in den letzten 15 Jahren gewandelt. Bis dahin galt Rom als eine stagnierende Stadt mit bröckelnden Fassaden und einer provinziellen Kulturpolitik, einer von Misswirtschaft und Korruption gelähmten Metropole mit einem schwerfälligen, aufgeblähten Verwaltungsapparat.

Zugpferd Kultur

Es begann mit dem Heiligen Jahr 2000, als die Stadt in einem für Rom ungewöhnlichen Tempo auf Vordermann gebracht wurde. Und diese Politik wurde fortgesetzt: Die abgasgeschwärzten Fassaden von Kirchen und Palazzi erstrahlen seither in neuem Glanz, antike Stätten wurden wieder zugänglich gemacht und neue Museen eröffnet. Mit Museumsneubauten wie dem Macro und dem 2010 eröffneten MAXXI wurde endlich auch der Gegenwartskunst, lange Zeit Stiefkind der Kulturpolitik, mehr Raum zugebilligt. Zu einem Fixpunkt der italienischen Musiklandschaft wurde das von Architekt Renzo Piano erbaute Auditorium. Zu den kulturellen Megaprojekten der Stadt gehörte auch die Schaffung von Kulturzentren wie der Casa del Jazz, die schnell zum Mekka der Jazz-Fans wurde, und der Casa del Cinema, mit der an die cineastische Vergangenheit Roms angeknüpft werden soll. Vor allem wurden neben der bereits bestehenden Estate Romana (Römischer Kultursommer) auch kulturelle Events ins Leben gerufen, die weit über Rom hinausstrahlten, wie die Notte Bianca, eine jährliche All-Night Party mit kulturellen Veranstaltungen wie z. B. Konzerte, Theater und Ausstellungen, oder spektakuläre Kunstausstellungen, die in der Villa Borghese oder anderen Ausstellungsorten stattfinden.

Unter Rutelli und Veltroni wurde u. a. auch ein fast unlösbares Problem Roms angegangen: der tägliche Verkehrskollaps. U-Bahn-Linien wurden um neue Haltestellen erweitert, separate Fahrspuren für Expressbusse eingerichtet, allerdings kamen diese Verbesserungen vor allem der Innenstadt zugute. Zudem wurden große Teile des Zentrums sowie die Nightlife-Quartiere wie Trastevere oder San Lorenzo nachts zu verkehrsberuhigten Zonen erklärt. Auch der Service für Touristen wurde ausgebaut: touristische Buslinien bzw. Tiberboote mit Audioguide-Service eingerichtet, Infokioske über die Stadt verteilt, Sammeltickets eingeführt, Servicenummern geschaltet. Alle diese Maßnahmen stärkten zudem den Dienstleistungssektor, mit 83 % der Beschäftigten die Lokomotive der römischen Wirtschaft.

Kontinuität oder Wandel?

Nicht alle Römer haben diese Entwicklung Roms zu einer lebendigen Kulturhauptstadt gewürdigt. Im April 2008 wurde Gianni Alemanno von der postfaschistischen Nationalen Allianz zum neuen Bürgermeister von Rom gewählt. In einer aggressiv geführten Wahlkampagne hatte er vor allem auf das Problem der zunehmenden Kriminalität und der illegalen Immigration in der 3,5-Millionen-Metropole gesetzt. Gleich nach seinem Amtseintritt nahm er einschneidende Änderungen vor und sprach sich für eine Kurskorrektur in der Kultur aus: »Mussolini und der Faschismus haben Italien modernisiert« gehört zu seinen Kernsätzen. ›Klassischen‹ Kulturveranstaltungen wird der Vorzug gegeben, Events wie die Notte Bianca oder das Multikulti-Festival Intermundia auf der Piazza Vittorio wurden dagegen kurzerhand gestrichen. Anfangs wollte Alemanno sogar die vom amerikanischen Star-Architekten entworfene Hülle des riesigen Friedensaltars von Kaiser Augustus (s. S. 203) wieder abtragen lassen. Inzwischen plagen ihn andere Sorgen: Die allgemeine Wirtschaftskrise und das langsame Wachstum der italienischen Wirtschaft im Besonderen ließ zwischen 2008 und 2010 die Zahl der Arbeitssuchenden in Rom wieder um 15 % steigen. Alarmierend ist dabei die hohe Jugendarbeitslosigkeit mit über 30 %. Ein Event muss wieder her: Rom bewirbt sich für die Ausrichtung der Olympischen Sommerspiele 2020. Der Budgetplan im Umfang von 31 Mio. Euro wurde schon gebilligt.

Il calcio – wo das Herz der Römer schlägt

Fußball, ›il calcio‹, ist in Italien die populärste Sportart. Offiziell spielen über 1,2 Mio. Italiener in etwa 16 000 Mannschaften. Rom besitzt gleich zwei Mannschaften, die in der ersten Liga, der Serie A, spielen.

Es passiert zweimal im Jahr: Keine hupenden Autos, knatternden *motorini* und Pilgergruppen, stattdessen sind die Straßen leergefegt und über der Stadt liegt eine angespannte, knisternde Ruhe. Für dieses übernatürliche Ereignis kann es eigentlich nur einen Grund geben: Im Stadio Olimpico läuft gerade das römische Fußballderby zwischen AS Roma und SS Lazio.

Von Adlern und Wölfen

Obwohl der bereits 1900 gegründete Lazio-Klub der ältere Verein ist, wird er eher als Vorstadtklub angesehen, der 1927 gegründete AS Rom hingegen gilt als der tatsächlich ›römische‹ Verein. Während auf dem goldgelb-purpurroten Wappen von AS Roma die römische Wölfin prangt, trägt mit ausgebreiteten Schwingen ein Adler das weiß-himmelblaue Wappen von SS Lazio. Der AS Rom hat sogar eine eigene Vereinshymne: Antonello Venditti schrieb sie 1983 für seinen Lieblingsklub. »Roma Roma Roma« wird immer zu Spielbeginn gespielt, während »Grazie Roma«

Das Spiel der Spiele: AS Roma gegen SS Lazio

nur dann nach Spiel-ende angestimmt wird, wenn der Klub gewonnen hat.

Kurz nach dem Schlusspfiff ist es dann vorbei mit der Ruhe. Ein hupender, fahnenschwenkender Autocorso schiebt sich die Lungotevere entlang und verstopft die gesamte Innenstadt. Und dann ziehen die Fans weiter rund ums Forum Romanum und den Palatin oder im Falle eines Roma-Sieges durch Testaccio, die Heimat der *giallorossi,* der ›Gelb-Roten‹, um ihre Jungs dann erst so richtig zu feiern.

›La squadra del cuore‹ – das Team des Herzens

Die *squadra del cuore,* der Lieblingsverein, gehört zur DNA eines Römers wie die Religion, die Familie und der Beruf. Die Anhängerschaften von AS Roma und SS Lazio ziehen sich quer durch alle Klassen und Schichten der römischen Gesellschaft. Anhänger wie Spieler von AS Roma zeichnen sich dabei durch eine außergewöhnliche Vereinstreue aus. Kapitän Francesco Totti ist das beste Beispiel. Er ist das Lieblingskind der *tifosi*, ihn vergöttern sie, ihn tragen sie auf Händen. Ein Vereinswechsel, so beteuert er, käme für ihn nie in Frage. Schon als Kind schwärmte er für den AS Roma. Als die Talentscouts von Lazio auf ihn aufmerksam wurden, setzte Mutter Fiorella sie kurzerhand vor die Tür: »Mein Sohn geht nur zu Roma!« Nach dem Tod des langjährigen Präsidenten Franco Sensi 2008 war der Roma-Club zeitweise fest in Frauenhand. Doch aufgrund hoher Schulden musste Tochter Rossella verkaufen. Seit 2011 hat ein US-amerikanisches Konsortium um den italo-amerikanischen Investor Thomas Di Benedetto, inzwischen auch Klubpräsident, die Aktienmehrheit am Verein.

Hitzige Fans

Nicht selten endet das römische Derby mit handfesten Auseinandersetzungen zwischen den rivalisierenden Ultras, den gewaltbereiten Radikalfans, die meist extrem rechts verortet sind. Zwei große Traditionsvereine in einer Stadt – wie soll das gut gehen? Wie sollten Adler und Wölfe auch miteinander auskommen?

Sosehr die Römer ihren Fußball lieben, so sehr ziehen es immer mehr Fans vor, ihrem Verein vor dem Fernsehbildschirm beim Pay-TV die Daumen zu drücken. Zu stark haben sich die Bilder vom rasenden Stadion-Mob bewaffnet mit rechtsradikalen Spruchbändern und fliegenden Fäusten in die Köpfe normaler Fußballfans gebrannt. Längst wagen es selbst fußballfanatische Familienväter nicht mehr ohne Weiteres, die Sonntagnachmittage mit ihren Kindern im Stadion zu verbringen. Zumindest nicht in der Curva Nord, Stammplatz der Laziali, oder der Curva Sud, traditioneller Standort der Romanisti. Es ist daher kein Wunder, dass die Besucherzahlen in den italienischen Stadien weiterhin rückläufig sind.

Rückläufige Zuschauerzahlen und sinkende Sponsoreneinnahmen bei gleichzeitig ausbleibendem sportlichen Erfolg ließen die Verschuldung der beiden römischen Vereine in den vergangenen Jahren in exorbitante Höhe klettern, alleine die Steuerschulden liegen für die beiden Klubs jeweils über 100 Mio. Euro.

Wenn es in der nächsten Zeit nicht gelingen sollte, den Fußball live im Stadion auch für die ›normalen‹ Fußballfans wieder attraktiv zu machen, dann wird künftig über römischem Wolf und Adler vermutlich ein anderes Tier seine Kreise ziehen – der Pleitegeier.

Politikhauptstadt Rom

Siebzehn Jahre währte die Truman Show all'italiana mit Silvio Berlusconi in der Rolle des witzereißenden Ministerpräsidenten. Nun ist Schluss mit lustig. Italien ist wieder in der realen Welt angekommen.

Im Herbst 2011 stuften die Ratingagenturen die Kreditwürdigkeit Italiens wiederholt herab und senkten die Bewertung italienischer Staatsanleihen. Die Zinsen, die Italien mit seinem Defizit von 1900 Mrd. Euro für diese Papiere akzeptieren musste, lagen bei 7,6 % (im Vergleich: Deutschland 1,9 %). Während der ›italienische Faktor‹ EU-Diplomaten den Angstschweiß auf die Stirn trieb, erklärte Ministerpräsident Berlusconi nach dem G20-Gipfel in Cannes, dass er keine Krise erkennen könne. Den Ausverkauf der Staatsanleihen bezeichnete er als »vorübergehende Mode«. Berlusconi wörtlich: »Italien spürt keine Krise. Die Restaurants sind voll, die Flüge sind ausgebucht und die Ferienhotels sind auch voll ausgebucht.«

Wenige Wochen später, am 12. November 2011, ging die Truman Show *all'italiana* zum letzten Mal auf Sendung. Italiens Ministerpräsident Berlusconi hatte seinen letzten Rückhalt im Parlament verloren und reichte im Quirinalspalast bei Staatspräsident Napolitano seinen Rücktritt ein. Auf den Straßen bildeten sich hupende Autokorsos, mit dem Victory-Zeichen brachten zahlreiche Italiener ihren Triumph zum Ausdruck, auf dem Quirinalsplatz bemühten Chöre das alte Partisanenlied »Bella ciao«, ein Orchester spielte das »Halleluja« aus Händels Messias, italienische Fahnen wurden geschwenkt und im Siegestaumel stieß man mit Spumante an. Die Römer feierten Berlusconis Rücktritt wie einen WM-Sieg – meinten einige Kommentatoren, andere dachten mehr an die Abdankung eines arabischen Diktators.

Blick in das italienische Parlament

Bye Bye Silvio

Doch es war kein autokratischer Diktator zurückgetreten, sondern ein vom Volk gewählter Souverän. Man kann die Italiener nicht entschuldigend in Schutz nehmen, sie hätten nicht gewusst, was sie taten, als sie ihn bzw. seine Koalitionspartner wählten. Gleich drei Mal stellte Silvio Berlusconi den Ministerpräsidenten: 1994–1996, 2001–2006 (die längste ununterbrochene Amtszeit eines römischen Nachkriegspremiers) und zuletzt 2008. 17 Jahre lang beherrschte er die politische Bühne Italiens. Im Ausland anfangs noch belustigend zur Kenntnis genommen, dann nachsichtig belächelt avancierte Europas drittwichtigste Volkswirtschaft dank Berlusconi bald zur Lachnummer Europas, zuletzt herrschte nur noch Kopfschütteln und Unverständnis. Zur Erklärung, warum sich der Premier trotz zahlreicher Skandale so lange halten konnte, bemühte man das ›italienische Wesen‹. So würde in jedem Italiener ein Stück Berlusconi stecken, meinte der Journalist und Schriftsteller Beppe Severgnini, der in seinen Büchern Ausländern die Besonderheiten der Italiener zu erklären versucht. Etwa sein unverhohlener Machismo, seine Bauernschläue und fragwürdige politische Moral, die primär Eigeninteressen verfolgt. »Letztlich signalisiert Berlusconi, dass die fundamentalen Regeln der Legalität nur für die Dummen gelten«, meinte Paolo Flores d'Arcais, einer der bekanntesten Philosophen Italiens, »die Illegalität scheint dann eine gerechte Sache, sie steht für Freiheit.« Sein ›Erfolg‹ ist abgesehen von einer nicht existierenden, in sich zerstrittenen Opposition sicher auch einer tief verwurzelten Staatsverdrossenheit geschuldet.

Nun soll es Super-Mario richten, wie Mario Monti in Anlehnung an die Nintendo-Figur des italo-amerikanischen Klempners seit seiner Zeit als Wettbewerbs- und Binnenmarktkommissar der EU zwischen 1995 und 2004 genannt wird. Dass seine Regierung auch die Moral in die Politik zurückholen will und dass soziale Gerechtigkeit für sie ein hohes Gut bedeutet, das zeigt die Berufung von Andrea Riccardi, dem Gründer und Präsidenten der internationalen katholischen Gemeinschaft St. Egidio (s. S. 191), zum Minister für internationale Zusammenarbeit.

Ein Besuch bei den Politikern
Manche der Palazzi öffnen Besuchern ihre Pforten. Einlass hat man in **Montecitorio** (Abgeordnetenkammer) jeden 1. So im Monat 10–17.30, im Sommer 16–20.30 Uhr. Wer den oft lebhaften Sitzungen beiwohnen möchte, muss sich 45 Min. vor Sitzungsbeginn in der *Sala del Pubblico,* Piazza del Parlamento 24, anmelden. Der **Palazzo Madama,** Sitz des Senats, öffnet jeden 1. Sa im Monat (außer Aug.) 10–18 Uhr. Im **Palazzo del Quirinale,** Sitz des Staatspräsidenten, kann man – außer im Sommer – So 8.30–12 Uhr durch die Repräsentationsräume streifen. Der **Palazzo Chigi** an der Piazza Colonna, Sitz des Ministerpräsidenten, ist nur für Gruppenführungen offen.

Italien retten

»Salva Italia«, so nannte der parteilose Ministerpräsident Monti das noch im Dezember 2011 verabschiedete drastische Sparpaket, mit dem er das verloren gegangene Vertrauen an den Finanzmärkten zurückgewinnen will. Es sieht unter anderem die Anhebung des Renteneintrittsalters, die Wiedereinführung der Immobiliensteuer auf das erste Haus, eine neue Luxussteuer und Maßnahmen gegen die Steuerflucht vor. Bis zu 30 Mrd. Euro will der Regierungschef so einsparen und bis 2013 einen ausgeglichenen Haushalt erreichen. Weitere Maßnahmen sollen die lahmende Wirtschaft ankurbeln. So sollen Anreize für Investitionen in öffentliche Bauprojekte, Forschung und Entwicklung geschaffen werden, vor allem aber soll der Arbeitsmarkt liberalisiert werden. Italien gehört in Europa zu den Ländern mit den strengsten Regeln bei Einstellungen und Entlassungen. Eintrittsbarrieren in vielen Branchen, etwa der Taxifahrer

Lega-Nord-Abgeordnete protestieren im Parlament gegen Montis Sparpaket

oder Apotheker sollen wegfallen, aber auch Privilegien und Renditepositionen und stattdessen mehr Raum für Leistung und Wettbewerb geschaffen werden. Die Aufregung bei den entsprechenden Berufsständen und bei den in Italien sehr stark verwurzelten Gewerkschaften ist groß. Die in die Opposition verwiesenen einstigen Regierungsparteien versuchen derweil, daraus munter Kapital zu schlagen, etwa die polternden Rechtspopulisten der Lega Nord, die sich flugs als Advokaten der Arbeiter stilisierten.

Das Erbe Berlusconis

Ob Monti mit der Sanierung vorankommt und das große Reformtempo beibehält, hängt auch davon ab, ob er die Italiener von der Notwendigkeit dieser Reformen, die harte Einschnitte bedeuten, überzeugen kann bzw. ob es der Regierung gelingt, das Erbe Berlusconis abzuschütteln – und das Erbe wiegt schwer. Denn Berlusconi hinterlässt nicht nur ein hoch verschuldetes Land mit geringem Wirtschaftswachstum, sondern auch ein politisches Geflecht, das gewohnt war, nach dem altrömischen Prinzip des *do ut des* (dt. Ich gebe, damit du gibst) zu handeln – zeitweise glich das Parlament einem Selbstbedienungsladen der Mehrheitsparteien, einem Bazar für politische Posten und selbst gestrickte Gesetze. Auch hier setzte Monti Maßstäbe. Auf sein Gehalt als Ministerpräsident hat er vorläufig verzichtet und als bekannt wurde, dass einer seiner Minister sich in der Vergangenheit seinen Aufenthalt in einem Luxushotel von einem skandalumwitterten Bauunternehmer »ohne sein Wissen« bezahlen ließ, musste dieser seinen Rücktritt einreichen. Italien hat lange genug die Lachnummer Europas abgegeben.

Der Vatikan – eine Großmacht mit Zwergstaat

Oberhaupt des Vatikanstaates und aller Katholiken: Papst Benedikt XVI.

Wie eine Insel liegt der kleinste Staat der Erde im Herzen von Rom. Bei keinem anderen Staat klaffen geografische Größe und weltpolitisches Gewicht so weit auseinander. Ein besonderes Verhältnis herrscht zwischen dem Vatikan und Rom als der Hauptstadt Italiens.

Als am 19. April 2005 auf der Benediktionsloggia der Peterskirche nicht Kardinal Joseph Ratzinger erschien, um den Namen des neuen Papstes zu verkünden, sondern Kardinalprotodiakon Estevez, da wussten alle, dass die Wahl auf den deutschen Kardinal gefallen war. Nach der Bekanntgabe des neuen Papstnamens schallte es über den Petersplatz: »Be-ne-det-to, Be-ne-det-to«. Die Katholiken hatten wieder ein Oberhaupt und ein deutsches Massenblatt titelte »Wir sind Papst«.

Vom Bischof zum Papst

Seit fast 2000 Jahren ist der römische Bischof Oberhaupt der Christen und später der römisch-katholischen Kirche. Seine Vorrangstellung war nicht immer unangefochten. In den ersten Jahrhunderten nahmen neben Rom auch Jerusalem, Konstantinopel, Alexandria und Antiochia eine herausragende Stellung innerhalb der christlichen Welt ein. Doch schon in der Spätantike beanspruchten die Bischöfe von Rom eine Führungsrolle. Sie verstanden sich als Nachfolger des Apostels Petrus und verwiesen auf die besondere Stellung Roms als Hauptstadt des Imperiums. Mit der sogenannten ›Konstantinischen Schenkung‹ begründete das Papsttum das ganze Hochmittelalter über seinen Machtanspruch. Weil der Bischof von Konstantinopel das

›Primat‹ nicht anerkannte, kam es im Jahr 1054 zur ersten großen Kirchenspaltung zwischen der katholischen und der später sogenannten orthodoxen Kirche.

Seit dem Ersten Vatikanischen Konzil 1870 ist die Vorrangstellung des Papstes auch dogmatisch festgelegt. Nach dem Dogma der Lehr-Unfehlbarkeit des Papstes ist ein vom Papst verkündeter Glaubenssatz auch ohne Zustimmung der Kirche und ihrer Vertreter gültig. Gegen eine solche geistige Vorherrschaft des römischen Bischofs über die ganze Kirche regte sich Widerspruch. In Deutschland führte sie zur Abspaltung und Gründung der Altkatholischen Kirche.

Der kleinste Staat der Welt

Die römisch-katholische Kirche bildet mit 1,18 Mrd. Mitgliedern die größte Kirche innerhalb des Christentums (Christentum gesamt 2,26 Mrd., Islam etwa 1,61 Mrd. Anhänger). Mit rund 1,2 Mio. Angestellten, darunter über 400 000 Priestern, 730 000 Ordensschwestern und 5605 Bischöfen, ist sie einer der größten Arbeitgeber weltweit. Schaltzentrale der katholischen Macht ist der nur 0,44 km² große Stato Città del Vaticano. Der Vatikanstaat ist eine Wahlmonarchie, die keine Gewaltenteilung kennt. Als absolutes Oberhaupt regiert *il papa,* seit April 2005 der deutsche Benedikt XVI. Fast 25 Jahre lang war der 1927 geborene Theologe Joseph Ratzinger der engste Mitarbeiter von Johannes Paul II. Als Präfekt der Glaubenskongregation hat er die Kirche nach innen stramm auf Kurs gebracht. Der Vatikanstaat zählt an die 800 Einwohner, doch nur knapp 500 besitzen die Staatsbürgerschaft, die nur zeitweise und funktionsgebunden vergeben wird. Die Mehrheit der Staatsbürger sind hochgestellte Kleriker sowie die in Rom lebenden Kardinäle und Mitglieder der Schweizergarde, die als Schutzmacht des Papstes von Julius II. Anfang des 16. Jh. eingerichtet wurde. Bis heute dürfen nur katholische Schweizer Staatsbürger mit einem einwandfreien Leumund und einer Mindestgröße von 1,74 cm in den Dienst treten.

Als souveräner, völkerrechtlich anerkannter Staat, der inzwischen zu 145 Staaten Beziehungen unterhält, verfügt der Vatikan über eigene Ordnungskräfte, hochbegehrte Münzen und Briefmarken, Post- und Fernmeldewesen, eigene Medien (die auch in Deutsch erscheinende Tageszeitung »Osservatore Romano« und »Radio Vaticana«), eine Flagge (gelbweiß, gekreuzte Schlüssel, Tiara) und ein eigenes Autokennzeichen (»SCV« für Dienstwagen, »CV« für Staatsbürger). Als Nationalfeiertag gilt der Tag der Amtseinführung des Papstes.

Die ›Peanuts‹ des Vatikan

Rechtliche Grundlage des Vatikanstaates sind die Lateranverträge zwischen Italien und dem Heiligen Stuhl vom 11. Februar 1929. Die in den Verträgen gewährten Entschädigungen (750 Mio. Lire in bar sowie 1 Mrd. Lire in Staatsanleihen) für die Enteignung des Kirchenstaates im Jahr 1870 bilden die Vermögensgrundlage des heutigen Vatikanstaates. Hinzu kommen die Spenden von Gläubigen und Ordensgemeinschaften wie der an St. Peter und Paul jährlich eingezogene ›Peterspfennig‹, der direkt dem Vatikan zufließt (2010: 67,7 Mio. US-Dollar).

Infos zum Vatikan
Ufficio Pellegrini e Turisti: am Petersplatz auf der linken Seite, Tel. 06 69 88 16 62 oder 06 69 88 20 19, Mo–Fr 8.30–18.15, Sa nur bis 13.15 Uhr, www.vatican.va.
Achtung: Am Eingang der Vatikanischen Museen und der Peterskirche passieren Sie Sicherheitskontrollen. Keine spitzen Gegenstände oder Flaschen mitnehmen!

Seit dem Konkordat von 1984 ist der Katholizismus in Italien keine Staatsreligion mehr. Die Kirchensteuer wurde 1990 durch eine einheitliche ›Sozialabgabe‹ von 0,8 % ersetzt. Der Betrag kann wahlweise an den Staat, die katholische Kirche oder andere Religionsgemeinschaften gezahlt werden. Diese 0,8 % der eingenommenen Steuergelder werden allerdings entsprechend der ausgedrückten Prozentualsätze vergeben. Wer kein Kreuz macht, im Jahr 2005 waren das immerhin 60 %, finanziert die Kirche dennoch mit. Denn die ›Leerstimmen‹ fallen nicht automatisch an den Staat, sondern werden proportional auf die abgegebenen Stimmen verteilt. Die katholische Kirche erhält mit dieser Rechnung fast 90 % der Gesamteinnahmen. Im Gegensatz zum italienischen Staat wirbt die Kirche mit aufwendigen Kampagnen für die 0,8 %-Steuer. Im Jahr 2008 betrugen die Kosten dafür 21 Mio. Euro, siebenmal so viel, wie die Kirche den Tsunami-Opfern spendete.

Der Erfolg heiligt die Mittel: 2010 betrug die eingenommene Summe über 1 Mrd. Euro. Allerdings werden nur 20 % dieser Einnahmen für wohltätige Einrichtungen und Zwecke verwandt, der Großteil dient der Kirche zum Unterhalt des Klerus (35 %) und für pastorale und kultische Zwecke, etwa für Bauarbeiten und Restaurierungen (20 %).

Der Vatikanstaat und die Hauptstadt Rom

Im römischen Alltag schlägt sich die geografische Nähe zum Vatikan vor allem im Stadtbild durch die zahlreichen Kirchen, den Klerus und die immer wieder zahlreichen Pilgerströme nieder. Nicht wegzudenken sind Papst und Kirche aus den gesellschaftlichen Debatten, auch wenn diese längst nicht mehr den politischen Einfluss haben wie zur Zeit der Democrazia Cristiana.

Kein Wunder, dass sich die Parteien fast jeder Polit-Couleur mit Blick auf die Wählerstimmen um ein entspanntes Verhältnis zu Papst und Vatikan bemühen und sich gerne auf ihre christlichen Wurzeln berufen. Nicht immer gelingt der Spagat. Unter der Regierung Berlusconi wurden zahlreiche Gesetze zugunsten der Kirche verabschiedet, etwa die Abschaffung der Grundsteuer auf religiös genutzte Immobilien, millionenschwere Finanzspritzen für kirchliche Schulen und Universitäten, während gleichzeitig das staatliche Schulsystem massive Kürzungen hinnehmen musste, die Übernahme von Religionslehrern oder geistlichem Personal in Krankenhäusern sowie weitere Geldmittel etwa für Radio Maria etc. Doch die Bunga-Bunga-Skandale ließen die Beziehungen zum italienischen Episkopat erkalten. Mehr aufgrund des Drucks vieler Bischöfe und der katholischen Basis hat die Kirche nach jahrelangem Schweigen dann doch im Herbst 2011 Stellung bezogen – da allerdings war das Ende der Ära Berlusconi bereits eingeläutet.

Die Kaiser, die Rom prägten

Mit Cäsar endet die Republik, mit seinem Adoptivsohn Gaius Octavianus, dem späteren Augustus, beginnt die Kaiserzeit. Zwar bleiben die republikanischen Formen bestehen, de facto handelt es sich um eine Alleinherrschaft. Die nachfolgende Zeit wird maßgeblich von den Persönlichkeiten der jeweiligen Kaiser geprägt.

Mit keinem anderen Namen verbindet sich so stark die Macht des imperialen Rom, dabei ist Cäsar (100–44 v. Chr.) nie Kaiser gewesen. Ungewöhnlich schnell durchlief er den *cursus honorum*, die militärische und offizielle Ämterlaufbahn. Die damit verbundenen enormen Schulden kompensierte er durch Ausbeutung der ihm übertragenen Provinzen. Zum alleinigen Herrscher wurde er, als er 49 v. Chr. trotz des Verbots der Senatspartei mit seinem Heer den Rubikon, die Grenze zwischen den gallischen Provinzen und Italien, überschritt, um sich in Rom ein zweites Mal zum Konsul wählen zu lassen. Im daraufhin ausbrechenden Bürgerkrieg siegte er und wurde 47 v. Chr. zum Diktator auf Lebenszeit ernannt. Ihm wurde der Feldherrentitel ›Imperator‹ verliehen und er durfte das Triumphatorgewand und den Lorbeerkranz tragen. Außerdem benannte man seinen Geburtsmonat in ›Iulius‹ um. Doch die Senatspartei hatte sich keineswegs ergeben. Mit dem Ziel, die Adelsrepublik

An Kaiser Augustus, der den Römern nach langen Bürgerkriegsjahren endlich wieder Frieden brachte, erinnert der Augustäische Bogen, der Ara Pacis Augustae

wiederherzustellen, bildete sich um Marcus I. Brutus und Gaius C. L. Cassius ein Kreis von Verschwörern. An den Iden des März (15. März. 44 v. Chr.) fiel Cäsar in der Kurie des Pompejus unter den Dolchstößen seiner Gegner. Sein Name wurde zum Synonym für Herrscher schlechthin: ›Cäsar‹ wurde im Deutschen zu ›Kaiser‹, in den slawischen Sprachen zu ›Zar‹.

Wichtige mit Cäsar verbundene Bauten: Cäsar-Forum, Tempel des vergöttlichten Cäsar (Forum Romanum).

Friedensstifter Augustus

Augustus (27 v. Chr.–14 n. Chr.), eigentlich Gaius Octavianus, war Großneffe und Adoptivsohn Cäsars. Mit der erfolgreichen Verfolgung der Mörder von Cäsar und dem Sieg über seinen Rivalen Antonius (und Kleopatra) bei Actium (31 v. Chr.) beendete er das ›Jahrhundert der Bürgerkriege‹. In einem großen Staatsakt gab Augustus am 13. Januar 27 v. Chr. die ganze Staatsgewalt an Senat und Volk zurück und verkündete die Wiederherstellung der Republik. Doch faktisch wurde er durch seine Machtfülle zum Alleinherrscher, zum ersten Kaiser und Imperator des Römischen Weltreiches.

Wichtige Bauten: Tempel des Mars Ultor (Augustus-Forum), Wohnhaus auf dem Palatin, Marcellus-Theater, Ara Pacis, Augustus-Mausoleum.

Zündler und Barde Nero

In die Geschichte ging Nero (54–68) als Muttermörder und fanatischer Christenverfolger ein. Literatur und Film prägten von ihm das Bild des Brandstifters von Rom und leidlich dilettierenden Barden. Der letzte Kaiser aus der iulisch-claudischen Dynastie wurde zur ersten Verkörperung des ›Cäsarenwahns‹. Nach dem verheerenden Brand von Rom, den er, um von sich abzulenken, den Christen in die Schuhe schob, baute er seinen gigantischen Villenkomplex, die Domus Aurea, der sich über zwei der antiken Hügel erstreckte. Die mit pompejanischen Malereien überzogenen Säle inspirierten die Maler der Renaissance zu einem neuen, sich bald großer Beliebtheit erfreuenden Stil, den sie mit Blick auf die ›Grotten‹ des Goldenen Hauses Groteskenmalerei nannten.

Vespasian, Titus und die Toilettensteuer

Nach dem Tod Neros wurde Titus Flavius Vespasianus zum Kaiser (69–79) ernannt. Mit der Dynastie der Flavier, zu denen seine Söhne Titus (79–81) und Domitian (81–96) gehörten, begann eine Zeit der Befriedung. Seinen größten militärischen Triumph errang Vespasian gemeinsam mit Titus mit der Eroberung von Jerusalem 70 n. Chr. Als Wiedergutmachung für die neronische Tyrannei ließ der volksnahe Vespasian das Amphitheatrum Flavium (Kolosseum) errichten, und über dem zerstörten Goldenen Haus von Nero ließ Titus öffentliche Thermenanlagen bauen. Berüchtigt war nach Neros verschwenderischer Herrschaft die Sparsamkeit des Vespasian, der selbst den von den Gerbern benutzten Urin besteuerte, gemäß seinem Motto »Pecunia non olet – Geld stinkt nicht«.

Welteroberer Trajan

Mit der Adoption von Trajan (98–117) durch Nerva begann die Blütezeit der

›Adoptivkaiser‹. Unter Trajan erreichte das Römische Reich seine größte Ausdehnung: von Britannien bis Ägypten und von Mauretanien bis Babylon. Wichtigste Bauten: Trajans-Forum und Trajans-Säule.

Kunstförderer Hadrian

Unter Hadrian (117–138) brach eine Phase der Konsolidierung an. Mit mächtigen Anlagen wie dem Hadrianswall in Britannien oder dem Limes in Germanien ließ der Herrscher die Reichsgrenzen sichern. Der äußerst kunstsinnige Kaiser, der sich auch als Architekt und Dichter betätigte, förderte in besonderem Maße die griechische Kunst und Literatur. Zu seinen bedeutendsten Bauten gehören in Rom das Hadriansmausoleum (die spätere Engelsburg) und das Pantheon, das er nach einem Brand erneuern ließ. Inspiriert von den Bauten, die er während seiner vielen Reisen gesehen hatte, errichtete sich Hadrian in Tivoli vor den Toren Roms eine riesige Sommerresidenz.

Konstantin der Große und das Christentum

Die Herrschaft Konstantins des Großen (306–337) läutete eine Wende in der Weltgeschichte ein. 312 n. Chr. siegte er an der Milvischen Brücke vor Rom unter dem Zeichen des christlichen Kreuzes über Maxentius. Der christlichen Legendenbildung nach soll ihm am Vorabend der Schlacht das Christusmonogramm (X P) mit den Worten »in hoc signo vinces« (»in diesem Zeichen wirst du siegen«) erschienen sein. Ein Jahr später verkündete er im Edikt von Mailand die Gleichstellung des Christentums gegenüber anderen Religionen. Fortan stand das Römische Imperium unter christlichen Vorzeichen. Gegen Ende seines Lebens soll er Papst Silvester I., von dem er sich auch taufen ließ, in der sogenannten ›Konstantinschen Schenkung‹ das geistliche Primat in der Kirche und die weltliche Macht über den Westen des Reiches eingeräumt haben. Erst Mitte des 15. Jh. wurde die ›Schenkung‹ als eine Fälschung des 8. Jh. entlarvt. Unter Konstantin wird die Maxentius-Basilika vollendet und es entstehen die ersten großen christlichen Basiliken wie S. Pietro in Vaticano und S. Giovanni in Laterano, die für Jahrhunderte Vorbilder für sakrale Bauten waren.

Ave Caesar!
Einen Eindruck vom Leben im antiken Rom und vom Selbstverständnis der Römer vermitteln die auch heute noch zum Teil vergnüglichen Werke der antiken Autoren Horaz (Satiren), Juvenal (Satiren), Livius (»Ab urbe condita«), Martial (Epigramme), Sueton (»De vita Caesarum – Kaiserbiographien«), Tacitus (»Annalen«) und Ovid (»Metamorphosen«, »Fasti«).

Als die Römer den Beton erfanden

Kaiser Augustus rühmte sich, eine Stadt aus Ziegeln vorgefunden und eine aus Marmor hinterlassen zu haben. Tatsächlich fiel die Blüte römischer Baukunst in die Kaiserzeit. In der Millionenstadt Rom entstanden repräsentative Tempel und Triumphbögen, aber auch alltagstaugliche Bauten wie Basiliken, Thermen, Theater, Aquädukte und Toiletten.

Viele verschiedene Einflüsse und Bauherren prägten das Stadtbild des kaiserlichen Rom. In ihrer Architektur übernahmen die Römer wichtige Elemente der griechischen und etruskischen Baukunst. Doch waren die Römer alles andere als bloße Nachahmer. So haben sie mithilfe neuer Baustoffe den Gewölbebau maßgeblich weiterentwickelt.

Als ›Caput mundi‹ boomte

In der Zeit der späten Republik und in der Folge vor allem in der Kaiserzeit suchten wohlhabende Privatleute wie Herrscher in der Kunst eine Möglich-

Das römische Colosseo ist das größte je gebaute Amphitheater der Welt

keit zur öffentlichen Repräsentation und Verbreitung ihres Herrschaftsanspruches. Für ihre großen öffentlichen Bauten, Arenen, Thermen, Triumphbögen und Paläste mussten immer größere Räume überbrückt werden. Während der griechischen Architektur durch die Verwendung ausschließlich horizontaler und vertikaler Komponenten Grenzen gesetzt war, konnten die Römer durch die Verwendung von Säule und Rundbogen auch größere und aufwendigere Gebäude gestalten. Neben einfachen Gewölbekonstruktionen wie dem Tonnengewölbe wurden zudem Kreuz- und Kuppelgewölbe gebaut.

Diese Gewölbekonstruktionen kommen ohne stützende Innensäulen aus. Dies war möglich geworden durch die Entdeckung eines neuen Baustoffes: römischen Betons. Dabei handelte es sich um einen Mörtel aus Wasser, Kalk und einem speziellen Vulkansand, *pozzolana* genannt. Beim Mauerbau wurde der Beton mit Ziegelsteinen und schließlich mit Travertin- oder Marmorplatten verkleidet. Beim Gewölbebau hingegen wurde zunächst ein hölzernes Lehrgerüst aufgezogen und darüber Ziegelrippen gemauert, die dann mit römischem Beton gefüllt wurden.

Kaiserlicher Monumentalbau

In der Kaiserzeit entstanden so gewaltige Bauten wie etwa das Amphitheatrum Flavium, das Kolosseum. Während beim griechischen Theater für die Anlage der Sitzränge noch eine natürliche Hanglage notwendig war, wurde es nun dank der Entwicklung der Bogen- und Gewölbetechnik möglich, monumentale Theater auch auf ebenem Gelände zu errichten. Selbst Basi-

Das Leben in den Thermen
Wie es in den Thermen zuging, davon berichtet der Philosoph Seneca: »Ich wohne gerade über einem Bad. Ihr könnt Euch vorstellen, was für ein Schwatzen, Lärmen und Schreien in allen Tonarten hinaufdringt, sodass man wünschen möchte, taub zu sein. Ich vernehme das rhythmische Rufen derer, die sich mit Hanteln betätigen. Sie stoßen kurze Laute aus und keuchen angestrengt; wenn jemand sich massieren lässt, hört man das Schlagen der Hände auf den Schultern, das einen verschiedenen Ton gibt. Es gibt dann Streitsüchtige, Diebe, die man auf frischer Tat ertappt, den Schwätzer, der seine Freude daran hat, sich selbst zuzuhören (...) Diese betätigen sich wenigstens noch mit ihrer eigenen Stimme, dann gibt es den Haarentfernungskünstler, der alle Augenblicke seine Dienste anbietet und nicht eher schweigt, bis er jemanden gefunden hat, dem er seine Haare entfernen kann. Dann fängt der zu schreien an, den er unter seinen Händen verarztet, ganz abgesehen von den schrillen Stimmen der Straßenhändler, die Getränke, Würste und Pasteten anpreisen.« (frei nach Seneca)

liken wurden in der späten Kaiserzeit von mächtigen Gewölben überspannt. Anfangs war die Basilika eine von einem Sparrendachstuhl überdachte rechteckige Mehrzweckhalle, deren Mittelschiff von ein oder zwei niedrigeren, durch Säulen abgetrennten Seitenschiffen flankiert wurde. Basiliken dienten teils als Markthallen und Wechselstuben, wie z.B. die Basilica Aemilia auf dem Forum Romanum, oder als Gerichtshallen, wie z.B. die ihr gegenüberliegende Basilica Iulia. Erst nachdem Kaiser Konstantin im Toleranzedikt von Mailand (313) uneingeschränkte Religionsfreiheit garantiert hatte, wurde dieser Gebäudetyp auch zum Vorbild für christliche Kirchenbauten. Eine gute Vorstellung zum Aussehen der ersten Kaiserbasiliken gibt die fünfschiffige Kirche San Paolo fuori le Mura mit ihrem bis vor die Fassade ausgedehnten Atrium. Typisch für die frühchristlichen Basiliken ist allerdings der Verzicht auf ein Gewölbe, wie es bei der damals gerade erst erbauten profanen Konstantins-(Maxentius-) Basilika noch anzutreffen war.

Pionierarbeit leisteten die Römer auch beim Kuppelbau. Der berühmteste Kuppelbau der Antike ist das noch heute großartig erhaltene Pantheon in Rom. Die beiden letzten Bauten dienten in der Renaissance vielen Baumeistern als Vorbild. So soll sich Bramante seines Entwurfs des Petersdoms, eines dreischiffigen Zentralbaus auf griechischem Kreuz, mit den Worten gerühmt haben: »Ich werde der Konstantins-Basilika das Pantheon aufsetzen.«

›Mens sana in corpore sano‹

Mit der Kaiserzeit brach ein regelrechter Bauboom los. Immer wieder gaben die Kaiser horrende Summen für den Bau neuer Monumente aus, deren Inneres ebenfalls reich und prächtig ausgestattet wurde. Selbst Bedürfnisanstalten wurden dabei nicht ausgespart.

Zu den vollendetsten technischen Leistungen der Antike gehören die monumentalen Thermenanlagen der Kaiserzeit. Die Wasserversorgung der

Bevölkerung wurde durch bis zu 90 km lange Aquädukte gewährleistet. Ende des 1. Jh. lieferten elf unter- und überirdisch geführte Leitungen der Millionenbevölkerung Roms täglich 992 200 m³ Wasser. Damit standen jedem Römer pro Tag 600 bis 900 l zur Verfügung! Die Diokletians-Thermen hatten eine Grundfläche von ca. 13 ha. Das Schwimmbecken allein nahm 2500 m² ein. In dieser riesigen Anlage konnten nicht weniger als 3000 Personen gleichzeitig baden. Vorbildlich waren die ausgeklügelten Befeuerungs- und Heizungsanlagen. Zur Erwärmung der Warmwasserräume dienten Hohlziegel in den Wänden und eine Hypokaustenanlage, eine auf kleinen Pfeilern ruhende Fußbodenheizung. Die vorwiegend nach Südwesten ausgerichteten Räume profitierten zusätzlich von der Sonnenwärme, die durch große Doppelfenster ins Innere drang. Durch die Befeuerungsöfen im Untergeschoss wurden sowohl die Luft als auch das Wasser, welches über Rohrleitungen zu den Wannen floss, erhitzt.

Die kaiserlichen Großthermen waren meist spiegelbildlich um eine große Mittelachse angelegt, auf der das *frigidarium* (Kaltwasserbad), das *tepidarium* (Lauwarmbad) und das *caldarium* (Heißbad) aneinandergereiht waren. Vor dem *frigidarium* befand sich meist unter freiem Himmel die *natatio* (Schwimmbad). Seitlich lagen die großen ungedeckten Palästren für die sportliche Betätigung, die Umkleideräume und weitere Räume, wie das Schwitzbad, der Massageraum oder Arztpraxen. Und natürlich gab es in der Nähe auch öffentliche Toiletten. So ist beispielsweise bekannt, dass Rom um 300 n. Chr. über mehr als 140 öffentliche Latrinen mit Sitzflächen aus Marmor und permanenter Wasserspülung verfügte. Diese Massenaborte waren ähnlich den großen Thermen beliebte Treffpunkte und Zentren römischer Kommunikation.

Einst dem luxuriösen Badevergnügen der Römer gewidmet: die Caracalla-Thermen

Das Erbe der Renaissance-Päpste

»Gott hat uns das Papsttum gegeben, lasst es uns genießen!« Der Ausspruch des Medici-Papstes Leo X. könnte als Leitmotiv für die Zeit der Renaissancepäpste stehen. Fürstliche Hofhaltung, ungezügelter Nepotismus, militärische Eroberungszüge zur Erweiterung des Kirchenstaates und durch Ämterkauf, Ablasshandel und durch Steuern finanziertes Mäzenatentum prägen diese Zeit.

Die Päpste Julius II. (1503–13), Leo X. (1513–21), Hadrian VI. (1522–23) und Clemens VII. (1523–34) lenkten während der Hochrenaissance die Geschicke des Kirchenstaates. Mitte des 15./16. Jh. verhalfen die Renaissancepäpste Rom zu einer großartigen Kulturblüte. Künstler wie Michelangelo, Raffael, Bramante und viele andere arbeiteten in der Stadt.

Nachdem sich die Päpste von ihrem Exil in Avignon erholt hatten, erkannten auch sie – lange nach Kaiser Augustus – die ›Macht der Bilder‹. Die von Florenz ausgehende Erneuerung von Kunst und Wissenschaft im Zeichen der Antike griff über auf Rom. Zum Ruhm der Kirche und ihrer Würdenträger wurde die Ewige Stadt nach dem politischen Niedergang der norditalienischen Zentren Mailand und Florenz in der Hochrenaissance zu einem ›Spiegel

Fresken von Filippino Lippi zieren die Carafa-Kapelle in Santa Maria sopra Minerva

überirdischer Herrlichkeit auf Erden‹ ausgestaltet.

Herrschaftliche Palazzi und Kirchen

Päpste und ehrgeizige Kardinäle gaben herrschaftliche Palazzi in Auftrag, bei denen die Säulenordnungen, Giebel- und Ornamentformen antiker Bauten Pate standen. Während sich am Palazzo Venezia des späteren Papstes Paul II. noch der Übergang von der mittelalterlichen Wehrarchitektur zur repräsentativen Palastarchitektur nachvollziehen lässt, zeigt der Palazzo della Cancelleria von Kardinal Raffaele Riario bereits die für die Renaissance typische klare Gliederung und die ausgewogenen Maßverhältnisse. Der imposante und dennoch schlichte Palazzo Farnese des späteren Papstes Paul III. wurde zum Inbegriff der Palastarchitektur des 16. Jh.

Zur Idealform der Sakralbaukunst wurde der von einer Kuppel überkrönte Zentralbau wie der von Bramante begonnene Neubau der Peterskirche oder der ebenfalls von Bramante entworfene Tempietto bei der Kirche San Pietro in Montorio. Vorbild hierfür war ein antiker Rundtempel.

Die Entdeckung des Menschen

In der Malerei ermöglichte die Entdeckung der Perspektive und der Gebrauch von Öl- statt Temperafarben ein größeres Maß an Plastizität und Körperlichkeit. Im Zentrum steht der Mensch und der ihn umgebende Raum. Beispiele dieses neuen Kunstverständnisses sind die Fresken des Florentiners Masolino in der Katharinenkapelle von San Clemente, die lyrisch-eleganten Wandbilder des frommen Dominikanermönches Fra Angelico in der Kapelle von Nikolaus V. im Vatikan, die detailfreudigen Fresken von Pinturicchio in Santa Maria in Aracoeli und der Zyklus von Filippino Lippi in der Carafa-Kapelle von Santa Maria sopra Minerva, vor allem aber die Wände der Sixtinischen Kapelle, die von den berühmtesten Künstlern der damaligen Zeit Perugino, Botticelli oder Pinturicchio bemalt wurden. Die herausragendsten Künstlergestalten dieser Zeit waren Raffael und Michelangelo, die unter Julius II. und dem Medici-Papst Leo X. tätig waren.

Das Ende der Papstfürsten

Während ihrer Pontifikate machten sich diese Päpste als Förderer von Humanisten, Literaten, Malern und Bildhauern einen Namen. Aber all dies kostete viel Geld. Als Leo X. mit dem Ablasshandel und immer neuen Steuern die katholische Kirche sanieren wollten, rief er damit Luther mit seinen 95 Thesen auf den Plan. Seine Nachfolger mussten mit leeren Kassen und einer immer stärker werdenden Reformation kämpfen. Nach dem Intermezzo unter Hadrian VI., der kein Verständnis für die Prachtentfaltung des Renaissancepapsttums hatte, kam mit Clemens VII. wieder ein Medici auf den Papstthron. Doch sein undiplomatisches Verhalten im Konflikt zwischen Spanien und Frankreich führte 1527 zum ›Sacco di Roma‹ (Plünderung Roms), bei dem Landsknechte von Kaiser Karl V. Rom in einer seit der Antike nie dagewesenen Weise verwüsteten und damit der Zeit der Renaissancepäpste ein Ende setzten.

Barocke Inszenierungen

Während die Renaissance von Florenz ausging, wurde das päpstliche Rom im 17. Jh. zur Wiege des Barock. Mit Hilfe des überschwänglichen und dekorverliebten Barockstils versuchte die katholische Kirche den Glanz und die Macht zurückzugewinnen, die sie im Kampf gegen die Reformation eingebüßt hatte.

Unter den Päpsten Urban VIII. Barberini, Innozenz X. Pamphilj und Alexander VII. Chigi wurde Rom zum Zentrum eines ›vibrierenden Christentums‹. Die künstlerischen Inszenierungen sollten die Macht der Kirche und die Mystik der Religion zum Ausdruck bringen.

Der Barock liebte Bewegungseffekte, wie das Spiel mit konkaven und konvexen Formen, und die Inszenierung von Gegensätzen wie Licht und Schatten. Typisch war auch der Drang ins Unendliche, der sich z. B. in einer Vorliebe für Spiegelgalerien und illusionistische Malereien ausdrückte. Mit seinem Sinn für Bühneneffekte sprengte der Barock die Grenzen zwischen Malerei, Skulptur und Architektur und verband diese zu einem Gesamtkunstwerk.

Der Barock entstand zu Beginn des 17. Jh. im päpstlichen Rom als eine Stiltendenz, die bald alle Künste ergriff. Während die Kunst der Renaissance an die Vernunft appellierte, wandte sich die Kunst des Barock an das Gefühl. Unangefochtene ›Stars‹ des Barock waren die Bildhauer und Architekten Gianlorenzo Bernini (1598–1680) und Francesco Borromini (1599–1667), die das römische Stadtbild stark prägten.

Bernini – der Liebling der Päpste

Bernini wurde in Neapel geboren, seine Familie aber stammte aus Florenz, worauf er immer wieder hinwies. Im Alter von acht Jahren zog er mit seiner Familie nach Rom. Schon in jungen Jahren griff Bernini in der Bildhauerwerkstatt seines Vaters Piero zu Hammer und Meißel. Legendär war sein Ehrgeiz. So ging er von seiner Wohnung bei Santa Maria Maggiore quer durch die Stadt in die Museen des Vatikans, um dort die antiken Statuen zu studieren. Will man den späteren Quellen glauben, so zeigte sich Bernini schon bei seiner ersten Begegnung mit dem Papst sehr selbstbewusst. Als Paul V. ihn aufforderte, ein Gesicht zu zeichnen, fragte Bernini den Papst zunächst, was für ein Gesicht er sich denn wünsche, und zeichnete dann in schnellen Strichen den hl. Paulus. Der Papst war begeistert.

Mit seinen ausdrucksstarken, dem Stil der Antike nachempfundenen Skulpturen machte er sich schnell einen Namen. Bewunderung erregten die

Die hl. Theresa von Avila in der Kirche Santa Maria della Vittoria – Bernini selbst hielt sie für eines seiner Meisterwerke

vier lebensgroßen Figurengruppen, die er für den Kardinal Scipione schuf und die heute in der Villa Borghese stehen. Sie zeichnen sich durch großartige Komposition, detailgenaue Bearbeitung und dramatische Hell-Dunkel-Effekte aus. Zu seinen vollkommensten bildhauerischen Arbeiten zählte Bernini selbst die zwischen 1645 und 1652 entstandene Marmorgruppe »Die Verzückung der hl. Theresa« in Santa Maria della Vittoria, die jedoch wegen ihres erotischen Charakters in der damaligen Zeit sehr umstritten war.

Doch Bernini überzeugte nicht nur durch sein Können, er hatte auch ein einnehmendes Wesen – zumindest seinen Auftraggebern gegenüber. Mit seiner Eloquenz und Weltgewandtheit verstand er es, Kardinäle und Päpste von seinen künstlerischen Plänen zu überzeugen. Sein Mäzen und Gönner Papst Urban VIII., der in ihm den ›neuen Michelangelo‹ ausgemacht hatte, betraute ihn mit der Gestaltung des Innenraums von St. Peter. Mit seinem Baldachin, der auf vier gedrehten Bronzesäulen ruht und von vier Voluten und Skulpturen bekrönt wird, verband Bernini Architektur und Skulptur auf neuartige Weise. Wenige Jahrzehnte später schuf er den Kolonnadenplatz vor der Peterskirche. Wie Arme sollten die Säulenreihen Pilger aus aller Welt umfassen. Daneben arbeitete Bernini am Palazzo Barberini, entwarf den Pa-

Borrominis perspektivische Kolonnade im Palazzo Spada täuscht Tiefe vor

lazzo Montecitorio (heute Sitz des italienischen Parlaments) und schuf den Triton-Brunnen sowie den spektakulären Vier-Ströme-Brunnen, dessen Entstehung sich nur einer List Berninis verdankt, denn der Papst hatte den Künstler eigentlich vom Brunnen-Wettbewerb ausgeschlossen.

Borromini – der ewige Zweite

Auch Borromini war kein Römer. Der Sohn eines Steinmetzes aus der Nähe von Lugano kam erst mit knapp 15 Jahren nach Rom, wo er sich seinem Onkel Carlo Maderno anschloss, leitender Architekt der seit 1506 im Bau befindlichen Peterskirche. Wenig später wurde Borromini dessen Assistent. Doch als Maderno starb, wurde nicht Borromini, sondern Bernini sein Nachfolger. Borromini, der als verschlossen und eigenbrötlerisch galt, soll dies nie verwunden haben. Zunächst arbeiteten beide Künstler noch eine Weile gemeinsam in der Dombauhütte der Peterskirche. Doch schon bald wurden sie zu erbitterten Rivalen.

Anders als dem machtbewussten und vielseitigen Bernini gelang es Borromini nicht, die Päpste auf Dauer von seiner einfallsreichen und unkonventionellen Architektur zu überzeugen. Bei seinem wichtigsten Auftrag, dem Umbau von San Giovanni in Laterano, erhielt er die Auflage, die alte Basilika so weit wie möglich zu erhalten.

Zu Borrominis Meisterwerken zählen neben San Carlo alle Quattro Fontane die Universitätskirche Sant'Ivo alla Sapienza mit ihrer eigenwilligen spiralförmigen Kuppel, Sant'Agnese in Agone auf der Piazza Navona und die eindrucksvolle perspektivische Kolonnade im Palazzo Spada.

Ein schönes Beispiel für das Können und die Verschiedenartigkeit der beiden Rivalen sind die Kirchen in der Via XX. Settembre: Berninis Sant'Andrea al Quirinale, ein kleiner, aber mächtiger Kirchenbau auf querovalem Grundriss mit ausschwingenden Mauern, dessen Innenraum sich im Geist des barocken *theatrum sacrum* zu einem bühnenartigen Raum verwandelt und das Martyrium des Heiligen sinnlich erfahrbar macht; nur wenige Schritte weiter steht Borrominis Werk San Carlo alle Quattro Fontane mit seinem fantasievollen Formenspiel von konkaven und konvexen Wänden, sich überschneidenden geometrischen Grundformen und schönen Hell-Dunkel-Effekten.

Unterwegs in Rom

Spektakulärer Auftakt: das doppelt gewundene Treppenhaus der Vatikanischen Museen

Das Beste auf einen Blick

Das antike Zentrum

Highlights!

Forum Romanum: Wo pochte das Herz des antiken Rom? Wo zog Cicero seine Hörer in den Bann? Wo marschierten die Triumphzüge der siegreichen Legionen entlang? Ein Spaziergang über das Forum vermittelt noch heute eine Ahnung vom Leben und Prunk am einstigen ›Nabel der Welt‹. 1 S. 116

Palatin: Der Palatin gilt als die Keimzelle Roms. Zu Füßen des Hügels glaubte man erst kürzlich die legendäre Höhle von Romulus und Remus entdeckt zu haben. Mit den wieder eröffneten Häusern des Augustus und der Livia ist der Besuch ein Muss für jeden Antikenliebhaber. S. 123

Auf Entdeckungstour

Spektakel für das Volk – im Kolosseum: Wo einst die Flamingos von Kaiser Nero herumstolzierten, ließen seine Nachfolger ein riesiges Amphitheater errichten, in dem das Volk mit Gladiatorenspielen und Tierhatzen bei Laune gehalten wurde. Dank seines guten Erhaltungszustandes wurde es zum Wahrzeichen Roms. Bereits in einer Weissagung aus dem 9. Jh. heißt es: »So lange das Kolosseum steht, so lange steht Rom. Wenn das Kolosseum fällt, dann fällt auch Rom.« 13 S. 130

Kultur & Sehenswertes

Casa di Augusto: Ein Fest der Farben empfängt den Besucher in den Wohn- und Repräsentationsräumen des ersten römischen Kaisers. 7 S. 126

Trajans-Forum: Das letzte, prächtigste und größte aller Kaiserforen beeindruckt durch seine mehrgeschossigen Märkte, Vorläufer unserer heutigen Einkaufspassagen 16 S. 129

Kapitolinische Museen: Das Museum zeigt eine der bedeutendsten Kunstsammlungen der Stadt. Blickfang sind u. a.: die »Kapitolinische Wölfin«, der »Sterbende Gallier« und die Reiterstatue des Marc Aurel. 20 21 S. 136

Aktiv & Kreativ

Circus Maximus: Tun Sie es den Römern gleich und drehen Sie eine Joggingrunde um den Circus Maximus. Oder machen Sie es wie die antiken Wagenlenker: Drehen Sie sieben Runden (= ca. 8400 m). 27 S. 140

Genießen & Atmosphäre

Nachtspaziergang: Ein besonderes Erlebnis ist ein Spaziergang bei Dunkelheit, wenn die antiken Stätten angeleuchtet werden. Besonders schöne Ausblicke hat man vom Kapitol auf das Forum. 18 S. 134

Caffè Capitolino: Grandios ist der Ausblick von der Dachterrasse des Cafés der Kapitolinischen Museen. 3 S. 137

Abends & Nachts

Casa del Jazz: Aus der beschlagnahmten Villa eines Mafiaclans samt 2,5 ha Land wurde eine Top-Adresse für Jazzfans. 2 S. 141

Konzerte: Ganzjährig organisiert der Kulturverein Il Tempietto Konzerte in der Sala Baldini und von Juni bis September auch unter freiem Himmel im antiken Marcellus-Theater. 3 24 S. 139, 141

Am Nabel der Welt

Als erste Bewohner Roms siedelten um das 9. Jh. v. Chr. latinische Bauern und Hirtenstämme am linken Tiberufer und auf dem Palatinhügel. Innerhalb weniger Jahrhunderte avancierte dieses Gebiet zum Zentrum römischen Lebens und römischer Weltpolitik. Während die Senatoren in der Kurie Fragen der Politik erörterten, wurde in den Basiliken Gericht gehalten oder Handel getrieben. Vor den Tempeln opferte man den unterschiedlichsten Gottheiten; Kaiser und Feldherren ehrte man mit pompösen Triumphzügen. Als das Forum Romanum zu klein wurde, stifteten die Kaiser neue, prächtige Foren mit Marktplätzen, Tempeln und Verwaltungsgebäuden. Im Kolosseum fieberte das Volk bei Gladiatorenspielen und Tierhatzen mit, während die waghalsigen Wagenrennen im Circus Maximus stattfanden. Ihrem täglichen Bad gingen die Römer in den Thermen nach, zu den größten gehören die Caracalla-Thermen. Das Kapitol war in der Antike politisch-religiöser Mittelpunkt der Stadt. Während der Renaissance ließen die Päpste es nach Maßgaben von Michelangelo völlig umgestalten.

Infobox

Reisekarte: ► Karte 1, J–L 9–11

Dauer/Ausgangspunkt
Die Tour ist auf zwei Tage angelegt. Ausgangspunkt ist der Largo Romolo e Remo am Ende der Via Cavour.

Verkehrsmittel
Metro: Colosseo (B) oder Bus: 60, 75, 84, 85, 87, 117, 175.

Eintrittskarten
Für den Besuch der Ausgrabungsstätten lohnt sich der Kauf eines Kombitickets oder des Roma Passes (s. S. 60).

Forum Romanum ! 1

Den Rundgang beginnt man am besten am Largo della Salara Vecchia 5–6, am Ende der Via Cavour; tgl. 8.30 Uhr bis 1 Std. vor Sonnenuntergang. Es gibt keine Einzelkarten, nur Sammeltickets, z. B. mit Palatin und Kolosseum, 12 €/7,50 € (2 Tage gültig), oder die Archaeologia-Card bzw. den Roma Pass (s. S. 60); Ein- und Ausgang/Ticketschalter an der Via S. Gregorio (Palatin) und am Largo della Salara Vecchia (Forum) mit Museumsshop; Ausgänge auch am Titus- und am Septimius-Severus-Bogen

Ein Besuch des Foro Romano gehört zu den Höhepunkten einer Romreise. Das in einer Senke zwischen den Hügeln Palatin, Kapitol, Quirinal und Esquilin liegende Gebiet diente zunächst als Totenacker. Die Etrusker entwässerten das feuchte, sumpfige Tal durch einen unterirdischen Abwasserkanal, die Cloaca Maxima, der beim Ponte Rotto nahe der Tiberinsel in den Fluss mündet. Zwischen den Hügeln entstand auf diese Weise ein idealer Markt- und Versammlungsplatz. Nach der Vertreibung der etruskischen Könige und der Ausrufung der Römischen Republik entwickelte sich das Forum vom geschäftigen Marktplatz zum öffentlichen Zentrum einer Stadt, die schon bald zur Hauptstadt eines riesigen Reiches avancierte. Unter den Kaisern füllte sich der Platz immer mehr mit verherrlichenden Gedenkmonumenten, Triumphbögen, Standbildern, Ehrensäulen und -tempeln.

Mit dem Niedergang des Römischen Reiches ging auch der Verfall des Forums einher. Man schloss die heidnischen Tempel oder wandelte sie in christliche Kirchen um. Bis weit in die Renaissance diente das Forum als Steinbruch für den Bau neuer Paläste und Kirchen. Über die eingestürzten Bauten legte sich Vegetation und das einstige Zentrum des Weltreichs verkam zur Rinderweide, zum *campo vaccino*, wie es noch zur Zeit von Goethes Italienreisen hieß. Systematische Ausgrabungen begannen erst gegen Ende des 18. Jh. und dauern noch an. Die heute sichtbaren Ruinen stammen zum großen Teil aus dem 2. und 3. Jh. n. Chr.

Basilica Aemilia

Gleich rechts von der abfallenden Rampe liegen die Überreste der Basilica Aemilia. Sie wurde 179 v. Chr. vom Zensor Marcus Aemilius Lepidus erbaut, dem obersten Steuerbeamten. Den republikanischen Römern galt es als Ehre, dem Staat zu dienen, daher nannten sie die Ämterlaufbahn *cursus honorum* (›Ehrenlauf‹). Sie ließen sich ihre Arbeit nicht mit schnödem Mammon entgelten, vielmehr investierten sie selbst in Projekte, die der Allgemeinheit und ihrem Prestige zugute kamen. So diente die von Lepidus finanzierte Basilica Aemilia als Markthalle. Die Basilika der römischen Antike war ein lang gestreckter Zweckbau mit hölzernem Satteldach, einem erhöhten Mittelschiff und in der Regel zwei niedrigeren Seitenschiffen. Durch die Fensterzone im Mittelteil wurde das Innere erhellt. In der halbrunden Apsis, die meist das Langhaus abschloss, befand sich der Sitz des Marktaufsehers bzw. des Richters. Die **Reliefs** an der Basilica Aemilia illustrieren übrigens den Raub der Sabinerinnen.

Curia und Lapis Niger

In der benachbarten Curia, einem schlichten Backsteingebäude, tagte der Römische Senat. Bis zum Ende der Republik war der Senat die wichtigste Institution des römischen Staates. Er entschied in Fragen der Kriegsführung, nominierte Statthalter und bestätigte Wahlen und Gesetze im »Namen des Senates und des römischen Volkes« (Senatus Populusque Romanus, kurz SPQR). Die Bronzetüren sind Kopien der Originale, die seit 1660 das Mittelportal der Kirche San Giovanni in Laterano bilden. Der heutige Bau wurde 283 n. Chr. von Kaiser Diokletian errichtet und verdankt seinen guten Zustand der Umwandlung in eine Kirche im 7. Jh. Besondere Verehrung genoss das Quadrat aus schwarzen Marmorplatten vor der Kurie. Der **Lapis Niger** (schwarzer Stein) bezeichnet den Ort, an dem Romulus, der mythische Gründer Roms, begraben sein soll.

Cäsar wurde übrigens nicht in dieser Curia erstochen. Da sie abgebrannt war, fand die berühmte Senatssitzung an den Iden des März 44 v. Chr. in der Kurie des Pompejus nahe dem Largo Argentina statt.

Septimius-Severus-Bogen

Hinter der Curia erhebt sich der überaus harmonische und größte aller römischen Triumphbögen, der Septimius-Severus-Bogen. Der Ehrenbogen für den einzigen römischen Kaiser afrikanischer Abstammung wurde 203 n. Chr. anlässlich seines zehnten Amtsjubiläums errichtet. Die **Reliefs** feiern die Siege, die Septimius gemeinsam mit seinen Söhnen und späteren Mitregenten Caracalla und Gaeta über die Parther, Assyrer und Araber errang. Nach dem Tod des Vaters ließ Caracalla sei-

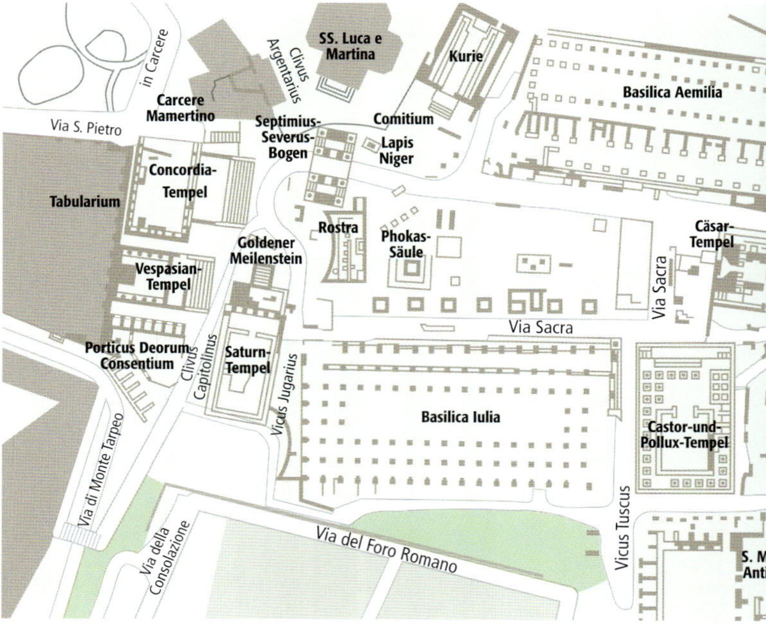

nen Bruder umbringen, um sich die Alleinherrschaft zu sichern. Um auch die Erinnerung an Gaeta auszulöschen, ließ er dessen Namen aus der Inschrift entfernen, was man noch deutlich an der vierten Zeile erkennen kann, obwohl eine neue Inschrift darüber angebracht wurde. Die *damnatio memoriae,* die Auslöschung der Erinnerung, war in der römischen Kaiserzeit eine häufig geübte Praxis.

Rostra

Der öffentlichen Meinungsbildung diente die Rostra, die Rednerbühne neben dem Triumphbogen. Ihren Namen verdankte sie den Rammschnäbeln von erbeuteten Kriegsschiffen (lat. *rostra),* die hier als Trophäen angebracht waren. Von der Tribüne, die bis zur Zeit Cäsars zwischen Lapis Niger und Kurie lag, sprachen die Politiker zum Volk. Cicero hielt auf der Rostra seine berühmten Reden, darunter jene, in der er die Verschwörung des Catilina aufdeckte. Wenige Jahre später ließ Marcus Antonius den großen Redner ermorden und seinen Kopf und seine Hände an der Rostra zur Schau stellen.

Phokas-Säule

Ganz in der Nähe fällt die mächtige Phokas-Säule ins Auge. Sie wurde erst 608 n. Chr. aufgestellt, als das Römische Reich längst untergegangen war. Papst Bonifaz IV. ehrte damit den byzantinischen Kaiser Phokas, der ihm das Pantheon zur Umwandlung in eine Kirche überlassen hatte.

Tempel des Vespasian

Durch den Septimius-Severus-Bogen führt die Via Sacra auf das Kapitol. ›Heilige Straße‹ wurde sie genannt, weil ne-

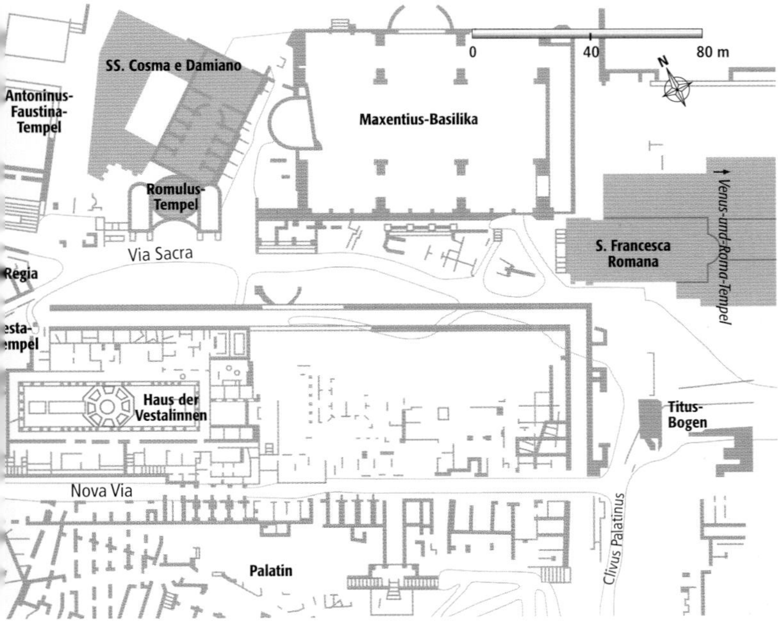

ben öffentlichen auch viele wichtige religiöse Gebäude an ihr lagen. Die drei korinthischen Säulen sind Reste des Vespasian-Tempels, der 81 n. Chr. von Domitian zu Ehren seines Vaters Vespasian, dem Erbauer des Kolosseums, und seines Bruders Titus errichtet wurde.

Halle der Olympischen Gottheiten

Gleich einer ganzen Götterversammlung ist der Porticus Deorum Consentium (Portikus der einigen Götter) geweiht. Seit republikanischer Zeit huldigte man hier den zwölf olympischen Göttinnen und Göttern, die paarweise als harmonischer Rat zwischen den Säulen standen.

Tabularium

Den Übergang zum Kapitol bildet das 78 v. Chr. erbaute Tabularium, das römische Staatsarchiv, in dem auch die Bronzetafeln mit den altrömischen Gesetzen aufbewahrt wurden. Seit dem Mittelalter bildet es den Unterbau des Senatorenpalastes.

Tempel des Saturn

Eines der ältesten Heiligtümer des Forums ist der Tempel des Saturn, der gleich nach der Vertreibung der etruskischen Könige 498 v. Chr. eingeweiht wurde. Der jetzige Bau, von dem noch die Reste des imposanten Podiums und acht Granitsäulen der Vorhalle erhalten sind, stammt aus dem 4. Jh. n. Chr. Hier wurden die heiligen Waffen Roms und der größte Teil des Staatsschatzes aufbewahrt, dessen sich Cäsar während der Bürgerkriege bemächtigte.

In der Cella, dem Kultraum, stand das Kultbild des Saturn, des Gottes der Bauern. Die Saturnalien, ein mehrtägi-

Acht Säulen mit ionischen Kapitellen erinnern an den Tempel des Saturn

ges Fest zu Ehren des Gottes, gehörten zu den beliebtesten religiösen Feiern der Stadt. Sie fanden Mitte Dezember statt und begannen mit einem Opfer und großem Gelage am Tempel. In den folgenden Tagen feierte man ausgelassen. Soziale Unterschiede und moralische Normen waren dabei außer Kraft gesetzt. Der Haussklave durfte dem Herrn einmal unverblümt die Meinung sagen und beide speisten gemeinsam. Ähnlich wie heute an Karneval durfte man über die Stränge schlagen.

Der ›Nabel Roms‹ und der ›Goldene Meilenstein‹

Zwei für das Selbstverständnis der Römer wichtige, heute jedoch ganz unscheinbare Monumente liegen zwischen dem Saturn-Tempel und dem Septimius-Severus-Bogen. Ein kleiner runder Ziegelbau bezeichnet den **Umbilicus Urbis,** den ›Nabel Roms‹, symbolischer Mittelpunkt der Stadt. Vom **Miliarium aureum,** dem ›Goldenen Meilenstein‹, sind nur Teile der Rundbasis und einige wenige Marmorfrag-

mente mit Palmetten erhalten geblieben. Die einst mit vergoldeter Bronze verkleidete Marmorsäule markierte als ›Meilenstein 0‹ den symbolischen Anfangs- und Endpunkt aller römischen Konsularstraßen. In goldenen Ziffern waren darauf einst die Entfernungen nach Alexandria, Londinium (London) und Lutetia (Paris) angegeben. Augustus wollte Römern wie Nichtrömern auf diese Weise die Größe des Römischen Reiches vor Augen führen.

Basilica Iulia

Gegenüber der Basilica Aemilia erbaute Julius Cäsar 54 v. Chr. die nach ihm benannte fünfschiffige Basilica Iulia, die als Gerichtsgebäude diente. Ob es gelangweilte Prozessteilnehmer oder Müßiggänger waren, die in die Stufen vor der Basilika Spielbretter ritzten, ist nicht bekannt.

Castor-und-Pollux-Tempel

Der benachbarte Castor-und-Pollux-Tempel, von dem der Unterbau und drei Säulen aus parischem Marmor erhalten sind, war den Stadtpatronen geweiht. Der Legende nach waren sie 496 v. Chr. am Regillus-See den Römern gegen die aufständischen Latiner zu Hilfe gekommen und hatten persönlich die Siegesmeldung in die Stadt gebracht.

Santa Maria Antiqua

Seit Langem angekündigt ist die Öffnung der Kirche Santa Maria Antiqua im seitlichen Vicus Tuscus. Das Gebäude, das wohl einst Teil des Palastes des Tiberius war, wurde im 5. Jh. in eine Kirche umgewandelt. Von großer kunstgeschichtlicher Bedeutung sind die **Fresken** aus dem 8. Jh.

Kaiserliche Ehrentempel

Kaum etwas ist vom **Tempel des vergöttlichten Cäsar** erhalten geblieben. Nach seinem Tod wurde Cäsars Leichnam auf dem Forum vor der Regia (s. S. 122) verbrannt. Mit einem Tempel zu Ehren Cäsars führte sein Adoptivsohn Augustus den zuvor privaten Brauch der Vergöttlichung von Verstorbenen und den damit verbundenen Kult auch für Herrscher ein. In der Folge entstanden zahlreiche Ehrentempel für verstorbene Kaiser – und vereinzelt für deren Ehefrauen, wie im Fall des **Antoninus-Pius-und-Faustina-Tempels** aus der Mitte des 2. Jh. n. Chr., der zu den besterhaltenen Tempeln auf dem Forum gehört und im 11. Jh. in eine Kirche umgewandelt wurde. Die Kerben an den Marmorsäulen zeugen vom Materialhunger des Mittelalters, als man – zum Glück vergeblich – versuchte, die Säulen mit Seilen aus dem Boden herauszureißen.

Orte des Vestakultes

Hinter dem Tempel zu Ehren Caesars lag die **Regia,** von der heute nur noch die Fundamente aus Tuffsteinblöcken zu sehen sind. Der Bau war Sitz des einflussreichen obersten römischen Priesters, des Pontifex Maximus, ein Titel übrigens, den die katholische Kirche später für den Papst übernahm. Direkt daneben befand sich der **Tempel der Vesta,** einer der wichtigsten Kulte im römischen Reich, der eng mit dem Gründungsmythos verbunden war. In dem mehrmals erneuerten Rundtempel der Vesta, der Göttin des Staatsherdes, hüteten die Vestalinnen das ›heilige Feuer‹, das nie erlöschen durfte, da es den Fortbestand des Staates symbolisierte. Der Pontifex Maximus suchte die sechs Dienerinnen der Vesta, die der Göttin dann 30 Jahre dienten, bereits als Mädchen aus. Danach konnten sie in die römische Gesellschaft zurückkehren und auch heiraten. Als Priesterinnen unterstanden sie nicht der väterlichen Gewalt und genossen zahlreiche Privilegien. So durften sie z. B. ohne Vormund Geschäfte tätigen, und wenn sie einem zum Tode Verurteilten begegneten, konnten sie ihn begnadigen. Sie waren jedoch gezwungen, ein Keuschheitsgelübde abzulegen. Wurde es gebrochen, begrub man sie bei lebendigem Leib.

Das prunkvolle **Haus der Vestalinnen** grenzte direkt an den Tempel. Um ein Atrium mit Ehrenstatuen tugendhafter Vestalinnen lagen die komfortablen Wohn- und Wirtschaftsräume der Priesterinnen, die hier in strenger Klausur lebten. Der Kult endete, als das Christentum Staatsreligion wurde.

Tempel des Romulus

Dieser jenseits der Via Sacra gelegene sog. Tempel des Romulus, eines der am besten erhaltenen Bauwerke auf dem Forum, war neueren Forschungen zufolge dem Iuppiter Stator geweiht. An dieser Stelle soll Romulus im Kampf gegen die Sabiner Jupiter angerufen haben, um die fliehenden Römer zum Stehen zu bringen. Im Mittelalter wurde der Ziegelrundbau mit einer Kuppel und zwei Seitenräumen in die Kirche **Santi Cosma e Damiano** integriert. Neben den schönen byzantinischen Apsismosaiken aus dem 6. Jh. beeindruckt die aus dem 3. Jh. n. Chr. stammende Bronzetür am Hauptportal.

Maxentius-Basilika

Vorbei an den Überresten einer mittelalterlichen Loggia stößt man auf die imposanten Ruinen der Maxentius-Basilika, die von Kaiser Maxentius 306 begonnen und nach seinem Tod in der Schlacht an der Milvischen Brücke (312) von Kaiser Konstantin vollendet wurde. Die Basilika diente als Gerichtssaal und Versammlungshalle. An der Stirnseite befand sich eine Kolossalstatue von Kaiser Konstantin, deren steinerne Überreste im Hof des Palazzo dei Conservatori auf dem Kapitol zu sehen sind. Die Grundfläche der Basilika betrug 6000 m^2. Allein das erhaltene Seitenschiff mit seinen achteckigen Kassetten hat eine Höhe von 24,50 m. Mächtige Pfeiler stützten das Gebäude. Von den antiken Basiliken ist sie die einzige, die von einer Betondecke überwölbt war. Als in der Renaissance wieder großräumige, überwölbte Bauten in Angriff genommen wurden, diente die Basilika Baumeistern wie Bramante, Raffael und Michelangelo als Vorbild. Bramante soll beim Bau der Peterskirche gesagt haben: »Ich will das Pantheon auf die Maxentius-Basilika setzen.«

Titus-Bogen

An der höchsten Stelle der Via Sacra steht der Titus-Bogen, den Kaiser Domitian 81 n. Chr. zu Ehren seines Bruders Titus errichten ließ. Der Triumphbogen glorifiziert den Sieg über das jüdische Volk und die Zerstörung Jerusalems im Jahr 70 n. Chr. Interessant ist der eigentlich schlichte, eintorige Bogen vor allem wegen seiner **Reliefdarstellungen** im Bogeninnern, die zwei Momentaufnahmen eines Triumphzuges zeigen. Auf der Südseite präsentieren Lastenträger unterschiedliche Beutestücke wie den goldenen Schaubrottisch, die silbernen Trompeten, mit denen die Gemeinde Jerusalems zum Gottesdienst gerufen wurde, und die Menorah, den siebenarmigen Leuchter. Das Relief auf der Nordseite zeigt den Triumphator Titus, der auf einem Vierergespann einfährt, während eine Siegesgöttin die Siegeskrone über seinen Kopf hält.

Tempel der Venus und Roma

Neben dem Titus-Bogen liegen die wenigen Überreste des mit 110 x 53 m größten Tempels von Rom: Der Tempel der Venus und Roma, ein spiegelbildlich angelegter Doppeltempel zu Ehren der Schutzgöttin der Kaiser und der Stadtgöttin, wurde nach Plänen von Kaiser Hadrian ab 121 n. Chr. errichtet. Der Hofbaumeister Apollodorus von Damaskus, der auch das Trajans-Forum entwarf, äußerte sich sehr skeptisch zu den Plänen, insbesondere zu den beiden Sitzfiguren der Göttinnen, die in viel zu kleinen Nischen Platz finden sollten. »Wenn die Göttinnen sich aufrichten wollten, würden ihre Häupter die Decke durchstoßen«, bemerkte er spitz. Seine kühne Kritik soll ihn das Leben gekostet haben. Auf den Ruinen des Tempels wurde später die Kirche Santa Francesca Romana mit ihrem schönen romanischen Glockenturm errichtet.

Palatin !

Tgl. 8.30 Uhr bis 1 Std. vor Sonnenuntergang, Kombiticket mit Forum Romanum und Kolosseum
12 €/7,50 € plus evtl. Ausstellungszuschlag, s. a. S. 116, Forum Romanum

Der Palatino war die Keimzelle Roms. Bereits im 9. Jh. v. Chr. standen auf dem Hügel Hütten, die von Hirten und Bauern bewohnt waren. Die legendäre Hütte des Romulus war schon in der Antike Pilgerziel der vielen Fremden, die in die Stadt kamen. In republikanischer Zeit avancierte der Hügel zum begehrten Wohnviertel von wohlhabenden Römern und einflussreichen Politikern wie Cicero, Crassus und Augustus, der sogar hier geboren wurde. Seit Tiberius war der Palatin Residenz der Kaiser, wovon heute noch die imposanten Bauten des Domitian zeugen. Der Hügel entwickelte sich zum Synonym für ›Kaiserresidenz‹. Aus dem lateinischen *palatium* entwickelten sich später die Begriffe Palast, *palace, palazzo, palais,* aber auch das Wort Pfalz. Dass sich der Hügel als grüne Oase präsentiert, ist Kardinal Alessandro Farnese zu verdanken, der im 16. Jh. einen großen Teil der Fläche in einen Botanischen Garten umwandeln ließ.

Die alten Tempel

Südlich der Gärten liegen die Überreste der ältesten Bauten auf dem Palatin wie das Podium des **Tempels der Magna Mater** (Kybele) 2, einer orientalischen Mutter- und Fruchtbarkeits-

Via d. Plebiscito
Palazzo Venezia
Piazza San Marco
Via Torre Argentina
Area Sacra
V. S. Marco
Via d'Aracoeli
Monumento Nazionale a Vittorio Emanuele II
Basilica Ulpia
Via dei Fori Imperiali
Via Florida
V. d. Botteghe Oscure
Largo Arenula
Palazzo Caetani
Crypta Balbi
Museo Centrale del Risogimento
Altare d. Patria
Palazzo Mattei
Via Caetani
Santa Caterina dei Funari
Piazza Margana
Piazza d' Aracoeli
Arenula
Piazza Mattei
Via dei Funari
Palazzo Costaguti
Fontana d. Tartarughe
Piazza Capizzucchi
Santa Maria d. Pianto
Santa Maria in Campitelli
Piazza del Campidoglio
Via d. Tre Pile
Palazzo dei Senatori
Santi Luca e Martina
Piazza di Campitelli
S. Angelo in Pescheria
Via del Teatro di Marcello
Via d. Progresso
Via Catalana
Via d. Tempio
Via di Foro Piscario
Piazza d. Cinque Scuole
Basilica Aemilia
Septimius-Severus-Bogen
Basilica Iulia
Campidoglio
Lungotevere dei Cenci
Via d'Ottavia
Palazzo Orsini
Ex Ospedale Teutonico
Via d. Consolazione
Santa Maria della Consolazione
Haus der Vestalinnen
Isola
Ospedale Fatebenefratelli
Ponte Fabricio
S. Nicola in Carcere
Piazza d. Consolazione
Piazza Monte Savello
Vico Jugario
Via di Foro Olitorio
Sant' Omobono
Via d. Foraggi
Via San Teodoro
San Teodoro
Sant'Eligio dei Ferrari
Via d. Fienili
Tiberina
Anagrafe
Via Petroselli
Orti Farnesiani
Ponte Cestio
San Bartolomeo all'Isola
Lungotevere dei Pierleoni
Via d. Misericordia
San Giorgio in Velabro
Lungotevere d. Anguillara
Via Gensola
Ponte Rotto
Casa dei Crescenzi
San Giovanni Decollato
Arco degli Argentari
Via d. Velabro
Monte
Via Lungarina
Tempio di Portunus
Arco di Giano
Ponte Palatino
Piazza in Piscinula
Via di
Via dei
Tempio di Ercole Vincitore
Piazza Bocca della Verità
San Benedetto in Piscinula
Salumi
Piazza di Sant'Anastasia
Piazza dei Ponziani
Uffici Comunali
Via dei Cerchi
Via d. Vascellari
Via Pietro Peretti
Ripa
Via della Greca
Sant'Anastasia
Via dei Genovesi
Santa Maria in Cappella
Santa Cecilia
Via Santa Cecilia
Via S. M. in Cappella
San Vincenzo de Paoli
Piazza Mercanti
Lungotevere
Clivo di Rocca Savella
Clivo dei Publicii
Via del Porto
Via del Circo Massimo
Parco S. Alessio
Aventino
Ministero dei Beni Culturali
Monumento a Giuseppe Mazzini
Piazza Ugo La Malfa
Porto di Ripa Grande
Santa Sabina
Parco Savello
Via Terme Deciane
Fiume Tevere
Santa Sabina
Piazza Pietro d'Illiria
Via S. Alberto Magno
Accademia Nazionale d. Danza
Lungotevere
Via San Domenico
Via di
Largo Arrigo VII
Santa Prisca
Sant'Alessio
P.za dell' Emporio
S. Maria d. Priorato di Malta
P.za Tempio Diana

Antikes Rom

Sehenswert

1 Forum Romanum, s. Detailkarte S. 118
2 Tempel der Magna Mater (Kybele)
3 Tempel der Victoria
4 Tempel des Apollon
5 Haus des Romulus
6 Casa di Livia
7 Casa di Augusto
8 Domus Flavia
9 Domus Augustana
10 Stadio Palatino
11 Antiquarium
12 Konstantinsbogen
13 Kolosseum
14 Foro di Cesare
15 Foro di Augusto
16 Trajans-Forum
17 Trajans-Märkte und Museo dei Fori Imperiali
18 Kapitol
19 Reiterstatue des Marc Aurel
20 Palazzo Nuovo
21 Palazzo dei Conservatori
22 Santa Maria in Aracoeli
23 Carcere Mamertino
24 Marcellus-Theater
25 Forum Boarium
26 Santa Maria in Cosmedin
27 Circus Maximus
28 Caracalla-Thermen

Essen & Trinken

1 San Teodoro
2 Valentino
3 Caffè Capitolino

Einkaufen

1 ArcheoArt

Abends & Nachts

1 Cavour 313
2 Casa del Jazz
3 Sala Baldini

göttin, die in Gestalt eines schwarzen Steins verehrt und während der Punischen Kriege als Schutzgöttin Roms importiert wurde, sowie die Fundamente eines **Tempels der Victoria** 3, beide aus republikanischer Zeit. Aus der Zeit des Augustus stammt der **Tempel des Apollon** 4, von dem ebenfalls nur das gewaltige Fundament des Podiums erhalten ist. Dahinter liegen die (überdachten) Reste mehrerer eisenzeitlicher Hütten aus dem 9. und 8. Jh. v. Chr., die man bereits im Altertum als **Haus des Romulus** 5 verehrte.

Casa di Livia 6 und Casa di Augusto 7

Casa di Livia: zzt. geschl.; Casa di Augusto: Mo, Mi, Sa, So 11–16.30 Uhr, für max. 5 Besucher auf einmal

Nach dem Sieg in der Schlacht von Actium (31 v. Chr.) und der Festigung seiner Alleinherrschaft ließ Augustus neben diesen Hütten ein großzügiges Wohnhaus errichten. Die inzwischen leider etwas verblassten Fresken in der **Casa di Livia,** dem Haus der Gattin des Augustus, lassen den einstigen Prunk nur noch erahnen. Neben den illusionistischen Wandmalereien beeindrucken vor allem die heiter-beschwingten Szenen aus der griechisch-römischen Mythologie, wie im mittleren Saal die Darstellung des verliebten Polyphem, der Galatea nachstellt.

Die **Casa di Augusto** prunkt hingegen mit (restaurierten) farbintensiven illusionistischen Malereien und Darstellungen von fantastischen Wesen sowie ausdrucksstarken Masken.

Domus Flavia 8 und Domus Augustana 9

Östlich davon erstreckt sich die Residenz von Kaiser Domitian, die den gesamten mittleren Bereich des Palatin einnimmt. Sie gliedert sich in eine repräsentative Empfangszone (Domus Flavia) und die eigentliche Kaiserwohnung (Domus Augustana).

Die **Domus Flavia** war um einen zentralen Säulenhof mit einer labyrinthartigen Brunnenanlage in der Mitte angelegt. Kaiserbiograf Sueton berichtet, Domitian habe alle Säulen mit spiegelnden Steinen versehen lassen, da er ständig ein Attentat befürchtete. In den drei Räumen im Nordosten befanden sich vermutlich ein Lararium, eine Art Palastkapelle, in der die Laren, Schutzgötter des Hauses, verehrt wurden, ein großer öffentlicher Empfangssaal und eine Basilika, in der die Staatsgeschäfte verhandelt wurden. Der große Saal gegenüber war der üppig ausgestattete kaiserliche Speisesaal. Für die kalten Winterabende war vorgesorgt: Unter dem Boden aus buntem Marmor verlief eine Heißluftheizung. Große Fenster an den Seiten erlaubten den Speisenden, sich von ihren Klinen (Ruheliegen) aus am Anblick der Wasserspiele zweier ovaler Brunnen zu ergötzen.

Noch imposantere Ausmaße hat die mehrgeschossige **Domus Augustana** mit ihren hohen Mauern, asymmetrischen Wänden und überkuppelten Sälen. Das Wohngebäude, das sich über eine Höhe von 12 m auf zwei Ebenen erstreckte, diente als Privatresidenz der kaiserlichen Familie.

Stadio Palatino 10 und Antiquarium 11

Im **Stadio Palatino,** einer lang gestreckten Arena, fanden zu Ehren des Kaisers und seines Gefolges Sportwettkämpfe und Aufführungen statt. Den offenen Mittelraum umgab ein Portikus.

Das **Antiquarium** des Palatin beherbergt sehr sehenswerte archäologische Funde wie Modelle der ersten Hüttendörfer auf dem Palatin, Freskenfragmente aus der Domus Augustana, Porträtbüsten römischer Kaiser und auch zahlreiche römische Kopien griechi-

Blick durch den Konstantinsbogen auf das Kolosseum

scher Originalskulpturen wie z. B. der Hera Borghese aus dem 5. Jh. v. Chr.

Werfen Sie einen Blick von der Terrasse der Domus Augustana auf die Senke zwischen Palatin und Aventin, bevor Sie den Palatin über den Ausgang an der Via S. Gregorio verlassen: Wo heute Jogger und Hundehalter ihre Runden drehen und Open-Air-Konzerte stattfinden, erstreckte sich in der Antike der Circus Maximus (s. S. 140). Schöne Ausblicke genießt man auch von der von imposanten Arkaden getragenen Terrasse an der Ostflanke des Palatins (nur Di, Do und Fr zugänglich), einst Teil der Thermen des Septimius Severus.

Konstantinsbogen 12

Als der berühmteste römische Triumphbogen gilt der prächtige Arco di Costantino. Nach dem Sieg Kaiser Konstantins gegen Maxentius 312 n. Chr. beschloss der Senat einen Triumphbogen zu errichten. In einer Art antikem Recycling griff man dabei auf bereits existierende Bauteile aus verschiedenen Jahrhunderten zurück. Dies ermöglicht dem heutigen Betrachter einen Einblick in die Bildhauerkunst des 2.–4. Jh. So stammen die Gefangenenfiguren vor der Attikazone aus trajanischer Zeit und die Rundbilder über den Seitendurchgängen aus der Zeit Hadrians, während die Reliefs neben der Weiheinschrift ursprünglich der Verherrlichung von Marc Aurel gedient hatten.

Widmungsinschrift

Bei der Widmungsinschrift achteten die Senatoren, die anders als Kaiser Konstantin nicht dem Christentum zugetan waren, auf eine unverfängliche Formulierung. In der dritten Zeile heißt es, der Sieg sei errungen worden »quod instinctu divinitatis« (aus göttlicher Eingebung) – welcher Gott gemeint war, blieb somit offen.

Kolosseum 13

Tgl. ab 8.30 Uhr, letzter So im März–Sept. bis 19, sonst bis 18.30, 17.30 oder 16.30 Uhr (s. S. 130), Kombiticket mit Forum Romanum & Palatin 12 €/ 7,50 € plus evtl. Ausstellungszuschlag, Audio- oder Videoguide Dt. 5,50 €

Baugeschichte

Wo unter dem verhassten Kaiser Nero der künstliche See der Domus Aurea gelegen hatte, ließ Vespasian ab 72 n. Chr. einen monumentalen Travertinbau für über 50 000 Zuschauer errichten. Das Colosseo (s. Entdeckungstour S. 130) verdankt seinen heutigen Namen einer 36 m hohen Kolossalstatue von Kaiser Nero, die bis ins Mittelalter in unmittelbarer Nähe stand. 40 000 Sklaven zogen den Bau innerhalb von nur sieben Jahren hoch. Dabei wurden ca. 100 000 m^3 Travertin, poröse Kalksteine, vermauert und allein 300 t Eisen als metallene Klammern für die Steinblöcke verwendet. An die im materialhungrigen Mittelalter heiß begehrten Eisenklammern, die die Steinblöcke verbanden, erinnern heute nur noch die zahlreichen Löcher im Naturstein.

Amphiteatrum Flavium

Vespasians Sohn Titus weihte das Amphitheatrum Flavium – so benannt nach Vespasians Geschlechternamen – mit hunderttägigen Festspielen ein. In nachantiker Zeit wurde das Kolosseum durch Erdbeben und Brände beschädigt; in der Renaissance diente es dann als Steinbruch für Kirchen und Palazzi. Papst Benedikt XIV. erklärte das Kolosseum schließlich zur christlichen Gedenkstätte. Er glaubte den Ort der blutigen Christenverfolgungen vor sich zu haben – noch heute steht ein riesiges Kreuz an der Nordseite der Arena und an Karfreitag findet am Kolosseum die Kreuzwegsandacht statt.

Fori Imperiali

Zurzeit nur Innenbesichtigung der Trajans-Märkte, s. S. 133

Mit der Ausdehnung des Römischen Reiches und seiner Hauptstadt wuchs auch der Bedarf an Stätten für Handel, Gerichtsbarkeit, Verwaltung und kultische Handlungen. Bereits im 1. Jh. v. Chr. erwies sich das Forum Romanum als zu klein, und so entstanden zwischen den Ausläufern von Quirinal, Kapitol und Esquilin die später als Kaiserforen bezeichneten Foren von Cäsar, Augustus, Vespasian, Nerva und zuletzt Trajan. Diese monumentalen Plätze hatten nicht nur praktische Funktionen, sondern dienten auch der Selbstdarstellung der Herrscher.

Die im Mittelalter überbauten Kaiserforen wurden erst im 20. Jh. wieder entdeckt, als Mussolini, der sich in der Nachfolge der antiken Kaiser sah, das Stadtviertel auf dem Areal abreißen ließ, um eine geradlinige Paradestraße von seinem Amtssitz im Palazzo Venezia zum Kolosseum zu bauen. Diese mitten durch die Foren verlaufende **Via dei Fori Imperiali** ist den Archäologen seither ein Dorn im Auge. In den letzten Jahren mussten die Grünanlagen umfangreichen Ausgrabungen weichen. Auf eine gezielte Untersuchung warten noch das Forum des Nerva, das das Viertel der Plebejer (Suburra) mit dem Forum Romanum verband, und das Forum des Vespasian.

Foro di Cesare 14

Das ans Forum Romanum angrenzende Cäsar-Forum mit dem Tempel der Venus Genitrix, der legendären Ahnherrin des julischen Geschlechts, ist etwa zur Hälfte freigelegt.

Foro di Augusto 15

Noch bevor er zum Kaiser gewählt wurde, ließ Augustus ein Forum anlegen, das zur Bühne für politische Zeremonien wurde. Im Zentrum stand der Tempel des rächenden Kriegsgottes Mars Ultor, von dem noch die Marmorfreitreppe und einige Säulen erhalten sind. Augustus ließ den Tempel zum Gedenken an die siegreiche Schlacht bei Philippi (42 v. Chr.) gegen Brutus und Cassius, die Mörder seines Adoptivvaters Cäsar, errichten. Im Inneren standen auf Simsen die Statuen von Mars und Cäsar. Im Tempel beriet der Senat über Kriegsangelegenheiten, erhielten die jungen Römer der kaiserlichen Familie bei Vollendung des 17. Lebensjahres die weiße Toga des Erwachsenen *(toga virilis)* und wurden die Trophäen der Siegeszüge ausgestellt. Die massive Mauer hinter dem Tempel diente als Brandschutz gegen die feuergefährdete Suburra (Vorstadt).

Trajans-Forum 16

Das Foro di Traiano (107–113 n. Chr.) jenseits der Via dei Fori Imperiali ist das größte und am besten erhaltene der Kaiserforen und galt in der Antike als der schönste Platz der Welt. Kaiser Trajans Hofbaumeister Apollodorus von Damaskus ließ dafür eigens den Quirinalhügel um 35 m abtragen.

Das Forum grenzt unter der heutigen Via dei Fori Imperiali an das Foro di Caesare. Es umfasste einen von Säulenhallen flankierten Platz, die fünfschiffige **Basilica Ulpia** (so bezeichnet nach Trajans Geschlechternamen), die später zum Vorbild christlicher Kirchen wie Alt-St. Peter oder San Paolo fuori le Mura wurde, die Trajans-Säule, zwei nicht mehr erhaltene Bibliotheken für die lateinische und griechische Literatur sowie einen Tempel zu Ehren des vergöttlich- ▷ S. 133

Das Spiralband der Trajans-Säule zeigt Szenen aus Kriegen Kaiser Trajans

Auf Entdeckungstour

Spektakel für das Volk – im Kolosseum

Wo einst die Flamingos von Kaiser Nero herumstolzierten, ließen seine Nachfolger ein riesiges Amphitheater errichten, in dem das Volk mit Gladiatorenspielen und Tierhatzen bei Laune gehalten wurde. Dank seines guten Erhaltungszustandes wurde es zum Wahrzeichen Roms.

Zeit: 1–2 Stunden

Planung: tgl. ab 8.30, vom letzten So im März–Sept. bis 19, 1.–25. Okt. bis 18.30, 26. Okt.–15. Febr. bis 16.30, 16. Febr.–15. März bis 17, 16. März–letzten Sa im März bis 17.30 Uhr, 12 €/7,50 € (Kombiticket, s. S. 116), 25.12./1.1. 9.30–15.30 Uhr, Eintritt frei.

Kein Anstehen: mit Roma Pass (s. S. 60) oder Buchung bei www.pierreci.it (plus 1,50 €) bzw. www.ticketclic.it.

Dreimal in der Woche verdient sich Mario als Gladiator ein Zubrot. Wenn er mit sardonischem Grinsen sein Schwert an den Hals seines ›Opfers‹ legt, klicken die Kameraverschlüsse. Die Idee kam ihm, als er sah, was für ein beliebtes Fotomotiv die Schweizergardisten sind. Mit ein paar Freunden schneiderte er sich ein Legionärskostüm und posiert nun zur Freude vieler Touristen gegen einen Obolus (ca. 5 €) mit ledernen Sandalen vor dem Kolosseum.

Weltwunder Kolosseum

Auch wenn heute in den wunderbar erhaltenen Arkaden nicht mehr die Statuen von Göttern, Helden, legendären und historischen Personen der römischen Geschichte stehen, gehört das **Kolosseum** 13 mit seiner 50 m hohen Travertinfassade zu den beeindruckendsten Monumenten der römischen Antike. Nicht zufällig wurde es 2007 zu den neuen sieben Weltwundern gekürt.

Einen großen Einfluss auf die Architektur hatte seine Außenfassade mit den drei übereinanderliegenden, von einem Attikageschoss bekrönten Arkaden. Die von Halbsäulen gerahmten Arkaden folgen einer strengen Ordnung: im ersten Geschoss tragen sie dorische, im zweiten ionische und im dritten korinthische Kapitelle. Viele Jahrhunderte später nannte man diese viel kopierte Geschossordnung nach dem römischen Vorbild Kolossalordnung. Den Abschluss bildet ein viertes Geschoss. Auf den aus der Attikazone herausragenden Mauerblöcken standen Holzmasten, von denen Sonnensegel aus Leinen über die Sitzreihen gespannt waren, um die Zuschauer vor zu starker Sonneneinstrahlung zu schützen. Zwischen dem Kolosseum und der Via dei Fori Imperiali entdeckt man am Boden noch Reste der Halterungen für die Seile.

Antike Erlebnisoase

Was den Europäern das Fußball- und den Amerikanern das Rugbyspiel ist, waren den alten Römern die Gladiatorenspiele und Tierhatzen im Kolosseum. Anders als heutige Besucher mussten die Römer, die zu den Spielen in ihren weißen Togen zu erscheinen hatten, selten Schlange stehen. Wer den Bau umrundet, kann an den unteren Arkaden noch die römischen Ziffern entdecken. Mit kostenlosen Eintrittsmarken versehen, konnten sich die bis zu 50 000 Zuschauer rasch auf die 76 nummerierten Eingänge verteilen. Über einst stuckverzierte Gänge und Treppen gelangte man in die Arena. In den Ecken standen die Buchmacher und nahmen Wetten entgegen, fliegende Händler boten Sitzkissen oder Snacks feil. Heute erreicht man die einstigen Zuschauerränge auch direkt mit einem transparenten Fahrstuhl.

Die meisten Zuschauer fanden sich schon früh ein, ein jeder nahm seinem Rang entsprechend Platz. Der Kaiser und seine Familie, die Vestalinnen und Konsuln nahmen die Sitze auf der 4 m hohen Haupttribüne ganz vorne ein. Dann folgten drei Ränge für die männlichen Bürger und schließlich ein hölzerner Rang für die untersten Schichten sowie die Frauen. Da die Spiele oft den ganzen Tag dauerten, nahm man zwischendurch einen Imbiss zu sich – Huhn, Obst oder Oliven.

Ein Blick in die Arena

Der Boden der Arena bestand – wie z. T. auch heute wieder – aus Holzplanken, die mit Sand bestreut waren. Interessant ist der zeitweise zugängliche Unterbau der Arena, in dem sich die Umkleidekabinen der Gladiatoren und die Tierkäfige sowie Requisitenlager, Sanitätsräume und auch die Verliese für die Gefangenen befanden. Eine ausgeklügelte Technik, die von heb- und schwenkbaren Bühnen bis zu Lastenaufzügen reichte, bot vielfältige Möglichkeiten für Special Effects. Bei über 100 Vorstellungen im Jahr musste für immer neue Sensationen gesorgt werden.

Die Kaiser und andere Amtsträger scheuten keine Kosten bei der Ausrichtung der Spiele. *Panem et circenses* – subventionierte Brotverteilung und kostenlose Spiele hieß das Motto, mit dem römische Herrscher und ambitionierte Politiker die Bevölkerung bei Laune hielten und für sich einnahmen.

Ave Caesar, morituri te salutant!

Die Spiele dauerten in der Regel den ganzen Tag und waren in drei Teile gegliedert. Am frühen Morgen wurden Tierhatzen veranstaltet, bei denen wilde und zahme Tiere in abenteuerlichen Kombinationen aufeinander gehetzt wurden. Nicht selten stapelten sich am Abend die Kadaver zu Hunderten in den unterirdischen Korridoren. Gegen Mittag kämpften zum Tode Verurteilte mit bloßen Händen gegen Bären, Löwen und andere wilde Tiere. Diese Hinrichtungen wurden regelrecht inszeniert. Man wollte den Zuschauer nicht mit schlichten Tötungen langweilen. So verkleidete man einen Verurteilten z. B. als Orpheus. Mit seinem Gesang besänftigte er allerdings nur im Mythos die wilden Tiere …

Die Gladiatorenspiele begannen von Posaunen angekündigt erst am Nachmittag. Viele der Kämpfer waren in der Gladiatorenschule, deren Ruinen noch heute hinter dem Kolosseum zu sehen sind, ausgebildet worden. Es handelte sich zumeist um Kriegsgefangene, Sklaven oder Häftlinge, die zur Ausbildung in Kasernen lebten. Aber auch Freiwillige stellten sich der Herausforderung. Ein jeder kämpfte mit der ihm eigenen Bewaffnung. So versuchte sich der bis auf den Lendenschurz nackte Retarius mit Armschutz, Dreizack und Netz gegen den mit glattem Helm und Panzer geschützten Secutor zu behaupten. Während der Spiele erschollen von den Zuschauerreihen frenetische Anfeuerungsrufe. Viele Gladiatoren waren mit Namen bekannt. »Hau, schlag, brenne!« – »Warum stürzt er so ängstlich ins Schwert?« – »Warum stirbt er so wenig wacker, so ungern?«, notierte einst Seneca die Zwischenrufe. Die Anhänger des Siegers brachen in Jubelgeschrei aus »Habet! Hoc habet!« (Er hat's! Jetzt hat er's!). Dem unterlegenen Gladiator blieb dann nur noch eine Möglichkeit, um sein Leben zu bitten: das Publikum. Am Ende eines Kampfes entschied das Publikum über Leben oder Tod des Unterlegenen per Handzeichen – je nachdem, ob es unterhalten worden war oder nicht.

Monument gegen die Todesstrafe

Den größten Gladiatorenkampf der Geschichte veranstaltete übrigens Kaiser Trajan: Als Teil seiner Siegesfeier ließ er 5000 Kämpferpaare gegeneinander antreten. Es gab so manche, die sich über diesen ›Mordsgaudi‹ entrüsteten. Als ein Mönch namens Telemachus in der Arena das Ende der Spiele forderte, wurde er von den aufgebrachten Zuschauern in Stücke gerissen. Die grausamen Spiele nahmen erst 404 ein Ende, als Kaiser Honorius die Gladiatorenkämpfe abschaffte.

Seit 1999 wird das Kolosseum immer dann in grünes Licht getaucht, wenn irgendwo auf der Welt ein Todesurteil nicht vollstreckt wird oder ein Staat die Todesstrafe abschafft.

ten Trajan, der heute von zwei Marienkirchen überbaut ist.

In der Antike bewunderte man von den Bibliotheken aus die später oft kopierte **Trajans-Säule,** für die kein Vorbild nachgewiesen werden konnte. Das fortlaufende 200 m lange Spiralband zeigt Szenen aus den zwei Kriegen Trajans, die zur Eroberung Dakiens (das heutige Rumänien) führten. Mit großer Detailfreude und Genauigkeit wurden über 2500 Figuren aus dem hochwertigen Marmor herausgearbeitet. Die Säule war aber nicht nur Sieges-, sondern auch Grabmonument. Im Sockel befand sich die goldene Urne mit der Asche des Kaisers. Die Spitze der Säule zierte ursprünglich ein vergoldetes Standbild von Trajan, das jedoch verloren ging. Papst Sixtus V. ließ an seine Stelle eine Petrusfigur setzen – so wurde aus der Trajans-Säule ein christliches Monument.

Trajans-Märkte – Museo dei Fori Imperiali 17

Eingang an der Via IV. Novembre 94, www.mercatiditraiano.it, Di–So 9–19 Uhr, 11 €/9 €

Die Mercati di Traiano, ein halbrundes, mehrgeschossiges Gebäude, beherbergten in der Antike mehr als 150 *tabernae:* Geschäfte von Einzelhändlern, ein großes Becken für den Verkauf von Fischen, aber auch Räume für die Börse und die staatliche Getreideverteilung. Ein Teil der Geschäftsstraße war überdacht, sodass die Kunden unabhängig vom Wetter einkaufen konnten. Im Innern befindet sich heute das Museum der Kaiserforen mit über 170 Originalfragmenten und Kalkabgüssen.

Kapitol 18

Vorbei an der Piazza Venezia und dem Vittoriano gelangt man zu Füßen des Campidoglio (Kapitolshügel), wo man auf die Überreste einen Wohnhauses aus dem 2. Jh. n. Chr. stößt, das im Mittelalter zu einer kleinen Kirche umgebaut wurde. Zwei Aufgänge führen hinauf: Während die linke steile Treppe an der strengen Ziegelfassade der Kirche **Santa Maria in Aracoeli** endet, gelangt man über die sogenannte **Cordonata** direkt zum Kapitolsplatz. Insignien des römischen Weltreichs schmücken die Balustrade der großartigen Rampentreppe, die von den Dioskuren Castor und Pollux bewacht wird. Die mit Rossen dargestellten Söhne des Zeus wurden in der Frühzeit Roms als Beschützer der Stadt verehrt.

Piazza del Campidoglio

1538 beauftragte Papst Paul III. das Universalgenie Michelangelo mit der Neugestaltung der Piazza del Campidoglio, die als repräsentative Kulisse für Staatsempfänge dienen sollte. Drei von Michelangelo entworfene und von Giacomo della Porta und Girolamo Rinaldi im 16. Jh. vollendete Palazzi flankieren den harmonischen, trapezförmigen Platz: Der stirnseitige **Palazzo dei Senatori**, der sich auf dem Unterbau des römischen Staatsarchivs *(tabularium)* erhebt, dient heute als Amtssitz der Stadtregierung und des Bürgermeisters. Die Zwillings-Palazzi an den Längsseiten – der Palazzo dei Conservatori, in dem sich auch das Standesamt befindet, und der Palazzo Nuovo – beherbergen die **Kapitolinischen Museen** (s. S. 136), die an Bedeutung nur von den Vatikanischen Museen übertroffen werden.

Der Kapitolshügel

Der Hügel Campidoglio (Kapitol) besteht eigentlich aus zwei Kuppen. Der heutige Kapitolsplatz erstreckt sich in der dazwischen liegenden Senke. Auf der rechten Kuppe, dem *capitolium,*

Lieblingsort

Nachts am Kapitol 18

Wenn auch der letzte Besucher das Forum verlassen hat, die Museumswärter der Kapitolinischen Museen die Pforten schließen, die Beamten aus dem nahen Rathaus nach Hause fahren, dann kehrt langsam Ruhe auf der römischen Akropolis ein. Von der kleinen Aussichtsterrasse hinter dem Senatsgebäude reicht der Blick über das Forum bis zum Kolosseum. Wenn dann die Lichter das Forum in einen warmen Ockerton tauchen, die Säulen dunkle Schatten werfen, entfaltet der Platz eine magische Atmosphäre. War das nicht gerade Cicero, der da auf den Palatin eilte?

befand sich in der Antike der Tempel des Jupiter Capitolinus (6. Jh. v. Chr.), der prächtigste, heiligste und größte Tempel der Stadt. Die dürftigen Überreste sind im angrenzenden Garten und unter dem Konservatorenpalast zu sehen. Am steil abfallenden Südosthang, dem Tarpejischen Felsen, wurden verurteilte Hochverräter in den Tod gestürzt. Auf der linken Kuppe, der *arx,* befanden sich Fluchtburg und Münzprägestätte. An diese grenzte der Tempel der Juno Moneta (heute unter der Kirche S. Maria in Aracoeli), vor dem die heiligen Gänse der Juno gehütet wurden. Im Laufe der Zeit übertrug sich der Name *moneta* auf die Münzen und fand in viele Sprachen Eingang.

Reiterstatue des Marc Aurel 19

Im Zentrum des Platzes mit seiner sternförmigen Pflasterung steht die bronzene Reiterstatue des Marc Aurel (2. Jh. n. Chr.), Vorbild für zahlreiche Reiterstandbilder der Renaissance. Sie ist eine der wenigen antiken Reiterstatuen, die im metallhungrigen Mittelalter nicht eingeschmolzen wurde, weil man sie irrtümlich für die Statue des ersten ›christlichen‹ Kaisers Konstantin hielt. Gemeinsam mit der bronzenen Wölfin galt sie seit dem Mittelalter als eines der Wahrzeichen Roms. Nach den Restaurierungen der 1990er-Jahre stehen das Original und die Wölfin in den Kapitolinischen Museen. Den Platz auf dem Sockel nimmt seit 1997 eine patinafreie Bronzekopie ein.

Kapitolinische Museen

www.museicapitolini.org, Di–So 9–20 Uhr, 8,50 €/6,50 € plus evtl. Ausstellungszuschlag

Die führende Gemälde- und Skulpturengalerie der Stadt, die Musei Capitolini, wurde 1734 von Papst Clemens XII. als erstes öffentliches Museum der Welt eröffnet.

Palazzo Nuovo 20

Der Palazzo Nuovo birgt einige der berühmtesten Skulpturen Roms. Zu seinen Attraktionen gehören die **Kapitolinische Venus,** eine römische Kopie (2. Jh. v. Chr.) in parischem Marmor, die der berühmten »Knidischen Aphrodite« des Praxiteles nachempfunden ist, die **Verwundete Amazone,** eine antike Kopie eines griechischen Originals aus dem 5. Jh. v. Chr., sowie der **Sterbende Gallier** (richtiger: Galater), die römische Kopie einer hellenistischen Figurengruppe, die anlässlich der Unterwerfung der Galater durch den König von Pergamon geschaffen wurde. Typisch für die hellenistische Kunst ist die Betonung des Momenthaften statt des Überzeitlichen. Bemerkenswert ist neben der gekonnten Wiedergabe der anatomischen Merkmale die psychologisierende Darstellung. Beispiele für die realistische Porträtkunst der Römer sind die Büsten in der Sala dei Filosofi und der Sala degli Imperatori. Die typischen Wesenszüge vor allem der Kaiser werden hier fast karikaturhaft betont. Aus der Villa Hadrians bei Tivoli stammt das Mosaik mit den vier Tauben, die Kopie eines griechischen Mosaiks aus Pergamon.

Palazzo dei Conservatori 21

Durch den unterirdischen Verbindungsgang, der auch einen Zugang zum *tabularium* mit schönem Blick auf das Forum Romanum ermöglicht, gelangt man zum Palazzo dei Conservatori mit einer reichen Sammlung antiker Skulpturen und einer Pinakothek mit Werken der europäischen Malerei des 17.–18. Jh. Blickfang im Innenhof sind die Marmorfragmente der **Kolossalstatue von Kaiser Konstantin** aus dem 4. Jh. n. Chr., die man in der Ma-

Marmorfragment des Fußes von Kaiser Konstantin im Hof des Konservatorenpalastes

xentius-Basilika auf dem Forum entdeckte. Allein der Kopf ist 2,60 m hoch. Vermutlich waren die fehlenden bekleideten Körperteile aus Bronze. Die reich freskierten Repräsentationssäle im ersten Stock zeigen Meisterwerke der Bildhauerei, wie die Porträtbüsten der Päpste von Bernini oder den überaus realistischen »Dornauszieher«. Zu Wahrzeichen der Stadt wurden das (inzwischen restaurierte) **Reiterstandbild von Kaiser Marc Aurel** und die **Kapitolinische Wölfin.** Lange Zeit galt die Bronze als ein etruskisches Meisterwerk aus dem 6. Jh. v. Chr., zu dem die Zwillinge Romulus und Remus erst in der Renaissance hinzukamen. Neueren Untersuchungen zufolge soll es sich jedoch um einen mittelalterlichen Bronzeguss aus dem 14. Jh. handeln. Der zweite Stock beherbergt die **Pinakothek** mit bedeutenden Werken von Tizian (»Die Taufe Christi«), des flämischen Barockmeisters Rubens (»Romulus und Remus, die von der Wölfin gesäugt werden«), von Caravaggio (»Die Wahrsagerin« und »Johannes der Täufer«) und Guercino (»Begräbnis der hl. Petronilla«, früher Peterskirche).

Einen wunderschönen Blick über Rom genießt man vom **Caffè Capitolino** 3 auf dem Dachgarten des Palazzo Caffarelli. Kostenfreier Zugang auch über den Seiteneingang (hinter dem Aufgang der Kapitolstreppe, im hinteren Teil des rechten Gebäudes).

Santa Maria in Aracoeli 22

Zutritt am besten über den Seiteneingang rechts vom Palazzo Nuovo, tgl. 9–12.30, 15–18.30, im Winter 14.30–17.30 Uhr

Franziskaner errichteten die romanische Basilika im 13. Jh. Die steile Treppe, die vom Fuß des Kapitols zur Kirche hinaufführt, wurde 1348 zum Dank für

Am Tiberufer legten einst die voll beladenen Schiffe an

das Ende des Pestjahres gebaut. Im Kontrast zur schlichten Fassade steht der stimmungsvolle Innenraum. Die hölzerne **Kassettendecke** stiftete der römische Heerführer Marcantonio Colonna anlässlich des Sieges der christlichen Flotte über die Türken 1571 bei Lepanto. Prächtig ist auch der **Cosmatenboden,** so benannt nach den römischen Mosaizisten des 12.–14. Jh., die meist den Vornamen Cosma trugen. In der **Bufalini-Kapelle** (erste rechts) wird in detailfreudigen Bildern das Leben des hl. Bernardin von Siena dargestellt, der dem Franziskanerorden angehörte. Die klar komponierten Renaissancefresken stammen von Pinturicchio, der seine Meisterschaft bereits in der Sixtinischen Kapelle unter Beweis gestellt hatte. Besondere Verehrung genießt über Rom hinaus das **Santissimo Bambino** in der Sakristei. Das angeblich aus Olivenholz vom Garten Gethsemane geschnitzte Jesuskind galt seit jeher als wundertätig. Seine Heilkräfte und Verehrung haben sich offenbar auf die Kopie übertragen, die nach dem Diebstahl von 1994 an seine Stelle trat.

Carcere Mamertino 23

Zugang über eine Treppe vor der Kirche, Rundgang mit Ton-und-Licht-Show (45 Min.) tgl. 9–17, im Sommer bis 19 Uhr, 10 €, Einlass alle 20 Min.

Im Mamertinischen Kerker, zwei übereinanderliegenden Räumen, über denen sich heute die Kirche **San Giuseppe dei Falegnami** erhebt, befand sich das römische Staatsgefängnis. Während der Triumphzüge wurden hier Kriegsgefangene eingesperrt oder direkt hingerichtet. Von den berühmten Feinden Roms starben hier Jugurtha, der König der Numidier, und Vercingetorix, Held der Gallier gegen Cäsar. Einer mittelalterlichen Legende zufolge sollen Petrus und Paulus in diesem Kerker eingesperrt gewesen sein.

Zwischen Kapitol und Tiber

Das Gebiet zwischen dem linken Tiberufer und den Hügeln Kapitol, Palatin und Aventin – heute verkehrsumtoste Autoschneise in die Altstadt – war in der Antike Warenumschlagplatz. Voll beladene Schiffe legten beim Ponte Rotto am linken Tiberufer an, die Lagerhallen – heute unter dem Einwohnermeldeamt *(anagrafe)* – füllten sich mit Getreide und Öl, Bauern luden Gemüse, Obst, Eier und Käse von ihren Karren und Herdenbesitzer feilschten um die besten Preise für ihre Rinder. Heute erinnern an das antike Forum Holitorium (Gemüse- und Ölmarkt) und das Forum Boarium (Rinder- und Fleischmarkt) vor allem die Überreste antiker Heiligtümer, die Händler und andere Marktbeschicker stifteten.

Marcellus-Theater 24

Via del Portico d'Ottavia 29, tgl. 9–18 Uhr, im Sommer bis 19 Uhr, Eintritt frei

Von den Heiligtümern auf dem Forum Holitorium sind nur noch klägliche Reste vorhanden. Sie stehen im Schatten des Marcellus-Theaters, das mit seiner Säulenordnung zum Vorbild des Kolosseums wurde. Der knapp 15 000 Zuschauer fassende Travertinbau wurde unter Cäsar begonnen, von Augustus um 13 v. Chr. vollendet und nach Marcellus, dem früh verstorbenen Lieblingsneffen des Augustus und designierten Nachfolger, benannt. In den Sommermonaten finden Konzerte unter freiem Himmel statt. Die drei korinthischen Säulen direkt neben dem Marcellus-Theater gehören zum ältesten Apollo-Tempel in Rom.

Forum Boarium 25

Via del Teatro Marcello, Piazza Bocca della Verità, Innenbesichtigung des Rundtempels jeden 1. und 3. So im Monat um 11 Uhr, Anmeldung unter Tel. 06 39 96 77 00, 7 €

Der gut erhaltene runde **Tempio di Ercole Vincitore** aus dem 2. Jh. v. Chr. für den Schutzgott der Metzger zählt zu den schönsten und ältesten Marmortempeln Roms. Während dieser mit umlaufender Säulenhalle noch eng an griechische Vorbilder angelehnt war, präsentiert sich der dem Hafengott geweihte rechteckige **Tempio di Portunus** mit seinem hohen Unterbau, der breiten Freitreppe und den ins Mauerwerk eingefügten Säulen als typisch römischer Tempel.

Das Forum Boarium, der Rindermarkt, zog sich hinauf bis zum **Arco di Giano** (Janusbogen), einem in vier Richtungen geöffneten Durchgang, der vermutlich Kaiser Konstantin geweiht war und als Treffpunkt und überdachter Schutzraum diente. Den benachbarten **Arco degli Argentari** (Wechslerbogen) weihten im Jahr 204 Viehhändler und Geldwechsler Kaiser Septimius Severus und seiner Familie. Teile des Bogens sind in die Kirche **San Giorgio in Velabro** integriert. Ihr Name leitet sich von *velabrum* (lat. ›Sumpf‹) ab und bezeichnet die Stelle, an der

Mein Tipp

Total legal!

Sie möchten nicht unter die Grabräuber gehen? Dann schauen Sie in den Laden **ArcheoArt** 1 zu Füßen des Kapitols: Zur Auswahl stehen Nachbildungen antiker Vasen sowie filigraner Goldschmuck, marmorne Kaiserbüsten und Gladiatorenhelme (Via del Teatro di Marcello 12, tgl. 11–19.30 Uhr).

laut Sage der Hirte Faustulus die Zwillinge Romulus und Remus fand.

Santa Maria in Cosmedin 26

Piazza Bocca della Verità 18, tgl. 9.30–17.50, im Winter bis 16.50 Uhr, Messe So 10.30 Uhr
Berühmt ist die kleine Kirche vor allem wegen ihrer Vorhalle, in der sich eines der bekanntesten Fotomotive Roms verbirgt: die **Bocca della Verità,** der Mund der Wahrheit. Der einstige Schachtdeckel der Cloaca Maxima mit dem Antlitz einer Flussgottheit wurde im Mittelalter als Lügendetektor eingesetzt. Der Wahrheit half man ein bisschen nach: Hinter der Maske versteckt vollzog ein Bewaffneter mit seinem Schwert das ›Gottesurteil‹.

Die sehenswerte Kirche mit ihrem siebengeschossigen romanischen Campanile entstand im 6. Jh. auf den Resten einer antiken Säulenhalle, in der sich die *statio annonae*, die zentrale Verwaltungsstelle für Lebensmittel, befand. Unter Papst Hadrian I. wurde sie im 8. Jh. erweitert und der griechisch-byzantinischen Gemeinde, die vor den bilderfeindlichen Reformatoren der Ostkirche aus Konstantinopel geflohen war, überlassen. Die liturgische Ausstattung wie der marmorne Chorraum mit seinen Kanzeln, der große Kandelaber und der gotische Baldachin sowie der Bischofsthron stammen aus dem 11.–13. Jh. Noch heute wird in der Kirche die Messe nach griechischem Ritus gelesen.

Circus Maximus 27

Längs der größten Arena Roms fuhren in der Antike zwei-, drei- oder vierspännige Wagen à la Ben Hur um die Wette. Auf den nicht mehr erhaltenen Sitzrängen an den Längsseiten fanden bis zu 300 000 Zuschauer Platz. Ein Renntag bestand aus 24 Rennen. Von den Starttoren in der Nordkurve des Circo Massimo rasten die Wagenlenker siebenmal um die *spina*, einen niedrigen Damm in der Mitte der Rennbahn. Die rote, blaue, grüne oder weiße Tunika teilte sie in vier Rennparteien auf. Die fiebrige Anteilnahme erfasste auch so manchen Kaiser, der das Geschehen von seiner Loge unterhalb des Palatins verfolgte. So ließ der fanatische Caracalla die Wagenlenker der grünen Fraktion einfach hinrichten, weil er befürchtete, sie könnten seine Lieblingspartei besiegen. Der kleine Turm an der Porta Capena gehörte übrigens zur mittelalterlichen Festungsanlage der Adelsfamilie Frangipane.

Caracalla-Thermen 28

Mo 9–14, Di–So 9–19, im Winter bis 15.30 Uhr, 6 €/3 €
Vespasian hatte das Kolosseum erbaut, Trajan die gewaltigen Märkte – dem wollte Caracalla nicht nachstehen. Anfang des 3. Jh. n. Chr. ließ er die 327 x 337 m großen öffentlichen Terme di Caracalla errichten. Sie ermöglichten ca. 1600 Menschen gleichzeitig den Aufenthalt in Bädern, Warmräumen mit Fußbodenheizung, Bibliotheken, Ruhe- und Sporträumen. Für kurze Zeit konnte auch der einfache Römer zwischen kostbaren Skulpturen, Mosaiken und Sitzmöbeln im Luxus schwelgen und seinem Bedürfnis nach Körperpflege nachgehen.

Die Thermen wurden bei Erdbeben beschädigt und von den Päpsten geplündert. Geblieben sind majestätische Ruinen, die heute als Kulisse für aufwendige Opernaufführungen dienen.

Essen & Trinken

Naturgemäß wimmelt es in diesem hochtouristischen Gebiet auch von ty-

Für einen kleinen Obolus kann man sich vor dem Forum Romanum mit Römern in historischen Gewändern fotografieren lassen

pischen Touristenlokalen. Zum Essengehen sollte man sich daher in den angrenzenden Vierteln umschauen, z. B. im Monti- (s. S. 224, Nr. 1–6) und Celio-Viertel (s. S. 259, 260, Nr. 2, 5, 7, 16) oder im ehemaligen Ghetto (s. S. 166).

Romantisch – **San Teodoro 1**: Via dei Fienili 49–51 (Palatin), Tel. 066 78 09 33, www.st-teodoro.it, So geschl., Bus: 170, Menü 75 €. Elegantes Lokal in lauschiger Umgebung, wo hausgemachte Pasta und fangfrischer Fisch serviert werden. Im Sommer Außenterrasse.

Klassische Trattoria – **Valentino 2**: Via Cavour 293, Tel. 064 88 13 03, tgl. 12–15, 19–23 Uhr, Bus: 84, ca. 20 €. Familienbetrieb mit sympathischer Atmosphäre und bodenständiger, einfacher Küche. Im Sommer auch mit Tischen auf der (allerdings lauten) Via Cavour.

Mit Aussicht – **Caffè Capitolino 3**: auf dem Dachgarten des Palazzo Caffarelli/Kapitolinische Museen, Di–So 9–19.30 Uhr. Einmalige Aussicht. Auch für Nicht-Museumsgäste zugänglich: kostenfreier Zugang über den Seiteneingang; hinter dem Aufgang der Kapitolstreppe, im hinteren Teil des rechten Gebäudes.

Einkaufen

Antike Kunst – **ArcheoArt 1**: s. S. 139.

Wahre Fundgruben – **Museumsshops von Kolosseum 13 und Kapitolinischen Museen 20 21**: Hier findet man neben Büchern auch geschmackvolle und witzige Kleinigkeiten zum Verschenken.

Abends & Nachts

Alteingesessen – **Cavour 313 1**: Enoteche mit kleinen Speisen, s. S. 41.

Mekka für Jazzliebhaber – **Casa del Jazz 2**: mit Restaurant, s. S. 51.

Konzertgenuss – in der **Sala Baldini 3**: Konzerte mit Musik von Beethoven, Skrjabin, Gershwin bis hin zu Piazzolla und Nino Rota, Juni–Sept. auch im **Marcellus-Theater 24**, s. S. 52, 139.

Das Beste auf einen Blick

Im Herzen der Altstadt

Highlights!

Pantheon: Das Wunderwerk der Architektur begeistert mit seinen harmonischen Proportionen und gewagter Kuppellösung. 4 S. 148, 150

Piazza Navona: Auf Roms schönster Piazza ist immer etwas geboten. Wo Päpste und Kardinäle einst mit ihren Kutschen um die Wette fuhren, genießen heute Römer und Touristen von ihren Logenplätzen in den Cafés das Leben und Treiben auf dem Platz. S. 153

Campo de' Fiori: Am Morgen ein bunter, faszinierender Lebensmittelmarkt, am Abend der Treffpunkt der Nachtschwärmer. S. 160

Auf Entdeckungstour

Palastgeflüster: Die mondänen Palazzi von Päpsten, Kardinälen und Mäzenen prägen das Stadtbild Roms. In ihnen spiegelt sich die europäische Architekturgeschichte wider. Gleichzeitig waren sie auch Schauplätze rauschender Feste, legendärer Gastmähler und verhängnisvoller Verschwörungen. 18 19 20 S. 156

Jüdisches Leben in Rom: Das einstige Ghetto ist ein sehr lebendiges, volkstümliches Viertel mit viel Atmosphäre, wo man am Abend auf dem Stuhl vor der Tür sitzt und noch ein Schwätzchen hält. Hierher kommen die Römer auch gerne, um jüdische Spezialitäten zu essen. 24 S. 164

Kultur & Sehenswertes

Die Kolonnade von Borromini im Palazzo Spada: ein Meisterwerk der Illusion! Wie lang würden Sie sie schätzen? 19 S. 157

Palazzo Farnese: Der Palazzo gilt als Höhepunkt der römischen Renaissance-Baukunst. Berühmtheit erlangte er durch den zweiten Akt aus Puccinis Oper »Tosca«. 22 S. 161

Aktiv & Kreativ

Shoppen: Antiquitätenjäger und Liebhaber von Vintage-Mode werden in der Via dei Coronari und Via del Governo Vecchio fündig. S. 168

Acanto Day Spa: Erholung pur! Die Seele baumeln lassen, sich nach einem anstrengenden Sightseeing-Tag entspannen, sich ein paar Streicheleinheiten gönnen. Das schöne Wellnesscenter mit Beauty Farm macht es möglich. 1 S. 169

Genießen & Atmosphäre

Caffè Sant'Eustachio: Genießen Sie in der ältesten Rösterei der Stadt den *gran caffè*, im Sommer empfiehlt sich eine *granita di caffè*. 17 S. 151, 168

Sora Margherita: Das winzige Lokal im Herzen des Ghettos begeistert mit urrömischer Küche und familiärer Atmosphäre. 11 S. 167

Abends & Nachts

Il Gonfalone: Ein Augen- und Ohrenschmaus sind jeden Donnerstagabend die Barockkonzerte in dem mit wunderbaren Fresken ausgeschmückten Saal des Gonfalone. 5 S. 163, 169

Il Goccetto: Die Bilderbuch-Enoteca ist ein Eldorado für Weinliebhaber. Zu den ausgesuchten Weinen, auch kleiner Produzenten, gibt es exquisite Kleinigkeiten. 3 S. 169

Altstadt-Zentrum: ein Rundgang im Tiberknie

Das weitgehend autofreie Viertel um Pantheon und Piazza Navona entspricht dem Herzen des antiken Marsfeldes. Der Campus Martius lag außerhalb der geheiligten Stadtgrenzen, die nur unbewaffnet überschritten werden durften. Er reichte vom Kapitol bis zur heutigen Piazza del Popolo und wurde von der großen Tiberschleife begrenzt. In der Frühzeit Roms diente er politischen und militärischen Veranstaltungen. Hier lagen die Exerzierplätze der Soldaten, hier traf man sich zu Wahlen und Bürgerversammlungen. Die Kaiser bebauten die weite Ebene mit prächtigen, öffentlichen Bädern, Tempeln und Theatern. Von den zahlreichen antiken Prachtbauten zeugt noch das grandiose Pantheon. Im Mittelalter dünn besiedelt, wurde das Marsfeld nach der Rückkehr der Päpste aus Avignon mit mächtigen Adelspalazzi, repräsentativen Platzanlagen und prunkvollen Kirchen überzogen, in denen die Renaissance und vor allem der Barock Triumphe feierten. Gianlorenzo Bernini und Francesco Borromini schufen Meisterwerke wie den Vier-Ströme-Brunnen auf der Piazza Navona oder die Kirche Sant'Ivo alla Sapienza mit spiralförmiger Kuppel.

In dieser Zeit schuf Papst Paul IV. auch das jüdische Ghetto nahe der Tiberinsel, das heute mit ungebrochenen Traditionen und einer bodenständigen Küche lockt. Kein Wunder, dass sich das pittoreske Viertel im Tiberknie mit seinen unzähligen Lokalen und Bars zu einem beliebten Ausgehviertel von Römern und Touristen entwickelt hat. Kleine ausgefallene Läden, Straßencafés mit Logenplätzen und malerische Gassen laden zum Bummeln und Verweilen ein – dazwischen liegen einzigartige Meisterwerke der Kunst und Architektur. Kommen Sie am Abend wieder, wenn die Nachtschwärmer das Viertel um die Piazza Navona mit Leben füllen.

Infobox

Reisekarte: ▶ Karte 3, G–K 8–10

Dauer/Ausgangs- und Endpunkt
Der Rundgang ist auf zwei Tage angelegt. Ausgangspunkt ist der Largo Argentina. Die Tour endet im ehemaligen Ghetto nahe der Piazza Venezia, Knotenpunkt zahlreicher Buslinien.

Verkehrsmittel
Bus: 60, 64 oder Tram: 8

Largo Argentina

In der Antike war das Gebiet um den heute verkehrsumtosten Largo di Torre Argentina dicht bebaut. Von der Zeit der Republik zeugt die **Area Sacra,** Reste republikanischer Tempel unterhalb des heutigen Straßenniveaus. Wegen der zahlreichen Katzen, die von römischen Katzenmüttern, den *gattare,* umsorgt werden, wird die Area Sacra von den Römern schlicht Katzenforum genannt. An der Westseite des Platzes steht das älteste moderne Theater Roms, das **Teatro Argentina** (s. S. 53). Auf der anderen Seite des Largo beginnt die **Via delle Botteghe Oscure,** so benannt nach den ›dunklen‹, fensterlosen Werkstätten der Kalkbrenner, die sich hier niedergelassen hatten.

Museo Crypta Balbi 1

Di–So 9–19.45, Einlass bis 19 Uhr, Eintritt: 7/3,50 € (obligat. Kombiticket)
In diesem kleinen, aber hochinteressanten Teil des Römischen Nationalmuseums (s. S. 65) wird die Entwicklung des Stadtviertels von der Antike bis in die Gegenwart nachgezeichnet.

Il Gesù 2

www.chiesadelgesu.org, tgl. 7–12.30, 16–19.45 (Besichtigung am besten 16.30–19 Uhr), Wohnräume: Mo–Sa 16–18, So 10–12 Uhr
Die Mutterkirche des Jesuitenordens wurde im Auftrag von Kardinal Alessandro Farnese 1568–1584 nach Plänen der Architekten Giacomo Barozzi da Vignola und Giacomo della Porta errichtet. Den Vorgaben der Jesuiten entsprechend eignet sich der weite, tonnengewölbte Innenraum für große Gemeindegottesdienste und Prozessionen, und die überkuppelte Vierung rückt, lichtumflutet und von allen Seiten gut sichtbar, den Priester in den Mittelpunkt. Im Geist der Gegenreformation wurde Il Gesù gegen Ende des 17. Jh. zum Triumph der katholischen Kirche und des Jesuitenordens mit kostbaren Materialien ausgestattet. In den Querschiffen prunken rechts der Reliquienschrein des hl. Franz Xaver, links das Grabmal des Ordensgründers Ignatius von Loyola. Ein Meisterwerk illusionistischer Malerei ist das **Deckenfresko von G.B. Baciccia,** der durch kühne Verkürzungen und dynamische Linienführung das Gewölbe aufzureißen scheint. Sehenswert sind neben der Kirche die Wohnräume des Ordensgründers mit herrlichen **Trompe-l'œil-Bildern** von Andrea Pozzo.

Piazza della Minerva

Jenseits der Via Vittorio Emanuele, vorbei am stets bewachten Palazzo Grazioli, Sitz von Silvio Berlusconis Popolo della Libertà, gelangt man zur Piazza della Minerva. Mittelpunkt der ansonsten unscheinbaren Piazza ist ein kleiner steinerner Elefant mit einem ägyptischen Obelisken auf dem Rücken – einer der verspielten Einfälle des Barockgenies Bernini. Dieser soll den Elefanten aus Verärgerung über die Einmischung der Dominikaner in die Planung mit dem Hinterteil zum Generalhaus des Ordens aufgestellt haben.

Santa Maria sopra Minerva 3

Mo–Sa 7–19, So 8–12, 14–19 Uhr
Die von den Dominikanern Ende des 13. Jh. auf den Fundamenten eines Isistempels errichtete Kirche gilt als einziges gotisches Gotteshaus Roms, auch wenn die Fassade aus der Frührenaissance stammt und der Innenraum mehrfach umgestaltet wurde. Unter dem Hauptaltar der dreischiffigen Pfeilerbasilika ruhen die Gebeine der hl. Katharina von Siena, Schutzheilige Italiens und der Dominikaner. Zu den herausragenden Kunstwerken der Kirche gehören die etwas unproportioniert wirkende Statue des **Auferstandenen Christus mit dem Kreuz** von Michelangelo (1519/1522), deren vergoldetes Lendentuch allerdings erst später hinzugefügt wurde, sowie die **Carafa-Kapelle** mit wunderbar schwerelosen Renaissancefresken (1489/1493). Sie zählen zu den Meisterwerken von Filippino Lippi. Im »Triumph des hl. Thomas von Aquin über die Häretiker« (rechte Wand unten) verewigte Lippi mit den beiden Jünglingen auf der rechten Seite die späteren Medici-Päpste Leo X. und Clemens VII., die auch in der Kirche bestattet sind. Die Kapelle selbst birgt die Überreste des

0
100
200 m
Via dell' Orso
Via d. Portoghesi
Via d. Stelletta
Palazzo di Montecitorio
Via Zanardelli
Piazza in Campo Marzio
Via Uffici d. Vicario
Camera dei Deputa
S. Salvatore in Lauro
Palazzo Lancellotti
Sant' Apollinare
Via della Scrofa
Piazza d. Coppelle
Vicolo d. Guardiola
Piazza di Montecitorio
Piazza S. di Lauro
Via Maschera d'Oro
Piazza Tor Sanguigna
Palazzo Baldassini
Via dei Coronari
Piazza Cinque Lune
Via delle Coppelle
Santa Maria Maddalena
Palazzo Capranica
Largo Toniolo
Piazza d. Maddalena
Palazzo Taverna
Piazza Capranica
Vicolo d. Vacche
Via S. Maria d. Anima
Piazza Navona
Corso del Rinascimento
Via Giustiniani
Piazza della Rotonda
Palazzo Serlupi Crescenzi
Via del Corallo
Piazza del Fico
Via di Tor Milina
Pace
Via d. Salvatore
Palazzo Giustiniani
Via Sal. d. Crescenzi
Via Seminario
Palazzo dei Filippini
Palazzo Gov. Vecchio
S. Agnese in Agone
Via D. Vecchia
Via del G. Vecchio
Via d. Parione
Palazzo Pamphilj
Via Staderari
S. Eustachio
Via d. Rotonda
Via d. T. Pace
Piazza dei Caprettari
Piazza della Chiesa Nuova
Piazza Pasquino
Via dei Sediari
Piazza della Minerva
Sora
Via Teatro Valle
Via di Santa Chiara
San Giovanni della Pigna
Via Melone
Via Monterone
Via del Pellegrino
Corso
San Pantaleo
Santa Chiara
Piazza della Pigna
Via
Piazza San Pantaleo
Piazza S. Andrea della Valle
San Lorenzo in Damaso
Palazzo della Valle
Via Torre Argentina
Via dei Cestari
Via d. Cappellari
Piazza della Cancelleria
Baullari
Piazza del Paradiso
Palazzo Besso
Santa Maria in Monserrato
Palazzo Vidoni
Largo Torre Argentina
Via del Sudario
V. Emanuele II
S. Girolamo d. Carità
Via di Monserrato
Piazza Campo de' Fiori
Via del Biscione
Teatro di Pompeo
Via Torre Argentina
Via San Nicola de' Cesarini
Via Arco d. Ginnasi
Via
S. Caterina da Siena
Via dei
Via Corda
Palazzo Pio Righetti
Via dei Chiavari
Via del Monte della Farina
Via dei Barbieri
Area Sacra
Via in Caterina
Piazza Farnese
Via Florida
V. d. Botteghe
Palazzo Falconieri
Via dei Farnesi
Piazza d. Quercia
Via dei Giubbonari
Via di Santa Anna
Largo Arenula
Lungotevere dei Tebaldi
Via del Mascherone
Via Giulia
Vicolo d. Polverone
Via Arco del Monte
Piazza del Monte di Pietà
S. Carlo ai Catinari
Via dei Falegnami
Piazza Cairoli
Piazza
Palazzo Mattei
Via Caetani
Via dei Funari
Palazzo del Monte di Pietà
Arenula
Palazzo Costaguti
Mattei
Via d. S. M. d. Pianto
Lungotevere della Farnesina
Via Pettinari
SS. Trinità dei Pellegrini
Santa Maria in Monticelli
Santa Maria d. Pianto
Piazza S. Vincenzo Pallotti
Via delle
Via Sta. Maria de Calderari
Via del Portico
Via d. Conservatori
San Paolo alla Regola
Piazza dei Cenci
Via d. Progresso
Via d. Tempio
Sant'Angelo in Pescheria
Ministero di Grazia e Giustizia
Palazzo Cenci Bolognetti
Via Catalana
Vicolo Moroni
San Giovanni della Malva
Ponte Sisto
Lungotevere dei Vallati
Via San Bartolomeo de Vaccinari
Via d'Ottavia
Zoccolette
Via
Piazza Trilussa
Fiume Tevere
Lungotevere dei Cenci
Via Benedetta
Vicolo
Via d. Politeama
Lungotevere del R. Sanzio
Ponte Garibaldi
Ospedale Fatebenefratelli
Ponte Fabricio
Via del Bologna
Vicolo dei Cinque
Piazza de' Renzi
Via del Moro
Isola Tiberina
Via Pellicia
Via Renella
Piazza di S. Egidio
Via Gustavo Modena
Lungotevere d. Anguillara
Ponte Cestio
San Bartolomeo all'Isola
Museo di Roma in Trastevere
Piazza Giuditta Tavani Arquati
Piazza G. G. Belli
Via d. Olmetto
Piazza S. Maria in Trastevere
Via della
Via Gensola
S. Maria in Trastevere
Piazza Santa Rufina
Largo S. G. de Matha
Piazza de Drago
Lungaretta
Via Lungarina
San Callisto
Via d. Arco di San Callisto
San Crisogono
Piazza in Piscinula
Ponte

Im Herzen der Altstadt

Sehenswert

1 Museo Crypta Balbi
2 Il Gesù
3 Santa Maria sopra Minerva
4 Pantheon
5 San Luigi dei Francesi
6 Palazzo Madama
7 Sant'Ivo alla Sapienza
8 Sant'Agostino
9 Palazzo Altemps
10 Vier-Ströme-Brunnen
11 Sant'Agnese in Agone
12 Santa Maria dell'Anima
13 Santa Maria della Pace
14 Pasquino
15 Chiesa Nuova
16 Museo di Roma (Palazzo Braschi)
17 Museo Barracco (Farnesina ai Baullari)
18 Palazzo della Cancelleria
19 Palazzo Spada
20 Palazzo Venezia
21 Sant'Andrea della Valle
22 Palazzo Farnese
23 Fontana delle Tartarughe
24 Ehemaliges Ghetto
25 Tiberinsel

Essen & Trinken

1 Il Convivio
2 Quinzi & Gabrieli
3 Armando al Pantheon
4 Green T.
5 Pancrazio
6 Al Pompiere
7 Giggetto
8 Taverna del Ghetto
9 Hostaria Farnese
10 Maccheroni
11 Sora Margherita
12 Enoteca Corsi
13 Dar Filettaro a Santa Barbara
14 Vineria Roscioli
15 Boccione
16 Caffetteria del Chiostro del Bramante
17 Caffè Sant'Eustachio
18 Tazza d'Oro
19 Giolitti

Einkaufen

1 Ai Monasteri
2 Antica Erboristeria Romana
3 Borini
4 Campo de' Fiori
5 Cartoleria Pantheon
6 Ditta P. Poggi
7 Gammarelli
8 House & Kitchen
9 Il Forno
10 Limentani

Aktiv & Kreativ

1 Acanto Day Spa
2 Farnese Fitness
3 Leonardo da Vinci

Abends & Nachts

1 Antico Caffè della Pace
2 Caffè Universale
3 Il Goccetto
4 Fluid
5 Il Gonfalone
6 The Library
7 La Maison
8 Etablì
9 Teatro Argentina
10 Vineria Reggio

Lieblingsort

Eine Öffnung für die Sonne

Der harmonische Innenraum und die perfekt proportionierte **Kuppel des Pantheons** 4 (s. auch S. 150) faszinieren immer wieder aufs Neue. An keinem anderen Ort, außer vielleicht noch am Kolosseum, ist die Antike so spürbar wie hier. Grandios ist die Öffnung in der Kuppel, durch die die Sonnenstrahlen einfallen, die im Laufe des Tages den Innenraum ausleuchten. Schon im frühen Mittelalter konnten sich die Menschen das Loch in der Kuppel übrigens nicht mehr erklären – oder doch: Um die Kuppel zu bauen, habe man einen großen Erdhügel aufgeworfen und darauf die Kuppel gebaut. Das Loch in der Kuppel ließ man frei, damit die Römer die Münzen, die im Erdhügel vergraben waren, herausholen konnten. Auf diese Weise wurde binnen Kurzem der Innenraum von der Erde befreit.

berüchtigten Carafa-Papstes Paul IV., der Mitte des 16. Jh. das römische Ghetto (s. S. 164) einrichtete.

Piazza della Rotonda

Lebhaft geht es vor dem Pantheon zu, einem der Lieblingsplätze von Touristen und Einheimischen. Mit den ersten wärmenden Sonnenstrahlen füllen sich die zahlreichen Straßencafés und die Stufen des Brunnens, der von einem ägyptischen Obelisken bekrönt wird. In den umliegenden Straßen laden schicke Boutiquen und Schuhgeschäfte, Antiquariate und Spezialpapeterien zum Shoppen und Stöbern ein. Ein kleiner Stadtteilmarkt findet täglich außer sonntags auf der Piazza delle Coppelle statt. Nonnen, Prälaten und manchmal sogar Kardinäle zieht es in die hinter dem Pantheon liegende Via di Santa Chiara, wo sie bei De Ritis nach Soutanen und Kutten, Messkelchen und -gewändern Ausschau halten. Für exklusivere Wünsche ist seit 1792 Papstschneider Gammarelli in Nr. 34 zuständig. Stets ist dort das weiße Gewand, das ein neuer Papst nach Annahme der Wahl anlegt, in drei Größen vorrätig – schließlich kennt nur Gott allein die Kleidermaße seines künftigen Stellvertreters auf Erden.

Pantheon ! 4

Mo–Sa 9–19.30, So 9–18, Fei 9–13 Uhr
Harmonische Proportionen und eine raffinierte Statik machen die überkuppelte Rotunde mit ihrer Säulenvorhalle und dem strengen Giebeldreieck zu einem Meisterwerk der Architektur. Das neben dem Kolosseum faszinierendste Bauwerk der römischen Antike wurde von Marcus Agrippa, dem Schwiegersohn von Kaiser Augustus, 27 v. Chr. erbaut. Seine klassische Gestalt verdankt es jedoch Kaiser Hadrian, der es in der 1. Hälfte des 2. Jh. n. Chr. nach wiederholten Bränden neu errichten ließ.

Die Kuppel

Der Eindruck beim Betreten des Innenraums ist überwältigend: Mit einem Durchmesser von 43,30 m und identischer Höhe bietet der größte Kuppelbau der Antike – noch heute das Bauwerk mit der größten Kuppel in Rom – ein Bild vollendeter Harmonie. Als Lichtquelle dient die 9 m große unverglaste Öffnung im Scheitelpunkt der Kuppel. Regnet es, fließt das Wasser durch einen marmornen Gully ab.

Die zweischalige Kuppel, ein Wunderwerk römischer Ingenieurskunst, präsentiert sich im Innern als Halbkugel, außen als Kalotte. Sie wurde in *opus caementicium*, dem heutigen Beton vergleichbar, über einer Holzverschalung gegossen. Das ungeheure Gewicht der Kuppel stützen vor allem die 6,20 m dicken Wände aus Ziegelmauerwerk. Nach dem Untergang des Römischen Reiches sollte es Jahrhunderte dauern, bis wieder Kuppeln dieser Dimensionen gebaut werden konnten.

Umwidmung in eine Kirche

Von den antiken Marmorverkleidungen und vergoldeten Bronzedachziegeln blieb kaum etwas erhalten. Sie fielen den Plünderungen des Mittelalters zum Opfer. Als dann der Barberini-Papst Urban VIII. auch noch die bronzene Kassettendecke der Vorhalle abnehmen und einschmelzen ließ, um daraus Kanonen und den Bronzebaldachin von St. Peter gießen zu lassen, reagierte die Bevölkerung empört, und an der Pasquino-Statue (s. S. 154) konnte man den Spruch lesen: »Quod non fecerunt barbari, fecerunt barberini« (Was die Barbaren nicht schafften, gelang den Barberini). Schließlich war das Pantheon inzwischen eine christliche Kultstätte geworden: Am 13. Mai 609 hatte Papst Bonifaz IV. das Pantheon der Himmelskönigin Maria und allen Märtyrern geweiht und es in Santa Maria ai Martiri umbenannt.

In der Antike war das Pantheon vermutlich den sieben planetarischen Göttern Apollo, Diana, Jupiter, Mars, Merkur, Saturn und Venus geweiht, deren Statuen in den Nischen des Innenraums standen. Im Lauf der Jahrhunderte wurden die Götterbilder durch christliche Altäre und Grabdenkmäler ersetzt. Neben den Grablegen der italienischen Könige, die noch heute von blau bemäntelten Monarchisten bewacht werden, liegen zahlreiche Künstlergrabmäler, wie das von einer Madonnenfigur bekrönte Grab des Renaissancemalers Raffael, auf dessen Inschrift zu lesen ist: »Hier liegt Raffael. Die Natur fürchtete, von ihm besiegt zu werden; und jetzt, da er tot ist, fürchtet sie, selbst sterben zu müssen.« Das Pantheon wurde Vorbild für viele bedeutende Sakral- und Profanbauten, darunter Schinkels Altes Museum in Berlin sowie das Kapitol in Washington.

Am Corso del Rinascimento

San Luigi dei Francesi 5

tgl. 10–12.30, Fr–Mi auch 16–19 Uhr

Besuchermagnet der düsteren französischen Nationalkirche ist die **Contarelli-Kapelle** mit dem großartigen Matthäus-Zyklus von Caravaggio, der sich durch dramatische Lichteffekte und großen Realismus auszeichnet (s. S. 200). Im Gegensatz dazu steht in der zweiten Kapelle rechts die pathosgeschwängerte Klassizität von Domenichino mit seinem Freskenzyklus aus dem »Leben der hl. Cäcilie« (1612/14).

Mein Tipp

Kaffee & Eis

Machen Sie den Test! Nur wenige Schritte voneinander entfernt befinden sich zwei der besten Kaffeeröstereien der Stadt: Im **Tazza d'Oro** 18 (Via degli Orfani 84, Mo–Sa 7–20 Uhr) mit angeschlossener Bar sollten Sie unbedingt die Mischung Regina del Caffè probieren! Das **Caffè Sant'Eustachio** 17 (Piazza Sant'Eustachio 82, tgl. 8.30–1 Uhr) hingegen ist berühmt für seinen vorgezuckerten Gran Caffè. Bestes Eis bekommen Sie in der nahe gelegenen Eisdiele **Giolitti** 19 (Via Uffici del Vicario 37–41, tgl. 7–1.30 Uhr).

Palazzo Madama 6

Zugang über die Piazza Madama 11, 1. Sa im Monat (außer Aug.) 10–18 Uhr

Der stets bewachte Renaissancepalazzo mit seiner barocken Prunkfassade wurde im 16. Jh. für die Familie Medici erbaut und nach der Gemahlin von Alessandro de Medici, ›Madama‹ Margherita von Österreich, benannt. Heute ist er Sitz des 315 Mitglieder zählenden italienischen Senats (s. S. 93).

Sant'Ivo alla Sapienza 7

So 9–12 Uhr, Juli/Aug. geschl.

Die Kirche gilt als das Hauptwerk von Francesco Borromini. Das kleine Juwel römischer Barockarchitektur beherrscht den von Arkaden gesäumten Innenhof der einstigen Universität.

Der Außenbau der zwischen 1642 und 1650 errichteten Universitätskirche zeigt das für Borromini typische Wechselspiel von konkaven und konvexen Formen. Der Grundriss offenbart seine Vorliebe, die verschiedensten geometrischen Formen miteinander zu kombinieren. Eine Besonderheit ist der **Kuppelaufbau:** eine orientalisch anmutende, sich schneckenförmig nach oben windende Laterne, die von einer Kugel und dem Kreuz bekrönt wird. Dieser ungewöhnliche Abschluss beschäftigt noch heute die Kunsthistoriker: Symbolisiert er den Turm von Babel, über dem das christliche Kreuz aufragt, bezieht er sich auf den Läuterungsberg in Dantes »Göttlicher Komödie« oder versinnbildlicht er die Tiara, die päpstliche Kopfbedeckung? Fest steht, dass Borromini eine der kühnsten Schöpfungen der europäischen Architekturgeschichte gelang.

Im Sommer finden im Innenhof **Konzerte** statt.

Sant'Agostino 8

Tgl. 7.30–12.30, 16–18.30 Uhr

Kunstinteressierte sollten einen Besuch dieser schlichten Frührenaissancekirche nicht versäumen. Sie birgt einige hochrangige Kunstwerke. Das Fresko des **Propheten Jesaja** über dem dritten Pfeiler links stammt von Raffael (1511/1512). Offenkundig ist die Anlehnung an die Prophetengestalten von Michelangelo im Deckengemälde der Sixtinischen Kapelle. Ein Meisterwerk von Caravaggio ist die **Madonna dei Pellegrini** (ca. 1605), in der ersten Kapelle am linken Seitenschiff.

Palazzo Altemps 9

Di–So 9–19.45 Uhr, Eintritt: 7 €/3,50 €, obligat. Kombiticket

Etwas versteckt liegt der vorbildlich restaurierte, Ende des 15. Jh. erbaute Palazzo Altemps. Die allgegenwärtigen Wappen mit dem Steinbock erinnern an Kardinal Marco Sittico Altemps, für den der Palazzo Ende des 16. Jh. umgebaut wurde. Mit seinem original erhaltenen Dekor vermittelt der Patrizierpalast auch einen Eindruck von der Wohnkultur der damaligen Zeit.

Museo Nazionale Romano

Als Teil des Römischen Nationalmuseums (s. S. 65) beherbergt das Bauwerk neben antiken Statuen verschiedener Provenienz vor allem den Kern der spektakulären **Antikensammlung von Kardinal Ludovico Ludovisi,** der diese Anfang des 17. Jh. für seine später zerstörte Villa auf dem Quirinal angelegt hatte. Bekannte Bildhauer wie Gianlorenzo Bernini und Alessandro Algardi wurden als Restauratoren hinzugezogen, wobei sie – entgegen heutigem Verständnis – die fehlenden Teile mancher Statue nach eigenem Empfinden ergänzten. Die Sammlung wurde früh beliebtes Ziel von Künstlern und Reisenden wie z. B. Goethe.

›Stars‹ der Ausstellung, die sich über zwei Stockwerke erstreckt, sind **Orest und Elektra,** eine Figurengruppe des Bildhauers Menelaos (1. Jh. n. Chr.), und der sogenannte **Ares Ludovisi,** eigentlich ein Apoll, die römische Kopie eines hellenistischen Originals, die von Bernini restauriert wurde. Zu den Attraktionen zählt auch der **Ludovisische Thron** mit der schaumgeborenen Aphrodite aus der Frühzeit der griechischen Klassik und das riesige Haupt der sogenannten Hera Ludovisi oder **Juno Ludovisi,** das im 17. Jh. fälschlicherweise als Original galt.

Im Kaminzimmer fesselt die dramatische Figurengruppe eines Galliers und seiner Frau die Besucher: Um nicht in pergamenische Gefangenschaft zu geraten, tötete der Gallier seine Frau und richtete das Schwert gegen sich selbst. Beeindruckend auch der **Ludovisische Sarkophag** mit der Darstellung einer Schlacht zwischen ›heldenhaften‹ Römern und ›leidenden‹ Barbaren aus dem 3. Jh. n. Chr.

Sant'Aniceto

Werfen Sie auch einen Blick in die kostbar ausgestattete Hauskirche des Palastes. Die Fresken von Splatter-Maler Pomarancio schildern das Leben des hier gestorbenen Märtyrers Sant'Aniceto – eine Anspielung auf Roberto Altemps, der wegen Ehebruchs von Papst Sixtus V. zum Tod durch Enthaupten verurteilt worden war.

Piazza Navona !

Die Piazza Navona gehört zu den schönsten Plätzen Roms, wenn nicht gar der Welt. Hier wird immer etwas geboten, und das seit Jahrtausenden. Der römische Mundartdichter Belli schrieb einmal: »Piazza Navona! Keinen Deut schert sie sich um die Piazza di Spagna oder St. Peter. Sie ist kein Platz. Sie ist das große Draußen, ein Fest, eine Bühne, ein Heidenspaß«.

Ihre ungewöhnliche lang gestreckte Form geht auf das im 1. Jh. n. Chr. errichtete Stadion Kaiser Domitians zurück, dessen Unterbauten an der Südseite noch sichtbar sind. Die mehr als 30 000 Zuschauer vergnügten sich bei sportlichen Veranstaltungen, aber auch in den umliegenden Garküchen und Bordellen. Im Mittelalter verfiel das Stadion zwar, doch das Areal war weiterhin für Vergnügungen bekannt. Während der Renaissance veranstaltete Kardinal Borgia auf dem inzwischen mit Erde und Schutt aufgefüllten Platz Stierkämpfe. Unter Papst Innozenz X., der den Platz mit Brunnen verschönern ließ, wurden in den heißen Sommermonaten Wasserspiele eingeführt: Am Wochenende wurde die Piazza geflutet, Prälaten und Adlige fuhren dann mit ihren Karossen um die Wette und das Volk plantschte im erfrischenden Nass. Erst Mitte des 19. Jh. verbot man die Spiele aus Angst vor Malaria.

Heute bevölkern Straßenmusiker und Pantomimen, Magier und Feuerschlucker, Porträtmaler und fliegende Händler den großen Platz, zu denen sich am Abend Nachtschwärmer und Flaneure gesellen. Beste Logenplätze bieten die umliegenden – teuren – Straßencafés. Von Weihnachten bis zur Befana findet auf der Piazza der Weihnachtsmarkt statt. Zu einem Hotspot des römischen Nachtlebens hat sich das Viertel zwischen Piazza Navona und Piazza del Fico entwickelt.

Ihren Ruf als eine der schönsten barocken Platzanlagen verdankt die Piazza Navona Papst Innozenz X. Anlässlich des Heiligen Jahres 1650 ließ er umfangreiche Baumaßnahmen durchführen wie die Erweiterung des Familienpalastes, Palazzo Pamphilj, den Neubau von Sant'Agnese und vor allem den Bau einer zentralen Brunnenanlage. Kurz nach dem Vier-Ströme-Brunnen wurde auch die mit Tritonen geschmückte Fontana del Moro (Mohrenbrunnen, 1652) von Bernini mit der namensgebenden Figur des ›Moro‹ neu gestaltet. Die Fontana di Nettuno (Neptunsbrunnen) an der Nordseite erhielt ihr Aussehen erst im 19. Jh.

Vier-Ströme-Brunnen 10

Die Fontana dei Fiumi (Vier-Ströme-Brunnen, 1648–51) zählt zu den Meisterwerken von Bernini. Die vier auf Felsabsätzen lagernden Männerfiguren personifizieren die Ströme der vier damals bekannten Kontinente Europa (Donau), Afrika (Nil), Asien (Ganges) und Amerika (Rio della Plata). Sie lagern um einen Obelisken, der im Barock zu einem christlichen Symbol umgedeutet wurde und hier mit päpstlichen Attributen versehen ist: Die Spitze krönt eine Taube mit einem Olivenzweig im Schnabel, das Wappen der Pamphilj. Für die merkwürdigen Verrenkungen der Figuren fanden die

Römer schon früh eine Erklärung: So verhülle der Nil seine Augen, weil er sich die von Berninis Gegenspieler errichtete Kirche Sant'Agnese nicht länger anschauen wolle, und der Rio della Plata werfe seine Hände nach oben, weil er befürchte, das Gotteshaus werde gleich einstürzen. Eine hübsche Geschichte. In Wahrheit entstand die Kirche einige Jahre nach dem Brunnen!

Sant'Agnese in Agone 11

www.santagneseinagone.org, Di–Sa 9.30–12.30, 15.30–19, So/Fei 10–13, 16–19 Uhr, Barockkonzerte 30 € (Termine s. www.romaoperaomnia.com)
Die Kirche (1652–1672) zu Ehren der hl. Agnes, die auf der Piazza Navona ihr Martyrium erlitten haben soll, lässt mit ihrer breiten konkaven Fassade und der überhöhten konvexen Kuppel deutlich Borrominis Handschrift erkennen. Erstaunlich klein im Vergleich zum mächtigen Äußeren wirkt der Innenraum: ein überkuppelter Zentralbau über dem Grundriss eines griechischen Kreuzes. Er nähert sich durch die erweiterten Nischen zwischen den Kuppelpfeilern in der Form fast einem Achteck.

Santa Maria dell'Anima 12

www.pisma.it, tgl. 9–12.45, 15–19 Uhr
Hinter der feierlichen Renaissancefassade der 1501–1523 errichteten deutschen und österreichischen Nationalkirche mit angeschlossenem Hospiz verbirgt sich eine für Rom ungewöhnliche dreischiffige Hallenkirche mit lang gestrecktem Chor, wie sie im deutschen Raum häufig zu finden ist. Neben zahlreichen Pilgern ruht hier Papst Hadrian VI. (1522/1523). Das Altarbild **Heilige Familie mit Heiligen** stammt von Raffael-Schüler Giulio Romano.

Santa Maria della Pace 13

http://chiostrodelbramante.it, Mo, Mi, Sa 9–12 Uhr, Kreuzgang: Zugang über Vicolo Arco della Pace 5, Di–So 10–20 Uhr
In einem abgeschiedenen Winkel der Gassen um die Piazza Navona liegt die reizvolle Kirche, die allein durch die originelle Barockfassade von Pietro da Cortona (Mitte 17. Jh.) die Aufmerksamkeit auf sich zieht. Vor der bereits im 15. Jh. errichteten Kirche fügte er einen ungewöhnlich weit vorspringenden, halbkreisförmigen Säulenvorbau ein, der trotz der Enge des Platzes der Kirche einen monumentalen und feierlichen Rahmen verleiht. Besuchermagnet der Kirche ist in der Cappella Chigi Raffaels berühmtes Fresko der **Vier Sibyllen** (1514). Raffael zeigt hier ein für ihn ganz neues Empfinden für die Plastizität und Bewegung der Körper. Deutlich ist der Einfluss von Michelangelo zu erkennen, dessen Sixtinische Decke er dank einer heimlichen Sonderführung durch Bramante vorzeitig sehen konnte. Der zweigeschossige **Kreuzgang** ist eines der ersten Werke des Renaissancebaumeisters Bramante und dient heute als Ausstellungsraum.

Eine Oase der Ruhe und idealer Platz für eine Kaffeepause ist die **Caffetteria del Chiostro del Bramante 16**.

Pasquino 14

Ausgerechnet eine Steinskulptur wurde zum ärgsten und langlebigsten Kritiker römischer Politik! Der seit dem 16. Jh. bestehende Brauch, an den Torso der Pasquino-Statue auf der gleichnamigen Piazza Spottverse zu heften, um die herrschende Politik aufs Korn zu nehmen, existiert bis heute. Der Name Pasquino geht vermutlich auf einen besonders spitzzüngigen Schneider zurück, der seine Kritik in geschliffene Epigramme zu kleiden wusste, und fand Eingang in viele ▷ S. 159

Der Vier-Ströme-Brunnen ist das Schmuckstück der Piazza Navona

Auf Entdeckungstour

Palastgeflüster

Die mondänen Palazzi von Päpsten, Kardinälen und Mäzenen prägen das Stadtbild Roms. Ihre Fassaden spiegeln europäische Architekturgeschichte, ihre prachtvollen Räumlichkeiten waren Schauplätze rauschender Feste, legendärer Gastmähler und verhängnisvoller Verschwörungen.

Start: am Corso Vittorio Emanuele II

Planung: Palazzo della Cancelleria, Mo–Sa 7.30–14, 16–20 Uhr, s. auch S. 157; Palazzo Spada, Zugang Galleria über Via Polverone 15b, Di–So 8.30–19.30 Uhr, http://galleriaspada.beniculturali.it, 5 €/2,50 €; Palazzo Venezia, Di–So 9–19 Uhr, http://museopalazzovenezia.beniculturali.it, 4 €/2 €.

Im Mittelalter mussten sich die mächtigen Familien noch hinter zinnenbekrönten Wehrburgen und himmelwärts strebenden Türmen verschanzen. Mit der Rückkehr der Päpste aus Avignon brach eine Zeit des kulturellen und architektonischen Neubeginns an. Die gewaltsamen Auseinandersetzungen und erbitterten Fehden zwischen den adligen Familien Roms gehörten von nun an der Vergangenheit an. Nach und nach entstanden die ersten repräsentativen Palazzi und Villen. Geistliche und weltliche Würdenträger demonstrierten mit diesen Prachtbauten ihre Macht, an der hinter den Fassaden mit großem Elan weitergesponnen wurde.

Die Launen des Glücks

Den Paradebau des römischen Palastbaus der Frührenaissance, den **Palazzo della Cancelleria** 18, finanzierte Kardinal Raffaele Riario mit rund 14 000 Dukaten, die er beim Würfeln gewonnen hatte. Noch vor dessen Fertigstellung bezog er den prächtigen Palast. Im Erdgeschoss waren Vorratsräume, Küche und Speiseräume für die Diener untergebracht. Die Wohn- und Schlafräume des Kardinals lagen im *piano nobile,* wo sich auch die Empfangs- und Festsäle befanden, darunter ein von Vasari in nur 100 Tagen ausgemalter Saal (Sala dei cento giorni). Michelangelo, auf die Malerleistung seines Kollegen angesprochen, soll lakonisch geantwortet haben: »Si vede bene!« – »Man sieht's!« Der Ausnahmekünstler stieß schon in jungen Jahren zum Haushalt des Kardinals. Riario hatte von einem Händler eine Cupido-Skulptur gekauft, im Glauben, es handle sich um eine römische Antiquität. Als er die Fälschung erkannte, wollte er den Künstler kennenlernen – und rief Michelangelo nach Rom.

Lange konnte sich Riario seines Palazzo allerdings nicht erfreuen. Während die steinernen Rosen aus seinem Wappen an der Fassade verblieben, musste er seine prächtige Wohnstatt schon bald mit der Engelsburg, dem päpstlichen Kerker, tauschen. Man hatte seine Beteiligung an einer Verschwörung gegen den Medici-Papst Leo X. entdeckt. Immerhin entging er im Gegensatz zu seinen Mitverschwörern der Todesstrafe, musste aber nach Zahlung einer beträchtlichen Summe Rom verlassen. In den Jahren der Römischen Republik unter Napoleon 1798/1799 war der Palazzo schließlich Sitz des Römischen Hofes, weshalb über dem Eingang noch immer die Schrift Corte Imperiale prangt. Heute ist der Palast exterritoriales Vatikangebiet und Sitz der Sacra Rota. Das päpstliche Ehegericht kann kirchlich geschlossene Ehen annullieren (Besichtigung der Innenräume nur nach Voranmeldung Di nachm. und Sa vorm. bei Amministrazione del Patrimonio della Sede Apostolica, Tel. 06 69 89 34 05, Fax 06 69 88 31 41, economato@apsa.va).

Schein und Sein

Zu den verspieltesten Palazzi am Tiberknie gehört der **Palazzo Spada** 19, in dem sich die barocke Lust am Illusionismus auslebt. Von der mit Stuckdekorationen überzogenen Fassade begrüßen Herrschergestalten des antiken Rom den Besucher: Augustus, Cäsar, Pompejus … Im Innenhof setzt sich die verspielt-manieristische Stuckdekoration mit mythologischen Darstellungen fort. Triumphe feiert das Spiel mit den Grenzen zwischen Schein und Wirklichkeit in der berühmten scheinperspektivischen Kolonnade von Borromini (s. Abb. links), die der Gegenspieler Berninis als Verbindung zweier Höfe anlegte. Erst bei genauer Betrachtung zeigt sich, dass die Wände zusammenlaufen, der Boden ansteigt, das Gewölbe sich neigt und die Abstände zwischen den Säulen sich verringern. Misst die erste noch 5,68 m, so ist die letzte Säule gerade 2,47 m hoch. Zu guter Letzt entpuppt sich die kolossale Statue am Ende der scheinbar langen Galerie als nur 80 cm hoch und die Galleria als lediglich 9 m lang. Eine Spielerei mit Hintersinn: »Wunder der Kunst: Bild einer trügerischen Welt. Groß bloß der Erscheinung nach, sind die Dinge klein für den, der sie aus der Nähe betrachtet. Auf der Welt ist das Große nichts anderes als Illusion«, sinnierte Kardinal Spada in seinen Versen.

Ein »kleines italienisches Fontainebleau«

Der überaus kunstsinnige Kardinal Bernardino Spada, der lange Zeit als apostolischer Nuntius am Hofe von Katharina de' Medici verbrachte, verwandelte den *piano nobile* seines Palazzo, der Anfang des 16. Jh. erbaut worden war, in ein »kleines italienisches Fontainebleau« mit prunkvoller Stuckgalerie und perspektivischen Veduten (jeden 1. So im Monat um 10.30, 11.30, 12.30 Uhr, Eintritt: 6 €, Reservierung obligatorisch unter Tel. 066 83 24 09).

Besuchermagnet ist der Pompejussaal mit einer überlebensgroßen Statue des Feldherrn, von der man lange Zeit annahm, sie habe in der Vorhalle des Pompejus-Theaters gestanden. Dann wäre zu Füßen dieser Statue an den Iden des März Cäsar ermordet worden. »Unter dieser Statue sollten alle Revolutionäre mit wahren, hellen, gemäßigten Philanthropen zwölf Mitternächte Rat halten, ehe sie einen Schritt wagen«, philosophierte Johann Gottfried Seume. Im Palazzo tagt heute der italienische Staatsrat.

Hort großer Schätze

Die Sammlung von Bernadino Spada (1594–1661), die in der **Galleria Spada** im ersten Geschoss ausgestellt ist, zeugt vom erlesenen Geschmack und seinen guten Beziehungen zu den bedeutendsten Künstlern seiner Zeit. Die Gemälde aus dem 16. und 17. Jh stammen u. a. von Rubens, Tizian, Guido Reni und Andrea del Sarto.

Zeit der Sünden, Zeit der Buße

Noch wie eine Trutzburg erhebt sich hingegen der **Palazzo Venezia** 20 (s. auch S. 210) am gleichnamigen Platz. Als der Venezianer Pietro Barbo und spätere Papst Paul II. von seinem Onkel Papst Eugen IV. zum Kardinal erhoben wurde, begann er gleich mit dem Bau einer standesgemäßen Bleibe. Der Palazzo Venezia mit mächtigem Eckturm und Zinnenkranz ist das erste profane Bauwerk der Frührenaissance in Rom.

Als Venezianer liebte Paul II. den Karneval, den die Römer bis dahin auf dem Kapitol und dem Monte Testaccio feierten. Unter ihm wurde die Piazza Venezia zum Endpunkt der Umzüge und der Rennen der berühmten Bárberi, der reiterlosen Pferde, die von der Piazza del Popolo über die Via del Corso – daher der spätere Name – sausten. Großer Beliebtheit erfreuten sich seine Feste, bei denen er nach dem antiken Vorbild *panem et circenses* die Römer mit Speisen und Getränken bewirten ließ und Geld unter die Menge warf. Doch wo Genuss ist, muss auch Buße sein. Damit jede Generation die Möglichkeit zum Sündenerlass habe, verkürzte er die Wiederkehr des Heiligen Jahres von 50 auf 25 Jahre.

Heute beherbergt der Palast das **Museo di Palazzo Venezia** mit einer Sammlung von Kunstwerken aus dem 13. bis 18. Jh. und immer wieder bedeutenden Ausstellungen.

Sprachen – auch ins Deutsche, wo man anonyme Schmäh- und Spottschriften früher als Pasquill bezeichnete.

Am Corso V. Emanuele II

Chiesa Nuova 15

www.vallicella.org, tgl. 7.30–12, 16.30–19.30 Uhr

Nachdem Papst Gregor XIII. den von Filippo Neri gegründeten Oratorianerorden 1575 anerkannt hatte, schenkte er der Bruderschaft die Kirche Santa Maria in Vallicella. Neri ließ an der Stelle des mittelalterlichen Gotteshauses eine neue Kirche errichten, daher der Name Chiesa Nuova. Die – entgegen Neris Wunsch – im Inneren sehr prunkvoll ausgestattete Kirche schmücken drei Altarbilder des jungen Peter Paul Rubens. Vom Barockmaler Pietro da Cortona stammen die perspektivreichen, illusionistischen Fresken an der Decke, in der Kuppel und der Apsis. Die im Gegensatz zu den Jesuiten oder Dominikanern nicht hierarchisch organisierte Kongregation kümmerte sich um bedürftige Pilger, Arme und Kranke. Ihre Zusammenkünfte, bei denen auch Laien predigten, wurden mit Gesängen und Gebeten in der Volkssprache sehr lebendig gestaltet und hatten bald großen Zulauf. Schließlich musste ein größerer Raum eingerichtet werden – das Oratorium (lat. Betsaal), wovon sich später der Begriff Oratorium als musikalische Gattung ableitete. Das **Oratorio dei Filippini** neben der Kirche ist eine der frühen Arbeiten von Francesco Borromini (nicht zugänglich).

Museo di Roma (Palazzo Braschi) 16

www.museodiroma.it, Di–So 10–20 Uhr, 7,50 €/5,50 €

Der erst aufwendig restaurierte Palazzo ist der letzte große Nepotenpalast Roms. Das Hauptzeugnis des römischen Neoklassizismus wurde 1791 im Auftrag von Pius VI. für seinen Neffen erbaut und beherbergt heute das Stadtmuseum Roms. Rund 100 000 Exponate, u. a. Möbel, Kleidungsstücke, Gemälde und Büsten, dokumentieren das Leben in Rom vom Mittelalter bis zum Beginn des 20. Jh. Schwer zu sagen, was interessanter ist: der Palazzo mit seinen originalen Fresken, den zarten Stuckaturen und dem chinesischen und ägyptischen Salon oder die Veduten, die Rom vor der großen Umgestaltung im Barock zeigen. Von den Fenstern des Obergeschosses bietet sich ein schöner Blick auf die Piazza Navona.

Museo Barracco (Farnesina ai Baullari) 17

www.museobarracco.it, Di–So 9–19 Uhr, 5,50 €/4,50 €

Der kleine Renaissancepalazzo aus dem frühen 16. Jh. beherbergt eine erlesene Sammlung antiker Skulpturen des Barons Barracco, u. a. einige griechische Originale. Im Untergeschoss sind die Ruinen eines spätantiken römischen Wohnhauses zu sehen.

Sant'Andrea della Valle 21

Tgl. 7.30–12.30, 16.30–19.30 Uhr

Opernliebhaber kennen die Kirche aus dem ersten Akt von Puccinis »Tosca«. Die ›Cappella Attavanti‹ werden sie jedoch vergeblich suchen, sie war eine Erfindung Puccinis. Die mächtige Basilika, die stark an Il Gesù (s. S. 145) angelehnt ist und die zweithöchste Kuppel nach der Peterskirche besitzt, wurde nach einem Entwurf von Giacomo della Porta 1591 begonnen, jedoch von Carlo Maderno 1622 vollendet. Die mächtig aufragende, hochbarocke Fassade stammt von Carlo Rainaldi, der nach einer Kritik an seinem Engel, der hier die traditionelle Volute ersetzt, den zweiten unausgeführt ließ. Wie bei Il Gesù dominiert die riesige Kuppel den einschiffigen gewölbten Saalbau. Barockmaler Giovanni Lanfranco malte sie mit einem Paradiesfresko in illusionistischer Trompe-l'œil-Technik aus (1625–1628). Im Gegensatz dazu steht die klassizistische Realistik und Kühle der Evangelisten in den Zwickeln sowie im Chor die Szenen aus dem Leben des hl. Andreas (1622–1628), die von Lanfrancos hochbegabtem Erzrivalen Domenichino stammen. Die Gemälde mit dem Martyrium des hl. Andreas beim Hauptaltar schuf Mattia Preti (1650/1651).

Campo de' Fiori !

Kommen Sie am Vormittag, dann breitet sich auf dem Campo der schönste römische Stadtteilmarkt aus. Lauthals preisen die Händler ihre Waren an. Zwischen frischem Fisch, Obst und Gemüse diskutiert man über die Geheimnisse der römischen Küche oder die letzten Fußballergebnisse. Gegen Mittag verschwinden die Stände und Kehrmaschinen bereiten den Platz für seinen abendlichen Auftritt vor. Vor allem an den Wochenenden bevölkern Hunderte von jungen Leuten mit einem Glas Wein oder Bier in der Hand die Piazza. Das Zusammensein, nicht das Trinken steht im Vordergrund, auch wenn es manche gerne vergessen. Die Getränke holt man sich in einer der umliegenden *vinerie,* wie der **Vineria Reggio** 10. Und natürlich kann man in den zahlreichen *trattorie,* z. B. der **Hostaria Farnese** 9, auch herrlich römisch essen. Allen Unkenrufen zum Trotz ist auf dem Campo noch immer die römische Volksseele lebendig. Den morbiden Charme des Viertels haben schon vor Jahrzehnten Künstler und Wahlrömer für sich entdeckt. Lassen Sie sich nicht von Äußerlichkeiten täuschen! Hinter manch heruntergekommener Fassade verbergen sich luxussanierte Wohnungen, die auf dem Wohnungsmarkt zu Höchstpreisen gehandelt werden.

Geschichte des Platzes

In der Nähe des heutigen Campo erhob sich in der Antike das erste steinerne Theater der Stadt, das zwischen 55 und 52 v. Chr. erbaute Theater des Pompejus. In der dahinterliegenden Kurie fand am 15. März 44 v. Chr. eine Senatssitzung statt, die in die Geschichte einging: »Tu quoque, Brute, fili mi?« (Auch du, Brutus, mein Sohn?), soll Cäsar noch ausgerufen haben, bevor er unter den Dolchstößen der verschworenen Senatoren fiel. Vom inneren Bogen der Theaterränge zeugt noch der gerundete Verlauf der Via di Grotta Pinta. Weitere Reste von Mauern und Gewölben findet man unter Palästen und Häusern oder im Keller des Restaurants **Pancrazio** 5.

Mit der Rückkehr der Päpste aus Avignon bildete der Platz eine wichtige Durchgangsstation auf dem Weg zum Vatikan. Pilgerherbergen und unzählige Wirtshäuser öffneten ihre Pforten. Noch heute heißt eine der Straßen in Richtung Vatikan: Via del Pellegrino, Pilgerstraße. Ein malerisches Ensemble mittelalterlicher Häuser entdeckt man jenseits des Arco degli Acetari in der **Via del Pellegrino 19–41.**

Zu einem Ort päpstlicher Machtdemonstration wurde der Campo de' Fiori während der Inquisition, als hier öffentliche Hinrichtungen und Verbrennungen stattfanden. Prominentestes Opfer war Giordano Bruno (1548–1600), der am 17. Februar des ›Heiligen Jahres‹ 1600 wegen seiner These von der unendlichen Welt und seiner Zweifel an einer göttlichen Ordnung im Kosmos auf dem Scheiterhaufen verbrannt wurde. Bruno, der seine Thesen

Bis heute volkstümlich: der Campo de' Fiori

nicht widerrief, entgegnete dem Inquisitor: »Ihr, die ihr meine Verurteilung verkündet, habt mehr Angst als ich, der sie entgegennimmt.« Erst 1889, nach der Einigung Italiens, als dieser Teil Roms nicht mehr zum Kirchenstaat gehörte, konnte man ein Denkmal für Giordano Bruno aufstellen.

Palazzo Farnese 22

Der Gegensatz zum volkstümlichen Campo de' Fiori, der von keiner Kirche und keinem Palazzo beherrscht wird, könnte nicht größer sein. Die stille aristokratische **Piazza Farnese** mit ihren symmetrischen Brunnenanlagen, deren Granitwannen aus den Caracalla-Thermen stammen, ist lediglich der Vorplatz zum grandiosen Palazzo Farnese. Das größte Privathaus der Stadt, Höhepunkt römischer Renaissancebaukunst und bis ins frühe 20. Jh. Vorbild zahlreicher Palazzi, wurde 1516/1517 vom ehrgeizigen Kardinal Alessandro Farnese, dem späteren Papst Paul III., in Auftrag gegeben. Nach dem Willen seines Bauherrn sollte der Privatpalast zum Machtzentrum der Familie Farnese werden. Zur Familie gehörten neben einem 300-köpfigen Hofstaat vor allem seine drei Kinder, die er später päpstlich legitimieren ließ, und seine Konkubine Silvia Ruffini. Paul III. war der erste Papst der Gegenreformation. Er leitete innerkirchliche Reformen ein und unterstützte neue Orden, etwa die Jesuiten. Als Förderer der Künste und unermüdlicher Sammler ließ er die Bauarbeiten von St. Peter fortführen und beauftragte Michelangelo mit dem »Jüngsten Gericht«. Ganz in der Tradition seiner Vorgänger pflegte er auch die Vetternwirtschaft. So verlieh er seinem Sohn Pierluigi kurzerhand das neu geschaffene Herzogtum Parma und Piacenza, und seine Enkel ernannte er zu Kardinälen. Auch er wurde schon mit 25 Jahren zum Kardinal

Sieben Jahre malten die Carracci-Brüder an den Fresken des Palazzo Farnese

erhoben – mit Hilfe seiner schönen Schwester Giulia, der Mätresse des Borgia-Papstes Alexander VI. Sie bekam auch einen Ehrenplatz an seinem Grabmal im Chor der Peterskirche. Als nackte Schönheit verkörperte sie die Gerechtigkeit, bis Papst Leo XII. sie in ein Bronzehemd kleidete.

Baugeschichte

An dem dreigeschossigen Palastkubus, der von gleichmäßigen Fensterreihen gegliedert ist, arbeiteten über 70 Jahre die berühmtesten Architekten jener Zeit, so Antonio Sangallo und Michelangelo, der das weit hervorkragende Kranzgesims und die Loggia über dem Eingangsportal entwarf. Als Baumaterial dienten Steine von Kolosseum und Marcellus-Theater. Die rückwärtige Fassade an der Via Giulia schufen Giacomo della Porta und Vignola. Typisch für die römische Baukunst der Renaissance ist die Verbindung antiker Formensprache mit monumentalen Proportionen. Mit ihrer Abfolge der verschiedenen Säulenordnungen (dorisch, ionisch, korinthisch) zeigt der Innenhof einmal mehr, wie sehr sich die Baumeister von der Fassade des Kolosseums leiten ließen.

Galleria Farnese
Geführte Besichtigung nur nach Voranmeldung (min. 1 Woche im Voraus, ca. 45 Min., meist Franz., 5 €, http://inventerrome.com
Zu den Initialwerken der römischen Barockmalerei gehören die 1596–1603 von Annibale und Agostino Carracci geschaffenen Fresken in der Galleria Farnese, dessen zentrales Bild, der »Triumph von Bacchus und Ariadne«, eine Verherrlichung der sinnlichen Liebe darstellt. Seit 1935 ist der Palazzo Sitz der französischen Botschaft. Berühmt wurde der Palazzo auch als Schauplatz der wohl blutrünstigsten römischen Oper: »Tosca«. Puccini verlegte den zweiten Akt der Oper, die zur Zeit der Römischen Republik spielt, in den Palazzo. Um das Leben ihres Geliebten zu retten, gibt die Sängerin Tosca vor, sich dem lüsternen Polizeichef Scarpia hinzugeben. Als sie von ihm den ersehnten Passierschein bekommt, ersticht sie ihn.

Via Giulia

Zum Bummeln und Flanieren verführt mit ihren Antiquitätengeschäften und Kunstgalerien die idyllische Via Giulia. Papst Julius II. ließ die von Renaissancepalazzi gesäumte Prachtstraße von seinem Hofarchitekten Bramante anlegen, der dafür eine Schneise durch das mittelalterliche Gassengewirr schlagen musste. Die Via Giulia, eine der ersten geraden Straßen Roms seit der Antike, sollte Kapitol und Vatikan verbinden. Aus dem fantasievollen **Mascherone-Brunnen** mit der riesigen Marmormaske floss bei Festen der Farnese auch schon mal Wein statt Wasser. Einen schönen Blick auf Stadt und Petersdom genießt man von der nahen Tiberbrücke **Ponte Sisto,** die nach Trastevere hinüberführt. Ein Treffpunkt für Liebhaber von Barockkonzerten ist **Il Gonfalone** 5, wo jeden Donnerstag um 21 Uhr unter Renaissancefresken Solisten, Chöre oder Kammerorchester auftreten (Infos unter: www.oratoriogonfalone.com).

Piazza Mattei

Eine Perle der Spätrenaissance und einer der schönsten Brunnen Roms ist die **Fontana delle Tartarughe** 23, der Schildkrötenbrunnen, von Giacomo della Porta (1585) auf der ▷ S. 167

Auf Entdeckungstour

Jüdisches Leben in Rom

Das kleine jüdische Viertel scheint eine Welt für sich zu sein. Zentrum des jüdischen Lebens ist noch heute die Via del Portico d'Ottavia. Am Samstag, dem jüdischen Sabbat, ist es hier ruhig; ansonsten, aber vor allem am Sonntag, treffen sich die Bewohner zum Plauschen vor der Tür oder im Buchladen Menorah.

Museo Ebraico di Roma: Sinagoga Nuova, Lungotevere Cenci 15, So–Do 10–17, Juni–Sept. bis 19, Fr 9–14, Juni–Sept. bis 16 Uhr, Sa und an jüdischen Feiertagen geschl., 10 €/4 €; dt. Führungen nach Voranmeldung unter Tel. 06 68 40 06 61, www.museoebraico.roma.it.

Seit über 2000 Jahren leben Juden in Rom. Bereits zur Zeit der römischen Republik wohnten viele jüdische Kaufleute in der Tiberstadt. Nach den Jüdäischen Kriegen im 1. Jh. kamen zahlreiche Juden als Gefangene nach Rom, wo sie als Sklaven u. a. beim Bau des Kolosseums eingesetzt wurden. Sie lebten zunächst jenseits des Tiber in Trastevere, in der Antike das Ausländerviertel, und gründeten dort ihre erste Gemeinde. In Rom lebten damals unterschiedlichste Nationen mit verschiedenen Religionen und Sprachen. Unter der Schirmherrschaft des Kaisers waren sie gleichberechtigt und ebenbürtig. Die ersten Probleme traten mit der Vereinheitlichung der Religion auf, mit dem Christentum. Im 14. Jh. übersiedelten viele Juden auf die andere Flussseite, in die Gegend, die sie zwangsweise zu bewohnen hatten.

Leben hinter geschlossenen Toren

Unter dem Carafa-Papst Paul IV. wurde im Zuge der Gegenreformation 1555 das Ghetto eingerichtet. Das etwa 3 ha große Gebiet zwischen dem linken Tiberufer, Marcellus-Theater und der heutigen Via del Portico d'Ottavia wurde mit einer Mauer umschlossen, deren Tore in der Morgendämmerung geöffnet und bei Einbruch der Dunkelheit verriegelt wurden. Erst mit der Einigung Italiens und der Auflösung des Kirchenstaates 1870 fielen die Mauern. Die Juden erhielten das volle Bürgerrecht und bauten eine prächtige Synagoge im neobabylonischen Stil. Unter Mussolini war ihnen ab 1938 erneut der Zugang zu Schulen, Militär und öffentlichen Ämtern verwehrt. Die Deportation von 2091 Juden durch die Gestapo während der deutschen Besetzung erfolgte unter dem Schweigen von Papst Pius XII. Pacelli. Lediglich 16 Männer und eine Frau kehrten zurück.

Inzwischen leben wieder etwa 500 jüdische Familien im **ehemaligen Ghetto** 24 (in Rom insgesamt ca. 16 000 Juden). Das Verhältnis zwischen römischen Juden und Katholiken hat sich deutlich entspannt, nachdem Johannes Paul II. als erster Papst der Geschichte 1986 die römische Synagoge besuchte.

Eine Welt für sich

Zu den malerischsten Ecken des Viertels gehört die **Via del Portico d'Ottavia,** das Herz des einstigen Ghettos. Zahlreiche kleine jüdische Läden versorgen die Gemeinde mit koscheren Lebensmitteln und religiösen Artikeln, andere betreiben ihre alteingesessenen Geschäfte mit Textilien und Kurzwaren, einer der wenigen Geschäftszweige, die den Juden neben dem Geldverleih erlaubt waren. Viele der Gebäude mussten nach der Einigung neuen Bauten weichen, doch längs der Via Portico d'Ottavia und der Via Reginella haben sich noch alte Häuser erhalten. Zu den ältesten gehört das kuriose **Haus des Lorenzo Manili** (Via del Portico d'Ottavia 10) aus dem 15. Jh., dessen Fassade der Hausherr ganz im Sinne der Renaissance mit antiken Inschriften und Reliefs geschmückt hat.

Ihren Namen verdankt die Straße dem **Portico di Ottavia,** den Kaiser Augustus 27 v. Chr. seiner Schwester Octavia widmete. Die riesige überdachte Säulenhalle, die Tempel und Bibliotheken umschloss, verband das nahe Marcellus-Theater mit dem des Pompejus. Ausgrabungen haben den schönen Marmorfußboden wieder zum Vorschein gebracht. Im 8. Jh. entstand in einem Teil des Portikus die Kirche **Sant'Angelo in Pescheria.** Sie ist nach dem seit der Antike bestehenden Fischmarkt benannt, an den noch die Marmortafel am rechten Pfeiler erinnert. Diese trägt den Hinweis, dass alle Fischköpfe – sie galten als Delikatesse – den Konservatoren auf dem Kapitol zu übergeben seien. Gemeinsam mit **San Gregorio della Divina Pietà** ist sie eine der vier Kirchen, in denen sich die Juden seit 1278 Zwangspredigten der Franziskaner anhören mussten. Diese wurden bewusst am jüdischen Sabbat gehalten.

Direkt gegenüber von San Gregorio della Divina Pietà befindet sich heute die sehenswerte, 1904 eingeweihte **Sinagoga Nuova** (Synagoge) mit ihrer quadratischen Kuppel, die auch ein **Museum** mit einigen wenigen historischen Zeugnissen der jüdischen Gemeinde Roms und Kultgegenstände aus den fünf kleinen Synagogen beherbergt, die sich einst im Viertel befanden. Ein informeller Treffpunkt des Viertels ist die von Frauen geführte jüdische **Buchhandlung Menorah '85** (Via del Tempio 2).

Lukullische Verlockungen

Das einstige Ghetto ist nicht nur ein sehr lebendiges, volkstümliches Viertel mit viel Atmosphäre, wo man am Abend auf dem Stuhl vor der Tür sitzt und noch ein Schwätzchen hält. Hierher kommen die Römer auch gern, um jüdische Spezialitäten zu essen, etwa *carciofi alla giudia.* Bei diesem Rezept werden die Blütenköpfe der Artischocken wie bei einer aufgeblühten Blume geöffnet und frittiert. Versuchen Sie die *carciofi* und andere *fritti* in der Via Portico d'Ottavia bei **Giggetto** 7 oder in der ausgezeichneten **Taverna del Ghetto** 8.

Inzwischen gibt es auch Fast Food für die Jüngeren: **Mkosher** in der Via Santa Maria del Pianto 68–69, der auch Falafel und Kebab im Angebot hat. Eine Institution ist die von außen unscheinbare Bäckerei **Boccione** 15, die tagtäglich wunderbare Leckereien aus dem Ofen zaubert, darunter köstliches Mandelgebäck oder mit Ricotta und Schattenmorellen belegte Kuchen. Selbst Papst Benedikt XVI. ist den Verlockungen der Bäckerei in der Via Portico d'Ottavia erlegen. In einem Dankschreiben verriet er seine Vorliebe für Biscotti und ›jüdische Pizza‹, ein Gebäck aus Mandeln, Rosinen, Zimt und Pinienkernen.

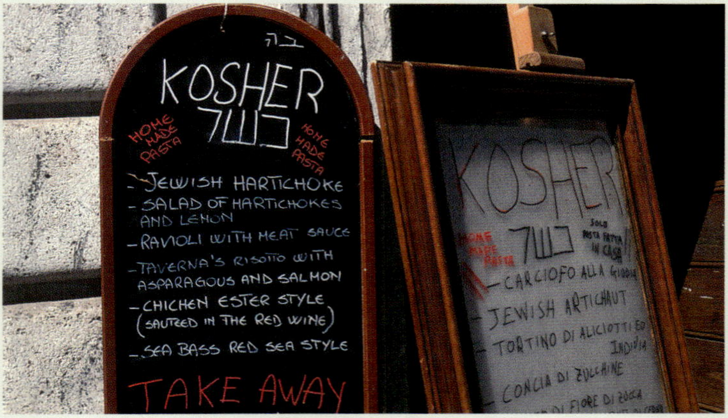

stillen Piazza Mattei jenseits der Via Arenula. Die vier selbstverliebten Bronzeknaben und die Delfine stammen vom florentinischen Bildhauer Taddeo Landini. Die bronzenen Schildkröten fügte Bernini 1658 hinzu.

Der **Palazzo Mattei** an der Nordseite der Piazza mit seinen sehenswerten Resten antiker Marmorplastiken im Innenhof gehörte der einflussreichen Familie Mattei und war nur ein Teil eines größeren Palastkomplexes, der bis an die Via delle Botteghe Oscure reichte. Die Familie Mattei war u. a. für das Öffnen und Schließen der Tore des angrenzenden Ghettos zuständig.

Tiberinsel 25

Wie ein steinernes Schiff, mit zwei Ankern an den Ufern befestigt, liegt die Isola Tiberina im Tiber. Eine Legende erzählt vom Heilgott Äskulap, der wegen einer nicht enden wollenden Seuche von einer römischen Gesandtschaft um Hilfe gebeten wurde. In Schlangengestalt von Griechenland auf einem Schiff nach Rom gebracht, glitt er auf die Insel. In Erinnerung daran habe man die Insel mit Travertinplatten in ein steinernes Schiff mit Bug und Heck verwandelt. An der Stelle eines Äskulap-Tempels entstand im Jahr 1000 die Kirche **San Bartolomeo in Isola.** Mit dem Krankenhaus Fatebenefratelli aus dem 16. Jh. steht die Insel auch noch heute im Zeichen der Medizin.

Der **Ponte Fabricio,** die einzige noch erhaltene Römerbrücke, verbindet die Insel mit dem ehemaligen Ghetto, während der im 19. Jh. erneuerte **Ponte Cestio** nach Trastevere führt. Ein schönes Fotomotiv sind die Reste der ältesten Steinbrücke Roms, des **Ponte Rotto** (›kaputte Brücke‹) aus dem 2. Jh. v. Chr. Sie verband seit der Antike südlich der Insel die beiden Tiberseiten.

Mein Tipp

Hierher kommt man gerne zurück
Sicher ist **Sora Margherita** 11 längst kein Geheimtipp mehr, aber seinen unverwechselbaren Charme hat es sich bewahrt. Auch wenn das kleine Lokal mit seinen papiergedeckten Holztischen, auf das kein Schild hinweist, von außen eher an eine Garage erinnert, begeistern die urrömische Küche und die familiäre Atmosphäre. Lassen Sie sich nicht davon abschrecken, dass Sie erst einmal Clubmitglied werden müssen, um hier zu essen, es geht dabei lediglich um die Schanklizenz (Piazza delle Cinque Scole 30, Tel. 066 87 42 16, Sept.–Mai Mo–Sa 12.30–15, Mo, Mi, Fr und Sa auch abends um 20 bzw. um 21.30 Uhr, Juni/Juli Mo–Fr Mittag, Mo, Mi, Do, Fr auch abends, Menü 30–35 €).

Essen & Trinken

Exquisite Spitzengastronomie – **Il Convivio** 1: s. S. 38.
Das Fischrestaurant Roms schlechthin – **Quinzi & Gabrieli** 2: s. S. 38
Urrömisch – **Armando al Pantheon** 3: Salita dei Crescenzi 31, Tel. 06 68 80 30 34, www.armandoalpantheon.it, Metro Spagna (A), Bus: 40, 64, 116, Mo–Sa 12.30–15, Mo–Fr 19.30–23 Uhr, Menü 35–40 €. Alteingesessener kleiner Familienbetrieb mit bester römischer Küche, aber auch vegetarische Gerichte nur zwei Schritte vom Pantheon entfernt.
Chinesisch innovativ – **Green T.** 4: s. S. 40.
Am Tatort – **Pancrazio** 5: Via del Biscione 92, Tel. 066 86 12 46, Bus: 40, 46,

62, 64, 116, Do–Di 12.30–15, 19.30–23 Uhr, Menü ca. 40 €. »Auch du, mein Sohn Brutus«, soll Cäsar noch ausgerufen haben, bevor er zusammensackte. Im Untergeschoss kann man zwischen Säulen und Kapitellen am Ort des Geschehens speisen, s. a. S. 160.

Alla giudìa – **Al Pompiere 6**: Via di S. Maria de' Calderari 38, Tel. 066 86 83 77, Bus: 23, 63, 280, Mo–Sa 12.30–15, 19.30–23 Uhr, Menü 40 €. Längst kocht nicht mehr Großmutter Maria, deren pikante Gerichte ihr Mann Francesco immer mit Wein ablöschen musste (*pompiere* = Feuerwehrmann), geblieben ist aber die gute traditionelle Küche mit römisch-jüdischen Spezialitäten. Gespeist wird in geräumigen Sälen im ersten Stock eines Palazzo aus dem 17. Jh. Unbedingt probieren sollte man die *fritti* und die Zucchiniblüten, vor allem aber die Artischocken *(carciofi) alla giudìa.*

›Erfinder‹ der carciofi alla giudìa – **Giggetto 7**: Via Portico d'Ottavia 21 a, Tel. 066 86 11 05, www.giggettoalportico.it, Bus: 23, 63, 280, Di–So 12.30–15, 19.30–23 Uhr, Menü ca. 40–50 €, s. S. 166.

Ausgezeichnete koschere Küche – **Taverna del Ghetto 8**: Via del Portico d'Ottavia 8, Tel. 06 68 80 97 71, www.latavernadelghetto.com, Bus: 23, 63, 280, Mo–Do, So 12–23, Fr auch 12–15, Sa 19–23 Uhr, Menü ca. 35 €, s. S. 166.

Gutbürgerliche Trattoria – **Hostaria Farnese 9**: s. S. 39 und S. 160.

Zum Wohlfühlen – **Maccheroni 10**: s. S. 39.

Urrömische Küche in familiärer Atmosphäre – **Sora Margherita 11**: s. S. 167.

Ursprünglich – **Enoteca Corsi 12**: Via del Gesù 88, Tel. 066 79 08 21, Bus: 64, 40, 62, 70, 81, H, Mo–Sa 12–15 Uhr, Menü ca. 25 €. In das schnörkellose Lokal strömen mittags die Römer aus ihren Büros. Die Küche mit täglich wechselnder Karte ist deftig und echt römisch: Donnerstags gibt es *gnocchi* und am Freitag *baccalà.* Probieren Sie auch die hausgemachten *dolci!*

Alles rund um den Stockfisch – **Dar Filettaro a Santa Barbara 13**: s. S. 39.

Delikatessen für Genießer – **Vineria Roscioli 14**: s. S. 40.

Süßes für den Papst – **Boccione 15**: Via Portico d'Ottavia 1, s. S. 166.

Verträumt – **Caffetteria del Chiostro del Bramante 16**: s. S. 42 und S. 154.

Für Kaffeeliebhaber – **Caffè Sant'Eustachio 17**: s. S. 42 und S. 151.

Kaffeerösterei mit Bar – **Tazza d'Oro 18**: s. S. 42 und S. 151.

Das beste Eis der Stadt – **Giolitti 19**: s. S. 42 und S. 151.

Einkaufen

Topadresse für Antiquitätenliebhaber ist die **Via dei Coronari,** wo im Herbst auch eine viel beachtete Verkaufsmesse stattfindet. Bezahlbare Antiquitäten und Trödel gibt es auch in der **Via del Governo Vecchio**; dort haben sich u. a. viele Secondhand- und Vintagegeschäfte niedergelassen, etwa Josephine de Huertas & Co (Nr. 68) oder Maga Morgana (Nr. 27 und 98). Eine Institution in der **Via del Pellegrino** ist das Arsenale (Nr. 172) mit den minimalistischen Kreationen von Patrizia Peroni. Die umliegenden Gassen des Campo de' Fiori, wie die **Via dei Giubbonari** und die **Via del Biscione,** bieten sich ebenfalls für eine Einkaufstour an. Feines italienisches Schuhwerk findet man bei Posto italiano (Via dei Giubbonari 37) oder Alberto (Piazza B. Cairoli 13/15), während Markenzeichen von Designer Angelo di Nepi (s. S. 46) luftige und farbenfrohe Seidenkreationen sind.

Klosterladen – **Ai Monasteri 1**: s. S. 43.

Heilkräuter & Lakritze – **Antica Erboristeria Romana 2**: Via di Torre Argen-

tina 15. Unter den hölzernen Kassettendecken des 1793 gegründeten Ladens steht noch immer die Behandlung mit Heilkräutern im Mittelpunkt; es gibt Salben, Tinkturen und echte Lakritze.
Trendy shoes – **Borini** 3: s. S. 46.
Markt – **Campo de' Fiori** 4: s. S. 45.
Hochwertige Papiere – **Cartoleria Pantheon** 5: s. S. 44.
Malbedarf – **Ditta P. Poggi** 6: s. S. 44.
Religiöse Artikel – **Gammarelli** 7: s. S. 44.
Italienische Küchengeräte – **House & Kitchen** 8: s. S. 44.
Pizza & Gebäck – **Il Forno** 9: Campo de' Fiori 22 und Vicolo del Gallo 14, www.fornocampodefiori.com. Ideal für den Imbiss oder fürs Picknick.
Haushaltswaren – **Limentani** 10: Via Portico d'Ottavia 47. Eine unscheinbare Tür weist in das 200 m² große Labyrinth, wo in einem Lager die verschiedensten Haushaltswaren aufgestapelt sind, vom designten Porzellanservice bis zur billigen Dutzendware, von der Espressomaschine zur Parmesanreibe.

Aktiv & Kreativ

Wellness – **Acanto Day Spa** 1: Piazza Rondanini, Tel. 06 68 13 66 02, www.acantospa.it. Die Seele baumeln lassen, sich nach einem anstrengenden Sightseeing-Tag entspannen, dem Körper und sich selbst ein paar Streicheleinheiten gönnen. Schönes Wellnesscenter mit Beauty Farm und Massagebehandlungen.
Fitness – **Farnese Fitness** 2: Vicolo delle Grotte 35, Tel. 06 68 76 931, www.farnesefitness.com. Kleines Fitnesscenter mit Sauna und Geräteraum. Tagesticket möglich.
Sprachkurs – **Leonardo da Vinci** 3: Piazza dell Orologio 7, Tel. 06 68 89 25 13, www.scuolaleonardo.com.

Abends & Nachts

Szenige Kaffeehaus-Atmosphäre – **Antico Caffè della Pace** 1: s. S. 49.
Literaturcafé & Aperitifbar – **Caffè Universale** 2: s. S. 49.
Bilderbuch-Enoteca – **Il Goccetto** 3: Via dei Banchi Vecchi 14, Tel. 066 86 42 68, Di–Sa 11.30–14.30, Mo–Sa 18.30–24 Uhr, ab 3,50 €. Die mit dunklem Holz verkleidete Enoteca lässt das Herz eines jeden Weinliebhabers höher schlagen. In den Weinregalen, die bis zur Decke reichen, stapeln sich Brunello, Barolo & Co. Dazu gibt es leckere *amuse gueules,* Wurst- und Käsespezialitäten, mit Thunfisch, Sardellen und Kapern gefüllte Peperoncini, Lachs mit Robiola-Käse sowie in Öl oder Essig eingelegtes Gemüse.
Cocktail- & Winebar – **Fluid** 4: Via del Governo Vecchio 46, Tel. 066 83 23 61, www.fluideventi.com, tgl. 18–2 Uhr. Trendig, aber nicht versnobt. Cocktail (18.30–22 Uhr) 8 €, sonntags 10 €.
Barockkonzerte, Kammer- & Chormusik – **Il Gonfalone** 5: s. S. 53 und 163.
Romantisch – **The Library** 6: Vicolo della Cancelleria 7, Tel. 06 97 27 54 42, www.thelibrary.it, Bus: 40, 46, 64, Mi–Mo 18–2 Uhr (Küche nur bis 23.30 Uhr). Schönes Art-Café mit nur fünf Tischen, wo man auf gemütlichen Sofas bei Kerzenlicht speist oder Cocktails trinkt.
Edel-Disco – **La Maison** 7: s. S. 50.
Lounge-Bar – **Etablì** 8: Vicolo delle Vacche 9, Tel. 06 97 61 66 94, www.etabli.it. Überaus charmantes erst kürzlich eröffnetes Café, Restaurant und Lounge-Bar in einem, das sich mit seinen einladenden Vintage-Möbeln schnell zu einem beliebten Aperitif-Treff gemausert hat. Tgl. ab 18 Uhr mit reichhaltigem Buffet.
Roms Stadttheater – **Teatro Argentina** 9: s. S. 53.
En vogue & in bester Lage – **Vineria Reggio** 10: s. S. 49 und S. 160.

Das Beste auf einen Blick

Vom Vatikan nach Trastevere

Highlights!

Petersdom: Wahrzeichen des Vatikans und berühmteste Kirche der Christenheit. Der Bau erhebt sich über das Grab des Petrus. 4 S. 177

Vatikanische Museen: Die Musei Vaticani sind ein Paradies auf Erden für jeden Kunstliebhaber. Höhepunkt sind die Stanzen des Raffael, die von Michelangelo ausgemalte Sixtinische Kapelle und die Antikensammlung von Julius II. 5 S. 180

Auf Entdeckungstour

Die Stanzen des Raffael: Mit der Ausmalung der Wohn- und Repräsentationsräume der Päpste setzte Raffael sich und den Päpsten Julius II. und Leo X. ein Denkmal. 5 S. 182

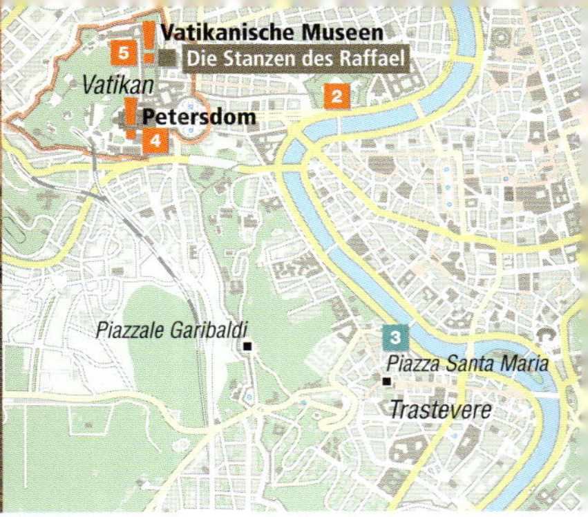

Kultur & Sehenswertes

Engelsburg: Erst Grabmonument für einen Kaiser, dann Bollwerk, Fluchtburg und Gefängnis des Papstes, schließlich Museum mit Panoramablick – kurz: eine typisch römische Karriere. 2 S. 173

Pietà von Michelangelo: Kaum einer kann sich der Faszination entziehen, die von der aus einem Block gehauenen Skulpturengruppe ausgeht, die Michelangelo als 24-Jähriger schuf. 4 S. 178

Aktiv & Kreativ

Kuppel des Petersdoms: Der Gang durch die zweischalige Kuppel des Petersdoms ist ein besonderes Erlebnis. Spektakulär ist der Blick in den Innenraum der Kirche und von der Kuppel auf den Rest der Welt. 4 S. 177

Genießen & Atmosphäre

Piazzale Garibaldi: Von hier ist die Altstadt – frei von Bausünden – am besten zu überblicken. Besonders schön im sanften Abendlicht, wenn die Paläste und Kuppeln in warmen Ockertönen leuchten. S. 189

Abends & Nachts

Rund um die Piazza Santa Maria: Das pulsierende Zentrum des Viertels Trastevere – auch bei Nacht. S. 192

Freni e Frizioni: Die *movida* von Trastevere trifft sich hier zum Aperitif. Selten findet man Plätze zum Sitzen, die *ragazzi* stehen meist auf dem Vorplatz oder hocken auf dem Mäuerchen zum Lungotevere. Ausgezeichnete Cocktails, reiches Buffet und coole *baristi.* 3 S. 186

Irdische und himmlische Freuden

Bei einem Besuch des Vatikans verlässt man nicht nur die römischen Stadtgrenzen, sondern auch italienisches Staatsgebiet. Der kleinste Staat der Welt ist ein souveräner, völkerrechtlich anerkannter Staat (s. S. 96). Für Gläubige wie Kunstliebhaber ist das Zentrum der katholischen Kirche das Paradies auf Erden. Michelangelos Sixtinische Kapelle und die Stanzen des Raffael sind Meisterwerke abendländischer Kunst. Spektakuläre Barockarchitektur empfängt den Besucher am Petersplatz, wo der Papst den Segen erteilt.

Ein grandioses Panorama auf Rom bietet sich von der Kuppel der Peters-

Infobox

Reisekarte: ▶ Karte 1, E–J, 7–11

Dauer, Ausgangs- und Endpunkt
Der Rundgang ist auf ein bis zwei Tage angelegt. Ausgangspunkt ist der Vatikan (Metro A: Ottaviano oder Cipro/Musei Vaticani, Bus: 40, 64). Die Tour endet in Trastevere (Tram: 8, Bus: H, 125, 780 u. a.).

Touristen-Information
Ufficio Pellegrini e Turisti: am Petersplatz auf der linken Seite, Tel. 06 69 88 16 62, 06 69 88 20 19, Mo–Fr 8.30–18.15, Sa bis 13.15 Uhr, www.vatican.va.

Hinweis
Achtung: Am Eingang zu den Vatikanischen Museen und zur Peterskirche passieren Sie Sicherheitskontrollen. Keine spitzen Gegenstände oder Flaschen mitnehmen!

Papstaudienzen
Mi um 10 Uhr auf dem Petersplatz oder in der Audienzhalle Paolo VI. Kostenlose Karten nach schriftlicher Voranmeldung (mind. zwei Wochen vorher) beim Deutschen Pilgerzentrum, Via del Banco di Santo Spirito 56, Tel. 066 89 71 97, Fax 066 86 94 90; Formulare unter www.pilgerzentrum.de.

Zugang zum Petrusgrab
Die Nekropole unter der Basilika kann man im Rahmen einer Führung besichtigen. Schriftliche Anmeldung mit Angabe der Anzahl und Namen der Besucher, der gewünschten Sprache und möglichen Besichtigungstage sowie Adresse und Telefonnummer in Rom mind. fünf Monate vorher an: Rev. Fabbrica di San Pietro, Ufficio Scavi, 00120 Città del Vaticano, auch möglich per Fax, 06 69 87 30 17, oder via E-Mail, scavi@fsp.va, Tel. 06 69 88 53 18. Eintritt: 12 €, Mindestalter 15 Jahre, Formulare unter www.pilgerzentrum.de.

Besichtigung Vatikanische Gärten
Die sehenswerten Gärten mit hübschem Gartenhaus von Pius IV. sind nur geführt zu besichtigen: tgl. außer Mi und So, ca. 2 Std., 31 €/24 € (Kombiticket gilt auch für Vatikanische Museen und Audioguide). Voranmeldung und Kartenverkauf: www.vatican.va (dort weiter unter Vatikan. Museen/Kasse).

kirche, aber auch vom Gianicolo, der sich am rechten Tiberufer entlang bis nach Trastevere erstreckt.

Urrömische Atmosphäre, verwinkelte Gassen und alte Kirchen machen aus Trastevere eines der beliebtesten Viertel der Stadt. Am Abend strömt das Nachtvolk in das einstige Arme-Leute-Viertel zu *pizzerie* und *trattorie*.

Vatikan

Engelsbrücke 1

Der schönste Zugang auf die andere Tiberseite führt über die unter Kaiser Hadrian erbaute Ponte Sant'Angelo. Im 17. Jh. schuf Barockbildhauer Bernini mit seinen Schülern eine Art Kreuzweg, indem er die Balustraden mit zehn Engeln schmückte, die je ein Symbol der Passion Christi tragen. Die zwei Engel von Bernini gefielen Papst Clemens IX. so sehr, dass er sie durch Kopien ersetzen ließ. Die Originale befinden sich in der Kirche Sant'Andrea delle Fratte.

Engelsburg 2

http://castelsantangelo.beniculturali.it, Di–So 9–19.30 Uhr, 5 €/3 € plus evtl. Ausstellungszuschlag

Das im 2. Jh. für Kaiser Hadrian errichtete Mausoleum verdankt seinen heutigen Namen einer Pestepidemie im Jahr 590. Während einer Bußprozession sah Papst Gregor der Große, wie der auf dem Hadriansmausoleum stehende Erzengel Michael sein Schwert in die Scheide steckte und damit das Zeichen gab, dass die Pest vorbei war. Daraufhin wurde die Burg mit einer Engelsfigur bekrönt.

Nach der Rückkehr der Päpste aus dem Exil von Avignon wurde das Castel Sant'Angelo zur päpstlichen Fluchtburg umgestaltet, mit Zugbrücken, Kasernen, Waffenarsenal und Kanonengießerei bewehrt und über einen 700 m langen überirdischen Gang direkt mit dem Vatikan verbunden, darüber hinaus diente sie als Kerker.

Eine schraubenförmige Treppe führt zum Engelshof mit den ersten **Papstgemächern,** die im frühen 16. Jh. von Perin del Vaga mit mythologischen Szenen ausgemalt wurden. Interessant ist das mit Fresken und Muscheln kunstvoll dekorierte Bad von Clemens VII. Del Vaga und seine Gehilfen gestalteten auch die prachtvollen Wohnräume von Papst Paul III. im Obergeschoss, die Szenen aus dem Leben Alexanders des Großen und des Apostels Paulus zeigen. Ein **großartiger Ausblick** bietet sich vom Umgang unterhalb der Engelsfigur mit Terrasse und einladendem Café.

Via della Conciliazione

Den schönsten Blick auf den Petersdom genießt man von der – etwas seelenlosen – Via della Conciliazione, die nach der Unterzeichnung der Lateranverträge als ›Straße der Versöhnung‹ zwischen dem Vatikan und Italien geschaffen wurde. Sie riss eine Schneise durch das verwinkelte Borgo, das Viertel zwischen Engelsburg und Vatikan. Ein Stück dieser mittelalterlichen Atmosphäre hat sich in den Seitenstraßen Borgo di Santo Spirito, Via dei Corridori sowie Borgo Pio und Vittorio erhalten.

Petersplatz

Auf der Piazza San Pietro erwarten die Gläubigen an Ostern und Weihnachten das »Urbi et Orbi«, den Papstsegen für die »Stadt Rom und den gesamten Erdkreis«, feiern sie die »neuen Seligen

P.le degli Eroi
Via A. Doria
Via Tunisi
Viale Giulio Cesare
Via Leone IV
Ottaviano-S. Pietro
Musei Vaticani
P.za dei Quiriti
Via Cipro
P.za di S. Maria d. Grazie
Via Candia
Via Germanico
Via Ottaviano
Gracchi
S. Maria d. Grazie
Cipro
Via Meloria
Via Vaticano
Viale B. di Michelangelo
P.za del Risorgimento
Via dei Gracchi
Via Cola di Rienzo
Via Virgilio
Via Tacito
Boezio
Via Orazio
Via Terenzio
Via Ovidio
Via Angelo Emo
Viale Vaticano
Pinacoteca
Giardini Vaticani
S. Maria Mediatrice
Accademia delle Scienze
CITTÀ DEL VATICANO
Via d. Belvedere
Via di P.ta Angelica
Borgo Angelico
Via S. Porcari
Via Crescenzio
S. Maria del Carmine
Via Alberico II
Piazza Adriana
Via G. Vitelleschi
Borgo Vittorio
Via Mascherino
Borgo Pio
L.go di Porta Castello
Mausoleo di Adriano
Collegio Etiopico
Via Corridori
Borgo Sant' Angelo
P.za San Pietro
Via d. Conciliazione
P.za Giovanni XXIII
Governatorato
Radio Vaticana
Staz. Vaticana
Palazzo del Sant' Uffizio
Aula delle Udienze Pontificie
Borgo S. Spirito
Via dei Penitenzieri
Via Pio X
S. Spirito in Sassia
Ponte Vitt. Em. II
Lgt.
Via Nicolò V
Viale Vaticano
Ateneo Pont. Urban
P.ta S. Spirito
Ponte Pr. Amedeo
Corso
Via Aurelia
P.le Gregorio VII
L.go di P.Cavalleggeri
P.za di S. Maria alle Fornaci
Collegio Prop. Fide
P.za D. Rovere
Palazzo Sacchetti
Divi
Gregorio VII
Cottolengo
S. Gregorio VII
Via Gregorio VII
Via di Monte del Gallo
Clivo di Monte del Gallo
Via Innocenzo III
S. Maria alle Fornaci
Via delle Fornaci
Viale delle Mura
Collegio America del Nord
Collegio Militare
Via della Lungara
Lgt. Gianicolense
Lgt. Sangallo
Via Giulia
L.go L. Perosi
Ospedale d. Bambino Gesù
Staz. S. Pietro F.S.
Sem. Ruteno
Ponte G. Mazzini
Carceri Giudiziarie
Via S. Evaristo
Via A. Ceriani
Maria Addolorata
Via Nuova d. Fornaci
Chiesa Rumena
Faro
Vic. di S. Francesco di Sales
Via della Lungara
Lgt. della
P.za F. Borgoncini Duca
Via della Cava
Vicolo del Vicario
Via B. Roverella
Villa Lovatti
Villa Torre del Drago
Collegio Pont. Pio Romano
Mura
Passeggiata del Gianicolo
M. Gianicolo
Via dei Riari
Porta Settimiana
Villa Corsini
Palazzo Torlonia
Giuseppe Garibaldi
Abamelek
Aurelia
Mura Aurelie
Villa Aurelia
Via di P.ta S. Pancrazio
Garibaldi
P.ta S. Pancrazio
P.le Aurelio
Via Garibaldi
Acqua Paola
Mausoleo Garibaldi
Casino
Ambasciata d. Belgio
Il Vascello
I Quattro Venti
Via di S. Pancrazio
Viale delle Mura
Accademia Americana di Roma
Istituto Stat. Tecnico
TRASTEVERE
Viale Nicola Fabrizi
L.go Cocchi
Viale de Quattro Venti
P.za S. Pancrazio
Via E. Guastalla
Via Giacinto Carini
P.le Wurts
Villa Sciarra
Via F. Bolognesi
0
200
400 m

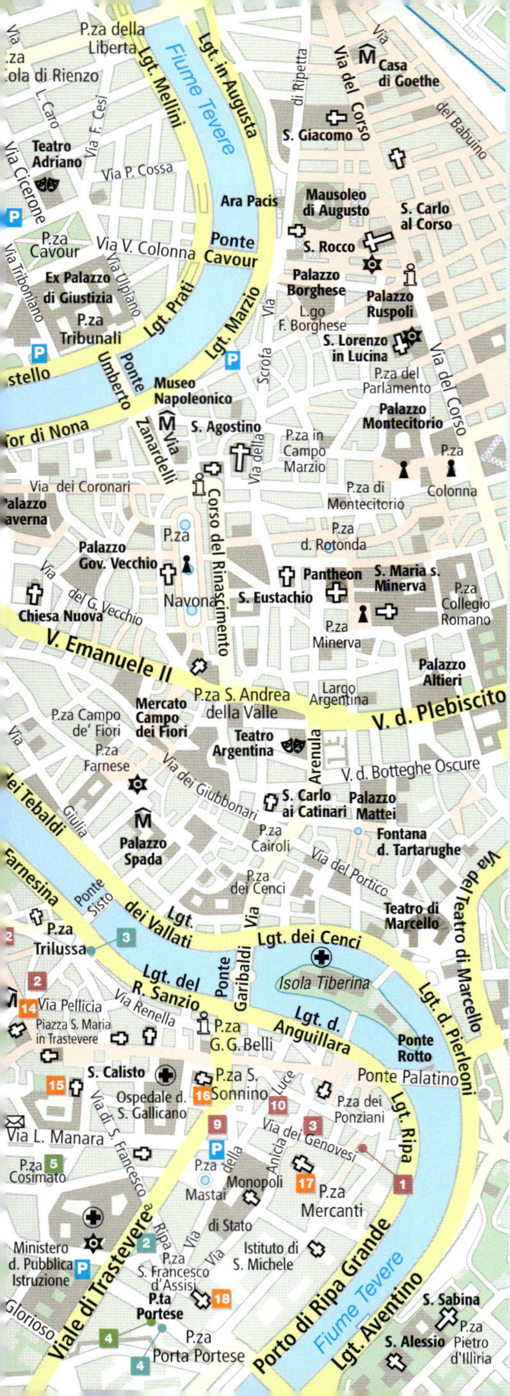

Vatikan und Trastevere

Sehenswert

1 Engelsbrücke
2 Engelsburg
3 Campo Santo Teutonico
4 Petersdom
5 Vatikanische Museen
6 Sixtinische Kapelle
7 Museo Tassiano
8 Sant'Onofrio
9 Orto Botanico
10 Villa Doria Pamphilj
11 San Pietro in Montorio
12 Galleria Nazionale d'Arte Antica (Palazzo Corsini)
13 Villa Farnesina
14 Museo di Roma
15 Santa Maria in Trastevere
16 San Crisogono
17 Santa Cecilia in Trastevere
18 San Francesco a Ripa

Essen & Trinken

1 Asinocotto
2 Glass Hostaria
3 Spirito DiVino
4 Zen Sushi
5 Taverna Angelica
6 Osteria dell'Angelo
7 Trattoria La Vittoria
8 Osteria Da Giovanni
9 Ai Marmi
10 Pasticceria Innocenti
11 Cantina Tirolese
12 Bir & Fud

Einkaufen

1 Castroni
2 Cereria San Giorgio
3 Euroclero
4 Markt/Porta Portese
5 Markt/Piazza S. Cosimato

Abends & Nachts

1 Alexanderplatz
2 Big Mama
3 Freni e Frizioni
4 Nuovo Sacher

Theatralische Bühne der Christenheit – der Petersplatz

und Heiligen« oder fiebern dem erlösenden »habemus papam« entgegen, wenn in der Sixtinischen Kapelle Papstwahl ist. Jeden Mittwoch findet, sofern die Witterung es zulässt und der Papst in Rom weilt, auf dem Petersplatz eine allgemeine Papstaudienz statt (s. Infobox S. 172). Jeden Sonntag um 12 Uhr spricht der Papst vom Fenster seines Arbeitszimmers im Apostolischen Palast auf der rechten Seite des Platzes das »Angelus« und erteilt anschließend den Segen.

Als das Barockgenie Bernini im 17. Jh. von Papst Alexander VII. den Auftrag zur Platzgestaltung bekam, schuf er einen bühnenhaften Platz, der aus einer von vierreihigen Kolonnaden umsäumten quergestellten Ellipse und einem zur Kirchenfassade ansteigenden Trapez besteht, das von den Apostelfürsten Petrus und Paulus flankiert wird. In der Mitte des Platzes erhebt sich bereits seit 1586 ein Obelisk, der einst im Circus des Nero stand, wo Petrus 64 n. Chr. mit dem Kopf nach unten gekreuzigt wurde. Die von Heiligenfiguren bekrönten Kolonnaden symbolisieren die ausgestreckten Arme der Kirche, welche die von allen Seiten herbeiströmenden Gläubigen umfangen und ins Zentrum der Christenheit führen. Zwei kreisrunde Scheiben zwischen Brunnen und Obelisken markieren die Stelle, an der sich der Säulenwald der Kolonnaden lichtet und die vier Säulenreihen optisch zu einer einzigen verschmelzen.

Campo Santo Teutonico 3

Mo, Di, Do–So 8.30–12 Uhr
Direkt links neben der Peterskirche liegt der von Schweizergardisten bewachte Eingang zum Campo Santo Teutonico. Bis zu Karl dem Großen lassen sich der ›deutsche Friedhof‹ und

die älteste deutsche Nationalstiftung in Rom zurückverfolgen. Heute ist der Gebäudekomplex Sitz verschiedener religiöser Institutionen. Auf dem verwunschenen Friedhof hat u.a. der Dichter Stefan Andres seine letzte Ruhestätte gefunden.

Petersdom! 4

April–Sept. tgl. 7–19, Okt.–März tgl. 7–18 Uhr

San Pietro in Vaticano – Wahrzeichen des Vatikans und berühmtestes Gotteshaus der Christenheit – wurde zwischen 1506 und 1626 über einem fünfschiffigen, von Kaiser Konstantin gestifteten Vorgängerbau errichtet, der sich über dem angeblichen Grab des Apostels Petrus erhebt. Sie ist eine der vier Patriarchalbasiliken und sieben Pilgerkirchen Roms, nicht jedoch Bischofssitz von Rom (s. S. 248). An dem Bauwerk wirkten die besten Baumeister der Renaissance mit. Bramante plante eine Märtyrerkirche mit zentraler Kuppel über griechischem Kreuz, konnte aber bis zu seinem Tod nur Teile des Innenraums und der Vierungspfeiler vollenden. Raffael optierte für ein lateinisches Kreuz und fügte ein Langhaus an. Michelangelo griff wieder den Entwurf von Bramante auf und begann mit der grandiosen Kuppel, die erst nach seinem Tod von Giacomo della Porta und Domenico Fontana vollendet wurde. Ihre majestätische Wirkung tritt durch die kolossale barocke Fassade von Carlo Maderno etwas zurück. Fünf Portale führen ins Innere. Das vermauerte rechte Seitenportal ist die Heilige Pforte, die **Porta Santa.** Sie wird nur in Heiligen Jahren geöffnet – seit Paul II. alle 25 Jahre –, damit jede Generation die Möglichkeit hat, einen Ablass der zeitlichen Sündenstrafen zu erhalten. Aus der Vorgängerkirche stammt das schöne bronzene Renaissanceportal von Filarete.

Der Innenraum

Der dreischiffige Bau mit Querhaus und Apsis beeindruckt allein schon durch seine gewaltigen Maße (Länge des Innenraums 186 m, Breite des Querhauses 123 m, Höhe der Kuppel 119 m) und die prächtige Ausstattung mit unvergänglichen Materialien (44 Altäre, acht kleinere Kuppeln und etwa 800 Säulen aus Marmor, Bronze oder Stuck). Bis zum Bau der Kirche Notre-Dame de la Paix in Yamussukro (Elfenbeinküste) war St. Peter die größte Kirche der Welt. Im Mittelschiff sind zum Vergleich in Bronze die Längen anderer berühmter Kathedralen angegeben.

Noch aus Alt-St. Peter stammen die **rote Porphyrscheibe** beim Mittelportal, auf der sich an Weihnachten im Jahr 800 Karl der Große zum ersten nachantiken Kaiser mit dem Zusatz »des Heiligen Römischen Reiches« krönen ließ, und am letzten Mittelschiffpfeiler rechts die von Arnolfo di

Mein Tipp

Göttlicher Blick

Nicht versäumen sollte man einen Aufstieg auf die zweischalige Kuppel (zu Fuß 5 €, mit dem Lift 7 €, danach nur noch 320 Stufen), von der sich ein geradezu göttlicher Blick in das Innere der Kirche, auf den Vatikan und Rom bietet (Eingang hinter der Vorhalle, außerhalb der Basilika auf der rechten Seite, tgl. 8–17.30, im Winter bis 16.30 Uhr, kein Zugang während der Generalaudienzen am Mittwoch auf dem Petersplatz).

Cambio anlässlich des ersten Heiligen Jahres 1300 geschaffene **Bronzefigur des heiligen Petrus** mit dem von Pilgern millionenfach geküssten Fuß.

Blickfang des Mittelschiffs ist der von vier gedrehten Säulen getragene **Bronzebaldachin** über dem Papstaltar, den Bernini zwischen 1624 und 1633 aus den Bronzeplatten des Pantheons schuf. Die allgegenwärtigen Bienen verweisen auf das Wappen des Auftraggebers Papst Urban VIII. Zu den verspielten Details von Bernini gehört der Rosenkranz, den ein Geistlicher an der linken hinteren Säulenbasis vergessen zu haben scheint. Vor dem Altar erlaubt die **Confessio** (ein kryptaähnlicher Unterraum), einen Blick in die Kapelle, unter der sich das Grab von Petrus befindet (s. S. 180).

Über dem Papstaltar wölbt sich die majestätische zweischalige **Kuppel** von Michelangelo, mit einem Durchmesser von 42,56 m nur wenig kleiner als jene des Pantheons. Am inneren Kuppelfries verkünden die lateinische und griechische Inschrift die Worte Jesu zur Berufung von Petrus als seinem Nachfolger (»Du bist Petrus und auf diesem Felsen will ich meine Kirche errichten und ich gebe dir die Schlüssel für das Himmelreich«). Die Kuppel stützen vier enorme **Pfeiler,** in deren Nischen Kolossalstatuen der Heiligen Andreas, Veronika, Helena und Longinus stehen – Letztere ist ein Werk von Gian Luigi Bernini.

Die in Marmor, Bronze und vergoldeter Stukkatur schwelgende **Cathedra Petri** in der Apsis der Kirche (1666) stammt ebenfalls von Bernini. Vier Kirchenväter tragen einen bronzeverkleideten Holzstuhl, auf dem bereits Petrus gesessen haben soll. In Wahrheit handelt es sich um den karolingischen Kaiserstuhl aus dem 9. Jh. Bekrönt von den Insignien des Papstes scheint der Stuhl wie auf Wolken zu schweben, überstrahlt vom Heiligen Geist, der durch eine Taube in einem Alabasterfenster symbolisiert wird.

Die Seitenschiffe

In den Seitenschiffen finden sich Grabmäler und Grabdenkmäler von Päpsten und anderen kirchlichen Würdenträgern. Besuchermagnet ist die eindrucksvolle **Pietà** in der ersten rechten Seitenkapelle, das einzige signierte Meisterwerk von Michelangelo (1499/1500). Sein bildhauerisches Genie zeigt sich in der geschlossenen Komposition der aufrecht sitzenden Maria und des quer auf ihren Schoß ausgestreckten Sohns. Die Jugendlichkeit der Maria rief allerdings Erstaunen hervor. Michelangelo wollte damit ihre Jungfräulichkeit und Reinheit betonen. Nach einem Kunstattentat im Jahr 1972 ist die Pietà heute durch Panzerglas gesichert.

Eine der wenigen Frauen, die in der Peterskirche bestattet wurden, ist Matilde von Tuscien, bekannter als Markgräfin von Canossa. Vor ihrer Burg fand in den kalten Januartagen des Jahres 1077 der Investiturstreit mit dem ›Gang nach Canossa‹ seinen dramatischen Höhepunkt. Das Relief auf ihrem Sarkophag zeigt den Salierkönig Heinrich IV., der Papst Gregor VII. um die Lösung des Banns bittet. Große Beachtung erfährt auch die gläserne Grablege des im Heiligen Jahr 2000 selig gesprochenen Papstes Johannes XXIII. am südlichen Ende des rechten Seitenschiffs. Vom klassizistischen Bildhauer Canova stammen das Grabdenkmal zu Ehren von Papst Clemens XIII. und das Grabmal der letzten Stuarts im linken Seitenschiff. Voller Theatralik und barockem Pathos ist das – natürlich von Bernini gestaltete – Grabmal von Alexander VII. Chigi im linken Sei-

Bernini in Vollendung – der Bronzebaldachin unter Michelangelos Kuppel

DES
MVNI

tenschiff, wo sich ein bronzener Knochenmann hinter einem prunkvollen marmornen Tuch verbirgt und mit dem Stundenglas in der Hand den Ablauf der Zeit anmahnt.

Sehenswert ist das überschaubare **Museo del Tesoro di San Pietro** mit wertvollen Stücken aus der Vorgängerkirche (Eingang über die Sakristei im linken Seitenschiff).

Gegenüber dem Eingang zur Kuppel liegt der Zugang zu den **Papstgrotten**, wo sich die Petruskapelle und Papstgrabmäler befinden, u. a. jene der letzten Päpste Paul VI., Johannes Paul I. und auch Johannes Paul II., der am 2. April 2005 nach 26-jährigem Pontifikat verstarb. Er wurde an dem früheren Platz von Papst Johannes XXIII. beigesetzt.

Vatikanische Museen ! 5

www.vatican.va, Mo–Sa 9–16, Schließung 18 Uhr, geschl. am 1. u. 6. Jan., 11. Febr., 19. März, Ostersonntag u. -montag, 1. Mai, Fronleichnam, 29. Juni, 15./16. Aug., 1. Nov., 8., 25., 26. Dez.; 15 €, Schüler und Studenten unter 26 Jahren 8 €, Audioguide-Verleih; letzter So im Monat Eintritt frei (9–12.30, Schließung um 14 Uhr)

Die Musei Vaticani gehören zu den größten kunsthistorischen Sammlungen der Welt. Sie beherbergen allein 15 einzelne Museen und rund 30 Sammlungen. Die Exponate reichen von ägyptischen Mumien über etruskische Bronzen, griechische und römische Skulpturen und Reliefs bis zu Fresken und Gemälden der Neuzeit. Es empfiehlt sich unbedingt, Schwerpunkte zu setzen, oder aber mehrmals zu kommen. Die Wege enden alle in der Sixtinischen Kapelle, zurückgehen kann man nicht. Fotografieren ist in den Museen mit Ausnahme der Sixtinischen Kapelle erlaubt – jedoch ohne Blitzlicht und ohne Stativ.

Durch den Eingang gelangt man über eine Rolltreppe ins obere Geschoss mit schönem Blick auf die nahe Peterskuppel. Vorbei an der Treppe, die links hochführt, kommt man zunächst in den zentralen Cortile della Pigna, benannt nach dem mächtigen bronzenen Pinienzapfen, der einst den Brunnen im Atrium der konstantinischen Basilika zierte.

Höhepunkte der Antike

Besonders die Antikensammlungen genießen Weltruf. Der Braccio Nuovo des **Museo Chiaramonti** jenseits des Cortile della Pigna, den der klassizistische Bildhauer Canova entwarf, birgt eines der bedeutendsten Exponate römischer Bildhauerkunst wie die berühmte Statue »Augustus von Primaporta«. In Panzer und Feldherrenmantel wendet sich der erste römische Kaiser an seine Soldaten. Typisch für die römische Porträtkunst ist die Herausarbeitung der unverwechselbaren Gesichtszüge des Kaisers. Der Lanzenträger »Doryphoros«, die Kopie einer Bronzeskulptur des griechischen Bildhauers Polyklet (440 v. Chr.), galt mit seinen idealen Proportionen als Musterfigur der antiken Bildhauerkunst.

Eine Augenweide für Antikenliebhaber sind die Exponate im **Museo Pio Clementino** mit seinen zahlreichen Abteilungen (an den Anfang des Museo Chiaramonti zurück-, die Treppe zum Palazzo del Belvedere hinaufgehen). Erster Blickfang ist der Athlet »Apoxyomenos«, ein Hauptwerk des Lysipp aus dem 4. Jh. v. Chr, hier als römische Kopie, der die klassische Idealgestalt eines jungen Mannes verkörpert.

Im **Cortile Ottagono,** dem achteckigen Innenhof, stehen die Prunkstücke der bedeutenden Antikensammlung von Papst Julius II., mit der er den Grundstein für die Vatikanischen Museen legte. Zu einer Symbolfigur der Antike wurde der leichtfüßige »Apoll von Belvedere«, die Kopie einer griechischen Bronze des Leochares aus dem 4. Jh. v. Chr. Die berühmte »Laokoon-Gruppe« aus dem 1. Jh. n. Chr. wurde zufällig in der Domus Aurea gefunden. Voller Pathos und Dramatik zeigt sie den Todeskampf des trojanischen Priesters Laokoon und seiner Söhne. Die Götter hatten ihnen zwei riesige Schlangen geschickt, zur Strafe dafür, dass Laokoon die Trojaner vor dem hölzernen Pferd der Griechen gewarnt hatte. Obwohl ein Fragment, fasziniert der »Torso vom Belvedere« (1. Jh. v. Chr.) in der Sala delle Muse durch seine unbändige Kraft und Lebendigkeit. Rodin ließ sich von ihm zu seinem »Denker« inspirieren.

Die **Sala Rotonda,** die dem Pantheon nachempfunden ist, präsentiert Kunst aus der Kaiserzeit, während in der **Sala a Croce Greca** (Saal des griechischen Kreuzes) die beiden hervorragend gearbeiteten Porphyrsarkophage der Mutter von Kaiser Konstantin, der hl. Helena, sowie von seiner Tochter Costantia zu sehen sind.

Wer sich für bestimmte Epochen antiker Kunst interessiert, kann das **Museo Gregoriano Profano** und das **Museo Pio Cristiano** nahe dem Ausgang besuchen. Beide Museen beherbergen griechische, römische und frühchristliche Exponate, darunter die berühmten Athleten- und Gladiatorenmosaiken aus den Caracalla-Thermen.

Das **Museo Gregoriano Etrusco,** das Fundstücke aus dem südlichen Etrurien zeigt, prunkt mit einer umfangreichen Vasensammlung und der Statue des »Mars von Todi« (Ende 5. Jh. v. Chr.), einer der wenigen erhaltenen großen Bronzeplastiken. Ägyptische Altertümer, die bereits während der Kaiserzeit nach Rom gebracht wurden, bilden das Herzstück des **Museo Egizio.**

Museumsbesuch ohne Anstehen

Nicht selten müssen Individualreisende 1–2 Std. warten, bis sie in die Vatikanischen Museen eingelassen werden. Besonders voll ist es am Montag, wenn viele andere Sehenswürdigkeiten oder Museen geschlossen sind, sowie am letzten Sonntag im Monat, wenn der Eintritt frei ist. Wer die Warteschlangen umgehen will, kann unter www.vatican.va (dort unter Vatikanische Museen/Kasse) gegen eine Zusatzgebühr von 4 € Tickets zu seinem Wunschtermin reservieren.

Die Galerien

Bevor man von der Sala Rotonda die Stanzen erreicht, durchquert man eine Reihe von Galerien, die verschiedene Päpste anlegten. Die weitläufige **Galleria dei Candelabri** birgt eine Sammlung kleiner antiker Skulpturen, unter denen das beliebte Kultbild der »Artemis von Ephesus« hervorsticht, das in unzähligen Nachbildungen aus römischer Zeit erhalten ist. Schon Plinius erwähnte das »Kind, das eine Gans erwürgt«, eine ungemein realistische Genreplastik aus hellenistischer Zeit.

In der **Galleria degli Arazzi** hängen Bildteppiche, die im 16. Jh. nach Entwürfen von Raffael-Schülern gefertigt wurden. Sie zeigen Szenen aus dem Leben Jesu und an der Fensterseite die – natürlich von Bienen gerahmten – Ereignisse aus dem Leben des Barberini-Papstes Urban VIII.

Unter Gregor XIII. wurde die **Galleria delle Carte Geografiche** angelegt. Auf 40 Landkarten sind die verschiedenen Regionen Italiens dargestellt, rechts das Italien am Tyrrhenischen Meer, links das Italien an ▷ S. 185

Auf Entdeckungstour

Die Stanzen des Raffael

Zum angenehmen Pflichtprogramm in den Vatikanischen Museen 5 gehören die grandiosen Stanzen des Raffael. Sie dienten als päpstliche Wohn- und vor allem Repräsentationsräume. Mit seiner Ausmalung setzte Raffael sich und den Päpsten Julius II. und Leo X. ein Denkmal.

Öffnungszeiten der Vatikanischen Museen: Mo–Sa 9–16, Schließung 18 Uhr (s. auch S. 180)

Genug! Keine Nacht und keinen Tag würde er länger in den Privatgemächern seines verhassten Vorgängers und Rivalen, Alexander VI., verbringen. Schon bald nach seinem Amtsantritt wählte Papst Julius II. das darüberliegende Geschoss zu seinen Privaträumen. Mit der Ausmalung dieser Stanzen (*stanza* = Raum) beauftragte er den erst 25-jährigen Raffael, der ihm von seinem Onkel Donato Bramante, Hofarchitekt von St. Peter, empfohlen worden war. Raffael stieg damit – neben Michelangelo – zum ersten Maler der Stadt auf. Von 1509 bis 1517 versahen Raffael und seine Schüler diese Räume mit zahlreichen Fresken. Nach einem einheitlichen Bildprogramm illustrierten sie Szenen aus der Bibel, der Kirchen- und Apostel- sowie der neueren römischen Geschichte.

Weltliche und himmlische Schutzherren

In der Regel beginnt der Rundgang durch die vier Stanzen mit der **Sala di Costantino,** die erst nach dem frühen Tod Raffaels von seinen begabten Schülern Giulio Romano und Sandro Penni fertiggestellt wurde (1519–1524). Der als Audienzhalle genutzte Raum zeigt vier Szenen aus dem Leben Konstantins, so etwa den Sieg über Maxentius und seine vorgebliche Taufe durch Papst Silvester. Von zentraler Bedeutung war das Fresko zur »Konstantinischen Schenkung« (s. S. 76), mit der die Päpste in diesem Raum jahrhundertelang ihren Machtanspruch unterstrichen.

Das wunderbare Eingreifen Gottes zum Schutz der Kirche und des Glaubens ist das Thema der Fresken in der **Stanza di Eliodoro.** In dem namengebenden Fresko wird der syrische Usurpator Heliodor von zwei Engeln am Raub des Tempelschatzes gehindert. Auch Julius II. ist mit von der Partie. Er wird in einer Sänfte in die Szene hineingetragen. Damit war jedem Betrachter klar, dass es Feinden der Kirche auch in der Gegenwart nicht besser ergehen würde als Heliodor. Die kontrastierenden Lichteffekte in der »Befreiung des Apostels Petrus«, der ersten Nachtszene der Hochrenaissance, die lichte Farbgebung und die ausgewogene Komposition verraten deutlich die Handschrift Raffaels.

Philosophische Weisheiten

Die erste vom ihm ausgemalte Stanza war jedoch die **Stanza della Segnatura.** Sie war die Bibliothek und das Lesezimmer des Papstes. Erst später wurde sie »della Segnatura« genannt, weil dort Urkundenunterzeichnungen und Siegelungen vorgenommen wurden. Bibliotheken waren damals entsprechend der Fakultäten der mittelalterlichen Universität in vier Wissensbereiche aufgeteilt: Jurisprudenz, Theologie, Philosophie und – hier statt Medizin – Poesie. Diese vier Wissensbereiche zieren auch die vier Wände und als Allegorien die Decke des Raumes. An der Fensterseite links des Eingangs befindet sich die Jurisprudenz. Links vom Fenster ist die Übergabe des weltlichen Rechts durch Kaiser Justinian, rechts vom Fenster die Übergabe des kirchlichen Rechts durch Papst Gregor IX. (mit den Gesichtszügen von Julius II. !) dargestellt. Über dem Fenster hingegen symbolisieren drei Frauen die Kardinaltugenden. Die Frau mit dem Spiegel steht für die Weisheit, weil man mithilfe des Spiegels in zwei Richtungen gleichzeitig blicken kann. Die Mäßigung hält die Zügel in der Hand und die Stärke den Eichenbaum, der gleichzeitig auch ein Hinweis auf die Familie des Auftraggebers, della Rovere (= Steineiche), ist.

Auf der im Uhrzeigersinn folgenden Wandseite verherrlicht Raffael mit der »Disputa del Sacramento« das Wunder der Eucharistie und die kirchliche – hierarchische – Ordnung.

Auf der gegenüberliegenden Fensterseite ist die Poesie dargestellt: Auf dem Berg Parnass musiziert Apoll, der Gott der Musen. Um ihn herum scharen sich die neun Musen Kaliope, Therpsikore, Polyhymnia, Thalia, Melpomene (mit der Theatermaske), Erato, Euterpe, Urania und Klio (mit dem Buch) sowie Dichter der Antike, darunter der erblindete Homer, der seine Verse einem Jüngling diktiert, Vergil zu seiner Linken und Dante zu seiner Rechten.

›Promis der Antike‹

Publikumsmagnet ist aber die »Schule von Athen«, in der das antike Denken ganz im Sinne der Renaissance als Wiege der europäischen Kultur und Wissenschaften gefeiert wird. Das Fresko versammelt die bedeutendsten Vertreter antiken philosophischen Denkens. Im Mittelpunkt stehen unter einem Tonnengewölbe, das an die in Planung befindliche Peterskirche oder die gerade entdeckte Domus Aurea erinnerte, der rotgewandete Platon, der als Vertreter der spekulativen Philosophie mit der Hand nach oben zeigt und damit auf das Reich der Ideen verweist, und Aristoteles, der sich mit seiner ausgestreckten Hand auf die Empirie als Grundlage des Wissens bezieht. Um sie herum eine Vielzahl von Philosophen, Mathematikern und Künstlern, darunter links der grüngewandete Sokrates oder Pythagoras, dem ein Schüler auf einer Schiefertafel das Schema der Harmonielehre vorhält, auf den Stufen der bedürfnislose Kyniker Diogenes. Rechts bückt sich der glatzköpfige Euklid, der die Grundgesetze der Geometrie entwickelte, um mithilfe eines Zirkels einen Beweis zu führen. Die vier jungen Leute um ihn herum stellen die vier Stadien des Begreifens dar: das Bemühen um Verstehen, das aufblickende Verständnis, das Begreifen und das Weiterentwickeln. Die gekrönte Figur im gelben Gewand, die uns rechts den Rücken zukehrt und einen Erdglobus in der Hand hält, ist der Geograf Ptolemaios und der bärtige Weise mit dem Himmelsglobus vor ihm der Astronom Zarathustra. Ganz rechts schließlich der Maler Sodoma und neben ihm, mit der schwarzen Mütze, Raffael selbst. Auch andere Figuren tragen die Gesichtszüge von Zeitgenossen: Platon erinnert an Leonardo da Vinci und Euklid an Bramante. Erst nachträglich fügte Raffael die Figur des auf einen Steinblock schreibenden Heraklit ein, dem er als Hommage an seinen Rivalen die Züge Michelangelos gab.

Unverhohlene Selbstdarstellung

Die Fresken im vierten Raum, der **Stanza dell'Incendio** (Raum des Brandes), wurden größtenteils von Gehilfen Raffaels ausgeführt. Sie zeigen Szenen aus dem Leben der Namensvetter von Medici-Papst Leo X., der seit 1513 Papst war, etwa den Sieg Leos IV. gegen die Sarazenen in der Schlacht bei Ostia oder die Krönung Karls des Großen in der Peterskirche. Die neue Körperlichkeit der Figuren im Fresko »Brand im Borgo« spiegelt Raffaels Auseinandersetzung mit Michelangelo wider, der zeitgleich und keine 50 m entfernt in der Sixtinischen Kapelle arbeitete. Auch Leo X. mochte nicht an seinen Vorgänger erinnert werden. In der Stanza di Eliodoro (s. S. 183) ließ er bei dem Fresko »Die Vertreibung Attilas durch Leo den Großen« kurzerhand sein eigenes Konterfei einsetzen.

der Adria. Die manieristischen Fresken im Gewölbe thematisieren kirchenrelevante Ereignisse in den entsprechenden Regionen.

Cappella Niccolina

Unregelmäßige Öffnungszeiten

Nach der Sala di Costantino führt ein Durchgang zur päpstlichen Privatkapelle von Nikolaus V. mit den leuchtenden Frührenaissancefresken des malenden Dominikanermönchs Fra Angelico. In zwei Zyklen beschreibt er das Wirken der beliebten Erzdiakone Stephan in Jerusalem und Laurentius in Rom.

Appartamento Borgia

Nach den Raffael-Stanzen (s. S. 182) gelangt man vor der Treppe nach links über einen vermauerten Balkon direkt zur Sixtinischen Kapelle oder folgt der Treppe nach unten zum Appartamento Borgia. Die weitläufigen Privatgemächer des berüchtigten Papstes Alexander VI. wurden Ende des 15. Jh. von Pinturicchio und Gehilfen ausgemalt. Besonders eindrucksvoll ist die **Sala dei Santi** (Saal der Heiligen) mit dem Wandgemälde »Disputation der heiligen Katharina von Alexandrien«, auf dem fast die gesamte Borgia-Familie porträtiert ist. Die weiteren Säle bergen die **Collezione d'Arte Religiosa Moderna,** die nur unerschütterliche Kunstliebhaber begeistern wird, auch wenn sich darunter Werke von Dix, Chagall, Klee und Kandinsky befinden.

Sixtinische Kapelle 6

»Ohne die Sixtinische Kapelle gesehen zu haben, kann man sich keinen anschauenden Begriff machen, was ein Mensch vermag«, schrieb Goethe. Zu den Höhepunkten einer Rom-Reise gehört der Besuch der Palastkapelle des Vatikans, in der das Konklave stattfindet. Berühmt ist die von Sixtus IV. erbaute und nach ihm benannte Sixtinische Kapelle vor allem wegen ihrer Fresken. Als ein Meilenstein in der abendländischen Malerei gilt das **Deckenfresko von Michelangelo.** Die Seitenwände der Cappella Sistina waren bereits zwischen 1481 und 1483 von den berühmtesten Malern der damaligen Zeit, darunter Botticelli, Pinturicchio, Perugino, Signorelli und Ghirlandaio, mit Szenen aus dem Leben Moses' und Christi bemalt worden. Nach einer fruchtbaren Zeit unter den Medici in Florenz wurde das Universalgenie Michelangelo (1475–1564) von dem tatkräftigen Papst Julius II. nach Rom geholt, der ihn mit dem Entwurf eines mehrstöckigen Grabmals beauftragte. Bereits einige Jahre zuvor hatte Michelangelo mit der bewegenden Grabplastik der Pietà sein bildhauerisches Können in Rom unter Beweis gestellt. Doch Julius II. glaubte, es bringe Unglück zu Lebzeiten ein Grabmal zu schaffen und beauftragte Michelangelo mit der Bemalung der Decke in der Sixtinischen Kapelle. Widerstrebend machte sich Michelangelo an die Arbeit: »Schlecht ist mein Platz, zum Malen taug ich nicht«, klagte er in einem Brief an einen Freund. Doch in nur knapp vier Jahren überzog er die Decke mit einem grandiosen Freskenzyklus zur Schöpfungsgeschichte, der zu einem Meilenstein der Kunstgeschichte wurde.

Die Farbgebung sowie die kraftvollen Figuren und das von Scheinarchitektur überzogene Gewölbe hatten starken Einfluss auf die nachfolgenden Künstler, vor allem jene des Manierismus. Von 1508 bis 1512 mühte sich Michelangelo im Liegen und ohne Gehilfen mit der Neugestaltung der 40 m langen und 13 m breiten Decke ab. Mit einer ungeheuren Plastizität und in kühnen Farben erzählt er das biblische Epos von der Erschaffung der Welt und der Menschen, des Sündenfalls, des

Lieblingsort

Für Trendsucher

Wo einst Bremsen *(freni)* und Kupplungen *(frizioni)* repariert wurden, läutet heute die *movida* von Trastevere den Abend ein: in der Bar **Freni e Frizioni** 3. In dem Lokal im Vintage-Look mit nur wenigen Tischen drinnen und draußen gibt es beste Moijtos und andere Drinks. Man sitzt nicht, man steht – mit Blick auf den Tiber (jenseits des verkehrsumtosten Lungotevere), die Gassen von Trastevere oder das bunte Völkchen auf dem Vorplatz. Das reiche Buffet (Bruschette, frisches Gemüse, Couscous, Dinkel mit verschiedenen Soßen u. v. m.) ist im Preis eingeschlossen (Via del Politeama 4, Tel. 06 45 49 74 99, www.freniefrizioni.com, Bus: H, 23, tgl. 18.30–2, *aperitivo* 19–22.30 Uhr, 6–10 €).

Die restaurierten Fresken der Sixtinischen Kapelle erstrahlen in kräftigen Farben

Opfers Noahs, der Sintflut und der Trunkenheit Noahs. Orakel verkündende Sybillen und Propheten rahmen die Szenen ein, in den Lünetten und Zwickeln sind Vorfahren Christi dargestellt und in den Ecken Szenen aus dem Alten Testament. Besonders eindrucksvoll ist die dynamische Figur Gottes in der »Erschaffung Adams« – hier vermeint man fast den überspringenden Lebensfunken zu spüren.

Mehr als 20 Jahre später, 1534, wurde Michelangelo, inzwischen fast 60-jährig, von Papst Paul III. mit dem Altarfresko »Das Jüngste Gericht« beauftragt, in dem ein richtender Christus mit herrischer, fast unversöhnlicher Geste die Menschen zur Rechenschaft zieht. Um Christus scharen sich Engel und Märtyrer, die Gerechten steigen aus den Gräbern zum Himmel auf, die Verdammten werden in die Hölle gestürzt. Der pessimistische Grundton des Freskos erklärt sich aus der von vielen als göttliches Strafgericht empfundenen Plünderung Roms im Sacco di Roma (1527), bei dem Landsknechte von Kaiser Karl V. Rom als Reaktion auf das undiplomatische Verhalten des Papstes in einer seit der Antike nie dagewesenen Weise verwüsteten und damit der Zeit der Renaissancepäpste ein Ende setzten. Als das Bild mit den überwiegend nackten Gestalten enthüllt wurde, brach ein Sturm der Entrüstung los. Der nachfolgende Papst, Paul IV., befahl Daniele da Volterra (ein Schüler Michelangelos), die anstößigen Körperstellen unter Feigenblättern und Lendentüchern zu verbergen, weshalb der begabte Künstler als *il braghettone* (»der Hosenmaler«) in die Kunstgeschichte einging.

Bei den Restaurierungsarbeiten in den letzten zwei Jahrzehnten hat man den Decken- und Wandfresken wieder die ursprünglichen kraftvollen Farben verliehen. Die Übermalungen wurden aus historischen Gründen nur teilweise entfernt.

Biblioteca Apostolica Vaticana

Unrelgmäßige Öffnungszeiten

Bei der Vatikanischen Bibliothek handelt es sich um eine Reihe von Korridoren und Räumen, in denen u. a. sakrale Kultgegenstände, astronomische Instrumente und frühe Navigationskarten ausgestellt sind. Sehenswert ist die **Sala delle Nozze Aldobrandine** (nicht immer geöffnet) mit einem der besterhaltenen Fresken aus augusteischer Zeit, auf dem die Hochzeit von Alexander dem Großen und Roxane dargestellt ist. Kern der Bibliothek ist der Salone Sistino mit interessanten Veduten Roms aus der Zeit von Sixtus V., die z. B. die im Bau befindliche Peterskirche oder die Aufstellung des Obelisken auf dem Petersplatz zeigen.

Pinacoteca

Wer direkt zur Pinakothek möchte, sollte sich nach dem Eingang am Ende der Rolltreppe rechts halten.

Klein, aber fein: Die wertvolle Gemäldesammlung bietet in 15 Sälen einen Überblick über die italienische Malerei vom Mittelalter bis zum Barock. Besondere Aufmerksamkeit verdienen Raffaels »Marienkrönung« (1502), seine »Madonna von Foligno« (1511/1512) und die »Verklärung Christi« (1520), die er kurz vor seinem Tod vollendete, sowie der »Heilige Hieronymus« (um 1480) von Leonardo da Vinci und die bewegende »Grablegung« (1604) von Caravaggio. Daneben sind Gemälde von Giotto, Fra Angelico, Pinturicchio, Perugino und Tizian zu sehen sowie die musizierenden Engel von Melozzo da Forlì, welche meist die Eintrittskarten der Musei Vaticani zieren.

Gianicolo

Auch wenn der Gianicolo nicht zu den klassischen sieben Hügeln Roms zählt, so ist er doch am ehesten als wirklicher Hügel zu bezeichnen. Seinen Namen verdankt er dem Gott Janus (Giano), für den hier eine Kultstätte bestanden haben soll. Ein 20-minütiger Fußweg führt vom Vatikan auf die Gianicolo-Terrasse. Am besten nimmt man von der Piazza delle Rovere den Treppenweg Salita S. Onofrio (oder Bus 115 ab Terminal Gianicolo). Im gleichnamigen **Kloster** verbrachte Torquato Tasso die letzten Jahre seines Lebens. Hier befindet sich auch das **Museo Tassiano** 7 mit Manuskripten und Büchern des Dichters (nur n. V., Tel. 06 68 77 347, Di 16–18 Uhr). In der angrenzenden Kirche **Sant'Onofrio** 8 mit schönem Kreuzgang liegt der Dichter begraben.

Über die platanengesäumte Passeggiata del Gianicolo gelangt man vorbei am strahlend weißen Leuchtturm (Faro) auf den **Piazzale Garibaldi.** Das Reiterstandbild des Einigers Italiens erinnert an die heftigen Kämpfe, die hier oben während der kurzlebigen römischen Republik von 1849 tobten. Von der Terrasse genießt man besonders bei Sonnenuntergang einen unvergleichlichen Blick auf die Stadt mit den sanften Konturen der Albaner Berge im Hintergrund. Einer päpstlichen Tradition folgend, feuern um Punkt 12 Uhr drei Soldaten unterhalb der Terrasse einen Kanonenschuss ab, um den Römern die Mittagszeit anzuzeigen. Seit Jahrzehnten erfreut ein kleines **Marionettentheater** im Freien die Kinder (Vorstellungen vor allem Sa, So).

Unterhalb des ausgedehnten Parks liegt der **Orto Botanico** 9 (Botanische Garten), einer der größten und ältesten Italiens mit seltenen uralten Pflanzen (Zugang von Via della Lungara, Mo–Sa

9–18.30, Gewächshäuser bis 13.30, Mitte Okt.–März 17.30 Uhr, 4 €/2 €).

Vom Piazzale aus kann man jenseits der Porta San Pancrazio einen Abstecher zur **Villa Doria Pamphilj** 10 unternehmen, dem größten Park der Stadt. Seit einigen Jahren beherbergt er auch die **Casa dei Teatri** (Okt.–März Di–Sa 10–17, sonst bis 19 Uhr).

Weiter auf der abfallenden Passeggiata del Gianicolo gelangt man zum Fontanone, den »Großen Brunnen«, wie die **Acqua Paola** von den Römern genannt wird. Papst Paul V. ließ sie 1612–1614 in Konkurrenz zu seinem Vorgänger Sixtus V., dem Stifter des Mosesbrunnens, errichten. Das bombastische Denkmal an der kurvigen Via Garibaldi erinnert an die verlustreichen Kämpfe zwischen den französischen Schutztruppen des Papstes und den Freischärlern der römischen Republik von 1849 unter Führung von Garibaldi und Mazzini. Es stammt, wie unschwer zu erkennen, aus der Mussolini-Zeit. Bevor man über die Treppenwege der Via Porta di S. Pancrazio hinuntergeht, lohnt ein Abstecher zur Kirche San Pietro in Montorio.

San Pietro in Montorio 11

www.sanpietroinmontorio.it, tgl. 8–12, Mo–Fr auch 15–16 Uhr

Das Franziskanerkloster San Pietro in Montorio stiftete das spanische Königspaar, Ferdinand von Aragon und Isabella von Kastilien, Ende des 15. Jh. als Dank für ihren männlichen Nachwuchs. In der Kirche, von deren Stufen man einen wirklich herrlichen Blick auf die Stadt genießt, hängt die beeindruckende »Geißelung Christi« von Sebastiano del Piombo.

Eigentlicher Besuchermagnet ist jedoch der kleine Kreuzgang neben der Kirche mit dem »Tempietto« von Bramante (1502). Der irrigen Legende nach steht er an der Stelle, wo Petrus gekreuzigt wurde. Die Anknüpfung an die antike römische Baukunst und überaus harmonische Proportionen machten den Rundtempel zu einem Modell für die römische Architektur der Hochrenaissance. Im Konventsgebäude befindet sich die Spanische Akademie.

Via della Lungara

Am Ende der Via Garibaldi stößt man auf die Via della Lungara, die Papst Julius II. als Verbindung zwischen Trastevere und dem Vatikan bauen ließ. Auf halber Höhe der Straße in Richtung Vatikan befand sich seit Ende des 17. Jh. eine von Nonnen geführte Besserungsanstalt für »gefallene Mädchen und Frauen« und später das erste kirchliche Frauengefängnis. Heute ist es eine Begegnungsstätte für Frauen mit Restaurant, Café und einigen Zimmern zum Übernachten (Via San Francesco di Sales 1a, www.casainternazionaledelledonne.org; s. auch S. 33). Noch immer hingegen besteht das Staatsgefängnis Regina Coeli an der Nr. 29.

Sowohl abends als auch mittags immer gut besucht ist die **Osteria Da Giovanni** 8 (Nr. 41a), die mit einfachen Gerichten und einem überragenden Preis-Leistungs-Verhältnis überzeugt.

Galleria Nazionale d'Arte Antica (Palazzo Corsini) 12

Di–So 9–19 Uhr, 4 €/2 €

Im Palazzo Corsini versammelte Christine von Schweden, die zum Katholizismus konvertierte Königstochter, viele Jahre hindurch die Dichter und Künstler Roms um sich. Später ging der Palast in den Besitz der Bankiersfamilie Corsini über, deren einstige Privatsammlung der Bau heute beherbergt. Schwerpunkt ist die Barockmalerei des

16./17. Jh. Bedeutendste Werke sind das Triptychon von Fra Angelico und Caravaggios »Johannes der Täufer«.

Villa Farnesina 13
www.villafarnesina.it, Mo–Sa und jeden 2. So im Monat 9–13 Uhr, 5 €/3 €
Die mit wunderschönen Renaissancefresken ausgeschmückte Sommervilla von Agostino Chigi wurde Anfang des 16. Jh. von Baldassare Peruzzi errichtet. Namengebend für den **Saal der Galathea** ist das Fresko von Raffael, einer der Höhepunkte des Klassizismus in der Renaissance. Zu seinen Meisterwerken gehört die »Hochzeit von Amor und Psyche« und das »Konzil der Götter« in der Gartenloggia. Die Decke wurde nach einer humanistischen Tradition mit der zur Geburtsstunde Chigis herrschenden Sternenkonstellation ausgeschmückt. Im *piano nobile* beeindruckt der »Saal der Perspektiven« von Peruzzi mit Graffiti, die Soldaten 1527 während des Sacco di Roma hinterließen, im angrenzenden Schlafzimmer die Hochzeitsnacht Alexanders des Großen mit Roxane von Sodoma.

Trastevere

Die **Porta Settimiana** bildet das Eingangstor nach Trastevere. Im Haus auf der linken Seite des Torbogens soll Raffaels Geliebte, die Fornarina, gewohnt haben, deren Porträt im Palazzo Barberini hängt.

Das quirlige Viertel »jenseits des Tiber« versprüht urrömisches Flair. In Trastevere, so behaupten die *trasteverini*, wohnen die wahren Römer, die *romani de Roma*. Mit Stolz pflegen sie den römischen Dialekt und die einfache römische Küche. Doch die *trasteverini* werden immer weniger. Auf den Straßen hört man immer mehr englische Sprachfetzen und in den sanierten Wohnungen leben wohlhabende, meist ausländische Wahlrömer. Dennoch hat das einstige Arme-Leute-Viertel seinen Charme bewahrt.

Ein Bummel durch die engen Gassen rund um Santa Maria in Trastevere oder Santa Cecilia führt vorbei an alteingesessenen Handwerksbetrieben und Gemüseläden. An warmen Tagen treffen sich die Bewohner zum Plausch vor der Haustür, und in Vicolo del Cedro und Via della Scala hängt nach wie vor die meistfotografierte Wäsche Roms. Doch Trastevere ist keineswegs nur ein folkloristisches Abziehbild. Es steht auch für die inzwischen weltweit tätige christliche Laienbewegung Sant' Egidio, die »UNO von Trastevere«, die mehrmals für den Friedensnobelpreis vorgeschlagen wurde (www.santegidio.org). Zu den weltweit beachteten Erfolgen der Gemeinschaft gehört der Friedensvertrag von Mosambik, 1992 nach 16 Jahren Bürgerkrieg unterzeichnet. Jedes Jahr an Weihnachten organisiert die Gemeinschaft in Santa Maria in Trastevere und an anderen Orten in Rom Festessen für die Armen.

Eine kulturelle Institution ist das Kino **Nuovo Sacher** 4 von Regisseur Nanni Moretti, in dem Autorenfilme aus aller Welt präsentiert werden. Von der Zeit, als das Viertel wegen seiner niedrigen Mieten vorwiegend von Künstlern und Bohèmiens bewohnt war, zeugen die zahlreichen Kunsthandwerksläden und Galerien wie jene in der Via degli Orti d'Alibert. Mit unzähligen *trattorie, enoteche* und Szenelokalen ist Trastevere aber vor allem das klassische Ausgehziel von Römern und Touristen.

Museo di Roma in Trastevere 14
www.museodiromaintrastevere.it, Di–So 10–20 Uhr, 4 €/3 €
Das Museum bietet neben interessanten Themenausstellungen mit zeitge-

nössischen Gemälden und nachgestellten Szenen in Originalgröße einen folkloristisch verklärten Einblick in Alltag, Sitten und Gebräuche im Rom des 18./19. Jh.

Rund um die Piazza Santa Maria in Trastevere

Die Piazza Santa Maria in Trastevere ist das pulsierende Zentrum des Viertels. Tagsüber ist die Atmosphäre fast dörflich, abends tummeln sich hier in den *trattorie* Liebhaber römischer Küche, breiten fliegende Händler ihre Waren aus und konkurrieren Straßenkünstler um die Gunst des Publikums. Sinnbild für die vielen *osterie* in dieser Gegend ist der kuriose Brunnen mit Weinfässern an der Ecke zur Via della Cisterna.

Santa Maria in Trastevere 15

In der römischen Spätantike siedelten sich *trans Tiberim* (lat. »jenseits des Tiber«) vor allem Zuwanderer aus dem Osten des Reiches und Mitglieder religiöser Randgruppen wie Juden und Christen an. Bereits im 3./4. Jh. entstanden erste christliche Heiligtümer und Kirchenbauten. Roms älteste Marienkirche wurde bereits Mitte des 4. Jh. gegründet. Die heutige Basilika mit dem romanischen Campanile und dem Mosaik an der Fassade stammt aus dem 12. Jh. Trotz späterer Ergänzungen wie dem barocken Portikus oder der Kassettendecke im Innern blieb der Raumeindruck einer frühchristlichen Basilika bewahrt: Antike Säulen aus den Caracalla-Thermen teilen die Schiffe, ein herrlicher Cosmatenteppich schmückt den Boden. Glanzpunkt der Kirche sind die um 1140 entstandenen goldgrundigen Mosaiken der Apsis. Unter einem Himmelszelt thronen Christus und die Himmelskönigin Maria umgeben von Heiligen und dem Kirchenstifter Papst Innozenz II. mit dem Kirchenmodell. Noch sind die Figuren in einer unkörperlichen und flächigen Weise wiedergegeben. Ganz anders die wenige Jahrhunderte später entstandenen Mosaiken des Marienlebens von Pietro Cavallini, die durch ihre bewegten Figuren und erzählerische Darstellung beeindrucken. Eine besondere Atmosphäre herrscht, wenn sich abends um 20.30 Uhr die römische Basisgemeinschaft Sant'Egidio zum Gebet trifft und das Innere beleuchtet wird (s. S. 191).

Über die fußgängerfreundliche Via della Lungaretta mit kleinen Geschäften und Bars erreicht man die Piazza Sonnino an der verkehrsumtosten Viale Trastevere mit dem mittelalterlichen Geschlechterturm Torre d'Anguillara.

San Crisogono 16

Kirche: Mo–Sa 7–11.30, 16–19.30, So, Fei 8–13, 16–19.30 Uhr; Ausgrabungen: wie Kirche, abends bis 19 Uhr, 3 €

Die spätbarocke Fassade täuscht. Die große Kirche mit dem mittelalterlichen Glockenturm an der lauten Viale Trastevere ist eine der ältesten Kirchen Roms. Die dreischiffige Basilika mit herrlichem Cosmatenboden wurde auf einem Vorgängerbau aus dem 8. Jh. errichtet, der wiederum seine Ursprünge im 5. Jh. hat. Archäologen entdeckten unter der Kirche eine hufeisenförmige Krypta mit erzählfreudigen Freskenresten (8.–10. Jh.).

Jenseits des Viale Trastevere erstreckt sich die stille Seite des Viertels mit Straßen, in denen die Zeit stehengeblieben zu sein scheint. Ein alteingesessener Betrieb ist die **Stuckwerkstatt** der Gebrüder Baiocco in der Via della Luce 16a, die sich gern auch über die Schultern blicken lassen. Prunkstück der Werkstatt ist ein Abguss des Christus der Pietà von Michelangelo. An der Nr. 21 lockt die nostalgische **Pasticceria Innocenti** 10 mit Mandelgebäck, Pizze und Kuchen (Mo–Sa u. So vormittag).

Abends zieht es Römer und Touristen nach Trastevere

Santa Cecilia in Trastevere 17

Kirche: Mo–Sa 9.30–13, 16–18.30, So, Fei 11.30–12.30, 16–18.30 Uhr; Krypta und Ausgrabungen: 9.30–12.30, 16–18.30 Uhr, 2,50 €; Fresken von Cavallini: Mo–Sa 10.15–12.15, So 11.30–12.30 Uhr, 2,50 €

Eine Oase der Ruhe ist die Kirche Santa Cecilia in Trastevere. Paschalis I. ließ sie im 9. Jh. über einem Vorgängerbau aus dem 4. Jh. errichten – der Legende nach dort, wo das Haus des Römers Valerianus und seiner Frau Caecilia gestanden hatte, die Anfang des 3. Jh. den Märtyrertod gestorben waren. Nachdem man vergeblich versucht hatte, Caecilia in einem Dampfbad zu ersticken, enthauptete man sie. Obwohl sie im 15. Jh. sogar zur Patronin der Kirchenmusik avancierte, wird ihre Existenz inzwischen selbst von der Kirche in Zweifel gezogen. Sicher ist, dass Santa Cecilia auf den Resten eines römischen Hauses aus republikanischer Zeit steht. Unter der Kirche haben die Archäologen Reste einer weitläufigen Wohnanlage zutage gefördert, in der die Benediktinernonnen sogar ein Dampfbad zu erkennen glauben.

Ihre heutige Gestalt verdankt die dreischiffige Basilika Umbauten im 18. Jh. Aus dem 9. Jh. stammt das Apsismosaik mit dem segnenden Christus umgeben von Paulus und Caecilia sowie rechts Petrus, Valerianus und Agathe. Das feingliedrige Ziborium von Arnolfo di Cambio (1293) gehört zu den wenigen gotischen Kunstwerken in Rom. Die Marmorskulptur von Stefano Maderno (1600) unter dem Altar zeigt Caecilia, wie sie angeblich gefunden wurde, als ihr vermeintliches Grab in der Calixtus-Katakombe (s. S. 251) 1599 geöffnet wurde. In drastischem Realismus meißelte Maderno die Schnitte heraus, die der Henker ihr am Hals zufügte. Besuchen Sie unbedingt auch den Nonnenchor mit den farbenfrohen Fragmenten des Freskos »Das Jüngste Gericht« von Pietro Cavallini (ca. 1293), eines der bedeutendsten Werke der römischen Malerei im Mittelalter.

San Francesco d'Assisi a Ripa 18

Tgl. 7–12, 16–19 Uhr

An der schlichten Kirche San Francesco a Ripa, so genannt, weil hier einmal der hl. Franziskus gewohnt haben soll, dürfen Bernini-Liebhaber nicht vorbeigehen. In der vierten Kapelle des linken Seitenschiffes begeistert das Grabdenkmal der in Ekstase liegenden »Seligen Ludovica Albertoni in Verzückung«, ein Alterswerk des Barockgenies. Bernini hat der von neugierig-lüsternen Putti umringten Skulptur mit verschiedenfarbigem Marmor und mit Hilfe indirekter Lichteffekte eine ungewöhnliche Lebendigkeit und Leidenschaftlichkeit verliehen.

Essen & Trinken

Kreativ – **Asinocotto** 1: Via dei Vascellari 48 (Trastevere), Tel. 065 89 89 85, www.asinocotto.com, Bus: 23, H, Tram: 8, Di–Fr 12–14.30, Di–So 19.30–23 Uhr, Menü 35–40 €. Fleisch-, Fischgerichte.

Für Gourmets – **Glass Hostaria** 2: s. S. 39.

Intim – **Spirito DiVino** 3: Via dei Genovesi 31 (Trastevere), Tel. 065 89 66 89, www.spiritodivino.com, Bus: H, 23, Tram: 8, Mo–Sa 19–23 Uhr, Menü 30 €. Eine gelungene Mischung aus klassischem Restaurant und Enoteca mit erstklassiger, traditioneller Küche. Im Keller fand man die berühmte Statue des Apoxyomenos (die sich heute in den Vatikanischen Museen befindet).

Hippe Sushi-Bar – **Zen Sushi** 4: s. S. 40.

Mit Klasse – **Taverna Angelica** 5: Piazza Americo Capponi 6 (Vaticano), Tel. 066 87 45 14, www.tavernaangelica.it, Bus: 64, 40, tgl. 18–24 Uhr, So auch 12.30–14.30 Uhr, Metro: Ottaviano (A), Menü 40 €. Elegantes Ambiente mit Holztischen. Das dem Menü vorangestellte Motto: »Man kann nicht gut denken, lieben und schlafen, wenn man nicht gut gegessen hat«, gibt den Geist dieses Lokals wieder.

Bodenständig – **Osteria dell'Angelo** 6: Via G. Bettolo 24 (Prati), Tel. 063 72

Es ist immer genug für alle da: Marktstand in Trastevere

94 70, Metro: Ottaviano (A), Mo–Sa 20.30–23, Di–Fr auch 12.30–14.30 Uhr, à la Carte mittags 18 €, abends ab 25 €. Beste römische Hausmannskost, für die sich der kleine Spaziergang jenseits der Touristenschneisen lohnt.

Bewährt – **Trattoria La Vittoria 7**: Via delle Fornaci 15–17, Tel. 06 63 18 58, www.ristorantelavittoria.com, Mi–Mo 12–15, 19–23 Uhr, ca. 25 €. Bei Geistlichen und Touristen gleichermaßen beliebt, in direkter Vatikannähe. Viele römische Spezialitäten, z. B. *amatriciana, saltimbocca alla romana.*

Preiswert – **Osteria Da Giovanni 8**: Via della Lungara 41a (Trastevere), Tel. 066 86 15 14, Mo–Sa 12–15, 19.30–22 Uhr, Menü ca. 18 €. Gut besuchte Osteria mit einfachen Gerichten und überragendem Preis-Leistungs-Verhältnis, s. S. 190

Gut besucht – **Ai Marmi 9**: Viale Trastevere 53–59, Tram: 8, Bus: H, 23, 780, Do–Di 18.30–2.30 Uhr, ca. 10 €. Unter den Römern wegen der Marmortische als die »Leichenhalle« bekannt, gehört sie zu den berühmtesten Pizzerien der Stadt. Wegen des schnellen Services ideal für einen Imbiss. Exzellente römische (d. h. flache) *pizze*, sehr gut auch die *supplì* (gefüllte Reisbällchen).

Nostalgische Konditorei – **Pasticceria Innocenti 10**: s. S. 192.

Wo Ratzinger schwach wurde – **Cantina Tirolese 11**: s. S. 41.

Aus dem Holzofen – **Bir & Fud 12**: s. S. 39.

Einkaufen

Religiöse Artikel findet man in der **Via della Conciliazione** (s. S. 44).

Italienische Delikatessen – **Castroni 1**: s. S. 44.

Kerzen & religiöse Artikel – **Cereria San Giorgio 2**: Via Francesco di Sales 85a, www.cereriadigiorgio.it. Das Kerzengeschäft besteht bereits seit über 100 Jahren. Neben Kerzen in allen Formen, Farben und Gerüchen werden auch religiöse Utensilien wie Hostien oder Messwein verkauft.

Mein Tipp

Beliebtester Flohmarkt Roms
Jeden Sonntag von 6.30 Uhr bis Mittag breitet sich an der Via Portuense, Via Ippolito Nievo und Porta Portese der lebendigste und größte **Flohmarkt 4** Roms aus. Viele Trödel- und einige Antiquitätenhändler sowie ein großer Schuh- und Kleidermarkt ermöglichen manches Schnäppchen.

Artikel rund um Kirche und Papst – **Euroclero 3**: s. S. 44.

Flohmarkt – **Markt an der Porta Portese 4**: s. S. 45 und »Mein Tipp« oben.

Buntes Markttreiben – **Piazza San Cosimato 5**: Lebensmittel und Blumen findet man von montags bis samstags auf dem Markt von Trastevere auf der Piazza San Cosimato.

Abends & Nachts

Das pulsierende Zentrum des Viertels ist die **Piazza Santa Maria in Trastevere**. Abends buhlen zahllose Restaurants und Bars um die Gunst des Publikums.

Jazz im Kellergewölbe – **Alexanderplatz 1**: s. S. 50. Auch Cocktails und kleine Gerichte.

House of the Blues – **Big Mama 2**: s. S. 50.

Aperitifbar mit Kultcharakter – **Freni e Frizioni 3**: s. S. 186.

Internationale Filme in Originalversion – **Nuovo Sacher 4**: s. S. 52 und S. 191.

Das Beste auf einen Blick

Entlang der Via del Corso

Highlight!

Spanische Treppe: Die Freitreppe zur Scalinata di Trinità dei Monti ist Treffpunkt, Flirtplatz und beliebtes Fotomotiv – ein Muss für jeden Rombesucher. 5 S. 203

Auf Entdeckungstour

Caravaggio, Meister von Licht und Schatten: Caravaggio war eine der schillerndsten Künstlerpersönlichkeiten im Rom des 16. und 17. Jh. Kaum ein anderer Künstler hat mit seinen dramatischen Bildschöpfungen und seiner bewegten Lebensgeschichte bereits zu Lebzeiten ein solches Aufsehen erregt. S. 200

Kultur & Sehenswertes

Ara Pacis Augustae: Antike Kunst in zeitgenössischer Architektur. Den Museumsbau für den Friedensaltar des Augustus schuf Stararchitekt Richard Meier. 4 S. 203

Galleria Doria Pamphilj: Eine der bedeutendsten Privatsammlungen in originaler Hängung und Prunkgemächer geben einen Einblick in die Wohnkultur des römischen Adels. 10 S. 210

Aktiv & Kreativ

Duftbar L'Olfattorio: In diesem Paradies der Düfte können Sie aus 200 Essenzen wählen. 1 S. 203

Vittoriano: Der Aufstieg entschädigt mit einem grandiosen Blick über Rom. 11 S. 210

Shoppingbummel: Rund um die Via dei Condotti ist alles versammelt, was in der Modewelt Rang und Namen hat. S. 203, 212

Genießen & Atmosphäre

Caffè Greco: Das älteste Kaffeehaus Roms prunkt wie zu Goethes Zeiten mit roten Plüschsesseln und alten Gemälden. Der Kenner trinkt den Caffè an der Theke. 16 S. 203

Piazza Augusto Imperatore: Sie wollen mit Blick auf kaiserliche Ruinen und modernste Architektur kreative Küche genießen, eine Pizza essen oder einfach nur einen Aperitif zu sich nehmen? Rund um die Piazza haben Sie die Qual der Wahl: z. B. **'Gusto.** 6 S. 211

Abends & Nachts

Auditorium: Das Konzertzentrum der Superlative, das allein schon durch seine Architektur fasziniert, bietet neben Klassik moderne Aufführungen wie Rock, Pop und Ballett. 1 S. 213

Salotto 42: Trendige und schicke Bookbar mit ausgewählten Antiquitäten und Blick auf den abends beleuchteten Hadrian-Tempel. 3 S. 213

Von der Piazza del Popolo bis zur Piazza Venezia

Schnurgerade zieht sich die geschäftige Via del Corso durchs Zentrum. In den Seitenstraßen öffnen sich bühnenhafte Plätze und kunststrotzende Palazzi. Die politischen Geschicke Italiens entscheiden sich an der Piazza Montecitorio. Ein Paradies für Liebhaber italienischer Mode ist das noble Einkaufsviertel rund um die Via dei Condotti.

Rund um die Piazza del Popolo

Heute Bühne für Popkonzerte, Parteiveranstaltungen und Flanierplatz, war die Piazza früher der Empfangssalon für alle aus dem Norden kommenden Besucher der Stadt, darunter Goethe, Seume und Luther, der im Augustinerkloster Santa Maria del Popolo Unterkunft fand. Als Blickfang des Platzes, der sich strahlenförmig in die Via del Babuino, Via del Corso und Via di Ripetta öffnet, dient der ägyptische Obelisk, den Papst Sixtus V. vom Circus Maximus hierherbringen und mit dem Kreuzzeichen bekrönen ließ. Um den Besuchern die Herrlichkeit der Stadt vor Augen zu führen, ließ Alexander VII. als städtebaulichen Akzent zu Beginn des Tridente (›Dreistrahls‹) die beiden barocken Zwillingskirchen **Santa Maria dei Miracoli** und **Santa Maria in Montesanto** errichten, die – scheinbar gleich – sich doch in Grundriss und Kuppelform unterscheiden. Seine klassizistische Gestalt verdankt der Platz Valadier, der die halbrunden Anlagen, die Brunnen und Löwen sowie die Terrasse des Pincio schuf, von der man eine unvergleichliche Aussicht über die Stadt genießt. Wer Aufstiegsmühen scheut, kann den Blick vom Upper-Class-Café **Rosati** 19 schweifen lassen.

Infobox

Reisekarte: ▶ Karte 1, J/K 6–9

Dauer, Ausgangs- und Endpunkt
Die Tour ist auf einen Tag angelegt. Ausgangspunkt ist die Piazza del Popolo (Metro A: Flaminio), Endpunkt die Piazza Venezia (Bus: 40, 64, 84). Die Tour lässt sich gut mit einem Shoppingbummel verbinden. Die Geschäfte sind i. d. R. Mo vormittags, in den Sommermonaten Sa nachmittags geschlossen.

Santa Maria del Popolo 1

Mo–Sa 7–12, 16–19, So, feiertags 8–13.30, 16.30–19.30 Uhr

Die von außen unscheinbare Renaissancekirche, von Della-Rovere-Papst Sixtus IV. (1472–1477) errichtet und von Bernini im 17. Jh. barockisiert, überrascht im dreischiffigen Innern mit hochkarätigen Kunstschätzen. Päpste und Kardinäle, Papstneffen und -söhne schufen sich in den Seitenkapellen großartige Grabdenkmäler, für deren Gestaltung sie die bekanntesten Architekten und Künstler ihrer Zeit verpflichteten. Renaissancekünstler Pinturicchio (1485–1489) schmückte für die Papstfamilie della Rovere die erste Kapelle auf der rechten Seite mit erzählfreudigen Fresken und der »Anbetung des Christuskindes«. Von ihm stammt auch die »Marienkrönung« im Chorgewölbe. Gegenüber beeindruckt der von Raffael entworfene Kuppelbau der

Cappella Chigi. Die lebensvollen Skulpturen des »Daniel in der Löwengrube« (1657) und des »Habakuk« (1661) schuf Bernini. Besuchermagnet ist die Cerasi-Kapelle (s. S. 202) links vom Hauptaltar mit Caravaggios dramatischen Gemälden die »Bekehrung des Paulus« und die »Kreuzigung Petri« (1600/01).

Via del Corso

Die Via del Corso, in der Antike Teil der Via Flaminia, die Rom mit dem Norden verband, säumten einst prachtvolle Grabmäler von Kaisern und angesehenen römischen Bürgern. In der Renaissance war die von Palazzi geschmückte Prachtstraße berühmt für die Karnevalsumzüge, die der Venezianer-Papst Paul II. hierherverlegen ließ. Der Name der Straße erinnert an die überaus beliebten Wett- und Pferderennen, die zwischen Piazza del Popolo und Piazza Venezia stattfanden (*corso* = Rennbahn). Der obere Teil der einstigen Fahrschneise in die Innenstadt ist heute Fußgängerzone. Abends und an Wochenenden flanieren hier ganze Scharen von *ragazzi* und *ragazze* an trendigen Modegeschäften vorbei.

Mein Tipp

Lust auf moderne Architektur?
In der Ära Veltroni (bis 2008) zog es viele internationale Stararchitekten nach Rom. Zu den jüngsten Prestigebauten zählen neben den käferförmigen Konzertsälen des Auditoriums von Renzo Piano (Tram Nr. 2 ab Piazza del Popolo), das nur wenige Schritte entfernte, 2010 eröffnete MAXXI (Nationalmuseum der Künste des 21. Jh., S. 63) der irakischen Architektin Zara Hadid, dessen Architektur von schrägen und kurvigen Wänden, verschlungenen Treppen und wogenden Innenräumen geprägt ist. Sehenswert sind auch der Museumsneubau für die Ara Pacis von Richard Meier sowie seine segelartige Kirche in der Vorstadt Tor Tre Teste. Auch das Museum für Gegenwartskunst (MACRO, S. 63) von Odile Decq wurde kürzlich eröffnet. Noch im Bau ist das neue Kongresszentrum in EUR von Massimiliano Fuksas (S. 277).

Casa di Goethe 2

www.casadigoethe.it, Di–So 10–18 Uhr, 4 €/3 €

»Ja, ich kann sagen, dass ich nur in Rom empfunden habe, was eigentlich ein Mensch sei. Zu dieser Höhe, zu diesem Glück der Empfindung bin ich später nie wieder gekommen.« Für Goethe grenzte die Begegnung mit Roms geballter Kunstfülle und mediterraner Lebensart an ein Erweckungserlebnis. Das Haus, in dem er bei seinem Freund, dem Maler Tischbein, von 1786 bis 1788 gelebt hat, ist heute Museum und Ort deutsch-italienischen Kulturaustausches. Neben einer Auswahl seiner in Italien entstandenen Zeichnungen besticht in der Casa vor allem das Goethe-Porträt von Andy Warhol.

Mausoleo di Augusto 3

Keine Innenbesichtigung möglich

Unmittelbar nach der Erringung seiner Alleinherrschaft ließ der erste römische Kaiser Augustus 29 v. Chr. die Grablege der julisch-claudischen Dynastie errichten. Neben dem Eingangstor waren die »Res Gestae« angebracht, der Tatenbericht des Augustus, der heute die Außenwand der Ara Pacis schmückt. Der 87 m breite und 40 m hohe Bau, der von einer bronzenen Kolossalstatue des Kaisers bekrönt und von einer weitläufigen Gartenanla- ▷ S. 203

Auf Entdeckungstour

Caravaggio, Meister von Licht und Schatten

Caravaggio war eine der schillerndsten Künstlerpersönlichkeiten im Rom des 16. und 17. Jh. Kaum ein anderer Künstler hat mit seinen dramatischen Bildschöpfungen und seiner bewegten Lebensgeschichte bereits zu Lebzeiten so ein Aufsehen erregt. Der Großteil seiner Gemälde hängt in den Kirchen und Museen Roms. Und noch immer üben sie eine große Faszination aus.

Start: Die Tour beginnt an der Kirche San Luigi dei Francesi (s. S. 151) und führt über die Kirche Sant'Agostino und Santa Maria del Popolo zur Galleria Borghese (s. S. 229) in der gleichnamigen Villa (ca. 3–4 Std.).

Planung: Jeden Tag außer Mo und Do nachmittags. Während der Mittagszeit ca. 12–16 Uhr sind die Kirchen i. d. R. geschlossen.

Der junge Wilde des römischen Barock

Michelangelo Merisi (1571–1610), nach seinem Geburtsort Caravaggio genannt, polarisierte – im Leben wie in der Kunst. Sein aufbrausendes Naturell ist legendär: Einen Wirt bewirft er mit Essen, Polizisten mit Steinen. Als er bei einer Schlägerei einen Gegner ersticht, muss er aus Rom fliehen und wird in Abwesenheit zum Tode verurteilt. Nach Jahren der Odyssee macht er sich – auf einen Gnadenakt des Papstes hoffend – wieder auf den Weg nach Rom, stirbt allerdings in Porto Ercole, vermutlich an Malaria.

Als der 20-jährige Caravaggio nach Rom kommt, herrscht in der Kunstszene der Spätmanierismus. Auf der Suche nach einer naturalistischen Bildauffassung bricht Caravaggio mit den übersteigerten und komplizierten Kompositionen und schlägt neue Wege ein. Seine künstlerische Laufbahn beginnt er als Genremaler. Schon in den ersten Stillleben beweist er sein Können bei der Wiedergabe von Blumen und Früchten, gepaart mit einer Portion unverhohlener Erotik.

Dramatisches Hell-Dunkel

Nur Kenner finden den Weg zur Kirche San Luigi dei Francesi (Do nachmittags geschl.) wenige Schritte von der quirligen Pantheons-Piazza. Die meisten streben geradewegs zur Piazza Navona, werfen noch einen flüchtigen Blick auf den dauerbewachten Palazzo Madama, Sitz des Senats, lassen aber die weniger einladende Barockfassade rechts liegen. Wer sich an das Dunkel des Innenraums gewöhnt hat, entdeckt die Contarelli-Kapelle am Ende des linken Seitenschiffes dank der Besucher von selbst.

Für die Kapelle malte Caravaggio zwei Gemälde über das Leben des Heiligen Matthäus, »Die Berufung des hl. Matthäus« und »Martyrium des hl. Matthäus«, die sich räumlich gegenüberstehen, später kam noch »Der hl. Matthäus mit dem Engel« hinzu (1599–1602). Bereits bei diesem ersten kirchlichen Auftrag entwickelte Caravaggio jenen dramatischen Stil, der ihn berühmt und zu einem gesuchten Maler machen sollte. Mit starken Hell-Dunkel-Kontrasten und einem pointierten Realismus wendet er sich von der idealisierenden Malweise seiner Kollegen ab. Revolutionär ist seine Lichtführung, mit der er die »Berufung«, das ungläubige Erstaunen des Zöllners in Szene setzt, der von Christus zu sich gerufen wird. Denn neben dem diffusen Licht, das vom gemalten Fenster ausgeht, und dem Oberlicht, das Matthäus beleuchtet, ist es vor allem das Licht, das hinter Jesus und Petrus einfällt, das die Szene bühnewirksam erleuchtet und den Blickkontakt zwischen Matthäus und Jesus in den Mittelpunkt stellt. Ein mysteriöses Licht, denn die Gestalt des Petrus wirft keinen Schatten.

Im »Martyrium«, das durch die schlaglichtartige Beleuchtung ebenfalls ungeheuer dramatisch wirkt, beobachtet im Hintergrund links ein Mann mit kurzem Bart betroffen das Geschehen – hier hat sich Caravaggio mit einem Selbstbildnis verewigt. Die drei Bilder waren übrigens die zweite Version. Die erste musste entfernt werden, weil sie wegen ihres überdeutlichen Realismus Anstoß erregt hatte.

Die Madonna als einfache Römerin

Ähnlich erging es der »Madonna dei Pellegrini« (ca. 1605) in der nahe gelegenen Kirche Sant'Agostino (erste Kapelle linkes Seitenschiff). Das virtuose Hell-Dunkel-Gemälde rief bei seiner Enthüllung wegen seines krassen Realismus einen Skandal hervor. Als anstößig empfand man besonders die Darstellung der Madonna als einfache, barfüßige Römerin, für die eine stadtbekannte Prostituierte Modell gestanden haben soll. Hinzu kamen das heruntergekommene Haus, das Maria bewohnte, die schmutzigen Füße und die zerschlissene Kleidung der Pilger, ihre altersgefurchten Gesichter und wettergegerbten Körper. Die harte Realitätswiedergabe, die es doch ganz im Sinne der italienischen Gegenreformation dem Betrachter ermöglichte, sich mit dem Geschehen zu identifizieren, schockierte, doch sie faszinierte auch die Künstler – zumindest einige.

Rebellischer Neuerer

Wie sehr er sich von seinen Kollegen unterschied, zeigt sich in der linken Querhauskapelle, der Cerasi-Kapelle, in der Kirche Santa Maria del Popolo (Mo–Sa 7–12, 16–19, So, feiertags 8–13.30, 16.30–19.30 Uhr), für die er die hochformatigen Gemälde »Bekehrung des Paulus« und die »Kreuzigung Petri« (1600/01) schuf. Das Gemälde über dem Altar »Die Himmelfahrt Mariens« stammt von Annibale Carracci. Beide Maler, führende Vertreter des Frühbarock in Rom, wandten sich in dem Wunsch nach mehr Klarheit und Vereinfachung gegen den Manierismus. Carracci und seine Nachfolger, zu denen die Maler Domenichino, Guercino, Lanfranco und Guido Reni gehörten, knüpften dabei an die klassische Schönheit und Ausgewogenheit der Renaissance an.

Ganz anders Caravaggio: Seine Heiligen sind auch hier keine Heroen. Petrus ist ein alter Mann in Todesängsten, seine Hinrichtung entwürdigend. Auch Saulus, der Christenverfolger, der auf dem Weg nach Damaskus vom Pferd fällt, nachdem er die Stimme Jesu hört, liegt hilflos erblindet am Boden. Caravaggio konzentriert sich aufs Wesentliche: bei Petrus auf den Heiligen und die Henkersknechte, bei Paulus auf den Heiligen und den Gaul.

Mit perspektivischen Verkürzungen und spotartig einfallendem Licht verleiht er seinen Figuren eine ganz eigene, natürliche Würde und Tiefe. Auch bei der Bekehrung des Paulus handelt es sich um eine zweite Fassung. An der ersten wurde bemängelt, dass Jesus zu menschlich dargestellt ist. Schließlich macht ihn Caravaggio nur als Strahlenbündel sichtbar.

Caravaggios Vermächtnis

In der Galleria Borghese (Di–So 8.30–19.30 Uhr) hängen sechs weitere Bilder von Caravaggio. Zu den eindringlichsten und letzten Bildern des Malers gehört »David mit dem Haupt des Goliath« (1609/10). Nachdem Caravaggio im Mai 1606 während eines Duells seinen Gegner erstochen hatte und auf seinen Kopf ein Lösegeld ausgesetzt worden war, schickte er dieses Bild – quasi als Gnadengesuch – an den päpstlichen Hof. David wirkt hier keineswegs wie ein Sieger, sein Gesicht drückt Betroffenheit und Entsetzen über seine ›gerechte‹ Tat aus. Caravaggio verlieh Goliath seine eigenen Züge.

Mit seinen Gemälden revolutionierte Caravaggio die Malerei. Seine effektvolle Hell-Dunkel-Malerei, seine verkürzten Perspektiven, sein Verzicht auf jede Idealisierung und seine lebensnahen Darstellungen wirkten stilbildend auf die europäische Malerei des Barocks und beeinflussten Maler wie Rubens, Rembrandt und Velázquez. Obwohl er keine direkten Schüler hatte, begründete er eine nach ihm benannten Strömung innerhalb der barocken Malerei, den »Caravaggismo«.

ge umgeben war, diente zeitweise als Festung, Park und sogar als Theater.

Ara Pacis Augustae 4

www.arapacis.it, Di–So 9–19 Uhr, 7,50 €/5,50 €

Zum Gedenken an Kaiser Augustus, der den römischen Bürgerkriegen ein Ende gesetzt und die römische Welt befriedet hatte, weihte der Senat im Jahr 9 v. Chr. den Altar des Augusteischen Friedens. Die meisterlich gearbeiteten Flachreliefs zeigen Opferdarbietungen der kaiserlichen Familie, die Genealogie des römischen Volkes und das Goldene Zeitalter unter dem Friedensbringer Augustus. Seit einigen Jahren präsentiert sich der Friedensaltar in neuem Museumsgewand des amerikanischen Stararchitekten Richard Meier. Der Glasbau soll den Altar in Zukunft besser vor Überhitzung und Umweltverschmutzung schützen.

Rund um die Via dei Condotti

In der Via dei Condotti und der Via Borgognona sind alle großen Namen der Alta Moda vertreten. Hier reihen sich Luxusboutiquen und Juwelierläden, edle Schuh- und Uhrengeschäfte aneinander. Erlesene Antiquitäten findet man in der Via del Babuino, erschwinglichere Mode am oberen Teil des Corso oder in den Parallelstraßen.

Von der Zeit, als das Viertel um die Spanische Treppe von Künstlern, Musikern und Schriftstellern bevölkert war, erzählt das **Antico Caffè Greco** 16 (Nr. 86). 1760 gegründet, war es im 19. Jh. das Stammlokal der römisch-deutschen Kolonie. Hier philosophierte Goethe, stritt Schopenhauer mit den Nazarenern, schrieb Nikolai Gogol seine »Toten Seelen« und hinterließen zahlreiche Maler jener Zeit ihre Bilder.

Mein Tipp

Duftbar L'Olfattorio 1

Was von außen wie eine trendige Loungebar aussieht, ist im Innern ein Paradies der Düfte. Aus über 200 Essenzen kann man seinen persönlichen Duft wählen. Wie ein edler Jahrgang werden die Düfte aus edlen Papierbechern degustiert und beschnuppert. Via di Ripetta 34, Tel. 063 61 23 25, Mo–Sa 10–19.30 Uhr.

Das elegante Interieur mit Gemälden, und Spiegeln hat sich erhalten.

Piazza di Spagna

Spanische Treppe ! 5

Das unumstrittene Highlight der weltberühmten Piazza ist als Treffpunkt, Flirtplatz und beliebtes Fotomotiv ein Muss für jeden Rombesucher. Einen schönen Blick über die Dachgärten von Rom genießt man vom obersten Treppenabsatz. Bereits im 17. Jh. ließen die Franzosen eine Treppe zu ihrer Nationalkirche Santissima Trinità dei Monti samt Denkmal zu Ehren Ludwigs XIV. entwerfen. Eine solche Demonstration einer fremden Staatsmacht wollte Papst Alexander VII. nicht zulassen. Erst unter Innozenz XIII. wurde das Projekt nach einem Entwurf von Francesco De Sanctis 1723–1726 realisiert. Statt des Denkmals für den Sonnenkönig ließ Papst Pius VI. 1786 einen kreuzgekrönten Obelisken aufstellen. Ihren Namen verdankt die Treppe – Ironie der Geschichte – der nahe gelegenen Spanischen Botschaft. Der Trinkwasser sprudelnde **Barcaccia-Brunnen** (1627–1629)

Entlang der Via del Corso

Sehenswert
1 Santa Maria del Popolo
2 Casa di Goethe
3 Mausoleo di Augusto
4 Ara Pacis Augustae
5 Spanische Treppe
6 San Lorenzo in Lucina
7 Palazzo Montecitorio
8 Galleria Alberto Sordi
9 Sant'Ignazio
10 Galleria Doria Pamphilj
11 Vittoriano
12 Palazzo Venezia

Essen & Trinken
1 Imàgo all'Hassler
2 Le Sorelle
3 Hamasei
4 Babette
5 Dal Cavalier Gino
6 'Gusto
7 Margutta RistorArte
8 Antica Birreria Peroni
9 Osteria della Frezza
10 Caffetteria Italia
11 Obikà
12 Da Ugo
13 Fiaschetteria Beltramme
14 Otello alla Concordia
15 Enoteca Buccone
16 Antico Caffè Greco
17 Gran Caffè La Caffettiera
18 Atelier Canova Tadolini
19 Rosati
20 Giolitti
21 Palatium

Einkaufen
1 Alberta Ferretti
2 Angelo di Nepi
3 Blunauta
4 Bomba
5 Discount dell'Alta Moda
6 Dolce Vidoza
7 Diesel
8 De Clercq & De Clercq
9 Albertelli
10 Caleffi
11 Empresa
12 LAF
13 Pure
14 Dal Cò
15 Barillà
16 Fausto Santini
17 Maurizio Grossi
18 Mercato dell'Antiquariato di Fontanella Borghese
19 La soffitta sotto i portici
20 Arcon
21 AS Roma Store
22 Pomellato
23 Vintage
24 Herder
25 Mel Giannino Stoppani
26 Fabriano Boutique
27 Enoteca al Parlamento
28 Cucina
29 DìperDì

Aktiv & Kreativ
1 L' Olfattorio
2 Roberto D'Antonio

Abends & Nachts
1 Auditorium
2 Gilda
3 Salotto 42
4 Stravinskij Bar

am Fuß der Treppe wird Gianlorenzo Bernini und seinem Vater Pietro zugeschrieben. Alljährlich am 8. Dezember kommt der Papst zur Spanischen Treppe, um an der **Mariensäule,** errichtet anlässlich der Verkündigung des Dogmas der Unbefleckten Empfängnis 1854, Blumen niederzulegen.

Künstlermuseen

Keats-Shelley: Piazza Di Spagna 26, www.keats-shelley-house.org, Mo–Fr 10–13, 14–18, Sa 11–14, 15–18 Uhr, 4 €/3 €; Giorgio de Chirico: Piazza Di Spagna 31, Di–Sa und 1. So im Monat 10–13 Uhr nur nach Anmeldung, Tel. 066 79 65 46, 5 €/3 €

Im 18. Jh. war Rom fester Bestandteil der Bildungsreise europäischer Adliger. Künstler und Bildungsbürger strömten zum Studium in die Ewige Stadt. Hiervon zeugen Künstlermuseen wie das **Keats-Shelley-Memorial House** direkt rechts der Spanischen Treppe, das noch die Atmosphäre des frühen 19. Jh. bewahrt, als die beiden romantischen Dichter hier wohnten.

Ein paar Häuser weiter liegt die **Casa Museo Giorgio de Chirico**. Von dem Begründer der Metaphysischen Malerei, der hier ab 1948 sein Atelier hatte und dessen rätselhafte Bilder mit ihren extremen Perspektivkonstruktionen, bedrückenden Schatten und seelenlosen Gliederpuppen eine inhumane Moderne anprangern, sind neben dem Atelier über 70 Bilder sowie Terrakotten zu sehen.

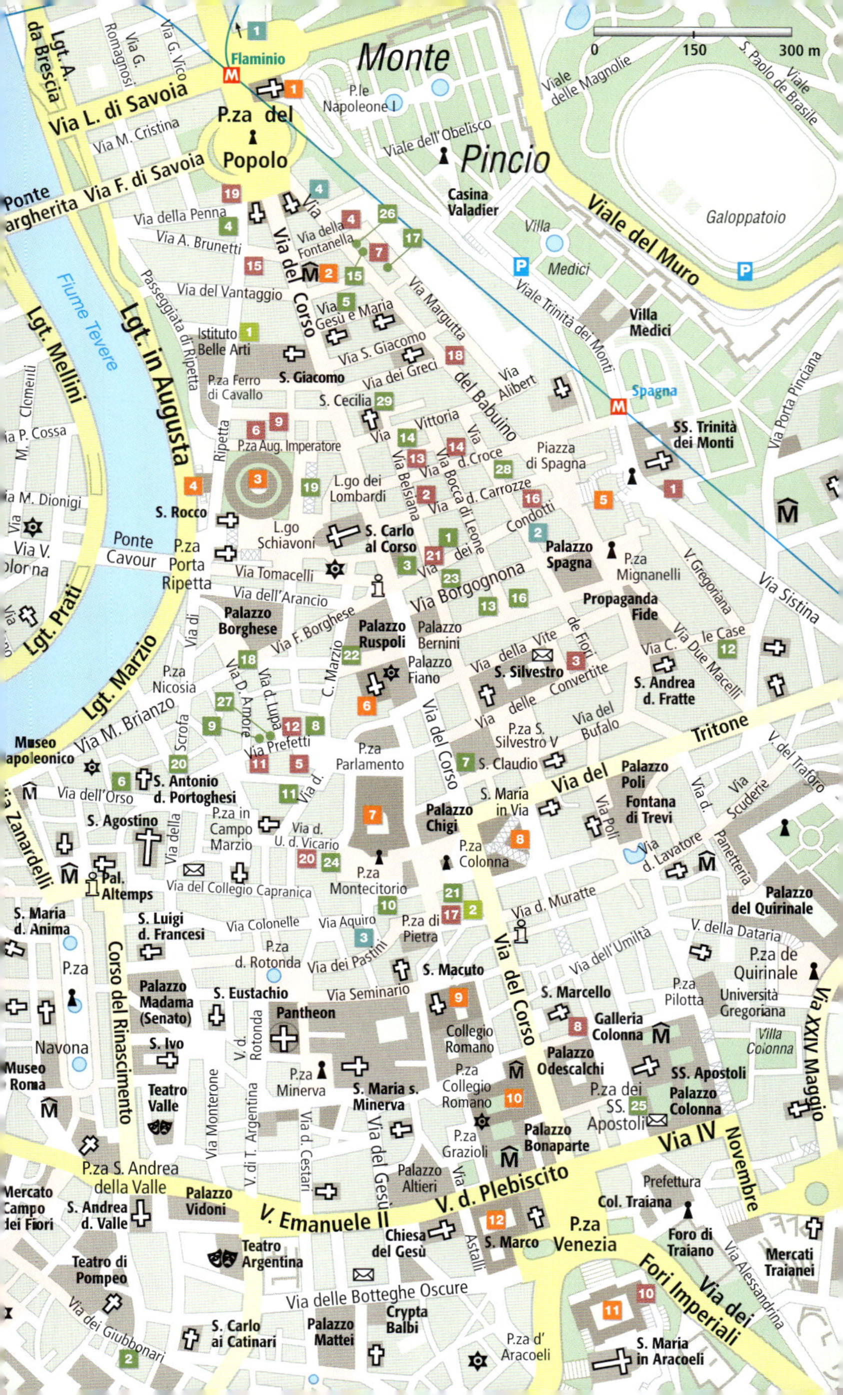

Lgt. A. da Brescia
Via G. Romagnosi
Via G. Vico
Flaminio
Monte
Pincio
0
150
300 m
P.le Napoleone I
Viale delle Magnolie
S. Paolo de Brasile
Viale
Via L. di Savoia
P.za del Popolo
Via M. Cristina
Viale dell' Obelisco
Ponte Margherita
Via F. di Savoia
Casina Valadier
Galoppatoio
Via della Penna
Via A. Brunetti
Via della Fontanella
Villa Medici
Viale del Muro
Via del Vantaggio
Via del Corso
Via Margutta
Viale Trinità dei Monti
Fiume Tevere
Lgt. Mellini
Lgt. in Augusta
Passeggiata di Ripetta
Istituto Belle Arti
Via Gesù e Maria
Via S. Giacomo
Villa Medici
S. Giacomo
P.za Ferro di Cavallo
Via dei Greci
del Babuino
Via Alibert
Spagna
Via Porta Pinciana
S. Cecilia
Via Vittoria
SS. Trinità dei Monti
Via P. Cossa
Via M. Clementi
Ripetta
P.za Aug. Imperatore
Via d. Croce
Piazza di Spagna
Via Belsiana
Via Bocca di Leone
L.go dei Lombardi
Via d. Carrozze
Via M. Dionigi
S. Rocco
Condotti
Ponte Cavour
P.za Porta Ripetta
L.go Schiavoni
S. Carlo al Corso
Via dei
Palazzo Spagna
P.za Mignanelli
V. Gregoriana
Via Tomacelli
Via dell'Arancio
Via Borgognona
Via Sistina
Lgt. Prati
Palazzo Borghese
Via F. Borghese
Palazzo Ruspoli
Palazzo Bernini
Propaganda Fide
Via di
Via C. le Case
Lgt. Marzio
P.za Nicosia
Via D. Amore
Via d. Lupa
C. Marzio
Palazzo Fiano
Via della Vite
de Fiori
S. Silvestro
Via Due Macelli
Convertite
S. Andrea d. Fratte
Via M. Brianzo
Scrofa
Via delle
Via del Corso
Via Prefetti
P.za S. Silvestro V
Via del Bufalo
Tritone
V. del Traforo
Museo Napoleonico
P.za Parlamento
S. Claudio
Via del
Palazzo Poli
S. Antonio d. Portoghesi
Via dell'Orso
Via d.
S. Maria in Via
Palazzo Chigi
Fontana di Trevi
Via d. Scuderie
Zanardelli
S. Agostino
P.za in Campo Marzio
Via d. U. d. Vicario
Via della
P.za Colonna
Via Poli
Via d. Lavatore
Panetteria
Pal. Altemps
Via del Collegio Capranica
P.za Montecitorio
Palazzo del Quirinale
S. Maria d. Anima
S. Luigi d. Francesi
Via Colonnelle
Via Aquiro
P.za di Pietra
Via d. Muratte
V. della Dataria
P.za d. Rotonda
Via dei Pastini
Via dell' Umiltà
P.za de Quirinale
P.za
S. Macuto
Via del Corso
Palazzo Madama (Senato)
S. Eustachio
Via Seminario
S. Marcello
P.za Pilotta
Università Gregoriana
Via XXIV Maggio
Pantheon
Collegio Romano
Galleria Colonna
Villa Colonna
Navona
Corso del Rinascimento
V. d. Rotonda
S. Ivo
P.za Minerva
P.za Collegio Romano
Palazzo Odescalchi
SS. Apostoli
Museo Roma
Teatro Valle
Via Monterone
S. Maria s. Minerva
P.za dei SS. Apostoli
Palazzo Colonna
V. d. T. Argentina
Via d. Cestari
Via del Gesù
P.za Grazioli
Palazzo Bonaparte
Via IV Novembre
P.za S. Andrea della Valle
Palazzo Altieri
Via
Prefettura
Mercato Campo dei Fiori
S. Andrea d. Valle
Palazzo Vidoni
V. Emanuele II
V. d. Plebiscito
Col. Traiana
Chiesa del Gesù
S. Marco
P.za Venezia
Foro di Traiano
Teatro Argentina
Astalli
Mercati Traianei
Teatro di Pompeo
Via Alessandrina
Via delle Botteghe Oscure
Fori Imperiali
Via dei
Via dei Giubbonari
S. Carlo ai Catinari
Palazzo Mattei
Crypta Balbi
P.za d' Aracoeli
S. Maria in Aracoeli

Der Barcaccia-Brunnen zu Füßen der weltberühmten Spanischen Treppe

Südliche Via del Corso

Piazza San Lorenzo in Lucina

Wie viele *piazze* der Altstadt wurde auch die Piazza San Lorenzo in Lucina einer Verschönerungskur unterzogen und dient nun nicht mehr als Parkplatz, sondern als Treffpunkt und Salon der Bewohner des Viertels. Mit ihren hübschen Straßencafés, darunter das Traditionscafé Ciampini, dem Zeitungskiosk, einer Apotheke, einem Kino und der Kirche San Lorenzo ist sie inzwischen eine bei Römern und Touristen beliebte Oase.

San Lorenzo in Lucina 6

Ausgrabungen: 1. Sa im Monat 17 Uhr, 2 €

Die auf das 5. Jh. zurückgehende und im 12. Jh. wiederhergestellte Kirche ist einem der römischen Lieblingsheiligen geweiht, dem hl. Lorenzo, Patron der Büglerinnen und der Köche. Der Rost, auf dem er gemartert wurde, wird im Inneren aufbewahrt. Unter dem Hauptschiff liegen Reste einer römi-

schen Hauskirche und eines frühchristlichen Baptisteriums aus dem 4. Jh.

Piazza Montecitorio und Palazzo Montecitorio 7

Innenbesichtigung 1. So im Monat 10–17.30, im Sommer 16–20.30 Uhr, Eingang Piazza Montecitorio, Anmeldung zu Sitzungen (30 Min. vorher) Sala del Pubblico, Piazza del Parlamento 24 (Ausweis! Für Männer Jackett- und Krawattenzwang)

Seit 1871 wird ein Großteil der politischen Entscheidungen Italiens in dem von Bernini begonnenen Palazzo gefällt, dem Sitz der Abgeordnetenkammer mit 630 Mitgliedern. Um 1900 wurde der Bau zur Piazza del Parlamento hin vergrößert und mit einer bombastischen Fassade versehen.

Der ägyptische Obelisk aus Heliopolis (6. Jh. v. Chr.) vor dem Bau diente unter Kaiser Augustus als Sonnenuhr.

Piazza Colonna

Die Piazza verdankt ihren Namen der **Colonna di Marco Aurelio** (Marc-Aurel-Säule), die kurz nach dem Tod des Philosophenkaisers (161–180) errichtet wurde. Nach dem Vorbild der Trajanssäule werden in einem umlaufenden Reliefband die Taten des Kaisers während seiner Feldzüge gegen Markomannen und Sarmaten gefeiert. Einst vom Standbild des Kaisers bekrönt, schmückt die Säule seit dem 16. Jh. eine Paulus-Statue. Im Palazzo Wedekind, dessen Portikus mit Säulen aus der etruskischen Stadt Veij gebaut wurde, hat die Tageszeitung »Il Tempo« ihren Sitz. Der Ort ist gut gewählt: neben dem **Palazzo Chigi,** dem Regierungssitz des italienischen Ministerpräsidenten.

Galleria Alberto Sordi 8

In Roms schönster Jugendstil-Passage, die gern mit der Mailänder Galleria konkurrieren möchte, haben sich zahlreiche Cafés, elegante Geschäfte und Restaurants niedergelassen. Trotz der Benennung nach dem beliebten, 2003 verstorbenen römischen Volksschauspieler Alberto Sordi hat sich die Y-förmige Galleria aber noch nicht so richtig zum Salon der Römer gemausert wie von den Stadtplanern erhofft.

Piazza di Pietra

Der typisch römischen Mischung von Profanem und Sakralem begegnet man auf der Piazza Pietra, wo sich hinter den kannelierten Säulen des **Hadri-**

Lieblingsort

Nur Fliegen ist schöner!
In luftigen 65 m Höhe genießt man von der Aussichtsterrasse des Vittoriano 11 einen grandiosen Rundumblick über Rom: die Kaiserforen, die vielen Kirchenkuppeln, der träge Tiber, der Gazometer von Testaccio, das quadratische Kolosseum von EUR. Mit den Fernrohren reicht der Blick bis zu den Stränden von Ostia. Schönster Nebeneffekt: Der Blick auf das blendend-weiße Walross bleibt verdeckt (tgl. 9.30–17.30, im Winter bis 16.30 Uhr, Aufzug Mo–Do 9.30–17.45, Fr–So bis 18.45 Uhr; 7 €/3,50 €, auch Café 10, s. S. 211).

anstempels aus dem 2. Jh. n. Chr. die römische **Börse** befindet.

Sant'Ignazio 9

Tägl. 7.30–12.30, 15–19 Uhr

Wie eine Theaterbühne umschließt die originelle **Rokokopiazza** von Raguzzini (1727/28) die Kirche Sant'Ignazio. Dem Gründer des Jesuitenordens Ignatius von Loyola geweiht, wurde sie ab dem frühen 17. Jh. im Auftrag von Kardinal Ludovico Ludovisi für das Collegio Romano erbaut. Ihre ausladende Fassade und der weite Innenraum sind angelehnt an die erste römische Jesuitenkirche Il Gesù. Weil die von Baumeister Orazio Grassi geplante riesige Kuppel nicht gebaut werden durfte, betraute man den genialen Jesuitenpater Andrea Pozzo, einen Meister der Perspektivmalerei, mit einer Trompe-l'œil-Lösung. Verblüffend sind die perspektivischen Deckenfresken Pozzos, die man von am Boden markierten Punkten aus betrachten muss. Täuschend echt erscheint die in Wirklichkeit völlig flach gemalte Scheinkuppel. Im Deckenfresko, das die Aufnahme des hl. Ignatius ins Paradies feiert, scheint sich die Decke ins Endlose zu öffnen. An den Seiten ist die Ausstrahlung des Ordens auf die damals vier bekannten Erdteile Europa, Asien, Amerika und Afrika dargestellt.

Galleria Doria Pamphilj 10

www.doriapamphilj.it, tgl. 10–17 Uhr, 10,50 €/7,50 €

Der im 15. Jh. erbaute und später immer wieder erweiterte Palazzo Doria Pamphilj gehört zu den größten und prächtigsten Roms und befindet sich noch immer in Familienbesitz. Seine herausragende **Kunstsammlung** und die prachtvoll ausgestatteten Privaträume stehen Besuchern aber offen. Es gibt keine Erklärungen zu Malern und Gemälden, stattdessen eine im Eintrittspreis inbegriffene Audioführung vom Hausherrn persönlich. Die Hängung der Bilder ist noch original – sie bedecken die Wände fast wie Tapeten. Jedem einzelnen Werk von Raffael, Tizian, Caravaggio, Tintoretto, Carracci oder Guercino aus der Galleria Doria Pamphilj würde in anderen Museen ein ganzer Raum gewidmet. Herausragend ist Velázquez' Porträt von Papst Innozenz X., daneben eine von Bernini geschaffene Büste desselben Papstes.

Piazza Venezia und Vittoriano 11

Die Piazza Venezia, Verkehrsknotenpunkt und Nahtstelle zwischen den antiken Stätten und dem Tiberknie, erhielt ihr endgültiges Aussehen nach der Ausrufung Roms zur Hauptstadt. Ende des 19. Jh. erbaute man das Vittoriano, ein gewaltiges Denkmal zu Ehren des Einigungsmonarchen Vittorio Emanuele II. Auf halber Höhe ruht seit Ende des Ersten Weltkriegs, flankiert von zwei Wachen, das Grabmal des unbekannten Soldaten. Wegen seiner Zuckerbäckerarchitektur war das Denkmal lange sehr umstritten. Im Bau des Vittoriano finden mittlerweile hochkarätige Ausstellungen statt. Großen Anklang findet der fantastische Rundblick von den Terrassen, die man mit einem gläsernen Fahrstuhl erreicht (**Caffetteria Italia** 10, s. S. 211).

Palazzo Venezia 12

Museum: Di–So 8.30–19 Uhr, 4 €/2 €

Der um die Mitte des 15. Jh. im Auftrag des späteren Papstes Paul II. erbaute Palazzo spiegelt deutlich den Übergang der mittelalterlichen Wehrarchitektur zur repräsentativen Residenz der Renaissance. Heute beherbergt er das **Museo di Palazzo Venezia** mit einer Sammlung von Kunstwerken aus dem 13.–18. Jh. und immer wieder bedeutenden Ausstellungen. Vom Balkon der ersten Etage hielt Mussolini, dessen Büros sich hier von 1929 bis 1943 befanden, seine nationalistischen Reden, unter anderem proklamierte er 1940 den Eintritt Italiens in den Krieg gegen Frankreich und Großbritannien. Die breite Via dei Fori Imperiali ließ er 1930 als Paradestraße zwischen Kolosseum und Piazza Venezia anlegen. Die Archäologen würden sie am liebsten entfernen lassen, um die darunter liegenden Kaiserforen komplett freizulegen (s. a. S. 156).

Essen & Trinken

Vom Feinsten – **Imàgo all'Hassler 1**: Piazza Trinità dei Monti 6, Tel. 06 69 93 47 26, www.hotelhasslerroma.com, 19.30–22.30 Uhr, Metro: Spagna (A), Menü 100–140 €. Das Gourmetlokal des Luxushotels Hassler bei der Spanischen Treppe bietet grandiose Gaumenfreuden und eine prächtige Aussicht.

Intim – **Le Sorelle 2**: Via Belsiana 30, Tel. 066 79 49 69, Di geschl., Metro: Spagna (A), Menü 40 €. Bodenständige Küche, ausgewählte Zutaten und freundlicher Service machen dieses kleine Restaurant zu einer beliebten Adresse im Modeviertel.

Japanisch – **Hamasei 3**: s. S. 40.

Old-fashioned – **Babette 4**: s. S. 40.

Bodenständig – **Dal Cavalier Gino 5**: s. S. 38.

Immerwährend trendig – **'Gusto 6**: s. S. 39.

Evergreen – **Margutta RistorArte 7**: s. S. 40.

Brauerei – **Antica Birreria Peroni 8**: Via San Marcello 19, Tel. 066 79 53 10, Bus: 40, Mo–Sa 12–24, Juli/Aug. 12–15 und ab 19 Uhr, Menü 23 €. Es muss nicht immer *vino* sein. In nostalgischem Jugendstilambiente stehen neben herzhaften Gerichten die Biersorten von Peroni, dem Flaggschiff der römischen Brauerei, zur Auswahl.

Bodenständig – **Osteria della Frezza 9**: s. S. 40.

Mit Aussicht – **Caffetteria Italia 10**: Piazza del Campidoglio, Tel. 066 78 09 05, Bus: 40, 64, 60 84, Mo–Do 9.30–17.45, Fr–So bis 18.45 Uhr. Frühstücksbar und Self-Service-Restaurant mit einem grandiosen Ausblick auf das Dächermeer von Rom und die antiken Ausgrabungen (s. a. S. 208).

Viva la mozzarella! – **Obikà 11**: Via dei Prefetti 26/Angolo Piazza Firenze, Tel. 066 83 26 30, www.obika.it, Bus: 175, Mo–Sa 8.30–24, So 11–24 Uhr, ab 20 €. Die erste ›mozzarella bar‹ Roms: Spezialitäten sind, natürlich, frischester Büffelmozzarella und Ricotta, aber auch Schinkenspezialitäten wie *salame di cinta senese* und *culatello di Zibello*.

Urgestein – **Da Ugo 12**: Via dei Prefetti 19, Tel. 066 87 37 52, Bus: 52, 53, 61, 71, 80, 85, 116, So geschl., Menü ca. 25 €. Hier atmet man noch die Atmosphäre einer typischen römischen Osteria. Ugo und seine Tochter beten mit Charme die täglich wechselnde Karte herunter, während Signora Maria der Küche vorsteht. Ihre Stärken sind vor allem *primi* und *secondi*, wie die exzellenten *fettuccine* oder Kalbsrouladen.

Charmant – **Fiaschetteria Beltramme 13**: Via della Croce 39, Metro: Spagna (A), Bus: 52, 53, 61, 62, 116, 119, Mo–Sa 12–15, 20–23 Uhr, Menü ca. 25 €. Alteingesessene, winzige Osteria mit viel Stammpublikum aus dem Modedreieck. Spezialitäten: *tonnarelli cacio e pepe*, aber auch Rucola mit Pachino-Tomaten und Parmesan. Reservieren zwecklos – es sei denn, man heißt Madonna, die hier ein Essen ausrichtete.

Oase der Ruhe – **Otello alla Concordia 14**: Via della Croce 81, Tel. 066 79 11 78, Mo–Sa 12.30–15, 18.30–23 Uhr, So geschl., Menü ca. 25–30 €. Restaurant mit urrömischer Küche in einem lauschigen Innenhof. Preiswerte Mittagsmenüs.

Stimmungsvoll – **Enoteca Buccone 15**: s. S. 41.
Legendär – **Antico Caffè Greco 16**: s. S. 41 und 203.
Altehrwürdig – **Gran Caffè La Caffettiera 17**: Piazza di Pietra. Hier verkehren vor allem Börsianer und Politiker aus dem nahen Parlament.
Museal – **Atelier Canova Tadolini 18**: s. S. 41.
Nostalgisch – **Rosati 19**: s. S. 42 und 198.
Das beste Eis der Stadt – **Giolitti 20**: s. S. 42 und 151.
Regionales Schlaraffenland – **Palatium – Enoteca Regionale 21**: s. S. 38.

Einkaufen

Top-Designer – In der Via Borgognona liegen die Showrooms von **Roberto Cavalli** (24–25), **Gianfranco Ferrè** (7a), **Moschino** (32a), **Ermenegildo Zegna** (7e); in der Via Condotti von **Armani** (77), **Brioni** (21 a), **Burberry** (59), **Dolce&Gabbana** (51), **Ferragamo** (63 für Männer, 73–74 für Frauen), **A. Ferretti** (34), **Gucci** (8), **Hermès** (67a), **Max Mara** (17–20), **Prada** (88, 92–95), **Tod's** (53) und **Valentino Donna** (13); in der Via del Babuino Emporio von **Armani** (139) und **Diesel** (94); an der Piazza di Spagna von **Dolce&Gabbana** (94), **Krizia** (87), **Yves Saint Laurent** (77) und **Missoni** (78).

Mode und Schuhe

Raffiniert – **Alberta Ferretti 1**: s. S. 46.
Vintage – **Angelo di Nepi 2**: s. S. 46.
Beliebte Boutique – **Blunauta 3**: s. S. 46.
Hochwertiges – **Bomba 4**: s. S. 46.
Mode-Outlet – **Discount dell'Alta Moda 5**: s. S. 46.
Feminines – **Dulce Vidoza 6**: Via dell' Orso 58, Di–Sa 11–19 Uhr. Bitte klingeln! Wer originelle, aber auch tragbare Mode jenseits der wechselnden Modetrends sucht, ist im Atelier der venezolanischen Designerin richtig.
Jeans – **Diesel 7**: Via del Corso 186, www.diesel.com.
Strick – **De Clercq & De Clercq 8**: Via dei Prefetti 10, www.declercqdeclercq.com. Ob Röcke, Mäntel oder Jacken – hier findet man alles in hochwertigem und farbenfrohem Strick.

Shop till you drop!

Hemden – **Albertelli 9**: Via dei Prefetti 11, www.flanellagrigia.com. Einer der ältesten Herrenausstatter Roms, wenige Schritte vom politischen Zentrum.
Alta Moda für den Mann – **Caleffi 10**: Via della Colonna Antonina 53, www.caleffi.net. Elegant-zeitlose Mode aus englischen und italienischen Stoffen, Maßhemden und -anzüge.
Legere Männermode – **Empresa 11**: Piazza del Parlamento 32/33, s. S. 46.
Originelles für Kids – **LAF 12**: s. S. 47.
Kindermode – **Pure 13**: s. S. 47.
Schuhe nach Maß – **Dal Cò 14**: Via Vittoria 65, www.dalco-roma.com.
Günstige Schuhe – **Barillà 15**: s. S. 46.
Edle Schuhe – **Fausto Santini 16**: s. S. 47.

Accessoires & mehr

Marmor – **Maurizio Grossi 17**: Via Margutta 109, www.mauriziogrossi.com. Täuschend echte Marmor- und Mosaikimitationen antiker Motive. Das Sortiment reicht von mannsgroßen Statuen, über Kaiserbüsten bis zu Fruchtschalen.
Für Sammler – **Mercato dell'Antiquariato di Fontanella Borghese 18**: s. S. 43.
Flohmarkt – **La soffitta sotto i portici 19**: Piazza Augusto Imperatore, jeden 1. und 3. So im Monat (außer Aug.). Für Liebhaber von Vintage-Mode, altem Schmuck, Geschirr und Büchern.
Antiquitäten – Topadressen für Sammler sind die Geschäfte in der **Via del Babuino** und **Via Margutta**.
Möbeldesign – **Arcon 20**: Via della Scrofa 104, www.arconroma.com. Seit über 50 Jahren *die* Adresse für modernes und zeitgenössisches Möbeldesign.
Tottis Shirt – **AS Roma Store 21**: Piazza Colonna 360, www.asromastore.it. Der Fanshop der *romanisti* lässt keine Wünsche offen.
Schmuckkunst – **Pomellato 22**: s. S. 47.
Schmuck – **Via Condotti**: s. S. 47.
Uhren-Paradies – **Vintage 23**: s. S. 47.
Deutsche Buchhandlung – **Herder 24**: s. S. 43.
Kinderbuchhandlung – **Mel Giannino Stoppani 25**: s. S. 43.
Edle Schreibwaren – **Fabriano Boutique 26**: Via del Babuino 173, www.fabrianoboutique.com. Eine der wenigen Papierfabriken, die Papier mit Licht/Schatten-Wasserzeichen herstellen. Neben Papier finden Sie hier auch exklusive Schreibwaren und -geräte.
Wein und Spezialitäten – **Enoteca al Parlamento 27**: s. S. 44.
Alles um die Küche – **Cucina 28**: s. S. 44.
Supermarkt – **DìperDì 29**: Via Vittoria 32, Mo–Sa 8–21 Uhr. Für die Minimalversorgung zwischendurch.

Aktiv & Kreativ

Parfümbar – **L' Olfattorio 1**: s. S. 203.
Frisör – **Roberto D'Antonio 2**: Via della Pietra 90–91, Tel. 066 79 31 97, www.robertodantonio.com, Di–Sa 9.30–18.30 Uhr. Gönnen Sie sich einen neuen Haarschnitt beim römischen Starfrisör (180 €, beim Meister persönlich, sonst 90 €), der nicht nur die Köpfe des Showbusiness frisiert, sondern auch für eine telegene Präsenz der nahen Parlamentarier sorgt.

Abends & Nachts

Musiktempel – **Auditorium 1**: s. S. 53.
VIP-Disco – **Gilda 2**: s. S. 50.
Im Trend – **Salotto 42 3**: Piazza di Pietra 42, www.salotto42.it, Mo 14–24, Di–Sa 10–2, So 10–24 Uhr. Coole Cocktailbar mit Ohrensesseln aus den 50ern, Marmorsäulen und grandiosem Blick auf den Hadrian-Tempel. Ideal auch tagsüber für einen Café oder Brunch.
Aperitifbar – **Stravinskij Bar 4**: s. S. 49.

Das Beste auf einen Blick

Piazza della Repubblica Villa Borghese

Highlights!

Fontana di Trevi: Der Sehnsuchtsort eines jeden Rom-Wiederkehrers. 12 S. 228

Galleria Borghese: Die ›Königin der Privatsammlungen‹ lädt zu ausgiebigem Kunstgenuss. Besuchermagnet sind die jährlichen Ausstellungen. 17 S. 229

Auf Entdeckungstour

Das Monti-Viertel: Wer das Flair römischer Wohnviertel, unprätentiöse Lokale und ausgefallene Geschäfte schätzt, wird sich im Monti-Viertel wohlfühlen. S. 224

Kulturpark Villa Borghese: In der ›grünen Lunge‹ Roms lassen sich Kultur und Natur, Erholung und Kunstgenuss aufs Beste verbinden. S. 230

Kultur & Sehenswertes

Palazzo Massimo alle Terme: Mit hervorragenden Exponaten spannt das archäologische Museum einen Bogen von der Spätzeit der Republik bis zum Ende des Kaisertums. 3 S. 222

Kapuzinergruft Santa Maria in Concezione: Wer hierherkommt, braucht starke Nerven. Die mit Knochen verstorbener Mönche ausgeschmückte Kapelle ist wohl eine der eindrucksvollsten Memento-Mori-Darstellungen. 16 S. 229

Aktiv & Kreativ

Villa Borghese: Treff für Fahrradfahrer, Jogger und Inlineskater. Wer es ruhiger mag, kann eine Ruderpartie auf dem Laghetto unternehmen. S. 230

Marionettentheater: Ein besonderes Erlebnis (nicht nur für Kinder) ist das neapoletanische Theater von San Carlino, das in der besten Commedia dell'Arte-Tradition steht. 2 S. 234

Genießen & Atmosphäre

Porchetta essen: Es war einmal – Genießen Sie im winzigen Er Buchetto beste römische *porchetta* (Spanferkel) mit Hauswein im filmreifen Ambiente. 6 S. 220

Aussicht vom Pincio: Rom liegt Ihnen zu Füßen – von der Aussichtsterrasse des Pincio reicht der Blick vom Monte Mario über den Vatikan bis nach EUR. 22 S. 231

Abends & Nachts

Teatro dell'Opera: Ein opernbegeisterter Hotelier finanzierte das von außen unscheinbare, innen prunkvolle Logentheater, nach wie vor ein Fixpunkt im römischen Kulturleben. 1 S. 223

Rom nach der Einigung

Staunen Sie über die Wandlungsfähigkeit einer Stadt: wie aus den antiken Diokletiansthermen eine Renaissancekirche samt Vorzeigeplatz der italienischen Hauptstadt, aus der päpstlichen Sommervilla auf dem Quirinal die Schaltzentrale nationaler Politik und aus einer antiken Wasserleitung der Sehnsuchtsort aller Wahlrömer wurde.

Mit der Einigung Italiens veränderte sich auch die Gestalt der Hügel Viminal und Quirinal grundlegend. In der Antike lagen auf dem Viminal die Thermen des Diokletian, zu denen die Römer aus der dicht besiedelten Suburra, dem Wohnviertel der Plebs, strömten. Auf dem höheren Quirinal standen die Villen der Patrizier mit ihren weitläufigen Gärten. Nachdem im Mittelalter beide Viertel dem Verfall preisgegeben waren, nahmen ab Ende des 16. Jh. verschiedene Päpste städtebauliche Eingriffe vor. So verwandelte sich der Quirinal unter den geistlichen Herrschern in eine gewaltige päpstliche Sommerresidenz. Im Auftrag diverser Päpste und Orden bauten Bernini und Borromini Paläste und Kirchen.

Der nächste Bauboom kam, als Rom Hauptstadt des Königreichs Italien wurde. Bereits 1860 wurde der Bahnhof eingeweiht. Zur Verbesserung der Infrastruktur der rasant wachsenden Hauptstadt schlug man Straßenschneisen wie die Via XX. Settembre, deren Name an die Einnahme Roms durch die garibaldinischen Truppen erinnert, oder die Via Nazionale. Es entstanden repräsentative Plätze wie die Piazza della Repubblica, vier- bis fünfstöckige Wohnblocks und Palazzi im historisierenden Stil. Ein Großteil dieser Palazzi beherbergt noch heute Ministerien, z. B. das Innenministerium, das fast den gesamten Viminal einnimmt und deswegen von den Italienern schlicht Viminale genannt wird. Die Hauptstadt bekam auch eine neue Oper und einen pompösen Ausstellungspalast. Zu einem Symbol des sorglosen und mondänen Nachkriegsitalien avancierte in den 1960er-Jahren der Prachtboulevard Via Veneto, den Federico Fellini in seinem Film »La dolce vita« verewigte.

Infobox

Reisekarte: ▶ Karte 1, J–M 5–8

Dauer/Ausgangs- und Endpunkt
Die Tour ist mit Entdeckungstour auf ein bis zwei Tage angelegt. Ausgangspunkt ist die Piazza della Repubblica (Metro A: Repubblica oder A/B: Termini), Endpunkt ist die Villa Medici (Metro A: Spagna).

Tipp
Für den Besuch des Museo e Galleria Borghese ist eine Reservierung nötig.

Rund um die Piazza della Repubblica

Als offiziellen Eingang in die neue Hauptstadt schuf Gaetano Koch Ende des 19. Jh. die Piazza della Repubblica, deren imposante **Fontana delle Naiadi**

Erfrischend – die Fontana delle Naiadi

(Najadenbrunnen) bei ihrer Einweihung wegen der frivolen Jugendstil-Nymphen einen Skandal auslöste. Die Römer nennen den großen Platz noch Piazza Esedra, was daran erinnert, dass die neoklassizistische Kolonnade genau die halbkreisförmigen Exedren der Diokletiansthermen nachzeichnet.

Terme di Diocleziano 1

Über 3000 Menschen konnten gleichzeitig die Badeanlage des Kaisers Diokletian besuchen, die damit mehr als doppelt so viele Besucher aufnahm wie die Caracalla-Thermen. Mit einer Fläche von 380 x 370 m (30 Fußballfelder) übertraf der 298–306 n. Chr. errichtete

Piazza della Repubblica

Sehenswert

1 Terme di Diocleziano
2 Santa Maria degli Angeli
3 Museo Nazionale Romano/Palazzo Massimo alle Terme
4 Thermenmuseum
5 Fontana di Mosè
6 Santa Maria della Vittoria
7 San Paolo entro le Mura
8 Palazzo delle Esposizioni
9 San Carlo alle Quattro Fontane
10 Sant'Andrea al Quirinale
11 Palazzo del Quirinale
12 Fontana di Trevi
13 Galleria Nazionale d'Arte Antica/Palazzo Barberini
14 Fontana del Tritone
15 Fontana delle Api
16 Santa Maria in Concezione
17 – 23 s. Karte S. 233

Essen & Trinken

1 La Carbonara
2 Maharajah
3 Open Colonna
4 F.I.S.H.
5 Osteria della Suburra
6 Er Buchetto
7 s. Karte S. 233
8 San Crispino

Einkaufen

1 Discount dell'Alta Moda
2 Fabio Piccioni
3 Le Gallinelle
4 Lei
5 Ricordi
6 Mia Market

Aktiv & Kreativ

1 – 2 s. Karte S. 233

Abends & Nachts

1 Teatro dell'Opera
2 Teatro Eliseo
3 Piccolo Eliseo
4 – 5 s. Karte S. 233
6 Al vino al vino
7 Hangar
8 H-Club Doney
9 La Bottega del Caffè
10 Tazio
11 Tre Scalini

Komplex alle Kaiserthermen des Römischen Reiches an Größe. Die Ausmaße der Anlage, die nach der Zerstörung der Aquädukte durch die Ostgoten verfiel, werden deutlich, wenn man bedenkt, dass sie sich auf der gleichen Fläche erstreckte, die heute vom Vorplatz der Stazione Termini, den Kirchen Santa Maria degli Angeli und San Bernardo alle Terme (6.30–12, 16–19 Uhr), der Piazza della Repubblica und der Aula Ottagona eingenommen wird.

Santa Maria degli Angeli 2

Die eindrucksvolle Raumwirkung und architektonische Schönheit der Diokle-

Lieblingsort

Leckere Ferkeleien
Eigentlich müsste das winzige Schlauchlokal **Er Buchetto** 6 unter Denkmalschutz stehen. Das Menü, das im filmreifen Ambiente aus der Nachkriegszeit auf drei blanken Holztischen serviert wird, ist einfach: *porchetta*, eine Art Kebab, dazu süffiger Hauswein – natürlich aus den Albaner Bergen –, und alles zu Vorkriegspreisen. Das Schwein wird übrigens 3 Std. lang bei 270 °C gegrillt. Einzige Zutaten sind Salz, Pfeffer, Oregano und Fenchel, darauf legt Signor Alessandro Wert. Via del Viminale 2 F, Tel. 064 88 30 31, Metro: Termini (A/B), Mo–Fr 9.30–15, 17–21, Sa 9.30–14.30 Uhr, ab 5 €.

tiansthermen erschließt sich noch heute in der Kirche Santa Maria degli Angeli, die u. a. für feierliche Staatsbegräbnisse genutzt wird. Der bereits 86-jährige Michelangelo errichtete im Auftrag von Papst Pius IV. Mitte des 16. Jh. im zentralen Teil der einstigen Thermenanlage, dem Tepidarium (Lauwarmbad), auf griechischem Grundriss eine gewaltige Kirche im Stil der Hochrenaissance. Die Gewölbe und die monolithischen roten Granitsäulen stammen noch vom antiken Bau. Die Kirche wurde erst im 18. Jh. vollendet, wobei man eine 90-Grad-Drehung vornahm, indem man das ursprüngliche Hauptschiff zum Querhaus machte. Der Eingang ist in die Exedra des antiken Caldariums (Warmbad) eingelassen.

Das Kircheninnere schmücken Gemälde des 17. und 18. Jh., von denen viele aus der Peterskirche stammen, wo sie durch unvergängliche Mosaiken ersetzt wurden. Interessant ist der noch funktionierende Meridian im Querschiff der Kirche. Durch ein Loch in der Südwand zeigt die Sonne auf der Messinglatte genau die Mittagszeit an.

Museo Nazionale Romano im Palazzo Massimo alle Terme 3

Di–So 9–19.45 Uhr, oblig. Kombiticket 7 €/3,50 €

Wer einmal ganz in die Antike eintauchen, Auge in Auge vor Augustus, Vespasian oder Caracalla stehen und durch die heiter-beschwingt ausgemalten Räume der Sommervilla von Kaisergattin Livia schlendern möchte, kommt am Palazzo Massimo alle Terme nicht vorbei. Das archäologische Museum spannt mit seinen hervorragend präsentierten Kunstschätzen auf vier Etagen einen Bogen von der Spätzeit der römischen Republik bis zum Ende des weströmischen Kaisertums.

Zu den Hauptattraktionen im Erdgeschoss und ersten Stock zählen die Statue des Augustus, hier als Pontifex Maximus dargestellt, die »Verwundete Niobe‹, ein griechisches Original aus dem 5. Jh. v. Chr., aber auch die großartige »Kniende Aphrodite‹ aus dem 3. Jh. v. Chr., eine der schönsten Kopien des griechischen Originals, sowie der marmorne »Diskuswerfer Lancellotti‹.

Im zweiten Stock wurden eindrucksvoll Räume mehrerer römischer Villen in den Originaldimensionen nachgebaut, um die erhaltenen Wandfresken und Mosaiken zu präsentieren.

Thermenmuseum 4

Thermenmuseum: Di–So 9–19.45 Uhr

Das Museum im Palazzo Massimo ist nur ein Teil des Römischen Nationalmuseums, das auf vier Standorte verteilt ist (s. a. S. 65). Zeugnisse des prähistorischen Rom, Werke figurativer Kunst aus der Zeit der Republik sowie römische Inschriften aus der Kaiserzeit sind im **Thermenmuseum** (Eingang Viale Enrico de Nicola 78) ausgestellt.

Fontana di Mosè 5

Die erste bedeutende barocke Brunnenanlage der Stadt, den Mosesbrunnen (1587), entwarf Domenico Fontana im Auftrag von Papst Sixtus V. Die zentrale monumentale Mosesstatue schuf der damals bekannte römische Bildhauer Prospero Bresciano. Er ließ sich von Michelangelos Mosesfigur (s. S. 246) inspirieren, verschätzte sich aber in den Proportionen, was ihm viel Spott eintrug.

Santa Maria della Vittoria 6

www.chiesasmariavittoria.191.it, tgl. 9–12, 15.30–18.30 Uhr

Seinen Namen verdankt das Anfang des 17. Jh. von Carlo Maderno erbaute Gotteshaus einem Madonnenbild, das im Dreißigjährigen Krieg in der entscheidenden Schlacht am Weißen Berg bei Prag der katholischen Liga zum

Sieg über die Protestanten verholfen haben soll. Juwel der barocken Ausstattung, die in vielfarbigem Marmor, vergoldetem Stuck und Malerei schwelgt, ist die **Cappella Cornaro**, für die Bernini (1645–1652) die **»Verzückung der hl. Theresa von Avila«** inszenierte. Ein süßlich lächelnder Engel versucht mit dem Pfeil der göttlichen Liebe, an dessen Spitze eine Flamme züngelt, die in Ekstase schwebende Heilige zu durchbohren, während Mitglieder der Adelsfamilie Cornaro aus den seitlichen Logen das Schauspiel zu bewundern scheinen. Die für manche sehr weltlich geratene Verzückung rief einen Skandal hervor.

Entlang der Via Nazionale

Als eine der Hauptachsen Roms verbindet die Via Nazionale die Piazza Venezia mit der Piazza della Repubblica. Zahlreiche Mode-, Schuh- und Ledergeschäfte mit – im Vergleich zum Modedreieck um die Via dei Condotti – erschwinglichen Preisen machen sie zu einer beliebten Einkaufsmeile.

San Paolo entro le Mura 7

www.stpaulsrome.it, Mo–Fr 9–14.30, So 8.30–19 Uhr

Wie ein Fremdkörper wirkt die im neoromanischen Stil erbaute protestantische (episkopale) Nationalkirche der amerikanischen Gemeinde, die als erstes nichtkatholisches Gotteshaus Ende des 19. Jh. innerhalb der Stadtmauern errichtet wurde. Sehenswert sind die modernen Mosaiken in Apsis und Chor, die vom britischen Begründer der Präraffaeliten Edward Burne-Jones stammen. In der Kirche finden häufig auch hörenswerte Arienabende (www.imu sicivenezani.com) oder Opernaufführungen (www.latraviata.org) statt.

Teatro dell'Opera 1

www.operaroma.it

Das eigentliche Opernhaus, äußerlich schlicht, aber im Innern mit Gold und rotem Samt prunkend, liegt in einer Seitenstraße. Das Logentheater wurde 1880 vom Besitzer des Hotels Quirinale zur Unterhaltung seiner Gäste erbaut. Seither bemüht man sich, ebenso viel Ruhm zu erlangen wie die Mailänder Scala (s. S. 53).

Palazzo delle Esposizioni 8

Di–Do, So 10–20, Fr, Sa bis 22.30 Uhr, 12,50 €/10 €; jeden 1. Mi im Monat 14–19 Uhr freier Eintritt für unter 30-Jährige, www.palazzoesposizioni.it

Blickfang an der Via Nazionale und eines der ersten öffentlichen Gebäude der neuen Hauptstadt ist dieser im Stil des Historismus erbaute Palazzo, der oft interessante Wechselausstellungen beherbergt. Zwei schöne Beispiele des römischen Jugendstils bieten hingegen in unmittelbarer Nähe die beiden **Eliseo-Theater** 2 3.

Entlang der Via Quirinale

San Carlo alle Quattro Fontane 9

www.sancarlino-borromini.it, tgl. 10–13, Mo–Fr auch 15–18 Uhr, Juli/ Aug. nur vorm., Sa, So nachm. geschl.

Sein wohl schönstes Bauwerk, San Carlo alle Quattro Fontane an der Kreuzung Via Quattro Fontane/Via del Quirinale, schuf Borromini kurz vor seinem Selbstmord 1667. Seine Vorliebe für geschwungene Formen deutet sich bereits in der Fassade an, die sich durch den Wechsel konvexer und konkaver Linien auszeichnet. Das verwirrende, aber präzise Spiel mit den verschiedensten geometrischen Formen setzt sich im Innern fort, wo sich der scheinbar ovale Grundriss als ▷ S. 226

Auf Entdeckungstour

Das Monti-Viertel

Das verwinkelte Monti-Viertel zwischen Via Nazionale und Via Cavour strahlt trotz seiner Bahnhofsnähe und vieler touristischer Highlights noch immer den Charme eines typischen römischen Wohnviertels aus.

Planung: Das Viertel in Gehweite zum Bahnhof oder Forum Romanum lässt sich zu jeder Tageszeit besuchen.

Verkehrsmittel: Zu erreichen ist es mit der Metro B, Haltestelle Cavour.

Die Suburra – der ›Bauch von Rom‹

Das Monti-Viertel zwischen den Hügeln Viminal und Esquilin ist eines der ältesten Wohngebiete der Stadt. In der Antike befand sich hier die dicht bebaute, laute und überfüllte Suburra (= ›unterhalb der Stadt‹), die als Wohngebiet der Armen berüchtigt war. Kriminalität und Prostitution waren an der Tagesordnung. Julius Cäsar wurde hier geboren, Nero mischte sich verkleidet unter die Menge, um die Stimmungen des Volkes zu erkunden, und Kaiserin Messalina soll sich, als Blondine verkleidet, nachts in den düsteren Bordellen herumgetrieben haben. Wie viele der römischen Hügel war der *rione* Monti (= Hügel) im bevölkerungsarmen Mittelalter von Weinbergen und Gärten überzogen und wurde erst nach der Einigung Italiens wieder zu einem dicht besiedelten Viertel.

Piazza Madonna dei Monti – Treffpunkt der *monticiani*

Wer heute von der Via Nazionale oder der Via Cavour ins Viertel kommt, atmet eine fast dörfliche Atmosphäre. Enge, verwinkelte Straßen, bescheidene Häuser, viele Werkstätten und kleine Geschäfte prägen das Viertel, in dem jeder jeden zu kennen scheint. Treffpunkt der *monticiani* ist die Piazza Madonna dei Monti mit Zeitungskiosk, Gemüseladen und Trattoria. Ein lauschiges Plätzchen ist die **Bottega del Caffè** 9 (s. S. 235) mit ihrer von wildem Wein umrankten Veranda, die sich ideal zum Frühstücken oder Lunchen eignet. Zur Aperitifzeit (gegen 21 Uhr!) tummeln sich in der trendigen Bottega die Nachtschwärmer. Dann müssen die ausladenden Stufen des Renaissance-Brunnens von Giacomo della Porta auch schon mal als Sitzgelegenheit herhalten.

Am Sonntag strömen die Kirchgänger auf die Piazza, die italienischen Katholiken aus der gleichnamigen Barockkirche und die vielen Ukrainer aus ihrer Nationalkirche SS. Sergio e Bacco.

Das lebenswerte Flair dieses Viertels blieb nicht unbemerkt. In den letzten Jahren wurden viele Häuser saniert, trendige Bars und Galerien zogen ein und Läden mit junger Mode mischten sich unter die herkömmlichen Betriebe und Werkstätten.

Tradition und Lifestyle

Längs der Via dei Serpenti haben sich neben dem alteingesessenen Lebensmittelladen Alimentari Polica die immer gut besuchte Enoteca **Al vino al vino** (Nr. 19, 6 s. S. 235), das ausgezeichnete Fischlokal **F.I.S.H.** (Nr. 16, 4 s. S. 234) und einer der besten Inder der Stadt **Maharajah** (Nr. 124, 2 s. S. 41) etabliert. Ganz im Zeichen der Tradition steht die Via Panisperna, benannt nach den Broten *(panis)* und Schinken *(perna),* welche die Brüder von San Lorenzo einst unter den Armen verteilten. Seit 1895 besteht die winzige Enoteca **Tre Scalini** (Nr. 251 11, s. S. 235), die sich mit italienischen Spezialitäten und 100 verschiedenen Weinen ein Stammpublikum geschaffen hat. Metzger **Piero Stecchiotti** (Nr. 245) zählt dank der Nähe zum Quirinal auch Staatspräsidenten zu seinen Kunden.

Ausgefallene Boutiquen wie **Le Gallinelle** (Nr. 76, 3 s. S. 235), bezahlbare Antiquitätenläden oder originelle Einrichtungsläden wie **Archivia** (Nr. 23) findet man in der Via del Boschetto. Fantasievolle Bijouterie gibt es beispielsweise bei **Fabio Piccioni** (Nr. 148, 2 s. S. 235). Längst können nicht alle Läden und Lokalitäten aufgeführt werden, aber das *rione* Monti lädt gerade auch zu eigenen Entdeckungen ein.

Okeanos herrscht über den Trevi-Brunnen

Rhombus entpuppt, dessen Enden von Kreis- und Ellipsensegmenten abgeschlossen werden. Der Wandaufbau ist durch vorgestellte Säulen, Arkaden und Architrave aufgelockert. Besonders eindrucksvoll ist die ovale, sich nach oben verjüngende Kuppel, die zu schweben scheint.

Sant'Andrea al Quirinale 10

Mo–Sa 8.30–12, 15.30–19, So 9–12, 16–19 Uhr

Ganz anders präsentiert sich nur wenige Meter weiter die Kirche für das Jesuitennoviziat, ein Spätwerk Berninis (1658/70), das als ein Meisterwerk sakraler Baukunst gilt.

Im Gegensatz zu Borromini bevorzugte Bernini eine monumentalere und dynamischere Formensprache. Die plastische Lebendigkeit der Fassade mit dem schwungvollen Eingangsbaldachin, dem riesigen Thermenfenster darüber und dem Wappen, das auf die Straße zu kippen scheint, findet in dem mit dunklem, vielfarbigem Marmor und hellem Stuck dekorierten Innern seine Fortsetzung. Der ovale Zentralraum, der durch acht tiefe Seitenkapellen geschickt erweitert wird, vermittelt einen großartigen Eindruck von Weite. Der Akzent liegt auf dem Altarraum. Automatisch fällt der Blick auf das **»Martyriumsbild des hl. Andreas«.** Eine fast theatralische Wirkung entfaltet das versteckt in den Hochaltar einfallende Licht, dessen Strahlen in Stuck fortgeführt werden.

Architektur, Plastik und Malerei verschmelzen hier zu einem harmonischen Gesamtkunstwerk. Wie in der Cappella Cornaro (s. S. 223) wird der Innenraum in ein Theater mit Bühne und Zuschauerraum verwandelt, ein *theatrum sacrum*, welches das Wunder der Rettung des hl. Andreas sinnlich erfahrbar macht. Bernini erfüllte damit ganz die Vorstellungen der katholischen Kirche, die u. a. als Reaktion auf die Reformation künstlerische Inszenierungen forderte, welche die Mystik der Religion zum Ausdruck bringen sollten.

Piazza del Quirinale

Wie eine Terrasse öffnet sich die Piazza del Quirinale mit einem schönen Blick über die Dächer Roms zur Peterskuppel. Auf dem Quirinal, dem höchsten der sieben klassischen Hügel, standen in der Kaiserzeit die Thermen von Kaiser Konstantin. Von dort stammen die Statuen der Dioskuren mit ihren Pferden, die gemeinsam mit einem Granitbecken vom Dioskurentempel auf dem Forum Romanum und einem Obelisken, der den Eingang des Augustus-Mausoleums flankierte, zu einer Brunnenanlage zusammengefügt wurden.

Der **Palazzo della Consulta** an der Ostseite der Piazza del Quirinale beherbergt heute das italienische Verfassungsgericht, während in den **Scuderie** (www.scuderiequirinale.it), den einstigen Stallungen gegenüber dem Quirinalspalast, immer wieder sehenswerte Ausstellungen stattfinden.

Palazzo del Quirinale 11

Repräsentationsräume der Beletage: 24. Juni–9. Sept. geschl., sonst jeden So 8.30–12, Gärten nur am 2. Juni (Tag der Republik) 15–19 Uhr zugänglich, 5 €; Wachwechsel Juni–Sept. tgl. 18, sonst Mo–Sa 15.15, So/Fei 16 Uhr

Den weitläufigen Quirinalspalast ließ Papst Gregor XIII. Ende des 16. Jh. erbauen. Bis zur Einigung Italiens diente er als päpstliche Sommerresidenz, danach als Sitz der Könige Italiens. Heute ist er Amtssitz des Staatspräsidenten.

Nördlich des Quirinalshügels

Fontana di Trevi ! 12

Den wohl berühmtesten Brunnen Roms schuf Nicola Salvi Mitte des 18. Jh. Vor einem stilisierten Triumphbogen herrscht Okeanos über das Wasser, flankiert von den Symbolgestalten der Reinheit und des Überflusses. Zu einem Symbol des ›Dolce Vita‹ wurde der barocke Brunnen durch den gleichnamigen Film von Regisseur Federico Fellini, in dem Anita Ekberg unter den Augen von Marcello Mastroianni wie eine schaumgeborene Venus den Fluten entsteigt.

Eine angenehme Pflicht für alle Nicht-Römer ist der Münzwurf in den Brunnen. Mit der rechten Hand über die linke Schulter ins Becken – und nicht einem der zahlreichen anderen Besucher an den Kopf – soll sie die glückliche Rückkehr nach Rom sichern. Jeden Montag werden dann die ›Wurfobjekte‹ per Spezialpumpe abgesaugt. Die Euro-Münzen füllen den römischen Stadtsäckel, der Rest wird wohltätigen Zwecken zugeführt.

Galleria Nazionale d'Arte Antica/ Palazzo Barberini 13

Di–So 8.30–19.30 Uhr, 5 €/2,50 €

Im Jahr 1625, kurz nach Antritt seines Pontifikats, betraute der erst 25-jährige Barberini-Papst Urban VIII. Carlo Maderno mit dem Bau einer der schönsten barocken Palastanlagen Roms. Von Bernini und Borromini, der auch die ovale Treppe im rechten Flügel schuf, vollendet, wurde sie zum Schauplatz legendärer Feste und theatralischer Selbstdarstellung. In dem monumentalen Deckenfresko des zwei Stockwerke hohen Salons feiert der Maler Pietro da Cortona den Triumph der Familie Barberini – mit von der Partie natürlich die Barberini-Bienen.

Zu den Attraktionen der hochkarätigen Gemäldesammlung mit Schwerpunkt auf dem 16. und 17. Jh. zählen die sinnliche »Fornarina« von Raffael, angeblich seine Geliebte, »Narziss« sowie »Judith und Holofernes« von Caravaggio und Porträts wie das berühmte »Bildnis Heinrichs VIII.« von Hans Holbein d. J. und »Erasmus von Rotterdam« von Quentin Massys.

Mein Tipp

Eis ohne Zusätze

Zum Dahinschmelzen! Bei der unscheinbaren **Gelateria San Crispino** 8 in einer Seitenstraße des Trevibrunnens kommt nur erste Sahne in die Tüten. Das hausgemachte Eis wird ohne künstliche Aromen ausschließlich aus Eiern, Milch, Zucker und frischem Obst hergestellt. Um eine optimale Temperatur zu gewährleisten, wird das Eis in Stahlbehältern aufbewahrt und auch nicht offen präsentiert. Doch die fehlende Optik macht der Genuss wett. Via della Panetteria 42, So, Mo, Mi, Do 12–0.30, Fr, Sa 12–1.30 Uhr.

Fontana del Tritone 14

Am Brunnen (1643) auf der verkehrsumtosten Piazza Barberini wird Berninis Genie einmal mehr deutlich. Der Meeresgott Triton thront auf einer von vier Delfinen getragenen Muschel und bläst durch ein Muschelhorn einen mächtigen Wasserstrahl in die Luft. Die Tiara und die drei Bienen verweisen auf den Auftraggeber und Mäzen Berninis, den Barberini-Papst Urban VIII. In seinem Auftrag schuf Bernini auch die **Fontana delle Api** 15 (1644), einen Trinkbrunnen am Anfang der Via Veneto. Hier krabbeln die munteren Bienen sogar in das Becken, als wollten sie das kostbare Nass trinken.

Die Via Veneto

Unmittelbar nach der Einigung schuf man mit der schwungvollen Via Veneto eine platanenbestandene Prachtstraße mit herrschaftlichen Jugendstilvillen und Palazzi in historisierender Prunkarchitektur. In den 1960er-Jahren avancierte sie zum Inbegriff des ›Dolce Vita‹, war Laufsteg von Stars und Sternchen und Arbeitsfeld der Paparazzi. Die einstige Aura ist verblasst, trotz zahlreicher Reanimationsversuche – wie etwa des Doney's, heute **H-Club Doney** 8, wo der Schah von Persien mit Ägyptens Ex-König Faruk bei Champus Dynastieprobleme erörterte, Soraya an ihrem Karottensaft mit Petersilie nippte und Anita Ekberg sich von den Dreharbeiten mit Fellini erholte. Geblieben sind die sündhaft teuren Boutiquen und Cafés und die Luxushotels mit ihren schwindelerregenden Preisen.

Santa Maria Immacolata Concezione 16

Fr–Mi 9–12, 15–18 Uhr, www.cappucciniviaveneto.it

Ausgerechnet an der Via Veneto – Symbol der Diesseitigkeit – stößt man bei dieser Kirche auf eine der wohl eindrucksvollsten Memento-Mori-Darstellungen: »Wir waren, was ihr seid. Wir sind, was ihr werdet.«, heißt es in der Inschrift über dem Eingang zur Kapuzinergruft. Von der Mitte des 17. Jh. bis Ende des 19. Jh. haben die Mönche hier ihre Mitbrüder auf eigentümliche Art bestattet: Aus den Gebeinen von über 4000 Kapuzinermönchen gestalteten sie dekorative Muster an Wänden und Decken.

Villa Borghese

Nach der Porta Pinciana stößt man in der Villa Borghese auf die ambitionierte **Casa del Cinema**, Schauplatz des römischen Filmfestes und zahlreicher Filmevents. Das angeschlossene Cinecaffè mit Gartenterrasse lädt zur erholsamen Pause – vor, nach oder zwischen dem Besuch der zahlreichen Museen, die zum Kunstgenuss locken.

Galleria Borghese ! 17

Di–So 9–19 Uhr, Besichtigung im 2-Std.-Takt ab 9 Uhr, Kartenvorbestellung obligatorisch: Tel. 063 28 10, oder unter www.ticketeria.it, 8,50 €/ 5,25 € plus evtl. Ausstellungszuschlag, Karten müssen 30 Min. vorher abgeholt werden

Das einstige Casino des Kardinals Scipione Borghese mit seinen akkurat angelegten Gärten beherbergt die zu Beginn des 17. Jh. vom Kardinal angelegte ›Königin der Privatsammlungen der ganzen Welt‹. Die barocken Innenräume, wie der mit antiken Statuen und Repliken, Gemälden und Reliefs geschmückte Ehrensalon, spiegeln noch gut den Geschmack der damaligen Zeit. Auf zwei Stockwerken präsentiert sie eine Vielzahl von Gemälden, antiken Mosaiken sowie römischen und barocken Skulpturen, darunter Meisterwerke von Bernini und Ca- ▷ S. 232

Auf Entdeckungstour

Kulturpark Villa Borghese

Herrliches Parkidyll, hochkarätige Museen, Film- und Theaterstätten für große und kleine Besucher – in der ›grünen Lunge‹ Roms lassen sich Kultur und Natur, Erholung und Kunstgenuss aufs Beste verbinden.

Zeit: halber bis ganzer Tag. **Galleria Borghese:** Di–So 9–19 Uhr; **Carlo Bilotti:** Di–So 9–19 Uhr; **Casina Raffaello:** Di–So 10–18 Uhr; **Bioparco:** 9.30–17, Sommer bis 18 Uhr. Sonntags ist der Park voll.

Fahrradverleih: Bici Pincio, Viale di Villa Medici und Viale della Pineta, Tel. 066 78 43 74 (auch Kinderfahrräder, Mountainbikes und Tandems); Ronconi, Via delle Belle Arti 54/56, Tel. 068 81 02 19, www.ronconibiciclette.it, auch E-Bikes.

Treffpunkt von Skatern und Inlinefahrern: Viale dell'Obelisco/Viale delle Magnolie (hier kann man sich auch Rollerblades und Rollschuhe ausleihen).

Einst feudale Lustvilla ...

Mit den ersten wärmenden Sonnenstrahlen strömen die Römer in die romantische Parkanlage und flanieren zwischen Magnolien- und Pinienbäumen, Wiesen und kleinen Seen an antikisierenden Statuen und neoklassizistischen Tempelchen, künstlichen Grotten und plätschernden Brunnen vorbei. Die Villa Borghese ist der bekannteste Park der Altstadt und sicher auch der schönste. Noch vor 20 Jahren war die Villa Borghese zwar auch schon die grüne Lunge der Altstadt, doch längst keine ›villa di delizie‹ mehr, wie sie ihr Schöpfer ersann (das italienische Wort ›*villa*‹ bedeutet ›Garten‹, nicht ›herrschaftliches Gebäude‹).

Der 80 ha große Park wurde Anfang des 17. Jh. von Kardinal Scipione Caffarelli Borghese angelegt. Nach seiner Ernennung zum Kardinal war er in bester päpstlicher Nepotismus-Tradition von seinem Onkel, Papst Paul V., großzügig bedacht worden. Die Gartenanlagen waren im barocken Stil angelegt, mit seltenen Pflanzen und Tieren, künstlichem See und Jagdwäldchen.

Neben diesen akkurat angelegten Gärten, den Giardini Segreti, ließ Borghese aber auch ein Casino, die heutige **Galleria Borghese** 17 (s. S. 65 und 229), zur Aufnahme seiner schon damals berühmten Sammlung antiker und zeitgenössischer Kunst erbauen. Ende des 18. Jh. wurde der Park erweitert und zum Englischen Garten umgestaltet. Die geometrisch angelegten Beete und streng beschnittenen Hecken wichen einer mehr natürlichen Landschaftsgestaltung mit Schirmpinien und Eichenwäldchen. Neben einem kleinen See entstanden auch zahlreiche Brunnen mit mythologischen Figurengruppen, etwa der Brunnen der Diana oder der Seepferde, sowie künstliche Grotten und Ruinen oder antikisierende Tempel, wie der Tempel der Faustina oder des Äskulap. 1902 wurde die Villa Borghese der Stadt Rom zum Geschenk gemacht, doch es sollten 100 Jahre vergehen, bis der Park wieder zu einem Glanzpunkt des Centro Storico wurde.

... heute viel besuchter Kulturpark

Nach der Wiedereröffnung der Galleria Borghese 1997 ging es Schlag auf Schlag. Mit viel Elan hat die Stadt die Restaurierung der Gartenanlagen und Museen vorangetrieben. Mit Stolz verweist sie auf die Eröffnung der **Casa del Cinema** (5, s. S. 52) mit dem modernsten Kinosaal Italiens, auf das **Globe Theatre** (4, s. S. 53) einen Nachbau des britischen Theatertempels der Shakespeare-Zeit (Programm s. www.globetheatreroma.com), auf das moderne **Kunstmuseum Carlo Bilotti** (21, s. S. 234) mit Werken von De Chirico und auf die restaurierte Casina Valadier beim Pincio, wo man vor grandioser Kulisse edel (und teuer!) speisen kann.

In die **Casina Raffaello** (5 €) ist ein Spielzentrum für Kinder von 5–10 Jahren eingezogen und der von Carl Hagenbeck entworfene, veraltete Zoo wurde zum **Bioparco** (12,50 €/10,50 €) mit Streichelzoo und Spielplatz umgestaltet. Besondere Beachtung verdient aber die Wiederherstellung der drei **›Geheimen Gärten‹** bei der Galleria Borghese mit 250 verschiedenen Pflanzenarten.

Im Park der Villa Borghese laufen Jogger und üben Inlineskater, paddeln Verliebte über den kleinen See und vergnügen sich Kinder im Zoo, genießen Touristen und Römer den unvergleichlichen Blick von der Terrasse des **Pincio** (22, s. S. 234) auf Rom. Mit seinen zahlreichen Museen ist er aber vor allem zu einem Fixpunkt für Kunstliebhaber geworden.

Villa Borghese

Sehenswert
1 – 16 s. Karte S. 218
17 Galleria Borghese
18 Galleria Nazionale d'Arte Moderna (GNAM)
19 Museo Nazionale Etrusco di Villa Giulia
20 Museo Pietro Canonica
21 Museo Carlo Bilotti
22 Pincio
23 Villa Medici

Essen & Trinken
1 – 6 s. Karte S. 218
7 Caffè delle Arti
8 s. Karte S. 218

Einkaufen
1 – 6 s. Karte S. 218

Aktiv & Kreativ
1 Roman Sport Center
2 San Carlino

Abends & Nachts
1 – 3 s. Karte S. 218
4 Globe Theatre
5 Casa del Cinema
6 – 11 s. Karte S. 218

ravaggio. Einen Raum für sich beansprucht die skandalumwitterte »Paolina Borghese« als nackte Venus. Der klassizistische Bildhauer **Canova** porträtierte Napoleons schöne Schwester auf einem Diwan liegend (1805).

Die nächsten Säle beherrschen Frühwerke **Berninis,** mit denen er seinen Ruhm begründete. Meisterlich gelingt es ihm, den Moment, die flüchtige Bewegung festzuhalten. Für seinen »David mit der Schleuder« (1624) stand er sich selbst Modell. Von dramatischer Intensität ist die Gruppe von »Apoll und Daphne« (1624), in der sich Daphne aus Verzweiflung über den zudringlichen Apoll allmählich in einen Lorbeerbaum verwandelt, oder der »Raub der Proserpina durch Pluto« (1622), bei dem sich die gierigen Finger des Unterweltgottes in den Oberschenkel seiner Beute graben.

Berninis Genialität zeigt sich besonders in kleinen Details wie der allmählichen Verwandlung von Daphne in eine Pflanze oder der lebensechten Darstellung von Falten und Muskeln. Die Gruppe »Äneas und Anchises« schuf er gemeinsam mit seinem Vater.

Der Saal des »Tanzenden Satyrs« beherbergt Meisterwerke von **Caravaggio** (s. a. S. 200).

Die Pinakothek im ersten Stock zeigt weitere Meisterwerke aus Renaissance, Manierismus und Barock, darunter Raffaels »Grablegung Christi« von 1507, Tizians »Himmlische und irdische Liebe« (um 1536) und Correggios »Danae« von 1531. Ein Paradebeispiel für die Malerei der Bologneser Schule ist Domenichinos »Jagd der Diana« (1617): Pflanzen und Menschen sind naturgetreu gestaltet, die Landschaft wird jedoch idealisiert.

Galleria Nazionale d'Arte Moderna (GNAM) 18

Di–So 8.30–19.30 Uhr, 10 €/8 €

Das 1911 zur 50-Jahr-Feier der italienischen Einheit errichtete imposante Gebäude beherbergt die bedeutendste und größte Sammlung italienischer Malerei und Skulptur des 19. und 20. Jh. Im Mittelpunkt stehen die großen italienischen Kunstströmungen zu Beginn des 20. Jh. wie Futurismus und Pittura Metafisica mit Werken von Carlo Carrà, Giacomo Balla, Gino Severini, Umberto Boccioni und Giorgio de Chirico. Daneben gibt es auch einige wenige Werke von Van Gogh, Monet, Picasso, Dégas, Cézanne und Klimt.

Museo Nazionale Etrusco di Villa Giulia 19

Museo: Di–So 8.30–19.30 Uhr, 8 €/4 €

Mitte des 16. Jh. beauftragte Papst Julius III. den Baumeister und Architekturtheoretiker Giacomo Vignola mit dem Bau einer Sommerresidenz. Die

weitläufige Anlage mit einem freskenverzierten Portikus, einem Nymphäum und künstlichen Grotten beherbergt heute mit dem Museo Nazionale Etrusco eines der weltweit bedeutendsten Museen für etruskische Kultur.

Die umfangreiche Sammlung zeigt in über 30 Sälen Funde aus der südlichen Toskana, dem Latium und Umbrien. Die Objekte wurden unter topografischen Gesichtspunkten zusammengestellt. Aus der Vielzahl der Exponate – schwarz- und rotfigurige attische Keramiken, detailreicher Goldschmuck und der erste Zahnersatz – ragen der Ehegattensarkophag aus Cerveteri (ca. 530 v. Chr.) mit den beiden archaisch-lächelnden, äußerst realistisch dargestellten Eheleuten und der »Apoll von Veji« (6. Jh. v. Chr.) heraus, der vermutlich in der Werkstatt des berühmten Vulca entstand. Interessant auch die Grablege aus Cerveteri und die Rekonstruktion eines etruskischen Tempels im Garten.

Museo Pietro Canonica 20

Di–So 9–19 Uhr, 4 €/3 €, www.museocanonica.it

Einem mittelalterlichen Kastell gleicht das Museo Canonica, einst Atelier- und Wohnhaus des Bildhauers Pietro Canonica (1869–1959). Studien, Modelle, Entwürfe und Originalwerke des Künstlers dokumentieren die verschiedenen Arbeitsphasen eines Bildhauers.

Museo Carlo Bilotti 21

Di–So 9–19 Uhr, 5,50 €/4,50 €

Eine gute Adresse für moderne Kunst ist auch das Museum Carlo Bilotti in der ehemaligen Orangerie. Das Museum ist aus einer Stiftung des amerikanischen Mäzens Carlo Bilotti hervorgegangen. Neben einer überschaubaren Dauerausstellung mit Werken von De Chirico, Severini und einem Werk von Andy Warhol finden immer wieder Ausstellungen zu zeitgenössischer Kunst statt.

Pincio 22

Von der großen **Aussichtsterrasse**, die der klassizistische Architekt Giuseppe Valadier Anfang des 19. Jh. schuf, genießt man besonders in den frühen Morgenstunden oder während der Abenddämmerung einen herrlichen Blick über Rom. Der Platz selbst dient immer wieder unterschiedlichsten Spektakeln, so kann man zu Weihnachten schon mal vor der Kulisse der Stadt eislaufen oder auf einer Kunstschnee-Halfpipe unter Palmen borden.

Nahe der mechanischen Wasseruhr finden am Wochenende sehr sehenswerte Marionettenaufführungen des Kindertheaters **San Carlino** 2 statt.

Villa Medici 23

www.villamedici.it, Führungen in Ital., Frz. und Engl. Di–So ab 11, im Winter bis 17, im Sommer bis 18 Uhr, Termine s. Internetseite, 9 €/7 €

Auf halbem Weg zur Spanischen Treppe befindet sich die sehenswerte Villa Medici, seit 1803 Sitz der französischen Akademie. Sie dient französischen Stipendiaten als Wohnung und Arbeitsstätte. Die renovierte Villa entstand im 16. Jh. und ging durch Kauf an die Medici über. Im Kontrast zu der strengen festungsartigen Fassade stehen der üppige Garten, der mit antiken Funden dekoriert ist, und das prächtige *studiolo* von Kardinal Ferdinando di Medici. Beides kann im Rahmen einer Führung besichtigt werden.

Essen & Trinken

Alteingesessen – **La Carbonara** 1: Via Panisperna 214, Tel. 064 82 51 76, Mo–Sa 12.30–14.30, 19–23 Uhr, Metro: Cavour (B), Bus: 117, Menü ca. 35 €. Es begann damit, dass die Frau eines Köhlers *(carbonaio)* von gegenüber ein Lokal aufmachte ... Heute bringen Donna Teresa und ihre Familie noch immer beste römische Küche auf den Tisch, u. a. natürlich *pasta alla carbonara*, aber auch *all'amatriciana* und *alla gricia*.

Indische Träume – **Maharajah** 2: s. S. 41 und 225.

Stylish – **Open Colonna** 3: Palazzo delle Esposizioni, Via Nazionale 182, Tel. 06 47 82 26 41, Di–So 12.30–15, 20–22.30 Uhr, Mo–Fr City-Lunch zu 16 €, abends à la carte 95 €, So Brunch 12.30–15.30 Uhr 30 €. Modern gestyltes Restaurant im Palazzo delle Esposizioni, mit Michelinstern. Man kann unter einem Glasdach, aber auch draußen essen.

Meereszauber – **F.I.S.H.** 4: Via dei Serpenti 16, Tel. 06 47 82 49 62, www.f-i-s-h.it, Metro: Cavour (B), Bus: 40, 60, 70, 75, Di–So 19.30–24 Uhr, 35–40 €. Breit gefächerte Auswahl an exzellenten Fischgerichten in modern gestyltem Ambiente, s. S. 225.

Bodenständig – **Osteria della Suburra** 5: Via Urbana 67/69, Tel. 06 48 65 31, www.osteriadellasuburra.com, Di–So 13–15, 19–23.30 Uhr, Metro: Cavour (B), ca. 24 €. Einfache Osteria im Herzen des Monti-Viertels. Große Antipasti-Auswahl, darunter Miesmuschel-Souté und hausgemachte Pasta. Zu den Spezialitäten von Chefkoch Silvio gehören natürlich *abbacchio* (Lamm) und *lumache* (Schnecken) in einer Soße aus Tomaten und Minze.

Urig – **Er Buchetto** 6: s. S. 39 und 220.

Kunstpause – **Caffè delle Arti** 7: Via Antonio Gramsci 73, Tel. 06 32 65 12 36, www.caffedelleartiroma.it, Mo 8–17, Di–Sa 8–24, So 8–20, im Winter bis 20 Uhr, Menü 35 €. Café und Restaurant mit schöner Außenterrasse im Museum für Moderne Kunst GNAM (separater Eingang).

Eis ohne Zusätze – **San Crispino** 8: s. S. 42 und 228.

Einkaufen

Haute Couture zum halben Preis – **Discount dell'Alta Moda** 1: s. S. 46.

Bijoux – **Fabio Piccioni** 2: Via del Boschetto 148. Handgefertigter Modeschmuck und Sammlerstücke, s. S. 225.

Retro-Look – **Le Gallinelle** 3: Via Panisperna 61, http://abito61.blogspot.com. Ein wahres Eldorado für Vintage-Liebhaber! Wilma schneidert originelle und farbenfrohe Kleider im Stil der 1930er-Jahre. Dazu gibt es Accessoires wie alte Handtaschen von Gucci etc. S. S. 225.

Französisch inspiriert – **Lei** 4: s. S. 47.

Musikschatztruhe – **Ricordi** 5: s. S. 43.

Markt mit Küchenservice – **Mia Market** 6: Via Panisperna 225, Tel. 06 47 82 46 11, Mo–Sa 10–15.30, 17–22 Uhr. Eine Mischung aus Lebensmittelmarkt – alles Bio und aus der Umgebung – und trendiger Osteria. Aus den Lebensmittelkisten und -säcken sucht man sich aus, was man essen möchte: Gemüse, Obst, Brot, Käse usw. Danach wird es frisch zubereitet, man kann aber auch selbst waschen und schnippeln. Organisiert auch sehr beliebte Kochkurse, meist Mi oder Do. Infos: http://miamarket.blogspot.com.

Aktiv & Kreativ

Fitness-Center – **Roman Sport Center** 1: s. S. 58.

Marionettentheater – **San Carlino** 2: Viale dei Bambini Villa Borghese, Tel. 06 69 92 21 17, www.sancarlino.it, s. S. 234.

Abends & Nachts

Renommiertes Opernhaus – **Teatro dell'Opera** 1: s. S. 53 und S. 223.

Klassisches Theaterprogramm – **Teatro Eliseo** 2 **und Piccolo Eliseo** 3: s. S. 53 und S. 223.

Shakespeare in Rom – **Globe Theatre** 4: s. S. 53.

Filmhauskino – **Casa del Cinema** 5: s. S. 52.

Gesellig – **Al vino al vino** 6: s. S. 41 und 225.

Trendsetter – **Hangar** 7: s. S. 52.

Dolce-Vita-Lokal – **H-Club Doney** 8: s. S. 42 und 229.

Trendy – **La Bottega del Caffè** 9: Piazza Madonna dei Monti 5, Tel. 064 74 15 78, tgl. 8–2 Uhr, s. S. 225.

Glamourös – **Tazio** 10: Piazza della Repubblica 47, Tel. 06 48 93 80 61, tgl. 8–1 Uhr, ab 16 €. Die nach Tazio Secchiaroli, dem Paparazzo der Dolce Vita, benannte Bar zieht vor allem Roms gestylte Prosecco-Gesellschaft an. Zu dem vorzüglichen Champagner gibt es Austern und Beluga-Kaviar.

Stimmungsvoll – **Tre Scalini** 11: Via Panisperna 251, www.aitrescalini.org/bottiglieria, Tel. 06 48 90 74 95, Mo–Fr 12.30–1, Sa, So 18–1 Uhr, ab 15 €. Allabendlich füllt sich die beliebte Enoteca bis auf die Straße hinaus. Manchmal Livemusik (Jazz), s. S. 225.

Das Beste auf einen Blick

Celio, Esquilin und Roms Nordosten

Auf Entdeckungstour

Zeitreise auf antikem Pflaster – Via Appia Antica: Die Straßen mit ihren holprigen Pflastersteinen waren einst die Lebensadern des riesigen römischen Imperiums. Auf ihnen zogen Händler mit ihren Waren ebenso wie geschlagene oder siegreiche Legionäre. Unter den zahlreichen Römerstraßen galt die Via Appia vor den Toren Roms als die ›Königin der Straßen‹. S. 250

Sommerfrische Tivoli: Seine traumhafte Lage machte Tibur schon in der Antike zur idealen Sommerfrische. Bei einem Besuch der Villa Adriana, Villa d'Este und Villa Gregoriana lassen sich Kunst- und Naturerlebnis auf das Wunderbarste miteinander verbinden. S. 262

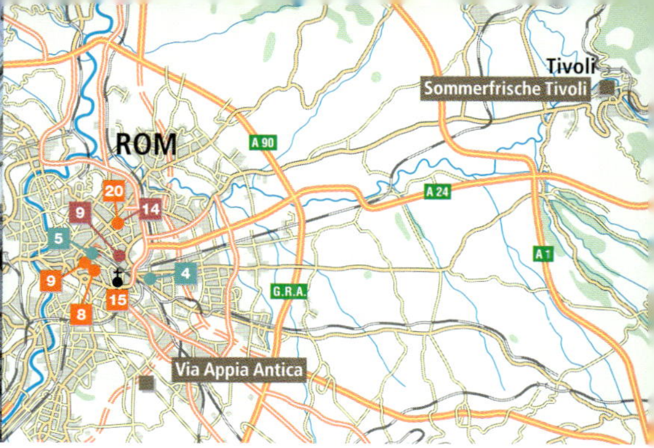

Kultur & Sehenswertes

Domus Aurea: Was für ein Haus war das ›Goldene Haus‹, von dem sein Erbauer, Kaiser Nero, sagte: »Endlich kann ich wie ein Mensch leben!« 8 S. 245

Moses-Figur von Michelangelo: Die aus einem Marmorblock geschaffene Statue in der Kirche San Pietro in Vincoli gilt als eines der wichtigsten Werke des Renaissancekünstlers. 9 S. 246

San Giovanni in Laterano: Bis zum Exil von Avignon waren die Lateranskirche und der angeschlossene Palast Sitz des Papstes. Noch heute ist sie die Bischofskirche Roms. 15 S. 248

Aktiv & Kreativ

Tai-Chi auf der Piazza Vittorio Emanuele II: Beginnen Sie den Tag früh um acht mit einer Tai-Chi-Stunde. S. 247

Genießen & Atmosphäre

Villa Torlonia: Hier haben Familien ihren Spaß. Kinder können kicken und toben, spielen und forschen, Museen locken mit interessanten Sammlungen und im Restaurant Limonaia in der Orangerie wird krosse Holzofenpizza serviert. 20 14 S. 255, 258

Pommidoro: Schon seit Langem eine Institution ist das alteingesessene und von Künstlern gern frequentierte Lokal an der Piazza Sanniti, wo es sich auch schon Pasolini schmecken ließ. Gute *primi!* 9 S. 259

Abends & Nachts

Necci dal 1924: Kultbar im neuen In-Viertel Pigneto, wo Pasolini seinen Film »Accattone« drehte. 4 S. 261

Zest dell'Es Hotel: In der Lounge-Bar im siebten Stock des Designhotels genießt man den *aperitivo* mit grandiosem Blick auf die Dächer von Rom. 5 S. 261

Kirchen, Katakomben und Kultviertel

Die Hügel Caelius und Esquilin gehören zu den sieben Hügeln Roms. In der Antike lagen hier die Wohngebiete. Auf dem Esquilin wohnten anfangs die Armen in Mietskasernen *(insulae)*, während der Caelius für seine hohen Grundstückspreise und wohlhabenden Bewohner bekannt war. In der Kaiserzeit mauserte sich auch der Esquilin zu einem Wohngebiet für reiche Römer, die – wie der Kunstförderer Maecenas – hier ihre Villen bauten. Nicht zufällig wurden auf dem Esquilin daher auch zahlreiche bedeutende Kunstwerke gefunden, etwa die Laokoon-Gruppe (heute Vatikanische Museen).

Nach dem Untergang des Römischen Reiches entstanden auf den Hügeln zahlreiche Haus- und Ordenskirchen, Perlen des frühen Christentums und der Renaissance. Mit dem Bau der Laterankirche und des Papstsitzes am Rande der Stadt war Rom zum Mittelpunkt der katholischen Welt geworden. Das ganze Mittelalter hindurch blieben die beiden Hügel nur spärlich besiedelt und waren von ausgedehnten Landsitzen, Gärten und Weinbergen bedeckt. Wichtige urbanistische Eingriffe erfuhr vor allem der Esquilin unter dem Pontifikat von Sixtus V. (1585–1590), der seine Lieblingskirche Santa Maria Maggiore zum Mittelpunkt der neuen barocken Stadtanlage erhob, indem er sie als Ausgangspunkt für die – noch heute sichtbaren – fünf strahlenförmig verlaufenden Straßen nahm, welche die Hügel Esquilin, Viminal und Quirinal durchziehen.

Entwicklung der Viertel in der Neuzeit

Doch erst mit der Einigung Italiens brach in der Hauptstadt ein regelrechter Bauboom aus. Rund um den Mitte des 19. Jh. erbauten Bahnhof schossen die Prachtbauten der Gründerzeit aus dem Boden. Während der Caelius jedoch seinen stillen Charakter bewahrt hat, entwickelte sich der Esquilin zu einem multikulturellen Viertel mit Trendcharakter. Beliebte Ausgehviertel vor allem unter Studenten sind die angeschlossenen Viertel Pigneto und San Lorenzo.

Ein Kleinod für Groß und Klein ist der Park Villa Torlonia an der Via Nomentana. An der einstigen Konsularstraße liegen auch zwei sehenswerte Kirchen. Villen inmitten üppiger Vegetation und fantastische Wasserspiele locken ins nahe Tivoli, schon in der Antike eine beliebte Sommerfrische.

Infobox

Reisekarte: ► Karte 1, L–R 5–12

Dauer / Ausgangspunkt
Die Tour ist mit den Entdeckungstouren auf drei Tage angelegt. Ausgangspunkt ist der Celio (Metro: Piramide (B).

Öffentliche Verkehrsmittel
Die Viertel Pigneto und San Lorenzo sind mit den Trams 3 oder 5 gut angebunden. Die Via Nomentana wird von dessen Bus 36 und 84 befahren.

Celio

Der stille grüne Celio ist ein Kleinod unter den sieben Hügeln Roms. Den ursprünglich ländlichen Charakter des Hügels, der bis weit ins 19. Jh. mit Wein- und Obstgärten überzogen war, spürt man heute noch im kleinen Klostergarten der barockisierten Kirche **San Gregorio al Celio.** Sie gründet auf dem einstigen Elternhaus des heiliggesprochenen Papstes Gregor des Großen (590–604). In den drei Kapellen zu Ehren der Mutter Gregors (Santa Silvia), des hl. Andreas und der hl. Barbara befinden sich Fresken von Guido Reni.

Westlich der Via Claudia

SS. Giovanni e Paolo 1

Kirche: tgl. 8.30–12, 15.30–18 Uhr; Ausgrabungen: Mo, Do–So 10–13, 15–18 Uhr, www.caseromane.it, 6 €/ 4 €, obligatorische Ticketreservierung: Mo–Fr 10–13 Uhr, Tel. 06 70 45 45 44

Der steile Clivo di Scauro führt zu dieser ebenfalls barockisierten Kirche. Sie ist den Soldaten Johannes und Paulus geweiht, die als Märtyrer starben, weil sie sich geweigert haben sollen, heidnische Götzenbilder anzubeten. Unter der Kirche entdeckten Archäologen antike Wohnhäuser mit gut erhaltenen heidnischen und christlichen Wandmalereien, u. a. die vermutlich älteste Darstellung eines Oranten mit ausgebreiteten Armen.

Villa Celimontana 2

Eine Oase der Ruhe ist der schattige Park der Villa Celimontana mit seinen tropischen Gewächsen, der während der Estate Romana zur Kulisse des Jazzfestivals wird. Schön ist der Blick auf die Caracalla-Thermen.

Santa Maria in Domnica 3

Tgl. 9–12, 15.30–19, im Winter bis 18 Uhr

Am Haupteingang des Parks liegt die beliebte Hochzeitskirche **Santa Maria in Domnica** mit ihrem schönen Apsismosaik aus dem 9. Jh. Vor der Maria mit Kind kniet der Stifter Papst Paschalis I., zu erkennen am quadratischen Nimbus. Den Navicella-Brunnen vor der Kirche stiftete Medici-Papst Leo X.

Östlich der Via Claudia

Santo Stefano Rotondo 4

Kirche: Di–So 9.30–12.30 und (außer So) 14–17, im Sommer 15–18 Uhr; Ausgrabungen: zzt. geschl.

Die älteste Rundkirche Roms entstand nach dem Vorbild der von Konstantin in Jerusalem errichteten Grabeskirche. Die dem Erzmärtyrer Stephanus geweihte Kirche wurde bereits Ende des 5. Jh. errichtet und besteht aus drei konzentrischen Kreisen, in die ein griechisches Kreuz mit Kapellen eingeschrieben ist. Neben der Architektur beeindrucken die umlaufenden **Fresken von Niccolò Circignani** (genannt Pomarancio, 16. Jh.). In chronologischer Folge schildern sie in drastischen Bildern die Christenverfolgung vom Kindermord in Bethlehem bis zu Kaiser Julian dem Abtrünnigen: eine regelrechte Aufzählung sämtlicher Arten von Folter.

Archäologen entdeckten unter der Kirche eine Kaserne und ein **Mithräum,** einen Tempel des Mithras-Kultes, der noch bis ins 5. Jh. genutzt worden ist.

SS. Quattro Coronati 5

Kirche: 6.30–12.45, 15–19.45, Oratorium: 8.30–11.45, 16–17.45, Kreuzgang: 10–11.45, 16–17.45 Uhr

Einer mittelalterlichen Festung gleicht die Klosteranlage um die Kirche Santi

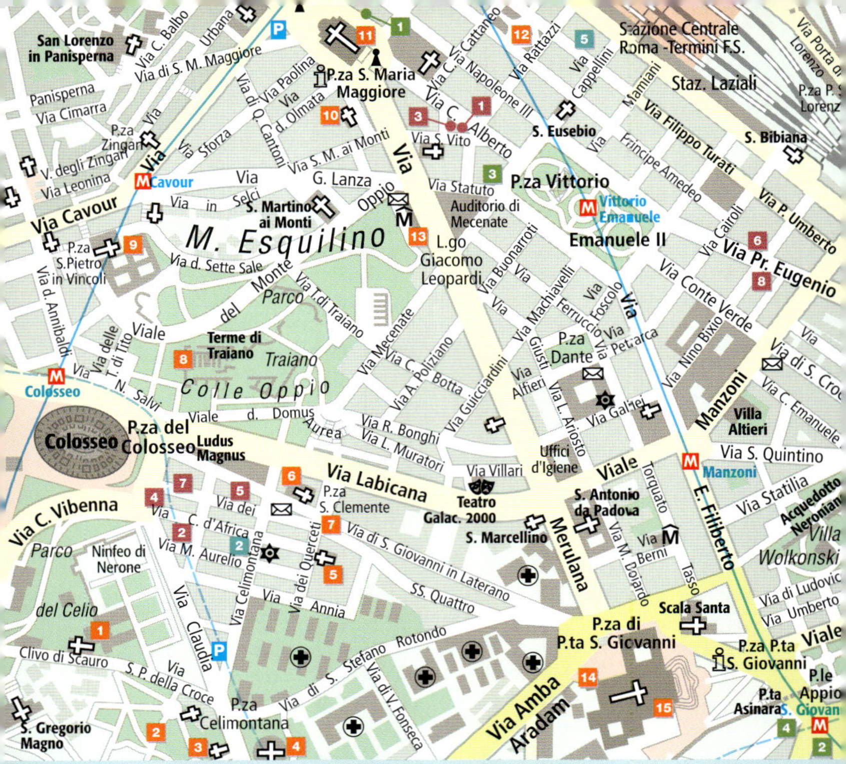

Celio, Esquilin und Lateran

Sehenswert

1 SS. Giovanni e Paolo
2 Villa Celimontana
3 Santa Maria in Domnica
4 Santo Stefano Rotondo
5 SS. Quattro Coronati
6 San Clemente
7 Straßenaltar
8 Domus Aurea
9 San Pietro in Vincoli
10 Santa Prassede
11 Santa Maria Maggiore
12 Casa dell'Architettura
13 Museo Nazionale d'Arte Orientale
14 San Giovanni in Fonte
15 San Giovanni in Laterano
16 Santa Croce in Gerusalemme
17 Amphitheatrum Castrense
18 Porta Maggiore
19 – 20 siehe Karte S. 255

Essen & Trinken

1 Agata e Romeo
2 Il Bocconcino

Quattro Coronati (›Die hl. vier Gekrönten‹). Der Name erinnert an vier Steinmetze, die den Märtyrertod durch Krönung mit zackigen Eisenkränzen starben, weil sie sich geweigert hatten, eine Statue des Gottes Äskulap anzufertigen. Das Kloster bewohnen noch in Klausur lebende Augustiner-Chorfrauen, die während der deutschen Besatzung schweigend Partisanen und Juden in ihren Zellen versteckten. Beachtenswert ist neben dem stimmungs-

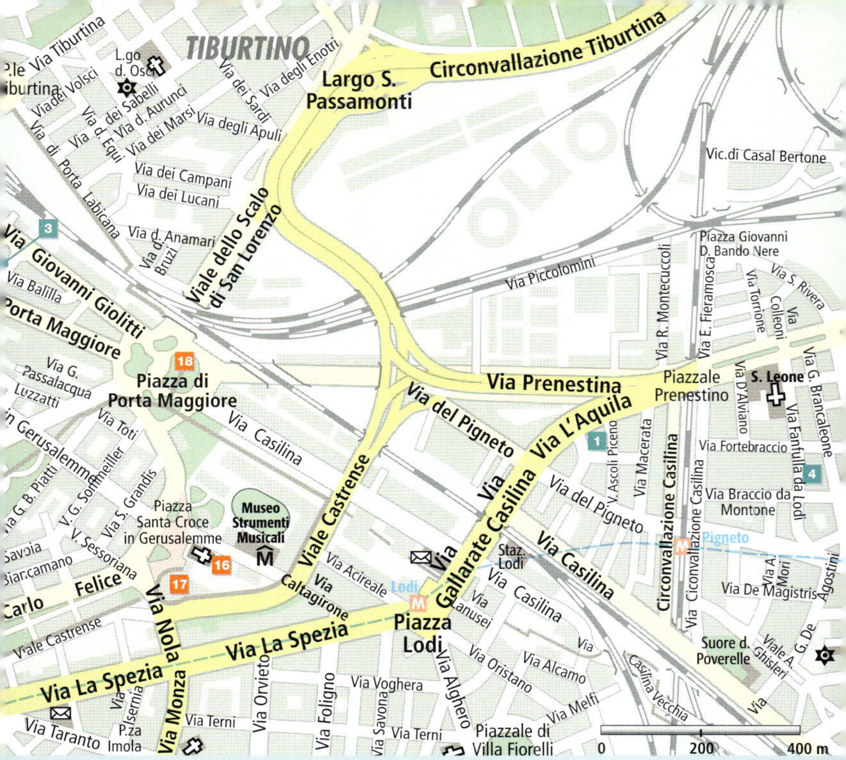

- 3 Trattoria Monti
- 4 Crab
- 5 Pasqualino
- 6 Hang Zhou
- 7 Cafè Cafè
- 8 Fassi
- 9 – 15 siehe Karte S. 255
- 16 – 18 siehe Karte S. 252

Einkaufen

- 1 Casa del Rosario
- 2 Coin
- 3 MAS
- 4 Via Sannio
- 5 siehe Karte S. 255

Abends & Nachts

- 1 Lo Yeti
- 2 Il Pentagrappolo
- 3 Micca-Club
- 4 Necci dal 1924
- 5 Zest dell'Es Hotel
- 6 – 8 siehe Karte S. 255

vollen Kreuzgang der **wunderbare Freskenzyklus aus dem 13. Jh.** im Oratorio di San Silvestro, der Szenen aus der Konstantinslegende zeigt, die auch in den Stanzen des Raffael thematisiert werden. Von eminent politischer Bedeutung war die legendäre »Konstantinische Schenkung«, in der Kaiser Konstantin Papst Silvester die Insignien der weltlichen Macht, hier in Form einer mittelalterlichen Tiara, reicht und Silvester als ›Rossknecht‹ nach Rom führt.

Lieblingsort

Geschichte im Untergrund
An kaum einem anderen Ort in Rom lassen sich die historischen Schichten der Stadt so erleben wie in **San Clemente** 6. Zwölf Jahrhunderte durchläuft man bei einem kurzen Gang in den 18 m tiefen Untergrund. Bei meinem ersten Besuch waren die Ausgrabungen noch im Gange. Christliche Fresken schimmerten neben heidnischen Kulten und im Hintergrund hörte man das Rauschen von Wasser. Das Nebeneinander der verschiedenen Zeitschichten faszinierte mich so sehr, dass ich begann, Archäologie zu studieren (s. auch S. 244).

San Clemente 6

www.basilicasanclemente.com, Mo–Sa 9–12.30, 15–18 Uhr, So, feiertags 12–18 Uhr, Eingang zur Unterkirche im rechten Seitenschiff, Mo–Sa Öffnungszeiten wie Kirche, So 12–18 Uhr, 5 €/3,50 €

Über einen Vorhof mit schönen Kolonnaden gelangt man zur Kiche San Clemente, die dem dritten Papst nach Petrus geweiht ist. Im 12. Jh. über einer Vorgängerkirche erbaut, blieb trotz einiger Umgestaltungen im 18. Jh. (z. B. vergoldete Kassettendecke) die ursprüngliche Ausstattung mit *schola cantorum* (der durch Marmorschranken abgegrenzte Chorbereich der Mönche mit zwei Kanzeln), schönen Marmorintarsien des Fußbodens, Osterleuchter und Altarziborium erhalten. Höhepunkt sind die goldgrundigen Mosaiken des Triumphbogens und der Apsis, in deren Zentrum der **Triumph des Kreuzes** steht, eine symbolische Darstellung des Opfers Christi.

Renaissancefresken des Florentiners Masolino da Panicale (um 1430) schmücken die **Cappella di Santa Caterina** links vom Hauptportal. Sie zeigen auf einem Bildfeld mehrere Episoden aus dem Leben der hl. Katharina von Alexandrien (links) und des hl. Ambrosius (rechts).

Ein absolutes Muss ist der Besuch der erst im 19. Jh. ausgegrabenen **Unterkirche.** Die von den Normannen zerstörte dreischiffige Säulenbasilika aus dem 4. Jh. zieren noch Freskenreste des 9. bis 11. Jh., darunter ein erstes Schriftzeugnis in italienischer Sprache. Einige Meter tiefer huldigten in einem überwölbten Kultraum römische Legionäre mit blutigen Stieropfern dem im römischen Reich überaus beliebten persischen Lichtgott Mithras.

Noch etwas tiefer steht man in römischen Wohnhäusern aus der Zeit Cäsars. Über eine Öffnung hört man das Rauschen eines Zulaufs der Cloaca Maxima, mit der die Etrusker vor 2600 Jahren das Gebiet des späteren Forums trockenlegten.

Straßenaltar in der Via Querceti 7

Ein von Legenden umrankter Ort ist der unscheinbare, etwas heruntergekommene Straßenaltar in der Via Querceti, die von der Via San Giovanni in Laterano abzweigt. Nach ihrer Rückkehr aus dem Exil von Avignon bezogen die Päpste den Vatikan als Residenz. Die wichtigste Kirche Roms blieb aber San Giovanni in Laterano, die Bischofskirche des Papstes in seinem Amt als Bischof von Rom. Unmittelbar nach ihrer Wahl führten die Päpste eine große Prozession von der Peterskirche zur Laterankirche an, um sie persönlich ›in Besitz‹ zu nehmen. Doch der letzte Abschnitt auf der Via S. Giovanni in Laterano wurde lange Zeit gemieden. Einer umstrittenen Überlieferung nach soll nämlich an der Kreuzung Via dei Querceti/Via dei SS. Quattro Coronati eine Päpstin namens Johanna eine Tochter geboren haben. Die entrüstete Menschenmenge soll Mutter und Kind daraufhin gesteinigt haben. Bis weit ins 17. Jh. kursierten Berichte über Johanna, die als Mann verkleidet die kirchliche Laufbahn eingeschlagen haben und nach dem Tod von Papst Leo IV. 855 als Johannes VIII. zum Kirchenoberhaupt gewählt worden sein soll. Bis heute gehen die Meinungen über die Päpstin Johanna auseinander. Ihr (legendäres) Leben fand in vielen Romanen Niederschlag, u. a. im Bestseller »Die Päpstin« von Donna W. Cross.

Colle Oppio

Eine kleine grüne, wenn auch manchmal ungepflegte Oase ist dieser Park

Fand seinen Abschluss in einer Beton(!)kuppel: der achteckige Saal der Domus Aurea

nördlich des Kolosseums, jenseits der breiten Via Labicana. Volksfestcharakter hat das sonntägliche Kicken auf dem Fußballplatz. Seit über zehn Jahren treffen sich hier Lateinamerikaner, inzwischen auch Nordafrikaner und Rumänen, um in 22 Mannschaften ihre Meisterschaft auszutragen.

Im Hintergrund ragen die Ruinen der **Trajans-Thermen** auf, die sich einst über das gesamte heutige Parkgelände erstreckten. Trajan hatte sie anstelle der Domus Aurea für das Volk erbauen lassen.

Domus Aurea 8

Zurzeit wegen Restaurierung geschl.

Nachdem 63 n. Chr. ein Großteil Roms in Flammen aufgegangen war, ließ Nero in nur vier Jahren sein ›Goldenes Haus‹, die Domus Aurea, erbauen. Mit 80 ha hatte sie eine größere Grundfläche als der heutige Vatikan. Anlässlich der Einweihung soll Nero gesagt haben: »Endlich kann ich wie ein Mensch wohnen!«. Der Prunk der weitläufigen, mit Wandmalereien, Stuck, Gold und Marmor geschmückten Privatresidenz lässt sich nach der Zerstörung und Überbauung durch nachfolgende Kaiser nur erahnen. Beeindruckend ist die Vielzahl der heute unterirdischen Räume, darunter der mit einer Beton(!)-kuppel abgeschlossene achteckige Saal und die Reste von Stuckdekorationen und pompejanischen Wandmalereien, die nach ihrer Entdeckung von zahlreichen Renaissancekünstlern nachgeahmt wurden und als »Groteskenmalerei« (von ital. *grotta* = Höhle) große Verbreitung fanden. Hier wurde 1506 auch die Laokoon-Gruppe gefunden.

San Pietro in Vincoli 9

Tgl. 8–12.30, 15.30–19, im Winter 15–18 Uhr

Wer würde wohl hinter der unauffälligen Fassade dieser Kirche eines der Hauptwerke von Michelangelo vermuten: die **Moses-Figur** für das Grabmal von Papst Julius II. (1513). Der ursprüngliche Entwurf eines frei stehenden, mehrstöckigen Grabmals mit über 40 Figuren in der geplanten neuen Petersbasilika kam wegen Unstimmigkeiten nie zur Verwirklichung. Erst lange nach dem Tod des Papstes wurde 1545 eine verkleinerte Variante in seiner einstigen Titularkirche aufgestellt. Die kraftvolle, spannungsreiche Sitzstatue, ein Meisterwerk abendländischer Bildhauerkunst, zeigt Moses in dem Moment, als er, die Tafel mit den Zehn Geboten unter dem Arm, vom Berg Sinai hinabsteigt und verärgert das Volk Israel um das Goldene Kalb tanzen sieht. Deutlich erkennbar ist, dass sich Michelangelo bei seinen Skulpturen an den ausgewogenen Körperproportionen antiker Plastiken orientierte. Sein Hang zu gesteigerter Bewegung und Ausdruckskraft nimmt bereits Prinzipien des Manierismus vorweg. Seine ›Hörner‹ verdankt Moses einem Übersetzungsfehler des Bibeltextes, der die Strahlen der göttlichen Erleuchtung zu Hörnern werden ließ. Die beiden Frauenfiguren, Lea und Rachel, stammen wie die anderen Skulpturen von Schülern des Meisters. Unter dem Hochaltar der bereits 439 geweihten und vom späteren Papst Julius II. im 15. Jh. umgebauten Basilika verehrt man die Ketten *(vincoli)*, mit denen Petrus in Jerusalem und Rom gefesselt war.

Esquilin

In östlicher Richtung erstreckt sich das quirlige Esquilin-Viertel, Heimat der vielen neuen Einwanderer, vor allem Chinesen, die hier Hunderte von Geschäften unterhalten. Es ist ein Rom abseits der üblichen Postkartenkulisse. In den letzten Jahren hat sich die Stadtverwaltung mit unterschiedlichsten Projekten um eine ›Requalifizierung‹ des heruntergekommenen Viertels bemüht (s. S. 247). Bereits zum Esquilino gehören die beiden Kirchen S. Prassede und S. Maria Maggiore.

Santa Prassede 10

Tgl. 8–12, 16–18.30 Uhr

Als Kleinod byzantinischer Mosaikkunst präsentiert sich die dreischiffige Basilika, die Papst Paschalis I. im 9. Jh. zu Ehren der Märtyrerin Praxedis erbauen ließ. Typisch für die byzantinische Kunst ist das farbenprächtige und dekorreiche, aber ohne Tiefenwirkung gestaltete Apsismosaik, auf dem die beiden Schwestern Pudentiana und Praxedis von ihren Fürsprechern Petrus und Paulus Christus zugeführt werden. Ganz am Rand ließ sich der Kirchenstifter Paschalis I. mit dem eckigen Heiligenschein der Lebenden verewigen. Darüber im Triumphbogen die Darstellung des Himmlischen Jerusalem, vor dem die Auserwählten warten.

Kapelle des hl. Zeno

Ein Höhepunkt römischer Mosaikkunst ist die mit goldgrundigen Mosaiken überzogene Kapelle zur Rechten. Die im Mittelalter als ›Paradiesgärtchen‹ bekannte Kapelle ließ der Stifter für seine Mutter Theodora – innen links mit dem rechteckigen Heiligenschein dargestellt – als Grabkapelle errichten.

Santa Maria Maggiore 11

Geografischer Mittelpunkt des Esquilin ist die Kirche Santa Maria Maggiore, auf die alle Straßen zulaufen. Der 1377 errichtete Glockenturm gilt als höchster der Stadt. Antikes Recycling spiegelt sich in der Mariensäule: Sie entstammt der antiken Maxentius-Basilika. Die Patriarchalbasilika und größte der rund 80 römischen Marienkirchen – daher *maggiore* genannt – verdankt ihre Existenz einem ungewöhnlichen Schneefall im August. Nach einer Legende soll Maria in der Nacht vom 6. August 352 Papst Liberius und einem reichen Patrizier Im Traum erschienen sein und sie angewiesen haben, an der Stelle, an der am nächsten Morgen Schnee läge, eine Kirche zu bauen. Tatsächlich ließ Sixtus III. diese 432 zu Ehren Marias errichten. Während die Fassade im 18. Jh. modernisiert wurde, bewahrt der dreischiffige Innenraum mit seinem wunderbar erhaltenen **Cosmatenboden** frühchristlichen Charakter.

Kostbare Innenausstattung

Die **Mosaiken** der Langhauswände erzählen Geschichten aus dem Alten Testament und stammen wie der Mosaikzyklus mit den Stationen von Christus auf dem Triumphbogen aus dem 5. Jh. (Fernglas mitnehmen!). Beide Zyklen sind geprägt vom lebendigen Stil der späten Kaiserzeit. Das Apsismosaik aus dem späten 13. Jh. zeigt Stationen aus dem Marienleben, das mit der Krönung zur Königin des Himmels ihren Höhepunkt findet. Papst Nikolaus IV., hier als knieender Stifter verewigt, gab sie dem Franziskaner Jacopo Torriti in Auftrag. Die hölzerne **Kassettendecke** ließ der skandalumwitterte Borgia-Papst Alexander VI. (1492–1503) Ende des 15. Jh. mit der ersten Goldlieferung aus Amerika überziehen. Die Hauptreliquien der Kirche, **Splitter der Krippe von Bethlehem,** befinden sich im Reliquiar unter dem von einem Baldachin bekrönten Papstaltar. Davor steht die kniende Statue des Marienverehrers Papst Pius IX., der 1854 das Dogma der Unbefleckten Empfängnis Marias verkündete.

Grabkapellen

Während sich zahlreiche Grabmäler als Hochgesang auf die Verstorbenen präsentieren, bedeckt nur eine schlichte Grabplatte die letzte Ruhestätte eines der bedeutendsten Barockbaumeister: Gianlorenzo Bernini (rechts vom Hauptaltar). Prächtig sind wiederum die beiden von Kuppeln überwölbten **Grabkapellen des Querhauses,** in denen die Päpste Sixtus V. und Pius V. (rechts) und Paul V. (links) liegen. Ein interessantes Detail weist das Kuppelfresko »Madonna und Apostel« von Ludovico Cardi in der Cappella Paolina auf: Cardis Madonna steht nicht wie üblich auf einer Mondsichel, sondern auf einem von Kratern zerklüfteten Mond, wie ihn erst kurz zuvor Galileo Galilei, mit dem Cardi in Briefwechsel stand, durchs Fernrohr gesehen hatte.

Rund um die Piazza Vittorio

Casa dell'Architettura 12

Piazza Manfredo Fanti 47, www.casadellarchitettura.it, 10–17, im Sommer bis 18, Sa (außer 1. Sa im Monat) 9.30–12.30 Uhr

In einem ehemaligen Aquarium, einer Schulanlage für Fischzucht, wurde ein neues Veranstaltungshaus für Architekturthemen eröffnet.

Säulengesäumter Hauptplatz

Herzstück des Esquilin ist die multikulturelle **Piazza Vittorio,** die im 19. Jh. nach Turiner Vorbild mit Säulengängen umsäumt wurde. Rund um die Gartenanlage treffen sich die Einwanderer zum Klönen, verscherbeln fliegende Händler gefälschte Markenware und selbstgebrannte CDs, spielen Kinder aus aller Herren Länder, und am frühen Morgen vollführen ein paar

Asiaten grazil Tai-Chi-Übungen. Die Piazza ist auch Schauplatz der großen Events wie des chinesischen Neujahrsfestes, des gemeinsamen Gebets während des Ramadan, der Feste der Sikhs und Bengalesen. Der bazarähnliche Markt befindet sich hingegen in der nahe gelegenen **Caserma Pepe** an der Via Turati, wo man von thailändischem Reis über mexikanische Bohnen und Linsen aus Bangladesh alles findet.

Museo Nazionale d'Arte Orientale 13

Via Merulana 248, www.museorientale.beniculturali.it, Di–Fr 9–14, Do, Sa, So, feiertags bis 19.30 Uhr, 6 €/3 €
Bereits seit den 1960er-Jahren beherbergt der Palazzo Brancaccio das Museum mit seiner reichen archäologischen Sammlung aus dem Mittleren und Fernen Osten.

Lateran

Im Lateran-Viertel, benannt nach der altrömischen Familie Laterani, die hier ein großes Anwesen besaß, entstand nach dem Mailänder Edikt die erste große christliche Kultstätte Roms. Mit der Wahl des Bauplatzes am Rande der Stadt, nahe der Aurelianischen Stadtmauer, nahm man Rücksicht auf die heidnische Mehrheit der Bevölkerung.

Auf der Piazza San Giovanni in Laterano

Den mit 32 m höchsten und mit 400 t schwersten **Obelisken** verschleppten die alten Römer in ihrer Ägyptomanie von Karnak nach Rom. ›Obelisken-papst‹ Sixtus V. ließ ihn im 16. Jh. wieder aufrichten und mit dem Kreuzzeichen an der Spitze zu einem christlichen Symbol uminterpretieren. Schon unter Konstantin entstand die achteckige Taufkirche **San Giovanni in Fonte** 14 westlich des Platzes (12.30–16 Uhr geschl.), die zum Prototyp christlicher Taufhäuser wurde. Besondere Beachtung verdienen die schönen Mosaiken aus dem 5. bis 7. Jh. in der Kapelle San Venanzio.

Eine Bühne für sakrale wie höchst weltliche Ereignisse ist die **Piazza di Porta San Giovanni**. Traditionell findet hier jedes Jahr am 1. Mai ein riesiges Rockkonzert statt.

San Giovanni in Laterano 15

Zugang zum Kreuzgang über das linke Seitenschiff, 2 €
»Haupt und Mutter aller Kirchen Roms und des Erdkreises«, lautet die Inschrift an der Hauptfassade von San Giovanni in Laterano. Unter Kaiser Konstantin 313 gegründet, war sie bis zum Exil von Avignon (1309–1377) gemeinsam mit dem angeschlossenen Lateranpalast Residenz des Pontifex Maximus und somit Zentrum der katholischen Welt. Noch heute ist sie und nicht St. Peter die Bischofskirche von Rom. Sie ist die ranghöchste der sieben Pilgerkirchen und wie San Pietro in Vaticano, Santa Maria Maggiore, San Paolo fuori le Mura und San Lorenzo fuori le Mura eine Patriarchalbasilika. Diese unterstehen direkt dem Papst und besitzen eine ›heilige‹ Tür, Papstaltar und Papstthron; außerdem kann man bei ihrem Besuch besondere Ablässe erlangen.

An- und Umbauten

Im Lauf der Jahrhunderte wurde die Kirche immer wieder aus- und umgebaut. Von der frühchristlichen Basilika ist nur noch die fünfschiffige Anlage mit Querhaus zu erkennen. Die weithin sichtbare **Fassade** mit den 15 gewaltigen Figuren entwarf der Architekt Alessandro Galilei (1730–1736). Das bronzene Zentralportal stammt aus der antiken Kurie auf dem Forum Romanum. Anlässlich des Heiligen Jahres 1650 erneuerte Borromini den Innenraum im barocken Stil. So präsentiert sich die Kirche nun als fünfschiffige Pfeilerbasilika mit Längskapellen. Um einen einheitlichen Raum zu schaffen, bündelte Borromini die Säulen des Mittelschiffs paarweise zu Pfeilern. Die vergoldete **Kassettendecke** aus dem 16. Jh. sowie der schöne **Cosmatenboden** aus dem 15. Jh. blieben hingegen bestehen. Zu den bedeutendsten Kunstwerken der Kirche gehört das **Freskofragment** an der Rückwand des ersten rechten Pilasters mit einer Darstellung von Papst Bonifaz VIII. bei der Ausrufung des ersten Jubeljahres 1300.

Papstaltar und Kreuzgang

Im Mittelpunkt der Kirche steht der von einem gotischen Baldachin bekrönte **Papstaltar,** darüber die silbernen Kopfreliquiarien mit den Häuptern der Apostel Petrus und Paulus. Im Chor leuchtet das goldgrundige Apsismosaik aus dem 13. Jh. mit Christus, darunter das antike Motiv des Gemmenkreuzes und Heilige wie Franz von Assisi und Antonius von Padua. In den Ecken verewigten sich übrigens die Künstler mit ihren Werkzeugen.

Ein Juwel mittelalterlicher Cosmatenkunst ist der **Kreuzgang** des 13. Jh.

Lateranpalast

Mo–Sa 9, 10, 11, 12 Uhr, nur im Rahmen von ital. und engl. Führungen zu jeder vollen Stunde, 5 €/2€

Der angeschlossene Lateranpalast ist bis heute Sitz der römischen Bistumsverwaltung und des **Museo Storico Vaticano** mit seinen prunkvollen päpstlichen Repräsentationsräumen, Papstsänften und Uniformen. Am 11. Februar 1929 wurden hier die Lateranverträge zwischen dem Heiligen Stuhl und Italien geschlossen und damit der Vatikanstaat geschaffen. ▷ S. 253

Die 28 Stufen der Scala Santa soll Christus zu Pontius Pilatus hinaufgestiegen sein

Auf Entdeckungstour

Zeitreise auf antikem Pflaster – auf der Via Appia Antica

Die Straßen mit ihren holprigen Pflastersteinen waren einst die Lebensadern des römischen Imperiums. Unter den zahlreichen Römerstraßen galt die Via Appia vor den Toren Roms als ›Königin der Straßen‹.

Zeit: idealerweise 1 Tag

Start: an der Porta San Sebastiano, Anfahrt: Bus 218 ab Porta di San Giovanni in Laterano oder Bus 118 ab Piramide (Metro B).

Fahrradverleih: am Infopoint der Parkverwaltung (Tel. 065 13 53 16, www.parcoappiaantica.it, Nr. 58–60, Mo–Fr 9–13.30, 14–17.30, Nov.–Febr. bis 16.30 Uhr) und am **Appia Antica Caffè** 16 (Nr. 175, Di–So 9–18 Uhr).

Katakomben: nur mit Führung (auch auf Deutsch), ca. 45 Min., 8 €/5 € (s. S. 62).

Tipp: Es empfiehlt sich der Kauf der Appia-Antica-Card (s. S. 61).

Einkehren und Aktivitäten: 16 17 18 und 2 3 4, Adressen s. S. 260, 261

Seit 1997 ist die Via Appia Antica Teil des 3500 ha großen Landschaftsparks Parco Via Appia Antica. Die Straße erkundet man am besten zu Fuß oder mit dem Fahrrad. Sie gehört zu den mythischen Plätzen des antiken Rom. Geschichten und Legenden aus der Antike und dem frühen Christentum ranken sich um diese Straße. So soll Petrus, als er nach dem Brand von Rom stadtauswärts flüchtete, an einer Kreuzung Jesus begegnet sein. Auf die Frage »Herr, wohin gehst du?« antwortete ihm dieser: »Ich komme, um wieder gekreuzigt zu werden.« Woraufhin Petrus nach Rom zurückgekehrt sein soll.

Autobahn der Antike

Ausgangspunkt ist die Porta San Sebastiano. Nicht versäumen sollte man dort einen Besuch des **Museo della Mura** (Di–So 9–14 Uhr, 4 €/3 €), der einen Einblick in den Bau der Aurelianischen Stadtmauer gibt. Beim sog. Drusus-Bogen handelt es sich um den Rest einer Wasserleitung. Von den Museumsmitarbeitern sollte man sich unbedingt die obere Terrasse aufschließen lassen, von der man einen grandiosen Blick über Rom und die Campagna genießt.

Kurz nach der oft verkehrsumtosten Porta San Sebastiano steht die Kopie des ersten Meilensteins. Eine Meile entsprach 1481,50 m. Auf der Säule standen immer der Name des Bauherrn, sein Amt, die Bestimmung der Strecke und die Entfernungsangaben. Die Straße trägt den Namen des Censors Claudius Appius Caecus. Er stiftete auch die Aqua Appia, die erste Wasserleitung Roms. Zunächst führte die ab 312 v. Chr. angelegte Via Appia nur bis Capua, später bis zur Hafenstadt Brindisi; insgesamt war sie 480 km lang. Die römische Straßenbautechnik war ausgeklügelt. Nahtlos fügten sich die nach unten konisch zulaufenden Basaltplatten zusammen. Die genormte Breite von 14 römischen Fuß (etwa 4,15 m) erlaubte das Vorbeifahren zweier Gespanne. Zwei Fußwege aus gestampfter Erde begleiten auf beiden Seiten die Fahrbahn. Nicht zu Unrecht galten die römischen Straßen als ›Schnellstraßen‹.

Gräber für Arm und Reich

Berühmt geworden ist die Via Appia vor allem als Gräberstraße. Da Tote nicht innerhalb der Stadtmauer begraben werden durften, wählten die Römer die aus Rom herausführenden Konsularstraßen als Grabstätten. Als vornehmste Straße war die Via Appia Antica daher bei den reichen Familien Roms als Ort für eine Grablege heiß begehrt. Nur wer es sich leisten konnte, hier schon zu Lebzeiten Land zu erwerben, hatte die Gewissheit, nicht in irgendeinem Massengrab zu enden. Denn neben den teuren überirdischen Anlagen gab es für ›Normalsterbliche‹ unterirdische Gemeinschaftsgräber auf mehreren Ebenen, platzsparend und kostengünstig. In mehreren Stockwerken bis zu einer Tiefe von mehr als 30 m finden sich an die 170 000 Grabstellen, wobei nur ein Teil bisher erschlossen wurde. Man sollte sich die mit Malereien, Grabinschriften und christlichen Symbolen geschmückten Gänge unbedingt anschauen.

Zu den berühmtesten gehören die weitläufigen **Calixtus-Katakomben** (Do–Di 9–12, 14–17 Uhr, Febr. geschl.), benannt nach Papst Calixtus. Bis ins 5. Jh. hinein befand sich hier der wichtigste christliche Friedhof, der auch als öffentliche Begräbnisstätte der Bischöfe Roms und weiterer zahlreicher Päpste aus den ersten Jahrhunderten des Christentums diente. Gut erhaltene Malereien mit Heiligen und frühchristlichen Symbolen schmücken die Gänge der **Domitilla-Katakomben** (Mi–Mo 9–12, 14–17 Uhr). Herausragend ist die früheste bekannte Darstellung Christi

als guter Hirte. Die **Ardeatinischen Höhlen** (tgl. 8.15–15.30, Sa, So bis 16.30 Uhr) hingegen sind eine bewegende Gedenkstätte, die an das am 24. März 1944 auf Befehl des SS-Polizeichefs von Rom, Herbert Kappler, angeordnete Massaker erinnert. Nach einem Partisanen-attentat erschoss die SS hier als Racheakt 335 politische Gefangene.

Autofrei!

Die Stelle, an der die **Sebastians-Katakomben** (Mo–Sa 9–12, 14–17 Uhr) mit der darüberliegenden Kirche errichtet wurden, trug die Flurbezeichnung *ad catacumbas* (in der Talsenke), woraus sich später der Begriff Katakomben ableitete. Hinter der Kirche beginnt der ruhigere Teil der Via Appia. Linker Hand sieht man die Ruinen der **Villa des Maxentius,** von Kaiser Maxentius Anfang des 4. Jh. errichtet (Di–So 9–13 Uhr, 4 €/3 €). Sie birgt das Grabmal, einen Rundbau im Stil des Pantheon, für den jung verstorbenen Sohn des Kaisers, Romulus. Seinem Andenken diente auch der **Circus des Maxentius.** Wie im Circus Maximus fanden auch hier Wagenrennen statt.

Zu den prunkvollsten Gräbern gehört das Grabmal der **Cecilia Metella** (Di–So 9–1 Std. vor Sonnenuntergang, 6 €/3 €), vor dem sich Goethe einst porträtieren ließ. Den geduckten Rundbau für die Schwiegertochter des Generals Crassus zieren Reliefs mit Girlanden, Stierschädeln und gallischen Schildern – eine Stein gewordene Demonstration der Macht einer einflussreichen römischen Familie.

Hinter der nächsten Kreuzung, an der sich auch eine schattige **Bar** befindet, beginnt der landschaftlich schönste Teil der Via Appia. Autos sind verbannt, Pinien und Zypressen säumen den Weg. Weit reicht der Blick in die römische Campagna, bis zu den malerischen Resten verfallener Aquädukte in der Ferne.

Das »alte Rom«

Ein Prunkstück ist die **Villa dei Quintili** (Di–So 9–1 Std. vor Sonnenuntergang, Eingang nur Via Appia Nuova, 6 €/3 €), die wegen ihrer Ausdehnung »Roma vecchia«, das »alte Rom« genannt wurde. Der einst so prachtvolle Landsitz mit seinem Nymphäum, Hippodrom, den Zisternen und Bädern wurde in mühsamer archäologischer Arbeit in Jahrzehnten zwischen den Olivenbäumen freigelegt und den Besuchern zugänglich gemacht.

Scala Santa

www.scalasanta.org, tgl. 6.15–12, 15.30–18, Cappella Sancta Sanctorum: tgl. außer Mi morgen u. So/Fei 10.30–11.30, April–Sept. auch 15.30–16.30, Okt.–März 15–16 Uhr, 3,50 €, mit Oratorio di San Silvestro 5 €

Ziel zahlreicher Pilger sind die 28 Stufen, über die Christus zu Pontius Pilatus hinaufgestiegen sein soll. Die Treppe wurde wohl 326 von der Hl. Helena, der Mutter Konstantins, aus Jerusalem nach Rom gebracht. Sie führt zur **Cappella Sancta Sanctorum,** einstige päpstliche Hauskapelle und im Mittelalter Aufbewahrungsort wertvollster Reliquien. Ihr heutiges Aussehen erhielt sie im 13. Jh. unter Papst Nikolaus III. (1277–1280). Sie liegt zwischen der Cappella di S. Lorenzo und dem Oratorio di S. Silvestro. Unter den Mosaiken der Decke ist das Brustbild Christi in einer von vier Engeln getragenen Lichtscheibe. Den Altar schmückt eine das Mittelalter hindurch hoch verehrte Christus-Ikone des 6./7. Jh. Direkt hinter dem Gebäude hat sich die Apsis des **Triclinium Leonianum** erhalten. Das Apsismosaik (eine Kopie) des ehemaligen Speisesaals des Laterans zeigt Papst Leo III. und Karl den Großen mit dem quadratischen Heiligenschein der Lebenden.

Entlang der Aurelianischen Stadtmauer

Über die Viale Carlo Felice – neuerdings mit breitem Grünstreifen – erreicht man entlang der Aurelianischen Stadtmauer mit Santa Croce in Gerusalemme eine weitere Pilgerkirche.

Santa Croce in Gerusalemme 16

www.santacroceroma.it, tgl. 7.30–12.30, 15.30–19.30 Uhr, Zugang zur Reliquienkapelle im linken Seitenschiff

Sie hütet einige der bedeutendsten Schätze der katholischen Kirche: die Kreuzesreliquien. Ihr heutiges Aussehen erhielt die unter Konstantin erbaute Kirche im 18. Jh. durch Domenico Gregorini. Die barocke Fassade mit ihrem Wechselspiel konkaver und konvexer Linien und die ovale Vorhalle verraten deutlich den Einfluss Borrominis. Aus der Vorgängerkirche blieben im dreischiffigen Innern einzig der mittelalterliche Cosmatenboden sowie der Freskenzyklus von Antoniazzo Romano (1492) erhalten, der die »Legende des hl. Kreuzes« illustriert. Im rechten Seitenschiff führt eine Treppe zur Kapelle der hl. Helena, unter deren Fußboden Erde vom Kalvarienberg liegt. Die **Kreuzesreliquie** samt einem Nagel vom Kreuz, zwei Dornen aus der Krone Jesu, einem Stück vom Schwamm und dem Finger des ungläubigen Thomas', der die Wunde Christi berührt haben soll, werden in einem Glaskasten der modernen Reliquienkapelle aufbewahrt.

Amphitheatrum Castrense 17

Jeden 1. und 3. Sa im Monat, 7 €, Anmeldung: Tel. 06 39 96 77 00

Direkt neben der Kirche sind die Ruinen des Amphitheaters aus dem 3. Jh. n. Chr. zu sehen, das sich in Rom als einziges neben dem Kolosseum bewahrt hat. Mit einer Wagenrennbahn war es Teil einer Kaiserresidenz des Septimius Severus, die dann in den Besitz von Kaiserin Helena überging. Zisterziensermönche nutzten die Arena des einstigen Amphitheaters als Klostergarten.

Porta Maggiore 18

An der mächtigen Porta Maggiore, die aus den Bögen zweier Aquädukte besteht, tost der Verkehr. 81 Autos kommen auf 100 Römer. Kein Wunder, dass die römischen Linienbusse lediglich eine durchschnittliche Geschwindigkeit von 13,5 km/h erreichen. Die Zeit überdauert hat das kuriose Grabmal eines Bäckermagnaten aus der Kaiserzeit, das sich aus steinernen runden Getreidemaßen zusammensetzt.

San Lorenzo

Das Ende des 19. Jh. im Zuge des Baubooms in der neuen Hauptstadt schnell hochgezogene und schlecht gebaute Quartier gehörte anfangs zu den sozialen Brennpunkten der Stadt. Die Wohnungen waren meist doppelt belegt, die Infrastruktur völlig unzureichend. Von der Regierung beauftragt, eine Bewahranstalt für die vernachlässigten Arbeiterkinder einzurichten, gründete Maria Montessori hier ihr erstes Kinderhaus und erprobte ihre Methode von der Selbsttätigkeit der Kinder in einer didaktisch vorbereiteten Umgebung, was bald als ›Wunder von San Lorenzo‹ um die Welt ging.

Inzwischen ist das Viertel im Westen durch den riesigen Kopfbahnhof abgeschlossen, im Süden durch die berüchtigte hochgelegte Umgehungsstraße *(Tangenziale)*, im Osten durch den Campo Verano und im Norden durch Universität und Kliniken. Wegen der Nähe zu Bahnhof und Friedhof vor allem von Eisenbahnern und Handwerkern (z. B. Steinmetzen) bewohnt, wurde San Lorenzo nach der Umsiedlung der Universität 1935 zunehmend von Studenten und Alternativen in Beschlag genommen. Aus dem einst verrufenen Arbeiterviertel entwickelte sich in der Nachkriegszeit ein quirliges Studentenviertel mit zahlreichen Szenelokalen. Noch immer gezeichnet ist das Viertel von den verheerenden Bombardierungen am 19. Juli 1943 durch die Alliierten. Herz des Viertels ist der **Largo degli Osci,** wo im Schatten der Chiesa dell'Immacolata der allmorgendliche Markt stattfindet.

San Lorenzo fuori le Mura 19

Tgl. 7.30–12.30, 15.30–19, im Sommer 16–20 Uhr

Die von Kaiser Konstantin gestiftete Kirche, eine der sieben Pilgerkirchen, ist einem der römischen Lieblingsheiligen geweiht. Zu Beginn des 13. Jh. wurde sie durch die Zusammenlegung mit einer Marienkirche um das heutige Langhaus erweitert. Das bezaubernde dreischiffige Innere prunkt mit einem **Triumphbogenmosaik** aus dem 6. Jh., das Christus als Weltenherrscher zeigt. Im rechten Seitenschiff liegt der Zugang zum sehenswerten **Kreuzgang**

Mein Tipp

In-Viertel Pigneto
Jenseits der Porta Maggiore erstreckt sich das Pigneto-Viertel, das in den letzten Jahren immer mehr Nachtschwärmer anzieht. Eigentlich ist das Pigneto ein traditionelles Arbeiter-Wohnviertel mit sieben- bis achtstöckigen Wohnblocks, eingeschlossen zwischen lauten Ausfallstraßen. Doch in den letzten Jahren hat es mit Vierteln wie San Lorenzo gleichgezogen. Immer mehr Künstler und Intellektuelle und solche, die es sein möchten, strömen hierher und genießen den Charme des einst proletarischen Quartiers, in dem auch viele Einwanderer eine neue Heimat gefunden haben. Kurze Berühmtheit erlangte das Viertel schon in der Nachkriegszeit, als Pier Paolo Pasolini hier seinen Film »Accattone« drehte (Tram: 5, 14 ab Porta Maggiore, Bus: 81 ab Piazza S. Giovanni in Laterano).

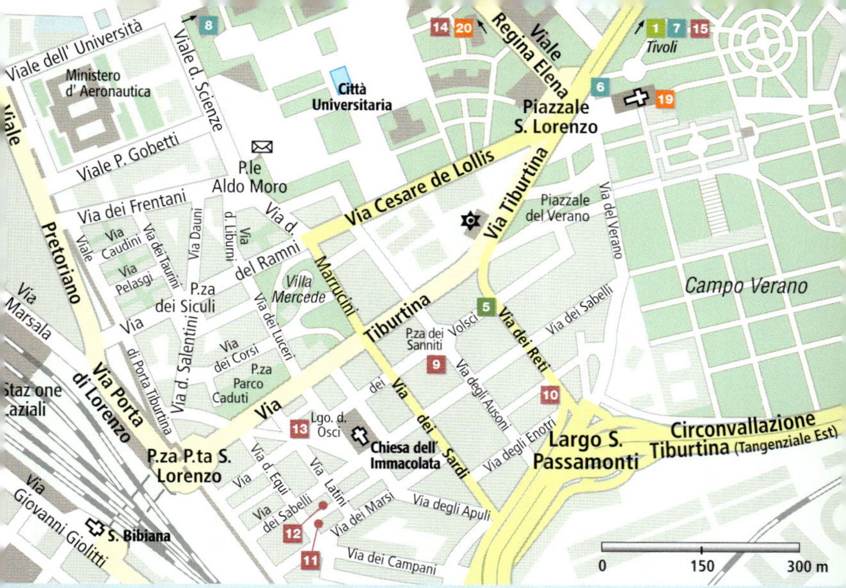

San Lorenzo

Sehenswert

1 – 18 siehe Karte S. 240
19 San Lorenzo fuori le Mura
20 Villa Torlonia

Essen & Trinken

1 – 8 siehe Karte S. 240
9 Pommidoro
10 Tram Tram
11 Il Pulcino Ballerino
12 Fuzzybar Bottiglieria
13 Enoteca Ferrazza
14 Limonaia
15 Sibilla
16 – 18 siehe Karte S. 252

Einkaufen

1 – 4 siehe Karte S. 240
5 Gaetano Bordoni

Aktiv & Kreativ

1 Acque Albule di Tivoli
2 – 4 siehe Karte S. 252

Abends & Nachts

1 – 5 siehe Karte S. 240
6 Said dal 1923
7 TANGofficina
8 Brancaleone

(12. Jh.). Eine Gedenktafel an der Fassade erinnert an die Intervention von Pius XII. unmittelbar nach dem verheerenden Angriff von 1943, woraufhin Rom zur ›offenen Stadt‹ erklärt wurde.

Campo Verano

Hinter der Kirche erstreckt sich der Campo Verano, die zypressenbestandene römische Totenstadt. Zu den illustren Persönlichkeiten, deren mit aufwendigen Grabmälern gedacht wird, gehören u. a. Marcello Mastroianni und Maria Montessori.

Villa Torlonia 20

Museen: Di–So 9–19 Uhr, Sammelticket 10 €/8 €, Einzelticket Casina delle Civette 4 €/3 €, Casino Nobile 5,50 €/4,50 €

An der Porta Pia, an der die Freischärler Garibaldis am 20. September 1870 eine Bresche in die Stadtmauer schlu-

Lieblingsort

Vorzeigepark der Römer

Den ›Frühling‹ der **Villa Torlonia** 20 habe ich Schritt für Schritt mitverfolgt: Aus dem vernachlässigten Park mit seinen überwucherten, verfallenen Ruinen entstand in nur wenigen Jahren ein kleines Juwel. Zuerst lockte nur das Hexenhäuschen mit seinen bunten Bleiglasfenstern, dann kam der kleine Schilfwald hinzu, wo die Kinder so gerne verstecken spielen, die Boulebahn für die ältere Generation, die Bar, die schnell zum Treffpunkt wurde, und schließlich die glanzvoll restaurierten Palazzi mit ihren interessanten Museen.

Mein Tipp

Zu Gast beim Barbier

Wer sich im schlichten Salon von **Gaetano Bordoni** 5 die Haare oder den Bart schneiden lässt, erhält dank der mit Schwarz-Weiß-Fotos tapezierten Wände einen interessanten Einblick in die Geschichte von San Lorenzo. Bordoni, der 2012 stolze 89 Jahre alt geworden ist, hat in den Bildern Bombardierung und Wiederaufbau des Viertels festgehalten (Via Volsci 108).

gen und damit das Ende des Kirchenstaates besiegelten, beginnt die von Platanen gesäumte **Via Nomentana,** eine der antiken Ausfallstraßen Roms (von San Lorenzo mit der Tram 3 oder 19 zu erreichen). Anfang des 19. Jh. beauftragten die Fürsten Torlonia den klassizistischen Architekten Giuseppe Valadier mit dem Bau einer Villa samt weitläufigem Park. Mitte des 19. Jh. wurde die Anlage mit ihren fantasievollen Nebengebäuden vollendet. Auf eine kurze Zeit rauschender Feste folgte der Verfall. Von 1925 bis 1943 diente die Villa Mussolini als Wohnsitz.

Mit den ab 1997 einsetzenden Restaurierungsarbeiten avancierte die Villa wieder zum Vorzeigepark. Die einstigen Prachtbauten der Torlonias sind inzwischen zu Museen umgewandelt worden. Wunderschön ist der Park im Stil eines englischen Gartens.

Casino Nobile

Der neoklassische Bau gewährt einen Einblick in die prächtige Ausstattung der Villen des römischen Adels im 19. Jh. Die mit Stuck und Wandmalereien überzogenen Räume beherbergen Skulpturen und Einrichtungsgegenstände antiker und neoklassizistischer Provenienz. Auch Mussolinis Wohnräume haben sich erhalten. Der Atombunker, den er unter dem Keller bauen ließ, ist nur nach Voranmeldung zu besichtigen. Im obersten Geschoss sind Bilder, Skulpturen und Zeichnungen moderner Künstler ausgestellt.

Casino dei Principi

Nur bei Ausstellungen zugänglich

Im ›Haus der Prinzen‹ befinden sich das Archiv der Scuola Romana sowie Dokumente und Fotos der Künstler, die sich im frühen 20. Jh. mit surrealistischen und expressionistischen Ausdrucksformen gegen die konservativen Tendenzen in der Kunst aussprachen.

Casina delle Civette

Zu den ungewöhnlichsten Bauten gehört das verwunschene ›Eulenhäuschen‹, das mit seinen Spitztürmchen und Erkern an Märchen erinnert. Kenner werden die schöne Sammlung von Jugendstiltüren und Bleiglasfenstern aus dem frühen 20. Jh. schätzen.

Orangerie

Wo einst der Duft von Zitronen- und Orangenbäumchen die Luft erfüllte, liegt in den backsteinernen Hallen heute der Duft mediterraner Küche, mit der das Team der **Limonaia** 14 die Besucher umsorgt. Nebenan können Jugendliche im **Technik- und Naturmuseum Technotown** (www.technotown.it, Mitte Sept.–Juni Di–Fr 16–19, Sa 14–19, So/Fei 9–19, in den Ferien Di–So 9–19, Juli–11. Sept. – außer 8.–22. Aug. – Di–So 10–23 Uhr, 6 €) aktiv werden.

Sant'Agnese

Via Nomentana 349, www.santagnese.com, Kirche: 7.30–12, 16–19.30

Uhr; Katakomben: 9–12, 16–18 Uhr, So vorm. geschl., Bus: 60, 84, 90
Nur knapp 1 km weiter stößt man auf die frühchristliche Kirche Sant'Agnese, unter der sich eine weitläufige **Katakombenanlage** erstreckt, die sich um das vermeintliche Grab der hl. Agnes entwickelte. Bereits Constantia, eine Tochter Kaiser Konstantins, ließ hier eine Kirche und für sich selbst ein Mausoleum erbauen. Papst Honorius I. ließ die Vorgängerkirche im 7. Jh. durch eine dreischiffige Basilika ersetzen, deren Apsis ein schönes Mosaik mit der hl. Agnes zu Seiten von Honorius I. und Symamachus zeigt.

Santa Costanza

Tgl. 9–12, 16–18 Uhr, So vorm. geschl.
Das **Mausoleum** ist heute eine beliebte Hochzeitskirche und fasziniert mit einem der ältesten Mosaikzyklen frühchristlicher Kunst, auf dem Szenen der Weinernte, Putten und Vögel zu sehen sind. Es handelt sich um heidnische Motive, die hier aber christlich umgedeutet wurden. Ähnliche Motive finden sich auch auf dem Porphyrsarkophag der hl. Constantia, dessen Original in den Vatikanischen Museen steht.

Essen & Trinken

Spitzengastronomie – **Agata e Romeo 1**: Via Carlo Alberto 45, Tel. 064 46 61 15, www.agataeromeo.it, Metro: Termini oder Vittorio Emanuele (B), Mo–Fr 12.30–14.30, 19.30–22.30 Uhr, Menü 130 €, mit Wein 150 €. Während Ehemann Romeo sich um den mehrfach prämierten Weinkeller kümmert, überzeugt Köchin Agata Caraccio mit Neuinterpretationen römischer Klassiker.

Römische Küche – **Il Bocconcino 2**: Via Ostilia 23, www.ilbocconcino.com, Metro: Colosseo (B), Tel. 06 77 07 91 75, Do–Di 12.30–15.30, 19.30–22.30 Uhr, à la carte 35 €. Kleine Osteria mit rotkarierten Tischdecken und klassischer römischer Speisekarte: Do gibt es *gnocchi*, Sa Kutteln *(trippa)*, Di und Fr *baccalà*. Auch sehr gute *primi*, etwa *bucatini all'amatriciana* oder *alla gricia*.

Slow-Food-Trattoria – **Trattoria Monti 3**: Via San Vito 13a, Tel. 064 46 65 73, Metro: Termini (B), Di–Sa 12.45–15, 19.45–23, So 13–15 Uhr, Menü ca. 38 €. Kleiner Familienbetrieb mit transparenter Küche. Ausgezeichnete Vorspeisen wie frittierte Zucchiniblüten, aber auch exzellente Hauptgerichte wie Schwertfischrouladen. Ganz zu schweigen von den hausgemachten Nachspeisen … unbedingt reservieren.

Maritime Genüsse – **Crab 4**: Via Capo d'Africa 2, Metro: Colosseo (B), Tel. 06 77 20 36 36, Di–Sa 12.45–15, 20–23.30 Uhr, Mo auch abends, à la carte 66 €. Nur wenige Schritte vom Kolosseum entfernt. Schönes Lokal, das zu entspannten Fischgenüssen einlädt. Auch große Auswahl an Schalen- und Krustentieren, vor allem Austern. Ausgezeichnet die Hummerravioli.

Traditionell – **Pasqualino 5**: Via dei SS. Quattro 66, Tel. 067 00 45 76, tgl. 10–23 Uhr, Menü ca. 25 €. Typisch römisches Lokal mit klassischen Gerichten und großzügigen Portionen nur wenige Schritte vom Kolosseum.

Eine chinesische Legende – **Hang Zhou 6**: s. S. 41.

Bistrot – **Cafè Cafè 7**: Via dei SS. Quattro 44, Tel. 067 00 87 43, tgl. 11–1 Uhr. Gemütliches Bistrot mit Tischen im Freien und einer guten Auswahl an kleinen Gerichten und Salaten.

Eis spezial – **Fassi 8**: s. S. 42.

Eine Institution – **Pommidoro 9**: Piazza Sanniti 44, Tel. 064 45 26 92, Mo–Sa 12–15.30, 20–22.30 Uhr, Bus: 492, Menü ca. 35 €. Alteingesessenes, von Journalisten und Künstlern frequentiertes Lokal, wo Pasolini am Vorabend seines Todes ein letztes Mal aß und mit einem

Scheck zahlte, den der Wirt nie einlöste, sondern hinter Glas aufhing. Ausgezeichnete *primi* wie *spaghetti alla gricia* und *pappardelle* (breite Bandnudeln) in Wildschweinsugo.

Osteria mit Flair – **Tram Tram** 10: Via dei Reti 44–46, Tel. 06 44 70 25 85, 06 49 04 16, Di–So 12.30–15, 19.30–23.30 Uhr, Menü ca. 38–40 €. Trattoria mit familiärer Atmosphäre. Ihren Namen verdankt sie der direkt vor der Tür vorbeifahrenden Straßenbahn, die auch im Gastraum eine Rolle spielt: Die Aperitifbar rahmen ausrangierte Straßenbahnsitze und -bänke. Serviert werden römische Klassiker, aber auch Gerichte aus der apulischen Heimat von Signora Rosanna, wie *coratella con carciofi* (Lamminnereien mit Artischocken).

Oldfashioned – **Il Pulcino Ballerino** 11: Via degli Equi, 66/68, Tel. 064 94 12 55, www.ilpulcinoballerino.it, tgl. 20–24 Uhr, Menü ca. 31 €. Mobiliar im Stil der Nachkriegszeit, travertinverkleidete Wände, alte Fußböden und eine gute römische Küche verleihen diesem stets gut besuchten Lokal den Charme einer klassischen Osteria.

Osteria & Winebar – **Fuzzybar Bottiglieria** 12: Via degli Aurunci 6, Tel. 064 45 11 62, 18–2 Uhr, im Sommer So, im Winter Mo geschl. Alte Osteria modern interpretiert mit hervorragender Weinkarte und guten kleinen Gerichten.

Neuer Treff – **Enoteca Ferrazza** 13: Via Volsci 59, Tel. 06 49 05 06, Mo–Sa 18–2, *aperitivo* mit Buffet bis 22 Uhr (7 €). Gute Weinauswahl und reiches Buffet.

In der Villa Torlonia – **Limonaia** 14: Via Spallanzani 1, Tel. 064 40 40 21, Tram: 3, 19, tgl. 10–24 Uhr (auch Pizza etc., 7–11 €), s. S. 258.

Tempelblick – **Sibilla** 15: Via della Sibilla 50, Tivoli, Tel. 07 74 33 52 81, www.ristorantesibilla.com, Di–So 12.30–14.45, 19–22.15 Uhr, Mai–Sept. auch Mo, Menü ca. 35 €. Ein Nachmittag in Tivoli sei »das Glück im Quadrat«, lässt Max Frisch seinen Homo Faber schwärmen. Isst man dann noch im Garten des Sibilla-Restaurants, trifft dies doppelt zu. Allein der Blick auf den wenige Schritte entfernten Sibyllen-Tempel und die tosenden Wasserfälle der Villa Gregoriana ist neben dem guten Essen ein Genuss.

Siehe Karte S. 252, Entdeckungstour

Imbiss & Fahrradverleih – **Appia Antica Caffè** 16: Via Appia Antica 175, www.appiaanticacaffe.it, Di–So 9–18 Uhr, Menü ca. 15 €. Bar mit Fahrradverleih, Picknickservice sowie kleinen Mittagsgerichten.

Preiswerte Osteria – **Priscilla** 17: Via Appia Antica 68, Tel. 065 13 63 79, Bus: 118, Mo–Sa 12.30–15, 20–22.30, So 12.30–15 Uhr, 24 €. Beste römische Küche mit gutem Preis-Leistungs-Verhältnis.

Wie bei Mamma – **Da Franca** 18: Via Appia Antica 28, Tel. 065 13 67 92, Bus: 118, Mo–Fr 12.30–14.30 Uhr, Menü ca. 15 €. Ein Genuss für Leib und Seele ist das unscheinbare, familiäre Lokal Signora Francas, wo auf die blanken Holztische einfache, traditionelle Gerichte wie z. B. *pasta e fagioli* (Bohneneintopf mit Nudeln, meist Mo) kommen.

Einkaufen

Eine beliebte Einkaufsmeile für Mode und Haushaltswaren ist die **Via Appia Nuova.**

Religiöse Artikel – **Casa del Rosario** 1: s. S. 44.

Kaufhaus – **Coin** 2: Piazzale Appio 7. Modische, teilweise auch trendige Accessoires für Mann und Frau, aber auch Küchen- und Haushaltswaren.

Kaufhaus des Trash – **MAS Magazzini dello Statuto** 3: Piazza Vittorio 138. Warenhaus mit Billigware, das mal treffend beschrieben wurde als »Horrorkabinett mit Ostblock-Charme und

Merengue-Musik zur Untermalung«. Ein Unikum!

Vintage-Markt – Mercato di Via Sannio **4**: In der **Via Sannio** jenseits der Aurelianischen Mauer findet jeden Morgen ein sehr preiswerter Kleidermarkt mit Vintage-Mode statt.

Frisuren & Geschichten beim Barbier – **Gaetano Bordoni** **5**: s. S. 258.

Aktiv & Kreativ

Thermen – **Acque Albule di Tivoli** **1**: s. S. 59.

Siehe Karte S. 252, Entdeckungstour

Reiten auf der Via Appia Antica – **Casale Ippico Acqua Santa** **2** **& Maneggio Cavalieri dell'Appia Antica** **3**: www.circoloippicoacquasanta.it, www.cavalieriappia.altervista.org. Reitausflüge.

In der Schule der Gladiatoren – **Gruppo Storico Romano** **4**: Tel./Fax 06 51 60 79 51, www.gsr-roma.com. Sie wollten immer schon mal wissen, wie ein Gladiator sich in seiner Rüstung fühlte? In einer Seitenstraße der Via Appia Antica bietet ein historischer Verein Gladiatorenkurse an. 1-std. Einzelunterricht 50 €, ein Tag Gruppentraining 150 € (inkl. Lunch und Ausrüstung).

Abends & Nachts

Essen & lesen – **Lo Yeti** **1**: Via Perugia 4, Tel. 067 02 56 33, www.loyeti.org, Bus: 105, Di–So 10–24 Uhr. Beliebte Caffetteria mit Buchladen und Restaurant mit kleinen Köstlichkeiten. Auch Lesungen, Theater, Kinderprogramm.

Wine Bar mit Livemusik – **Il Pentagrappolo** **2**: Via Celimontana 21 b, Tel. 06 70 96 301, www.ilpentagrappolo.com, Metro: Colosseo (B), Bus: 75, 117, tgl. 12–15, Di–So 18–24, am Wochenende bis 1, Do–Sa ab 22 Uhr Livemusik, meist Blues/Jazz. Gut sortierte Enoteca mit über 250 Etiketten, darunter auch gute Bio-Weine. Dazu gibt es herzhafte Suppen, Käse und Wurst in bester Slow-Food-Tradition.

Unprätentiöse Disco – **Micca-Club** **3**: Via Pietro Micca 7a, Tel. 06 87 44 00 79, www.miccaclub.com, Metro: Vittorio (A), Do–Sa 22–2, So 19–24 Uhr. Location in ehemaligem Weinkeller, zu der ab Mitternacht das Nachtvolk zu Disco, Livekonzerten und Burlesque-Darbietungen strömt. Vorwiegend Musik aus den 1970ern & 1980ern.

Kult – **Necci dal 1924** **4**: Via Fanfulla da Lodi 68, Tel. 06 97 60 15 52, www.necci1924.com, Tram: 5, 14, 8.30–1 Uhr, 34 €. Kultiger Treffpunkt – hier erholte sich Pasolinis Filmteam von den Strapazen zum Dreh von »Accattone« –, wo das Menü auf die Rückseite eines Fotoromans gedruckt ist und Chefkoch Ben jede Woche ein anderes Lieblingsrezept auf der Website präsentiert.

Loungebar – **Zest dell'Es Hotel** **5**: Via Filippo Turati 171, Tel. 06 44 48 41, www.radissonblu.com, Metro: Vittorio (A), tgl. 19.30–22.30 Uhr. Seit der Eröffnung des trendigen Radisson-Hotels pilgert die römische Schickeria auf den Esquilin, um in der Bar oder dem angeschlossenen Restaurant im obersten Stockwerk ihren Blick über die Dächer schweifen zu lassen.

En vogue – **Said dal 1923** **6**: Via Tiburtina 135, Tel. 064 46 92 04, www.said.it, Mo–Sa 10–22, 19–22 Uhr, Aperitif (inkl. Buffet) 10 €. Traumhafte Location in behutsam renovierter Schokoladenfabrik, wo man tagsüber der Fabrikation von Pralinen und *torroni* zusehen kann. Mit Restaurant.

Für Tangoliebhaber – **TANGOfficina** **7**: s. S. 50.

Legendäres Kulturzentrum – **Brancaleone** **8**: s. S. 49.

Zwei Weinbars – **Fuzzybar Bottiglieria** **12** und **Enoteca Ferrazza** **13**: s. S. 260.

Auf Entdeckungstour

Sommerfrische Tivoli

Seine traumhafte Lage machte Tibur schon in der Antike zu einer idealen Sommerfrische. Kaiser Hadrian baute hier mit der Villa Adriana den größten Sommersitz eines römischen Herrschers. Jahrhunderte später entstanden die Villa d'Este, eine der schönsten Gartenanlagen Italiens, und die traumhafte Villa Gregoriana.

Zeitbedarf: 1 Tag

Start: Metro: Piazza Bologna (B) bis Ponte Mammolo. Die **Villa Adriana** (ca. 35 km östl. von Rom) erreicht man ab Ponte Mammolo mit dem COTRAL-Bus ›Via Tiburtina‹ bis zum Ort Villa Adriana (vor Tivoli), dann Bus zum Ausgrabungsgelände oder zu Fuß (ca. 20 Min.). Direkter COTRAL-Bus ›Via Prenestina‹ ab Ponte Mammolo nur alle 1–2 Std. (Extraticket für COTRAL-Bus). Zur **Villa d'Este** und **Villa Gregoriana** gelangt man ab Ponte Mammolo mit dem COTRAL-Bus ›Via Tiburtina‹ bis Tivoli (Extraticket).

Größte Sommerresidenz eines römischen Herrschers

Inmitten einer weitläufigen Gartenlandschaft zu Füßen des heutigen Tivoli ließ der kunstsinnige Kaiser Hadrian (117–138) eine herrschaftliche Residenz erbauen, die **Villa Adriana,** in der bis zu 20000 Menschen lebten und arbeiteten. Neben dem kaiserlichen Palast gab es Gästehäuser und Zweckbauten für den Hof, Unterkünfte für Sklaven und Leibwache, Thermen, Bibliotheken und Theater, eine Wandelhalle mit lang gestrecktem Teich und eine künstlich angelegte Aussichtsterrasse.

Viele Gebäude nehmen auf Orte Bezug, die der Architekturliebhaber Hadrian während seiner vielen Reisen gesehen hat. So erinnert das Canopustal an das gleichnamige Tal in Ägypten. Das Wasserbecken wird von Statuen gerahmt, darunter Amazonen, die Aphrodite von Knidos oder Karyatiden wie auf dem Erechteion der Akropolis in Athen. Im rückwärtigen Tempel ließ Hadrian neben der ägyptischen Gottheit auch seinen Geliebten, den im Nil ertrunkenen Antinous, verehren. Verwunschener Rückzugsort des Kaisers war das runde Teatro Marittimo, ein Inselchen mit einer Villa, die über zwei bewegliche Brücken zu erreichen war.

Mehrere Jahrhunderte lang diente die Villa Adriana als Steinbruch für Tivoli und andere Orte in der Umgebung. Erst nach der Einigung Italiens setzten systematische Grabungen ein. Hunderte Skulpturen, Mosaiken und Reliefs wurden in der Villa Adriana gefunden. Wegen ihrer Einmaligkeit zählt sie seit Kurzem zum Welterbe der UNESCO. Ein anschauliches Modell im oberen Eingangsbereich ermöglicht einen ersten Überblick über das Areal (tgl. 9–19.30 Uhr, im Winter bis 17 Uhr, 6,50 €/3,25 €, bei Ausstellungen 10 €/ 6,75 €).

Glanzstück italienischer Gartenbaukunst

Die Villa d'Este gilt als eine der schönsten barocken Gartenanlagen Europas. Mitte des 16. Jh. ließ Kardinal Ippolito II. d'Este, Sohn Lucrezia Borgias und Enkel Alexanders VI., die Villa mit herrlichem Blick über die römische Ebene errichten. Den außen schlichten Palazzo zieren im Innern Groteskenmalereien. Besuchermagnet ist der terrassierte Garten mit den Wasserspielen unzähliger Fontänen, Brunnen, Kaskaden und Kanäle, die vom Aniene gespeist werden. Franz Liszt inspirierten die Wasserklänge zu seinem virtuosen Klavierwerk »Les jeux d'eau à Villa d'Este«. Im Sommer finden Konzerte statt (Di–So 8.30–19.45, im Winter bis 16 Uhr, www.villadestetivoli.info, 8 €/4 €).

›Denkmal‹ für Papst Gregor XVI.

Einen Besuch der Villa Gregoriana jenseits des mittelalterlichen Stadtkerns sollte man nicht versäumen. Die von unzähligen Landschaftsmalern in Gemälden und Stichen verewigte Villa ließ Papst Gregor XVI. im Jahr 1835 anlegen. Der Aniene, der das hügelige Tivoli durchfloss, sorgte immer wieder für verheerende Überschwemmungen. Gregor ließ den Aniene umleiten und eine wildromantische Gartenanlage mit schattigen Wegen schaffen, die durch üppige Vegetation und geheimnisvolle Grotten führen – mit schönen Ausblicken auf die über 100 m hohe Grande Cascata (großer Wasserfall) und auf die Tempel des antiken Tibur (Di–So April–Okt. 10–18.30, März und 16. Okt.–30. Nov. 10–14.30 Uhr, www.villagregoriana.it, 5 €/2,50 €).

Stilecht speisen mit Tempelblick

Schlemmen lässt es sich (außerhalb der Villa) im Schatten des Tempels der Tiburtinischen Sibylle, im **Sibilla** 15.

Das Beste auf einen Blick

Vom Aventin ans Meer

Auf Entdeckungstour

Testaccio – ein Viertel im Aufbruch: Tagsüber beschauliches Wohnviertel mit fast dörflicher Atmosphäre, verwandelt sich der »Scherbenhügel« am Abend zum Ausgehviertel der Römer. S. 270

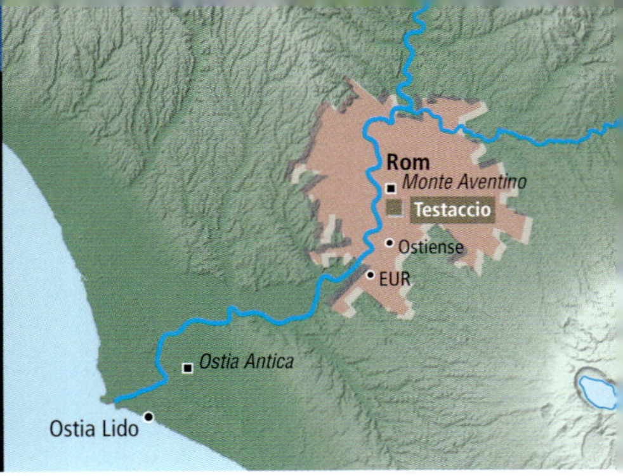

Kultur & Sehenswertes

EUR: Der Kontrast zum antiken Rom könnte kaum größer sein und doch waren die Bauten der Kaiserzeit das Vorbild für diese gigantomanische Anlage. S. 276

Ostia Antica: Während das antike Rom mit den repräsentativen Bauten der Kaiserzeit prunkt, entdeckt man in der Ruinenstadt Ostia Antica das Alltagsleben der ›kleinen Leute‹. S. 277

Aktiv & Kreativ

Città del Gusto: Tauchen Sie ein in die Geheimnisse der italienischen Küche und kochen Sie in Ostiense in der ›Stadt des Geschmacks‹ unter Anleitung von Profiköchen. S. 273

Genießen & Atmosphäre

Parco Savelli/Giardino delle Arance auf dem Aventin: Lauschiger kleiner Park mit Orangenbäumchen und einem schönen Blick auf den Tiber und die Stadt bis zu St. Peter. S. 267

Roms schönstes Schlüsselloch: Am Eingangstor zum Sitz des Malteserordens auf dem Aventin gewährt es einen grandiosen Blick auf die Kuppel des Petersdoms. S. 267

Ostia Lido: Den Hausstrand der Römer genießt man am besten unter der Woche. Frei von Badeanstalten, lädt der kilometerlange Sandstrand längs der *cancelli* zu Spaziergängen und Badeausflügen ein. S. 278

Abends & Nachts

Goa: Seit über zehn Jahren gilt das Goa in Ostiense unter den Clubs als ›Platzhirsch‹. Zu Recht, denn hier lassen sich musikalische und modische Trends am besten erspüren. S. 275

Vom Aventin über Testaccio, Ostiense und EUR nach Ostia

Der stille und fast ländliche Aventin birgt alte Kirchen, gepflegte Villen und überraschende Ausblicke. Im Umbruch befinden sich die alten Arbeiterquartiere Testaccio und Ostiense. Die Stadt hat Großes vor: In den aufgelassenen Industriebauten sollen Kunst und Kultur einziehen. Schon jetzt existierende Glanzpunkte sind die Centrale Montemartini, das Teatro India und die »Stadt des Geschmacks«. Bereits seit Jahren gelten die beiden Viertel als Mekka der Nachtschwärmer. Mit San Paolo vor den Mauern, der Grabeskirche des hl. Paulus, liegt hier aber auch eine der vier Patriarchalsbasiliken.

Architekturfans und Fotografen werden die bombastische Kulisse von EUR schätzen. Für Entspannung sorgt die grüne Oase rund um den künstlich angelegten See. Eine gute Vorstellung einer antiken Stadt vermittelt Ostia Antica, die einstige Hafenstadt Roms. Wasserratten wird es weiter nach Ostia Lido ziehen.

Infobox

Reisekarte: ► Karte 1 J/K 11/13, Karte 2 G–K 13–22

Dauer

Etwa zwei Tage für die gesamte Tour; für die Entdeckungstour Testaccio benötigt man etwa drei bis fünf Stunden.

Verkehrsmittel

Der **Aventin** und **Testaccio** lassen sich gut zu Fuß erkunden. Die Metroline B empfiehlt sich für den Besuch von **San Paolo fuori le Mura** (Haltestelle Basilica San Paolo) oder **EUR** (Haltestelle EUR Magliana und dann den Hang hoch).

Ostia Antica erreicht man am besten ab der Metrostation Piramide oder EUR Magliana mit dem Nahverkehrszug Roma–Ostia bis zur Haltestelle Ostia Antica (einfaches B.I.T.-Ticket: 1,50 €), nach **Ostia Lido** bis zur Endhaltestelle.

Zu den **Cancelli** gelangt man vom Bahnhof Ostia Lido mit dem Bus 07 (nur bis km 8) oder 061 bis zur Endhaltestelle (km 10). Im Sommer und an Wochenenden gibt es auch eine Verbindung ab der Metrostation EUR Fermi mit dem Bus 070.

Aventino (Aventin)

Still und erholsam gibt sich der grüne Aventino. In der Zeit der Römischen Republik war er dank seiner Nähe zum Tiberhafen vor allem von Plebejern, Handwerkern und Händlern bewohnt. In der Kaiserzeit avancierte er dann zum Wohnviertel von Patriziern und Kaisern wie Kaiser Trajan. Während der Völkerwanderungen völlig zerstört, siedelten sich im Mittelalter viele Orden an, die zusammen mit den vornehmen, von hohen Hecken umgebenen Villen noch heute das beschauliche Bild des Aventin prägen.

Der **Rosengarten** am Piazzale Ugo La Malfa besteht seit der Nachkriegszeit. Die Anlage in Form einer Menorah erinnert daran, dass hier von 1645 bis 1935 der jüdische Friedhof lag.

Santa Prisca

Kirche: 8.30–12, 16.30–18.30 Uhr, Mithräum: jeden 2. und 4. So im Monat 16 Uhr, 5,50 €, Reservierung unter Tel. 06 39 96 77 00

Unter der unscheinbaren Kirche verbergen sich bedeutende Reste eines Mithräums. Der vor allem unter Legionären weit verbreitete mystische Kult des Sonnengottes Mithras stand bis ins 4. Jh. n. Chr. in Konkurrenz zum Christentum. Auch die Mithrasanhänger kannten eine Taufe und eine Kommunion, glaubten an ein Jüngstes Gericht und die Unsterblichkeit der Seele. Die Christen überbauten die Kultstätten gern mit ihren Kirchen (s. a. San Clemente S. 242, 244). Sie übernahmen auch den Geburtstag des Mithras, den 25. Dezember, als Geburtsdatum Jesu.

Santa Sabina

Tgl. 8.15–12.30, 15.30–18 Uhr

Sie ist eine der wenigen Kirchen auf dem Aventin, die noch einen Eindruck vom Aussehen frühchristlicher Sakralbauten vermittelt. Glanzpunkte der bereits im 5. Jh. erbauten Dominikanerkirche sind die holzgeschnitzten Türflügel des Mittelportals mit Szenen aus dem Alten und Neuen Testament, darunter eine der ersten Kreuzigungsdarstellungen der christlichen Kunst.

Auch die Mosaiken im Innern stammen aus der Entstehungszeit. Besonders stimmungsvoll ist der wieder original hergestellte dreischiffige, basilikale Innenraum, dessen rot-grüne Intarsienarbeiten der Kirche einen Hauch Antike verleihen. Die ›Rosenkranzmadonna‹ im linken Seitenschiff, ein Hauptwerk von Sassoferrato (1643), erinnert an die Vision des Ordensgründers Dominikus, der von Maria einen Rosenkranz erhalten haben soll.

Ein fantastischer Blick über Rom bietet sich vom verwunschenen **Parco Savello,** der an die Kirche Santa Sabina angrenzt. Pinien und Orangenbäumchen säumen den Weg, der auf eine kleine Terrasse führt. Von dort genießt man einen wunderschönen Blick auf die Kuppel der Peterskirche, den Tiber mit Tiberinsel und den gegenüberliegenden Gianicolo.

Piazza dei Cavalieri di Malta

Besichtigung des Ordenspalastes nach Voranmeldung über Ufficio Economato, Tel. 06 67 58 12 34, Fax 06 67 58 12 70, mindestens zehn Personen (5 € pro Pers.)

Wenige hundert Meter weiter stößt man auf die Residenz des Großmeisters des Malteserordens, eines der letzten bestehenden Kreuzritterorden des Mittelalters. Völkerrechtlich ist der Orden ein Kuriosum, denn er gilt als Staat, sein Großmeister wird international als Souverän anerkannt, doch ein geografisch umgrenztes Staatsgebiet gibt es nicht. Fahrzeuge des Ordens besitzen eigene Kennzeichen.

Die Piazza dei Cavalieri di Malta schuf übrigens der durch seine Kupferstiche berühmt gewordene Giovanni Battista Piranesi. Besuchermagnet ist das **Schlüsselloch** des Tors zur Residenz, durch das man genau auf die Peterskuppel blickt.

Aurelianische Stadtmauer

Um dem drohenden Gotenangriff vorzubeugen, ließ Kaiser Aurelian ab 271 die nach ihm benannte fast 19 km lange Aurelianische Mauer hochziehen. Bis zur Einigung Italiens 1870 bildete sie die Stadtgrenze Roms.

Museo della Via Ostiense

Di–Sa 9–13.30, Di, Do auch 14.30–17 Uhr, außerdem 1. und 3. So im Monat

Eine gute Vorbereitung auf die Ausgrabungen von Ostia Antica ist ein Besuch dieses Museums in der Porta San

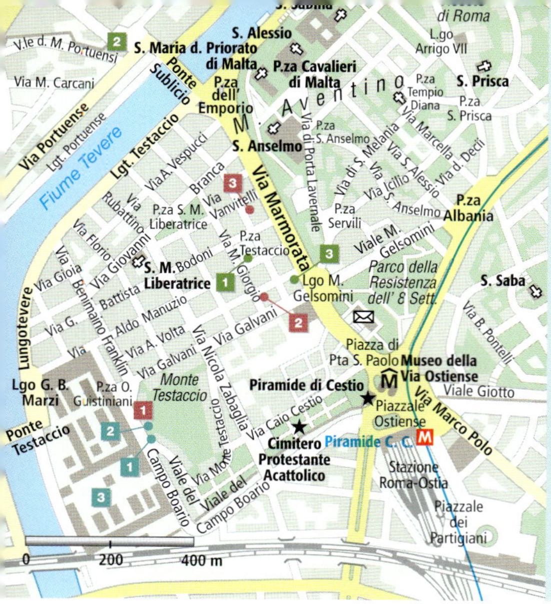

Testaccio/ Aventino

Essen & Trinken
1 Checchino dal 1887
2 Felice
3 Bucatino

Einkaufen
1 Mercato Piazza Testaccio
2 Porta Portese
3 Volpetti

Abends & Nachts
1 Alibi
2 Caruso/Café de Oriente
3 Villaggio Globale

Paolo, das neben Modellen der Hafenstadt Ostia und der Häfen des Claudius und Trajan die Geschichte der wichtigen Via Ostiense, der Handels- und Verbindungsstraße zwischen Ostia und Rom, dokumentiert.

Piramide di Cestio

Geführte Besichtigung samt Grabkammer jeden 2. und 4. Sa im Monat 11 Uhr, Voranmeldung unter Tel. 06 39 96 77 00 empfehlenswert, 5,50 €
Die kleine Pyramide im Schatten der Aurelianischen Stadtmauer ist Frucht der Ägyptomanie, der viele Römer nach der Eroberung dieses Landes aus Tausendundeiner Nacht verfielen. So auch der Prätor und Volkstribun Gaius Cestius, der 12 v. Chr. die Nachbildung eines Pharaonengrabes als Grabmal für sich auserkor.

Cimitero Acattolico

www.protestantcemetery.it, Via Caio Cestio 6, Mo–Sa 9–17, So und feiertags 9–13 Uhr
Auf dem romantischen Landschaftsfriedhof für Nichtkatholiken sind zahlreiche Künstler und Gelehrte begraben, darunter die beiden englischen Dichter John Keats und Percy Shelley, aber auch Henriette Hertz, Gründerin der Biblioteca Hertziana, Goethes Sohn Julius August und der marxistische Philosoph und Gründer der Kommunistischen Partei Italiens, Antonio Gramsci.

Testaccio

Die Via Marmorata trennt den grünen Aventino vom bodenständigen Testaccio. Hier findet man noch viel authentisches Flair und eine äußerst aktive Nightlife-Szene (s. S. 270).

Essen & Trinken

Historisch – **Checchino dal 1887** 1: s. S. 38 und 271.

Slow-Food-Lokal – **Felice 2**: Via Mastrogiorgio 29, Tel. 065 74 68 00, Mo–So 12–15, 20–23.30 Uhr, Menü 35 €. Eine Institution Testaccios ist diese traditionelle Trattoria, deren Wochenkarte der römischen Küche huldigt. So gibt es donnerstags *gnocchi,* freitags Fisch und samstags *trippa*. Jeden Tag hingegen bekommt man die Klassiker wie *tonnarelli cacio e pepe, mezzemaniche all'amatriciana* und *rigatoni alla carbonara.* Einen Tisch zu ergattern fällt nicht leicht. Man sollte unbedingt reservieren! S. S. 271.

Typische Trattoria – **Bucatino 3**: Via Luca della Robbia, Tel. 065 74 68 86, Di–So 12.30–15, 19.30–23.30 Uhr, Mo geschl., ca. 30 €. Großzügige Portionen, eine familiäre Atmosphäre und beste römische Küche – das Bucatino verkörpert alles in einem. Berühmt sind die reichhaltigen Antipasti. Seinen Namen verdankt es den vorzüglichen *bucatini all'amatriciana*, Spaghetti mit Tomatensauce und Speck. Reservierung empfehlenswert! S. S. 271

Einkaufen

Volksnaher Markt – **Mercato Piazza Testaccio 1**: s. S. 45.
Größter und beliebtester römischer Flohmarkt – **Porta Portese 2**: s. S. 45.
Italienische Delikatessen – **Volpetti 3**: s. S. 44.

Abends & Nachts

Legendäre Disco mit Dachterrasse – **Alibi 1**: s. S. 51.
Kuba lässt grüßen – **Caruso/Café de Oriente 2**: s. S. 50.
Alternativ – **Villaggio Globale 3**: Lungotevere Testaccio 1 / Via monte dei Cocci 22, Tel. 34 74 13 12 05, www.vglobale.biz. S. 271.

Ostiense

Wie Testaccio ist auch Ostiense, dessen weithin sichtbares Symbol der **Gazometer** ist, ein Viertel im Umbruch. Anfang des 20. Jh. siedelte man dank des vorhandenen Eisenbahnnetzes und des Tiberhafens zu beiden Seiten des Flusses Industrie an.

Mit dem Ziel, eine polyzentrische Stadt zu schaffen, wurden die inzwischen brachliegenden Bauten neuen Zwecken zugeführt und das Viertel zu einem Laboratorium der Avantgarde: Die Backsteinbauten der Seifenfabrik Mira Lanza wurden zur Spielstätte des **Teatro India**, in das Lagerhaus für Agrarprodukte und -maschinen zog die **Stadt des Geschmacks** (s. S. 273) ein und die Ex-Mühle und Pastafabrik Mulino Biondi wurde in Apartments und Lofts umgewandelt.

Für die aufgelassenen Großmarkthallen an der Via Ostiense ist unter Leitung des holländischen Architekten Rem Koolhass eine Art Londoner Covent Garden geplant, ein Kultur-, Sport- und Musikzentrum mit Geschäften und Lokalen für ein Publikum *under 30*.

Ein Fixpunkt des römischen **Nachtlebens** ist schon seit Jahren die Gegend rund um die **Via Libetta,** wo zahlreiche Diskotheken wie das **Goa** (s. S. 274) um die Gunst des Publikums buhlen. Einen ausgelassenen Abend kann man auch im stets gut besuchten **Alpheus** (s. S. 49) verbringen, wo regelmäßige Live-Konzerte stattfinden.

Centrale Montemartini

Viale Ostiense 106, Di–So 9–19 Uhr, 5,50 €/4,50 €

Schönstes Beispiel dieser Umwandlungen ist die Centrale Montemartini, ein ehemaliges städtisches Wasserkraftwerk. Was als Provisorium für die Zeit der Restaurierung der Ka- ▷ S. 273

Auf Entdeckungstour

Testaccio – ein Viertel im Aufbruch

Tagsüber beschauliches Wohnviertel mit fast dörflicher Atmosphäre, verwandelt sich der »Scherbenhügel« am Abend zum Ausgehviertel der Römer. Im Schlachthof und in den Industriehallen, die lange den Charakter des Arbeiterviertels prägten, haben derweil Kunst und Kultur Einzug gehalten.

Start: Metro: Piramide (B)

Planung: Der Markt findet montags bis samstags jeweils am Vormittag (bis 14 Uhr) statt.

Wer einen Ausflug ins römische Nachtleben plant, sollte hierfür den Freitag- oder Samstagabend (ab 22.30 Uhr) wählen.

Der Scherbenhügel

Der Monte Testaccio ist keiner der sieben Hügel. Er entstand durch die systematische Anhäufung von zerbrochenen antiken Amphoren, und ist bei knapp 1500 m Umfang mehr als 35 m hoch. Schon in der Antike mussten die Römer mit Verpackungsmüll kämpfen. Mit den Amphoren, die aus Tributzahlungen der Provinzen stammten, wurde ab augusteischer Zeit Getreide, Öl und Wein in die Millionenstadt transportiert. Nachdem die Waren umgefüllt worden waren, wurden vor allem die Ölamphoren (ca. 24 750 000 Stück!) zerbrochen und auf die Schutthalde gebracht, da diese wegen der Ölrückstände nicht wieder verwendet werden konnten. Die Scherben (lat. *testae*) gaben dem Viertel seinen Namen. In manchen Lokalen rund um den Testacciohügel sind noch Teile des Scherbenhügels sichtbar.

Arbeiter- und Handwerkerviertel

Das lange Zeit unbewohnte Gebiet wurde erst Ende des 19. Jh. als Arbeiter- und Handwerkerviertel für die vielen Beschäftigten des nahen Gas- und Elektrizitätswerks Montemartini, der Seifen- und Glyzerinfabrik Mira Lanza, heute Sitz des **Teatro India,** des Schlachthofs und der Großmärkte an der Via Ostiense angelegt. Heute leben in den Backsteinpalazzi alteingesessene Familien neben Studenten, aber auch in Testaccio ist längst der Wandel zum trendigen Szene- und Vergnügungsviertel mit Künstlerflair in vollem Gange.

Rundumversorgung für Bauch und Fuß

Zentrum des schachbrettartig angelegten Quartiers ist der vormittägliche **Markt** 1 (s. S. 45) auf der Piazza Testaccio, wo schon um 6.30 Uhr morgens die Stände aufgemacht werden. Metzger, Fisch- und Gemüsehändler verkaufen ihre Waren, die natürlich allesamt aus der Region stammen: Artischocken und *cicoria* (Zichorie), *puntarelle*, der Stolz der Römer, eine Art Chicoréesorte, und Fisch aus Anzio.

Berühmt ist der *mercato* aber vor allem für seine Schuhe. Am Samstag strömen dann auch die *signore* aus anderen Vierteln hierher, um bei Cesare nach preiswerten Markenschuhen Ausschau zu halten.

Nach dem Willen der Stadtväter soll der Markt bald umziehen – zu Füßen des Monte Testaccio zwischen Via Galvani und Via Franklin, wo Archäologen in den letzten Jahren eine riesige Speicherstadt freigelegt haben.

In den Lokalen rund um den Markt wie **Felice** 2, **Bucatino** 3 oder das gehobene **Checchino dal 1887** 1 wird noch echte römische Küche serviert, von *bucatini all'amatriciana* über *trippa alle romana* (Rindskutteln in Tomatensauce) und *coda alla vaccinara* (Ochsenschwanzragout) bis *coratella* (Herz und Lunge) – für zartere Gaumen auch gebratenes Kräuterlamm. Schließlich liegt in Testaccio der Ursprung der *cucina del quinto quarto* (Küche des fünften Viertels), der römischen Arme-Leute-Küche, die sich aus der Verwertung von Resten aus dem Schlachthof entwickelte.

Linkes Kulturzentrum, Kunst und ›solidarische Ökonomie‹

Der ehemalige Schlachthof (*mattatoio*) ist heute ein **Kulturzentrum**. Neben dem bestehenden **Villaggio Globale** 3, dem selbstverwalteten Kulturzentrum der politisch-linksalternativen Szene, und der legendären **Scuola di Musica Popolare,** Schmiede für manch *cantautore* (Liedermacher), ist neben der Fakultät für Architektur auch

MACRO Future (Piazza Orazio Giustiniani 4, Di–So 16–22 Uhr) eingezogen, das als Dependance des MACRO in der Via Nizza zeitgenössische Kunst präsentiert.

Ein Vorzeigeprojekt der Ära Veltroni ist: die 3500 m² große **Città dell'Altra economia** (Stadt der anderen Ökonomie, www.cittadellaltraeconomia.org, Di–Sa 10–20, So bis 19 Uhr), ein Zusammenschluss unterschiedlicher Bereiche der »solidarischer« Ökonomie, die fairen Handel, freie und offene Software, biologische Landwirtschaft, nachhaltigen Tourismus, kritische Verbrauchernetzwerke, ethische Finanzierungen, erneuerbare Energien, Wiederverwendung und Recycling propagieren. In den verschiedenen Läden und Geschäften kann man sich informieren oder die entsprechenden kulinarischen Produkte auch direkt erwerben. Ein Clou ist der Laden Riuso e riciclo, der originellen Schmuck, Möbel, Taschen und vieles mehr aus recycelten Materialien herstellt.

Lebendige Discomeile

Wenn im Herzen von Testaccio die Lichter ausgehen, geht das Leben in der gewundenen Via Monte di Testaccio erst so richtig los. Längs der Straße, die sich um den Scherbenhügel schlängelt, konzentriert sich von Oktober bis Mai Roms Clubszene. Abends und vor allem an Wochenenden strömt längs der Via Galvani und in den Höhlen der Via di Monte Testaccio das Nachtvolk zu Discos und Livemusik-Clubs, z. B. dem angesagten **Alibi** 1 mit einer Vorliebe für *house music* oder der Latino-Bar **Caruso** 2 (s. S. 269). Zunehmend beliebt sind auch Kombinationen von Restaurant und Disco unter einem Dach.

Gelb-roter Enthusiasmus

Unverändert geblieben ist Testaccio allerdings als Heimat der *giallorossi*, der glühenden Anhänger des Fußballklubs A.S. Roma, der in seinen Anfängen in der Via Zabaglia trainierte. Unübersehbar ist der in Vereinsfarben getauchte Fanklub in der Via Branca.

Im ehemaligen Schlachthof erklingen jetzt lieblichere Töne

pitolinischen Museen gedacht war, ist zum Glück inzwischen fester Bestandteil der römischen Museumslandschaft. Inmitten der schwarz glänzenden Motoren und Dampfturbinen sind rund 400 Giebelskulpturen, Standbilder und Mosaiken aus der römischen Antike ausgestellt. Viele stammen aus der Umgebung des Kapitols.

Typisch für die römische Kunst der Antike ist eine äußerst realistische Darstellung, wie sie bei der republikanischen Statue »Togatus Barberini« anzutreffen ist, einem mit der Toga bekleideten Mann, der die Büsten seiner Vorfahren in den Händen hält. Einen römischen Garten schmückte die schöne »Venus vom Esquilin«, eine römische Kopie aus der Kaiserzeit. Im Obergeschoss zeigt ein großes Mosaik das Einfangen von Tieren, die für die Tierhatzen in den Amphitheatern herhalten mussten.

San Paolo fuori le Mura

Im Sommer tgl. 7–19, im Winter 7–18.30 Uhr, Kreuzgang: 9–18 Uhr, 3 €

Bis zum Neubau der Peterskirche war die fünfschiffige Basilika die größte Kirche Roms. Die Grabeskirche des Apostels Paulus wurde nach dem Vorbild von Trajans Basilica Ulpia bereits unter Kaiser Konstantin errichtet und nach einem verheerenden Großbrand 1823 originalgetreu wieder aufgebaut.

Eindrucksvoll ist die Ahnenreihe der Päpste längs der Schiffe. Von Petrus bis Benedikt XVI. sind alle 265 Stellvertreter Gottes in Mosaikmedaillons dargestellt. Aus der alten Basilika erhalten sind die 1070 in Konstantinopel entstandenen Bronzetüren, das gotische Altarziborium von Arnolfo di Cambio aus dem späten 13. Jh. und der 5,60 m hohe Osterleuchter von Vassalletto, ein Meisterwerk romanischer Bildhauerkunst. Das stark restaurierte Apsismosaik aus dem 13. Jh. zeigt den segnenden Jesus Christus mit dem Stifter Papst Honorius III. zu seinen Füßen. Unbedingt sehenswert ist der romanische Kreuzgang aus dem 13. Jh., den die Künstlerfamilie Vassalletto mit funkelnden Mosaikintarsien verziert hat.

Mein Tipp

Stadt des Geschmacks

Mit Blick auf den Tiber verteilt sich die **Città del Gusto** (s. unten) in den fünf Etagen eines einstigen Lagerhauses. Man kann hier einfach nur schlemmen oder an Degustationen und Diskussionen über Wein und Essen teilnehmen.

Im **Teatro della cucina,** einem Amphitheater im Stil des 19. Jh., lassen sich die besten italienischen und europäischen Köche in die Töpfe schauen. In den Laborküchen werden auch Kochkurse angeboten, u. a. Tageskurse (Termine unter www.gamberorosso.it, in der rechten Spalte/Stichwort ›Eventi‹).

Essen & Trinken

Stylish – **Doppiozeroo:** Via Ostiense 68, Tel. 06 57 30 19 61, Mo 7–22, Di–So 7–2 Uhr, www.doppiozeroo.it, Menü 35–40 €. Ideal für den Aperitif (18.30–21 Uhr), danach Restaurant, Sa, So Brunch (12–15.30 Uhr außer Sommermonate).

Aktiv & Kreativ

Schlemmen und Kochen – **Città del Gusto:** Via Enrico Fermi 161, Tel. 06 55 11 21, www.gamberorosso.it, So, Mo geschl. Bus: 170, 766, s. Tipp oben.

Lieblingsort

Stilvoll abtanzen

Das **Goa** in Ostiense hat sich innerhalb weniger Jahre zum Upperclass-Hangout gemausert, zum Treffpunkt der *fashion people* und Glamour-Society. Leonardo di Caprio hat sich hier ausgetobt, als der Film »Gangs of New York« in Cinecittà gedreht wurde. Das stylishe Ambiente wechselt: War im letzten Jahr noch ein ethnisches Ambiente im Bollywood-Stil angesagt, herrscht nun ein eleganter New-York-Style mit gedämpften Farben. Doch die Stärke des Lokals ist die Musik, die von den besten DJs – nicht nur aus Rom – bestritten wird, wie Kruder & Dorfmeister, Howie B, Sven Väth u. v. a. *House* und *Jungle* sind die vorherrschenden Rhythmen. Am Donnerstag gibt es Tanz nach den Klängen des legendären Hausherrn DJ Giancarlino. Einziger Makel: der Türsteher, an dem muss man erst mal vorbeikommen ... Via Libetta 13, www.goaclub.com, Metro A: Garbatella, Bus: 23, 679, Di–So 23–4 Uhr.

Abends & Nachts

Junges Publikum – **Alpheus:** S. 49, 269.
›Over 25‹ – **Distillerie Clandestine:** Via Libetta 13, Tel. 06 57 30 51 02, www.distillerieclandestine.com, Di, Fr–Sa Restaurant ab 20.30, Diskothek 23–4 Uhr, Metro: Garbatella (B) oder Bus: 23. Beliebte, im Stil des Amerika der 20er-Jahre eingerichtete Disco mit gutem Restaurant.
Roms In-Disco – **Goa:** s. S. 50, 269, 274.
Angesagt – **Saponeria:** s. S. 50.

EUR

Gruppenführungen mit Innenbesichtigungen n. Vereinb., www.eurspa.it
Der Kontrast zur Stadt Rom könnte nicht größer sein. Für die Weltausstellung 1942 geplant, sollte EUR (Esposizione Universale Romana = Römische Weltausstellung) die Macht und Größe des Faschismus demonstrieren und die ›Hauptstadt des Imperiums‹ ans Meer anbinden. Die namhaftesten Architekten des Landes entwarfen moderne Gebäude im Stil des ›Rationalismus‹, unterwarfen sich aber teilweise der pathetischen und stereotypen Formensprache des faschistischen Baustils.

Auf streng rechtwinkligem, modernem Straßengrundriss errichtete man monumentale, travertinverkleidete Gebäude mit marmornen Statuen. Sie waren für die öffentliche Verwaltung, für Kunst, Kultur und Geschichte bestimmt. Die Hauptstraße bildet bis heute die Via Cristoforo Colombo, die sich wie eine antike Konsularstraße von Rom schnurgerade mitten durch das Viertel zieht.

Nach dem Krieg wurde das gigantomanische Ausstellungsgelände zu einem modernen Stadtviertel mit Metroanbindung ausgebaut. Hochhäuser von Banken und Konzernen sowie Ministerien säumen die mehrspurigen Straßen. Für die Olympischen Spiele 1960 entstanden ein Sportstadion und künstliche Seen – heute Revier von Seglern, Paddlern und Spaziergängern.

Architektur

Das Wahrzeichen der gesamten Anlage ist der **Palazzo della Civiltà del Lavoro** (G. Guerrini, B. La Padula und M. Romano, 1938–1943), auch ›Colosseo quadrato‹ genannt, mit einer ihm eigenen Zahlensymbolik: Die sechs Stockwerke sollen an die sechs Buchstaben des Vornamens von Mussolini erinnern, die neun Arkaden an seinen Nachnamen. Berühmtheit erlangte das Gebäude, das in der Nachkriegszeit zur Sprengung freigegeben worden war, als surreale Kulisse von Film- und Modeaufnahmen. Ursprünglich war es der italienischen Zivilisation gewidmet. In der oberen Bogenreihe steht noch die Widmung: »Un popolo di poeti di artisti di eroi di santi di pensatori di scienziati di navigatori di trasmigratori«. (»Ein Volk von Dichtern, Künstlern, Helden, Heiligen, Denkern, Wissenschaftlern, Seefahrern, Wanderern«).

Ebenfalls schon von Weitem sichtbar ist die Kirche **Santi Pietro e Paolo** (1937–1941, Foschini), von der man einen guten Blick auf das Quartier hat. Ein architektonisch interessantes Gebäude ist der mit einer Kuppel bekrönte Kubus des **Palazzo dei Congressi** von Adalberto Libera sowie der 2003 renovierte **Palazzo dello Sport** (Piacentini, Nervi 1958–1960; Besichtigungsanfragen via E-Mail: segreteria@palalottomatica.it; Infos unter: Tel. 065 40 90-1/-200), jetzt Palalottomatica genannt, der mit seinem ausladenden, kuppelförmigen Dach eine Raumspannweite von 95 m erreicht.

Symbolträchtig – der Palazzo della Civiltà del Lavoro, genannt ›Colosseo quadrato‹

Ambitioniertestes Projekt ist derzeit **La Nuvola** (Die Wolke), der Neubau eines Kongress- und Entertainmentzentrums durch den Architekten Massimiliano Fuksas (Fertigstellung voraussichtlich 2013). Sein Entwurf, der sich mehr durch Licht als durch Form auszeichnet, sieht einen 30 m hohen transparenten Kasten vor, in dem sich eine lichte Stahl-Teflon-Konstruktion über 15 000 m^2 spannt. Das Modell im Maßstab 1:200 kann man derweil im MAXXI begutachten (s. S. 63).

Museen

Zu den interessantesten der zahlreichen Museen des EUR gehört das **Museo della Civiltà Romana** (Di–Sa 9–14, So, feiertags 9–13.30 Uhr, 7,50 €/5,50 €) – trotz seiner recht verstaubten Präsentation. Das weitläufige Museum besitzt zwar kein einziges Original, aber Abgüsse von nahezu allen bedeutenden antiken Skulpturen und Reliefs. Sehenswert ist das ca. 400 m^2 große Modell von Rom zur Zeit Kaiser Konstantins.

Im gleichen Gebäude gibt es auch ein **Planetarium** mit Astronomischem Museum auf dem neuesten Stand der Technik (Besichtigungen nur im Rahmen der täglichen Veranstaltungen möglich, Info unter www.planetarioroma.it, 7,50 €/5,50 €).

Aktiv & Kreativ

Freibad – **Piscina delle Rose:** s. S. 59.

Ostia Antica

Di–So 8.30–19, im Winter bis 16 Uhr, 6,50 €/3,25 €

Eine idyllische Ruhe liegt über den von Pinien gesäumten Ausgrabungen von Ostia Antica. In der Antike lag Ostia

Mein Tipp

Mit dem Boot nach Ostia tuckern
Eine reizvolle Alternative zur Zugfahrt nach Ostia Antica ist die Bootsfahrt ab Ponte Marconi. Man darf in der Millionenstadt Rom natürlich nicht die Unberührtheit von Schweizer Bergflüssen erwarten, und doch entdeckt man längs des Tibers Reiher, Stockenten und Teichhühner, Störche, Kormorane und Möwen. Das Ufer säumen Platanen, Weiden und Pappeln. Unbeirrt von der trüben Farbe des Wassers werfen Fischer ihre Angeln nach Karpfen und Aalen aus. Die Tour (nur Hinfahrt) findet nur statt, wenn sich genügend Teilnehmer oder eine Gruppe angemeldet haben. Individualreisende können sich anschließen. Gute Chancen hat man Mitte Febr.–Ende Juni und Sept.–Ende Nov., Abfahrt i. d. R. um 9.30 Uhr ab Ponte Marconi. Dauer ca. 2,5–3 Std., Ticket 15 €, Rückfahrt individuell per Metro. Info: Tel. 06 50 93 01 78, www.gitesultevere.it.

(lat. Mündung) am Tiber. Die Anfang des 4. Jh. v. Chr. gegründete Hafenstadt diente als Militär- und Versorgungsstation der Millionenmetropole Rom. In ihrer Blütezeit wohnten bis zu 100 000 Menschen in den *insulae* und Atriumhäusern. Doch während Rom durchgehend besiedelt blieb, wurde Ostia wegen der zunehmenden Verlandung des Hafenbeckens seit dem 2. Jh. n. Chr. allmählich aufgegeben. Im Laufe der Jahrhunderte schob sich die Küstenlinie immer weiter ins Meer hinaus. Heute liegt Ostia Antica mehr als 4 km vom Tyrrhenischen Meer entfernt – ein Glücksfall für die Nachwelt: Bei den seit dem 19. Jh. andauernden Ausgrabungen konnte eine komplette antike Stadt freigelegt werden: bis zu vierstöckige Wohnhäuser, riesige Speichergebäude und ganze Geschäftsviertel, Theater für 3000 Menschen, unzählige Thermen und Tempel, ja sogar eine antike Osteria mit gemalter Speisekarte.

Während Rom als einstige Hauptstadt des römischen Imperiums besonders mit repräsentativen Monumenten aus der Antike prunkt, vermitteln die eindrucksvollen Ruinen der ehemaligen Hafenstadt Ostia eine Vorstellung vom Alltagsleben in jener Epoche. Einen guten Überblick über das ca. 100 ha große Grabungsareal vermittelt ein Plan im Eingangsbereich. Ein Abstecher ins Museum lohnt sehr. Es gibt eine Cafeteria sowie einen Bookshop, außerdem kann man einen Blick auf den jetzigen Verlauf des Tibers werfen.

Essen & Trinken

Atmosphärisch – **Cipriani:** Ostia Antica, Via del Forno 11, Tel. 06 56 35 29 56. Mo, Di, Do–Sa mittags und abends, So nur mittags, Menü 25 €. Nach einem Besuch der antiken Ausgrabungsstätten lohnt ein Abstecher in die Gassen des mittelalterlichen Ostia zu Cipriani, der mit großzügigen Portionen und hausgemachten Desserts zu römischen Gelagen animiert.

Ostia Lido

Wer sich einmal bei einem Bad im Meer von Besichtigungstouren erholen möchte, kann einen der Hausstrände Roms besuchen – sie sind besser als ihr Ruf. Ostia Lido ist der wichtigste Hausstrand der Römer und am Wochenende auch recht überlaufen. Alle, die Menschenansammlungen nicht scheuen, finden entlang der Sandküste bestausgestattete *stabilimenti* (Strandbäder) mit Kabinen, Liegen und Sonnenschirmen, Bars und Restaurants, einige mit Schwimmbad, etwa der traditionsreiche »Kursaal«, mit seinem 10 m hohen Sprungbrett Aushängeschild der Badeanstalten.

Sicher, karibikblaues Wasser dürfen Sie hier nicht erwarten! Dafür ist am Abend abwechslungsreiches Nightlife angesagt. Gemeinsam mit dem weiter nördlich gelegenen **Fregene** ist Ostia Lido von Juni bis September die Location römischer Diskotheken, z. B. von **Gilda** (s. S. 50).

Individualisten schätzen die von *stabilimenti* freien Sandstrände südlich von Ostia. Vorbei am Militärsperrgebiet erreicht man die von I bis VII durchnummerierten **Cancelli** (›Tore‹) mit Sonnenschirm- und Strandliegenverleih. Das Gebiet gehört zu einem der wenigen Küstenabschnitte im Latium mit einer intakten Dünenlandschaft. Ein Teil des Strandes (Capocotta) nahe dem Cancello 7 ist seit 2000 der erste offizielle FKK-Strand Italiens.

Aktiv & Kreativ

Legendär – **Kursaal:** Lungomare L. Catulo 36–40, Tel. 06 56 47 05 60, www.kursaalvillage.com. Symbol der »Badewanne Roms« ist der 1950 erbaute Kursaal, einst Dolce-Vita-Badeanstalt. Pool.
Design-Strandbad – **Shilling La Rotonda:** Piazzale Cristoforo Colombo 1, Tel. 06 56 47 07 28, www.larotonda.it, Tagesticket ca. 12–15 €. Eleganter Beach Point, Restaurant, Cocktail-Bar und Disco-Club.

Abends & Nachts

Schaulaufen – **Gilda:** s. S. 50.

Schön bunt – Ostia Lido bei Nacht

Sprachführer

Ausspracheregeln

In der Regel wird Italienisch so ausgesprochen wie geschrieben. Treffen zwei **Vokale** aufeinander, so werden beide einzeln gesprochen (z. B. E-uropa). Die **Betonung** liegt bei den meisten Wörtern auf der vorletzten Silbe. Liegt sie auf der letzten Silbe, wird ein Akzent verwendet (z. B. città, caffè). Die weiteren Akzente, die hier verwendet werden, sollen lediglich die Aussprache erleichtern, finden sich aber nicht im geschriebenen Italienisch.

Konsonanten

c	vor a, o, u wie k, z. B. conto; vor e, i wie tsch, z. B. cinque
ch	wie k, z. B. chiuso
ci	vor a, o, u wie tsch, z. B. doccia
g	vor e, i wie dsch, z. B. Germania
gi	vor a, o, u wie dsch, z. B. spiaggia
gl	wie ll in Brillant, z. B. taglia
gn	wie gn in Kognak, z. B. bagno
h	wird nicht gesprochen
s	teils stimmhaft wie in Saal, z. B. museo; teils stimmlos wie in Haus, z. B. sinistra
sc	vor a, o, u wie sk, z. B. scusi; vor e, i wie sch, z. B. scelta
sch	wie sk, z. B. schiena
sci	vor a, o, u wie sch, z. B. scienza
v	wie w, z. B. venerdì
z	teils wie ds, z. B. zero; teils wie ts, z. B. zitto

Allgemeines

guten Morgen/Tag	buon giorno
guten Abend	buona sera
gute Nacht	buona notte
auf Wiedersehen	arrivederci
entschuldige(n Sie)	scusa (scusi)
hallo/grüß dich	ciao
bitte	prego/per favore
danke	grazie
ja/nein	sì/no
Wie bitte?	come?/prego?

Unterwegs

Haltestelle	fermata
Bus/Auto	autobus/màcchina
Ausfahrt/-gang	uscita
Tankstelle	stazione di servizio
rechts/links	a destra/a sinistra
geradeaus	diritto
Auskunft	informazione
Bahnhof/Flughafen	stazione/aeroporto
alle Richtungen	tutte le direzioni
Einbahnstraße	senso ùnico
Eingang	entrata
geöffnet	aperto/-a
geschlossen	chiuso/-a
Kirche/Museum	chiesa/museo
Strand	spiaggia
Brücke	ponte
Platz	piazza/posto

Zeit

Stunde/Tag	ora/giorno
Woche	settimana
Monat	mese
Jahr	anno
heute/gestern	oggi/ieri
morgen	domani
morgens/abends	di mattina/di sera
mittags	a mezzogiorno
früh/spät	presto/tardi
Montag	lunedì
Dienstag	martedì
Mittwoch	mercoledì
Donnerstag	giovedì
Freitag	venerdì
Samstag	sàbato
Sonntag	doménica

Notfall

Hilfe!	Soccorso!/Aiuto!
Polizei	polizìa
Arzt	mèdico
Zahnarzt	dentista
Apotheke	farmacìa
Krankenhaus	ospedale
Unfall	incidente

Schmerzen	dolori
Panne	guasto

Übernachten

Hotel	albergo
Pension	pensione
Einzelzimmer	camera singola
Doppelzimmer	camera doppia
mit/ohne Bad	con/senza bagno
Toilette	bagno, gabinetto
Dusche	doccia
mit Frühstück	con prima colazione
Halbpension	mezza pensione
Gepäck	bagagli
Rechnung	conto

Einkaufen

Geschäft/Markt	negozio/mercato
Kreditkarte	carta di crédito
Geld	soldi
Geldautomat	bancomat
Lebensmittel	alimentari
teuer	caro/-a
billig	a buon mercato
Größe	taglia
bezahlen	pagare

Zahlen

1	uno	17	diciassette
2	due	18	diciotto
3	tre	19	diciannove
4	quattro	20	venti
5	cinque	21	ventuno
6	sei	30	trenta
7	sette	40	quaranta
8	otto	50	cinquanta
9	nove	60	sessanta
10	dieci	70	settanta
11	ùndici	80	ottanta
12	dòdici	90	novanta
13	trédici	100	cento
14	quattordici	150	centocinquanta
15	quìndici	200	duecento
16	sédici	1000	mille

Die wichtigsten Sätze

Allgemeines

Sprechen Sie … Deutsch/Englisch?	Parla … tedesco/inglese?
Ich verstehe nicht.	Non capisco.
Ich spreche kein Italienisch.	Non parlo italiano.
Ich heiße …	Mi chiamo …
Wie heißt Du/heißen Sie?	Come ti chiami/si chiama?
Wie geht es Dir/Ihnen?	Come stai/sta?
Danke, gut.	Grazie, bene.
Wie viel Uhr ist es?	Che ora è?

Unterwegs

Wie komme ich zu/nach …?	Come faccio ad arrivare a …?
Wo ist bitte …?	Scusi, dov'è …?
Könnten Sie mir bitte … zeigen?	Mi potrebbe indicare …, per favore?

Notfall

Können Sie mir bitte helfen?	Mi può aiutare, per favore?
Ich brauche einen Arzt.	Ho bisogno di un mèdico.
Hier tut es weh.	Mi fa male qui.

Übernachten

Haben Sie ein freies Zimmer?	C'è una càmera lìbera?
Wie viel kostet das Zimmer pro Nacht?	Quanto costa la càmera per notte?
Ich habe ein Zimmer bestellt.	Ho prenotato una càmera.

Einkaufen

Wie viel kostet …?	Quanto costa …?
Ich brauche …	Ho bisogno di …
Wann öffnet/schließt …?	Quando apre/chiude …?

Zubereitung

affogato	gedünstet
alla griglia	gegrillt
amabile/dolce	süß
arrosto/-a	gebraten, geröstet
bollito/-a	gekocht
caldo/-a	warm
al cartoccio	in Folie gewickelt
freddo/-a	kalt
fritto/-a	gebacken, frittiert
al forno	aus dem Backofen
gratinato/-a	überbacken
stufato/-a	geschmort
con/senza	mit/ohne

Vorspeisen und Suppen

antipasti misti	gemischte Vorspeisen
antipasti di mare	Vorspeisenplatte mit Fisch/Meeresfrüchten
bruschetta	geröstetes Weißbrot mit Knoblauch und Öl
carciofini sott'olio	Artischocken in Öl
crostini	geröstetes Brot mit diversen Belägen
fior di zucca farciti	gefüllte Zucchiniblüten
melanzane alla griglia	gegrillte Auberginen
prosciutto cotto/crudo	Schinken gekocht/roh
stracciatella alla romana	Fleischbrühe mit Eierflöckchen
supplì alla romana	mit Mozzarella und Ragout gefüllte Reisbällchen
zucchini alla griglia	gegrillte Zucchini
zuppa di cozze	Miesmuscheln mit Knoblauch
zuppa di fave	Dicke Bohnensuppe

Primo Piatto (Erster Gang)

bucatini all'amatriciana	dünne Teigröhren m. scharfer Tomaten-Bauchspeck-Soße
gnocchi	Kartoffelklößchen
gnocchi alla romana	gebackene Grießklößchen
fettuccine alla romana	Bandnudeln mit Hühnerleber
penne all'arrabbiata	kurze Nudeln mit scharfer Soße
spaghetti al tonno	Spaghetti mit Thunfischsoße
spaghetti alla carbonara	Nudeln nach Köhlerart mit rohen Eiern, Specksoße, Pfeffer und Käse
tagliatelle con prosciutto e piselli	Bandnudeln mit Schinken und Erbsen
tonnarelli cacio e pepe	dünne, lange Nudeln mit Käse und Pfeffer

Secondo Piatto (Zweiter Gang)

abbacchio alla romana	mit Rosmarin und Knoblauch gewürztes Lammragout
baccalà alla romana	in Teig ausgebackener Stockfisch
coda alla vaccinara	in viel Sellerie geschmorter Ochsenschwanz
pajata	Kutteln vom Milchlamm
pollo alla cacciatora	mit Rosmarin und Knoblauch gewürztes Huhn
porchetta	mit Salz und Gewürzen gefülltes Spanferkel
salsicce	Würste
saltimbocca alla romana	Kalbsschnitzel mit Schinken und Salbei
trippa	Rindskutteln

Fisch und Meeresfrüchte

aragosta	Languste
cozza	Miesmuschel
gamberetto	Garnele
gambero	Hummer
orata	Dorade/Goldbrasse

ostrica	Auster
pesce persico	Barsch
salmone	Lachs
seppia	Tintenfisch
sogliola	Seezunge

Fleisch und Geflügel

agnello	Lamm
anatra	Ente
capra	Ziege
carne	Fleisch
cinghiale	Wildschwein
coniglio	Kaninchen
faraona	Perlhuhn
lepre	Hase
maiale/porco	Schwein
manzo	Rind
oca	Gans
pernice	Rebhuhn
pollo	Hähnchen
tacchino	Pute
vitello	Kalb

Gemüse und Beilagen

carciofi alla giudia	Artischocken nach jüdischer Art, in Öl gebraten
carciofi alla romana	Artischocken mit Minze, Petersilie und Knoblauch gekocht
funghi	Pilze
melanzane ripiene	gefüllte Auberginen
peperonata	gedünstete Paprika
piselli alla romana	Erbsen mit Schinken
puntarelle in salsa d'alici	Zichoriensalat mit Sardellensoße
zucchine marinate	marinierte Zucchini

Käse

pecorino	salzig-aromatischer Schafskäse

Nachspeisen und Obst

macedonia	frischer Obstsalat
panna cotta	gestürzte Sahnecreme
zuppa inglese	Löffelbiskuits mit Vanille und Schokocreme

Getränke

acqua (minerale)	(Mineral-)Wasser
... con gas/gassata	... mit Kohlensäure
... senza gas/liscia	... ohne Kohlensäure
birra (alla spina)	(Fass-)Bier
caffè (corretto)	Kaffee (mit Grappa)
ghiaccio	Eis
granita di caffè	Eiskaffee
latte	Milch
spumante	Sekt
succo	Saft
tè	Tee
vino rosso/bianco	Rotwein/Weißwein

Im Restaurant

Ich möchte einen Tisch reservieren.	Vorrei prenotare un távolo.
Die Speisekarte, bitte.	Il menù, per favore.
Weinkarte	lista dei vini
Die Rechnung, bitte.	Il conto, per favore.
Vorspeise	antipasto
Suppe	minestra/zuppa
Hauptgericht	piatto principale
Nachspeise	dessert/dolce
Beilagen	contorno
Tagesgericht	menù del giorno
Gedeck	coperto
Messer	coltello
Gabel	forchetta
Löffel	cucchiaio
Glas	bicchiere
Flasche	bottiglia
Salz/Pfeffer	sale/pepe
ZuckerSüßstoff	zùcchero
Süßstoff	saccarina
Kellner/Kellnerin	cameriere/cameriera

Abbildungsnachweis
akg images, Berlin: S. 106, 197 li., 200 (Morris)
Bildagentur Huber, Garmisch-Partenkirchen: S. 38 (Scaté); 102/103 (Rellini); 10 o. li., 237 li., 242/243 (Huber); 15, 249 (Bernhart)
Bilderberg, Hamburg: S. 11 u. re., 134/135, 137, 265 li., 272 (Ernsting); 166 (Modrak)
Corbis, Düsseldorf: S. 92, 105 (de Luca); 99 (Reuters/Bianchi)
DuMont Bildarchiv, Ostfildern: S. 87 (picture alliance); 129, 179 (Nagy)
f1-online, Frankfurt: S. 142 li., 162/163 (AGE/Grandadam); 214 li., 230 (Deschamps); 264 li., 277 (AGE/San Rostro)
Freni e Frizioni, Rom: S. 10 u. re., 186/187
Mattia Gallo, Rom: S. 10 u. li., o. re., 11 u. li., 164, 208/209, 220/221, 270, 274/275
laif, Köln: S. 21, 45, 114 re., 138, 188, 196 re., 206/207 (Galli); 47, 109, 155 (hemispheres); 59, 64, 96 (Contrasto); 75 (Kristensen); 112/113, 170 li., 171 li., 182, 193, 194 (Gonzales); 127 (Mattes); 11 o. li., 148/149, 170 re., 176, 196 li., 212 (Zanettini); 143 li., 161, 245 (Celentano); 265 re., 279 (Zuder)
Look, München: Titelbild, Umschlagklappe vorne, 214 re., 224 (age fotostock); 12/13 (Engel&Gielen); 27, 69 (Martini); 30 (Play); 51 (Dressler); 67 (von Felbert); 114 li., 120/121 (Terra Vista); Umschlagrückseite, 115 li., 141 (Frei)
Caterina Mesina, Freiburg: S. 8
Mauritius Images, Mittenwald: S. 55 (Nägele); 11 o. re., 70/71, 217, 236 re. u. li., 256/257, 262 (CuboImages); 82 (Rene); 130 (Merten); 250 (Rossenbach)
picture alliance, Frankfurt a. M.: S. 90 (dpa/D'Errico); 95 (dpa/Di Meo); 101 (akg images); 110/111 (Huber/Pignatelli); 142 re., 156 (Leema); 85 (dpa/Jones); 215 li., 226/227 (dpa/epa ansa Peri)
Schapowalow, Hamburg: S. 9, 88 (Sime)

Kartografie
DuMont Reisekartografie, Fürstenfeldbruck

A Federico

Umschlagfotos
Titelbild: Brunnen an der Piazza della Rotonda
Umschlagklappe vorn: Bernini-Kolonnaden

Hinweis: Autorin und Verlag haben alle Informationen mit größtmöglicher Sorgfalt geprüft. Gleichwohl sind Fehler nicht vollständig auszuschließen. Alle Angaben erfolgen ohne Gewähr. Bitte schreiben Sie uns! Über Ihre Rückmeldung zum Buch und über Verbesserungsvorschläge freuen sich Autorin und Verlag: **DuMont Reiseverlag,** Postfach 3151, 73751 Ostfildern, info@dumontreise.de, www.dumontreise.de

3., aktualisierte Auflage 2012

Redaktion/Lektorat: Susanne Völler, Henriette Volz
Grafisches Konzept: Groschwitz/Blachnierek, Hamburg
Printed in China

FSC www.fsc.org MIX Paper from responsible sources FSC® C002957